한 권으로 끝내기

한끝

정답과 해설

시험 전 한끝

중학 역사 ❶·2

구성과 특징

단계에 따라 차근차근 학습할 수 있어요.

STEP 1

- 역사 교과서에서 다루는 내용을 간결하면서도 이해하기 쉽게 정리하였습니다.

- '교과서 쏙 자료'로 시험 출제 가능성이 높은 지도, 사진, 그림, 사료, 도표 등을 살펴볼 수 있습니다.

- 'PLUS 용어'로 교과서에 나오는 주요 용어의 의미를 쉽게 파악할 수 있습니다.

STEP 2

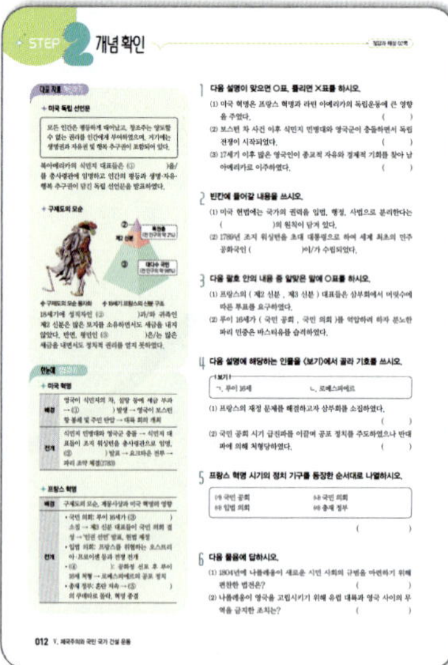

- '대표 자료로 확인하기'로 중단원의 시험 빈출 자료를 다시 한번 익힐 수 있습니다.

- 표 또는 흐름도로 정리한 '한눈에 정리하기'로 주요 학습 요소를 이해했는지 점검할 수 있습니다.

- 중단원에서 학습한 내용을 확인할 수 있는 간단한 개념 확인 문제를 제시하였습니다.

STEP 3

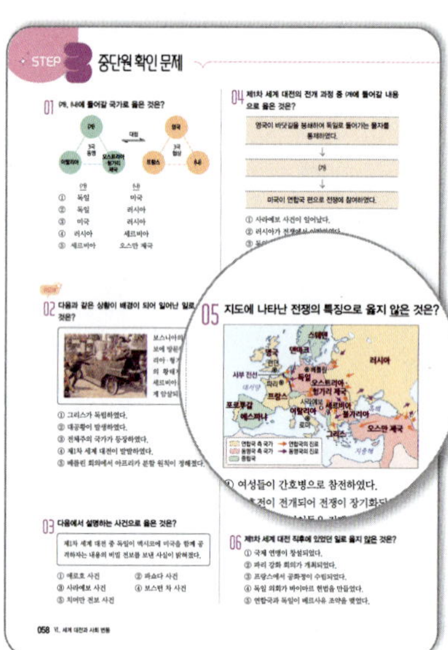

- 선다형, 단답형, 서술형 등 다양한 유형의 문제로 학습한 내용을 확인할 수 있습니다.

- 서술형 문제는 학교 시험에 자주 출제되는 주제를 선별하여 구성하였습니다.

- 빈출 문제는 '중요해'로, 관련 내용이 많은 문제는 '이 문제에서 나올 수 있는 선택지는 다~!'로 표시하였습니다.

미니완자

중학 과학

1

중학교 과학,
어떻게 공부할까?

1 개념이 어떻게 연결되어 있는지 단원의 구성부터 확인하자.

여러 개의 개념을 연결해서 공부하면 훨씬 이해하기 쉬워져요.
따로따로 분리하지 말고 서로 관련된 개념들을 묶어서 이해해요.

2 개념을 정확하게 이해하고 기억하자.

과학에서 개념은 그림, 그래프, 표 등의 자료와 함께 공부해야 제대로 이해할 수
있어요. 글과 자료를 함께 공부해서 완벽하게 내 것으로 만들어요.

3 과학 용어가 낯설다면 이해할 때까지 파고들자.

과학 용어를 한자로 풀이해 보거나 영어 어원을 따져보면 쉽게 이해할 수 있어요.
모르는 용어가 나오면 반드시 이해하고 넘어가요.

4 탐구는 과정과 결과를 모두 공부하자.

탐구는 결과만 외우면 금방 잊혀져요. 탐구의 과정을 잘 파악하고 결과를 해석하
는 습관을 만들어요.

5 문제를 풀면서 개념을 정리하자.

공부한 내용을 잘 이해했는지 확인하려면 문제 풀이는 필수!
쉬운 문제부터 어려운 문제까지 단계별로 공부하며 개념을 적용해 보아요.

6 마지막으로 공부한 내용을 스스로 정리하자.

책을 읽으면 다 아는 것 같지만 정말 알고 있을까요?
지금까지 공부한 내용을 자기만의 표현 방법으로 친구들에게 설명해 보아요.
막힘없이 술술~ 나온다면 과학 공부 완성!

01 과학과 인류의 지속가능한 삶

족보 ❶ 과학적 탐구 방법

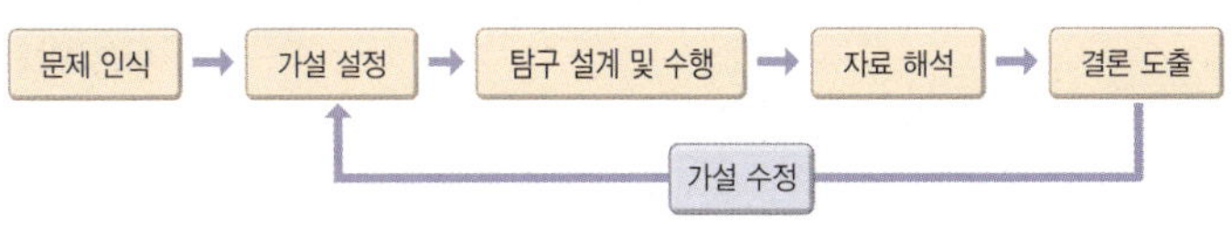

(탐구 결과가 가설과 맞지 않는 경우)

과정	의미	에이크만의 탐구 과정
문제 인식	자연 현상을 관찰하다 의문을 갖는다.	각기병에 걸렸던 닭이 나은 까닭에 의문을 가졌다.
가설 설정	의문을 가진 문제에 대한 잠정적인 결론인 (❶)을 설정한다.	현미에는 각기병을 낫게 하는 물질이 있을 것이다.
탐구 설계 및 수행	가설을 확인하는 탐구를 설계하고 수행한다.	건강한 닭을 두 무리로 나누어 한 무리는 백미만 먹이고, 다른 무리는 현미만 먹였다. •다르게 한 조건: 먹이의 종류 •같게 한 조건: 먹이의 양, 닭의 건강 상태 등
(❷)	탐구를 수행하여 얻은 자료를 정리하고 분석하여 결과를 얻는다.	백미만 먹인 닭은 각기병에 걸리고, 현미만 먹인 닭은 각기병에 걸리지 않았다.
결론 도출	가설이 맞는지 판단하고 탐구의 결론을 내린다.	현미에는 각기병을 낫게 하는 물질이 있다.

족보 ❷ 과학의 발전이 인류 문명에 영향을 미친 사례

태양 중심설	암모니아 합성 기술 개발
지구가 우주의 중심이라고 생각했던 인류의 생각을 바꾸는 계기가 되었다.	암모니아 합성 기술로 질소 비료가 만들어져 식량 생산을 크게 증가시켜 인류의 식량 부족 문제를 해결하였다.
백신과 항생제 개발	**인터넷, 인공위성 개발**
질병을 예방하고, 세균에 의한 질병을 치료할 수 있게 되어 인류의 평균 수명이 크게 늘어났다.	세계 여러 나라의 정보를 쉽고 빠르게 접할 수 있게 되었다.
증기 기관 발명	**고속 열차 개발**
증기 기관을 이용한 (❸)가 개발되어 많은 물건을 먼 곳까지 옮길 수 있게 되었다.	사람들이 먼 거리를 빠르게 다닐 수 있게 되어 생활 영역이 더 넓어졌다.

족보 ③ 우리 생활에 활용되는 첨단 과학기술

종류	의미	활용 사례
(①)	컴퓨터가 인간처럼 학습하고 일을 처리할 수 있게 만드는 기술	인공지능 로봇, 자율주행 자동차
(②)	인터넷으로 각종 사물을 연결하는 기술	스마트홈, 스마트팜
나노 기술	물질을 나노미터 크기로 작게 만들어 다양한 소재나 제품을 만드는 기술	나노 백신, 나노 항암제
증강 현실	현실 세계에 가상의 정보가 실제 존재하는 것처럼 보이게 하는 기술	실제 공간에 가상으로 가구를 배치해 보는 애플리케이션
첨단 바이오	생물의 유전정보를 이용하여 유용한 물질을 생산하는 기술	개인 맞춤형 치료제 개발

족보 ④ 지속가능한 삶

- (③): 더 나은 환경을 만들어, 현세대 이후에도 모두가 행복하게 살 수 있는 풍요로운 사회가 지속될 수 있도록 고민하고 실천하는 삶
- 화석 연료의 사용으로 에너지 자원 고갈, 환경오염, 기후 변화 문제가 생겼고, 이를 해결하는 데 과학기술을 활용하고 있다.
- 신재생 에너지 개발: 태양 에너지, 풍력, 수력, 지열 에너지, 수소 에너지 등과 같은 신재생 에너지를 개발하고 있다.
- 오염 물질 감소: 전기 자동차와 같이 대기오염 물질의 발생량을 줄이거나, 탄소 포집 장치와 같이 방출된 오염 물질을 제거하는 기술을 개발하고 있다.

족보 ⑤ 지속가능한 삶을 위한 활동 방안

- 재활용품 분리배출 하기
- 일회용품 사용 줄이기
- 대중교통 이용하기
- 친환경 운송 수단 이용하기
- 에너지 효율이 높은 등급의 전기 제품 사용하기
- 생태 습지나 환경 공원 조성하기
- 친환경 제품의 개발과 사용 장려하기

01 생물의 구성

족보 ❶ 세포의 특징

- 세포는 생물을 이루는 구조적·기능적 기본 단위이다.
- 모든 생물은 (❶)로 이루어져 있다.
- 세포는 생명활동이 일어나는 기본 단위이다.
- 대부분의 세포는 크기가 작아 현미경으로 관찰해야 하지만, 맨눈으로 볼 수 있는 세포도 있다.
- 하나의 생물 내에서도 몸의 부위에 따라 세포의 종류가 다르다.
- 세포의 종류에 따라 세포의 모양, 크기, 기능이 다르다.

족보 ❷ 세포의 구조와 기능

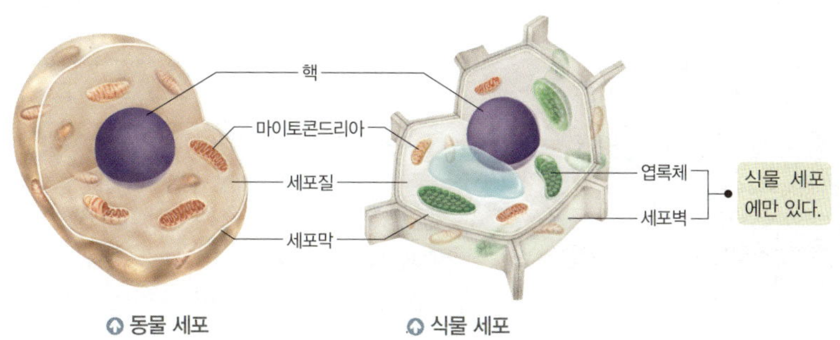

↑ 동물 세포   ↑ 식물 세포

(❷)	유전물질이 들어 있음, 세포의 생명활동을 조절
세포막	세포 안팎으로 물질이 드나드는 것을 조절
세포질	핵과 세포막 사이를 채우는 부분
(❸)	생명활동에 필요한 에너지 생성
엽록체	광합성을 하여 양분을 생성
세포벽	세포막 바깥을 둘러싸고 있는 두껍고 단단한 벽, 세포의 모양을 일정하게 유지

족보 ❸ 동물 세포와 식물 세포의 비교

구분	핵	세포막	세포질	마이토콘드리아	엽록체	세포벽
동물 세포	○	○	○	○	×	×
식물 세포	○	○	○	○	○	○

➡ 동물 세포에는 없고 식물 세포에만 있는 세포 구성 요소는 엽록체, (❹)이다.

족보 4 세포 관찰 과정(검정말잎 세포 관찰)

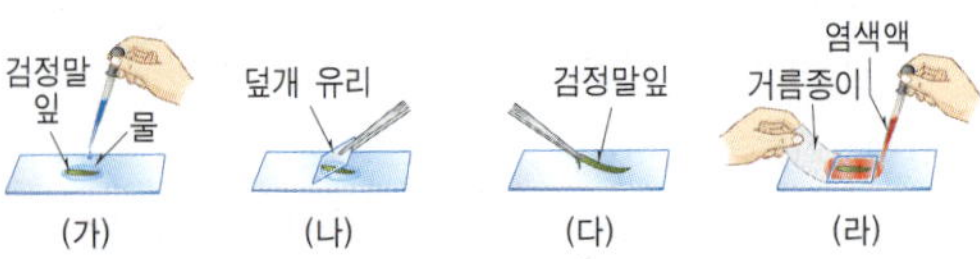

- 현미경표본을 만드는 과정: (다) → (가) → (나) → (라)
- (라)에서 염색액을 떨어뜨리는 까닭: (❶   )을 뚜렷하게 관찰하기 위해서
- (라)에서 사용되는 염색액: 아세트산 카민 용액 ➡ 핵이 붉은색으로 염색된다.
  (동물 세포는 메틸렌 블루 용액 사용 ➡ 핵이 푸른색으로 염색된다.)

족보 5 세포 관찰 결과

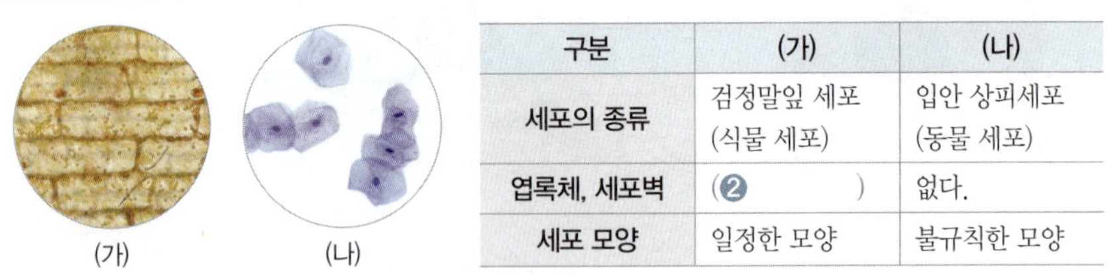

(가) (나)

구분	(가)	(나)
세포의 종류	검정말잎 세포 (식물 세포)	입안 상피세포 (동물 세포)
엽록체, 세포벽	(❷)	없다.
세포 모양	일정한 모양	불규칙한 모양

족보 6 세포의 모양과 기능

세포의 모습			
세포의 종류	신경세포	상피세포	(❸)
세포의 모양	길게 뻗은 모양	넓고 얇게 퍼진 모양	가운데가 오목한 원반 모양
세포의 기능	신호를 받아들이고, 신호를 전달한다.	몸의 표면이나 몸속 기관의 안쪽 표면을 넓게 덮어 보호한다.	혈관을 따라 이동하며 온몸으로 산소를 운반한다.

➡ 여러 가지 세포는 각각의 기능에 알맞은 모양을 하고 있다.

 생물의 구성 단계

- 생물의 구성 단계: 세포 → 조직 → 기관 → 개체
- 세포는 생물을 구성하는 기본 단위이다.
- (❶   )은 모양과 기능이 비슷한 세포들이 모인 단계이다.
- 기관은 여러 조직이 모여 고유한 모양과 기능을 갖춘 단계이다.
- 개체는 독립적인 생명활동을 하는 하나의 생물체이다.

족보 8 동물의 구성 단계

- 식물에는 없고 동물에만 있는 구성 단계는 (❷   )이다.

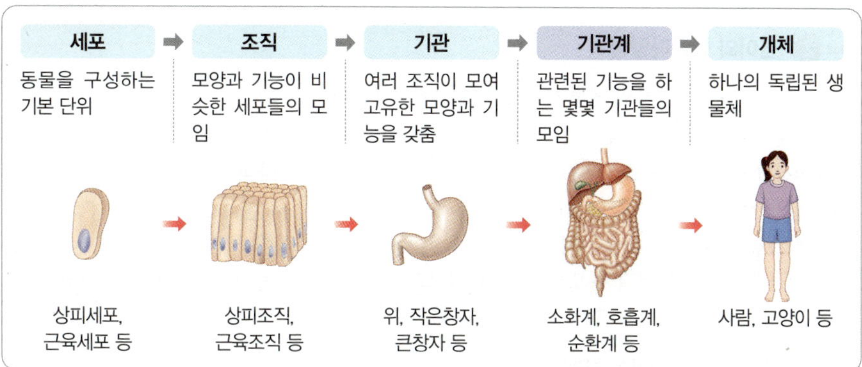

족보 9 식물의 구성 단계

- 동물에는 없고 식물에만 있는 구성 단계는 (❸   )이다.

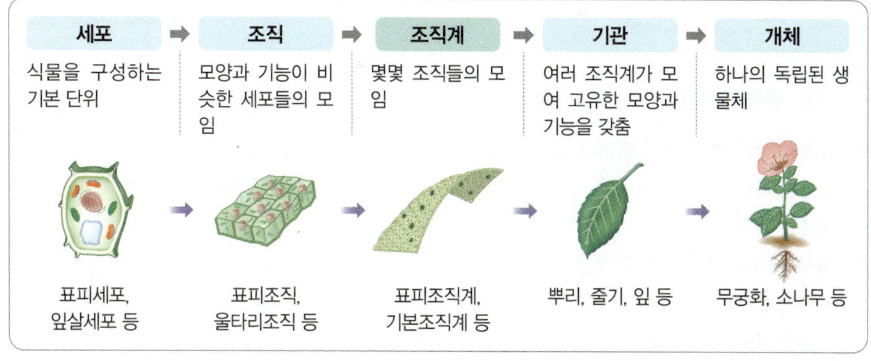

02 생물다양성과 분류

족보 1 생물다양성

- (❶): 어떤 지역에 살고 있는 생물의 다양한 정도

생태계의 다양함	지구에는 숲, 습지, 초원 등 다양한 생태계가 있다. ➡ 생태계가 다양할수록 생물다양성이 높다.
생물 (❷)의 다양함	하나의 생태계에는 다양한 종류의 생물들이 살고 있다. ➡ 생물의 종류가 많고 여러 종류의 생물이 고르게 분포할수록 생물다양성이 높다.
같은 종류의 생물 사이에서 나타나는 특징의 다양함	같은 종류의 생물이라도 생김새 크기, 색깔 등의 특징이 다르다. ➡ 같은 종류의 생물 사이에서 나타나는 특징이 다양할수록 생물다양성이 높다.

족보 2 변이와 생물다양성

- (❸): 같은 종류의 생물 사이에서 나타나는 서로 다른 특징
- 예 · 바지락의 껍데기 무늬와 색깔이 조금씩 다르다. · 무궁화의 꽃 색깔이 다르다.
  · 얼룩말의 줄무늬가 조금씩 다르다. · 사람마다 피부색이 다르다.
- 환경과 생물다양성: 생물은 환경에 (❹)하여 살아간다. ➡ 변이가 다양한 한 종류의 생물 무리가 오랜 시간 서로 다른 환경에 적응하여 살아가면 변이의 차이가 점점 커져서 서로 다른 종류의 생물 무리로 나누어질 수 있다. 예 갈라파고스제도에 살고 있는 핀치, 북극여우와 사막여우

족보 3 생물이 다양해지는 과정

한 종류의 생물 무리에는 다양한 (❺)가 있다.	→	그 무리에서 환경에 알맞은 변이를 지닌 생물이 더 많이 살아남아 자손을 남긴다.	→	이 과정이 오랜 시간 반복되면 원래의 생물과 다른 새로운 종류의 생물이 나타날 수 있다.

족보 4 생물의 분류

- 생물분류: 일정한 기준에 따라 생물을 비슷한 종류의 무리로 나누는 것
- 생물분류 기준: 생물의 고유한 특징을 기준으로 분류한다. 예 몸의 생김새, 광합성 여부 등
- 생물분류 목적
  - 생물 사이의 가깝고 먼 관계를 알 수 있다.
  - 새롭게 발견된 생물이 어느 무리에 속하는지 판단할 수 있다.
  - 수많은 종류의 생물을 체계적으로 연구할 수 있어 생물다양성을 이해하는 데 도움이 된다.

족보 5 종

- 종: 자연 상태에서 짝짓기를 하여 (❶   )이 가능한 자손을 낳을 수 있는 생물 무리로, 생물을 분류하는 기본 단위이다.
- 예 · 말과 당나귀 사이에서 태어난 노새는 번식 능력이 없다. ➡ 말과 당나귀는 같은 종이 아니다.
  · 테리어와 불도그 사이에서 태어난 불테리어는 번식 능력이 있다. ➡ 테리어와 불도그는 같은 종이다.

족보 6 생물의 분류 단계

종 < 속 < 과 < (❷   ) < 강 < 문 < (❸   )

- 여러 종이 모여서 하나의 속을 이룬다.   · 같은 속에 속하는 생물은 모두 같은 과에 속한다.
- 작은 분류 단위에 같이 속해 있을수록 가까운 관계이다.

족보 7 생물의 5계

구분	특징	생물 예
원핵생물계	· 세포에 핵이 없는 단세포생물이다. · 세포에 세포벽이 있다. · 대부분 광합성을 하지 않지만, 염주말처럼 광합성을 하는 것도 있다.	대장균, 젖산균, 포도상구균, 충치균, 염주말
(❹)	· 세포에 핵이 있는 생물 중 균계, 식물계, 동물계에 속하지 않는 생물 무리이다. · 대부분 단세포생물이지만, 다세포생물도 있다. · 기관이 발달하지 않았다. · 먹이를 먹는 생물도 있고, 광합성을 하는 생물도 있다.	· 단세포: 짚신벌레, 아메바, 유글레나 · 다세포: 미역, 김, 다시마, 파래
(❺)	· 세포에 핵과 세포벽이 있고, 대부분 균사로 이루어져 있다. · 대부분 다세포생물이지만, 효모처럼 단세포생물도 있다. · 광합성을 하지 못하고, 죽은 생물이나 배설물을 분해하여 양분을 얻는다.	느타리버섯, 표고버섯, 기는줄기뿌리곰팡이, 푸른곰팡이, 효모
식물계	· 세포에 핵과 세포벽이 있고, 다세포생물이다. · 대부분 뿌리, 줄기, 잎과 같은 기관이 발달하였다. · 광합성을 하여 스스로 양분을 만든다.	진달래, 해바라기, 고사리, 은행나무, 소나무, 우산이끼
동물계	· 세포에 핵이 있는 다세포생물이다. · 세포에 세포벽이 없다. · 대부분 몸에 기관이 발달하였고, 운동성이 있다. · 다른 생물을 먹어서 양분을 얻는다.	해파리, 말미잘, 지렁이, 달팽이, 불가사리, 꿀벌, 나비, 말, 호랑이

03 생물다양성보전

족보 ❶ 생물다양성과 먹이 관계

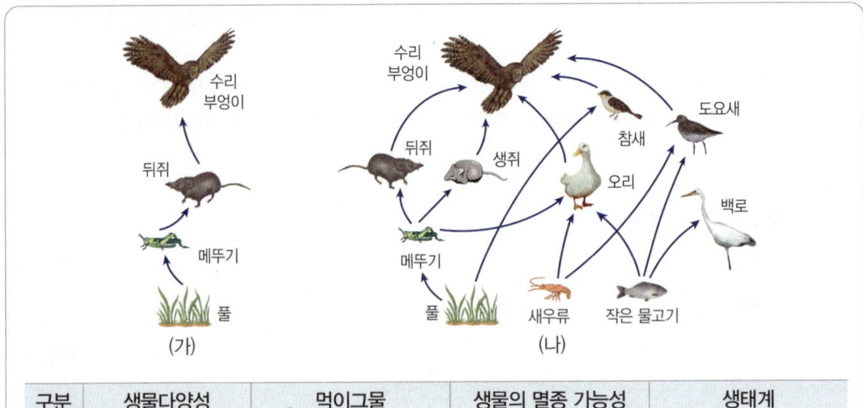

구분	생물다양성	먹이그물	생물의 멸종 가능성	생태계
(가)	낮다.	(❶).	높다.	쉽게 파괴된다.
(나)	높다.	(❷).	낮다.	안정적으로 유지된다.

족보 ❷ 생물다양성이 주는 혜택

• 다양한 생물로부터 생활에 필요한 자원을 얻는다.

(❸)	섬유	목재	의약품
벼	목화	닥나무	푸른곰팡이
벼, 보리, 밀 등	목화(면섬유), 누에고치 (비단) 등	닥나무(한지), 편백나무 (목재) 등	주목나무(항암제), 푸른 곰팡이(항생제) 등

• 생물의 생김새나 생활 모습을 보고 아이디어를 얻어 유용한 도구를 발명한다.
  예 도꼬마리 열매를 보고 개발한 벨크로, 고양이 눈에서 아이디어를 얻은 도로 반사판
• 맑은 공기, 깨끗한 물, 비옥한 토양 등을 제공한다.
• 휴식과 여가 활동을 위한 공간이 된다.

족보 ❸ 생물다양성을 보전해야 하는 까닭

- 생물은 그 자체로 소중하기 때문에
- 생태계를 안정적으로 유지하기 위해서
- 생활에 필요한 다양한 자원을 얻기 위해서
- 모든 생물은 생태계 구성원으로서 지구에서 살아갈 권리가 있기 때문에

족보 ❹ 생물다양성 감소 원인

(❶　　　)	• 생물다양성이 감소하는 가장 심각한 원인이다. • 인간의 지나친 자연 개발로 생물의 서식지가 파괴되면서 서식지를 잃은 생물이 사라질 수 있다. 예 열대우림 파괴, 숲 파괴 등
남획	• 인간이 생물을 무분별하게 잡는 것이다. • 남획을 하면 특정 생물이 사라질 수 있다. 예 대륙사슴, 고래, 큰바다사자, 나팔고둥 등의 남획
(❷　　　)	• 외래종: 원래 살던 곳을 벗어나 새로운 곳에서 자리를 잡고 사는 생물 • 일부 외래종은 토종 생물의 생존을 위협하여 사라지게 할 수 있다. 예 가시박, 큰입배스, 뉴트리아, 유리알락하늘소 등
환경오염	• 대기, 물, 토양 등의 환경이 오염되면, 환경오염에 약한 생물이 쉽게 사라질 수 있다.
기후 변화	• 기후 변화로 기온과 수온이 상승하고 서식 환경이 달라지면, 기존 서식지에 더 이상 살기 어려워진 생물이 쉽게 사라질 수 있다.

족보 ❺ 생물다양성 유지 방안

- (❸　　　) 차원: 재활용품 분리배출 하기, 일회용품 대신 다회용품 사용하기, 자연 환경 보호하기, 나무 심기, 야생 동물을 함부로 기르지 않기, 안 쓰는 물건 나눔하기 등
- 사회적 차원: 국립 공원 지정하기, 생태통로 건설하기, 멸종 위기 생물 지정 및 복원 사업하기, 종자은행 설립하기, 생물다양성보전 캠페인 활동하기 등
- (❹　　　) 차원: 생물다양성유지를 위한 협약을 맺어 실천하기
  예 생물다양성협약, 야생 동식물 종의 국제 거래에 관한 협약(CITES), 람사르협약 등

정답 ❶ 서식지파괴 ❷ 외래종 유입 ❸ 개인적 ❹ 국제적

01 온도와 열의 이동

족보 1 입자와 온도

- 입자: 물질은 작고, 끊임없이 스스로 움직이는 입자로 구성되어 있다.
- 온도: 물질을 구성하는 입자의 움직임이 활발한 정도를 나타낸다.
- 물질의 온도가 높을수록 입자의 움직임이 활발하고, 입자 사이의 거리가 멀다.

온도가 높은 물질			온도가 낮은 물질
입자의 움직임이 (①)하다.	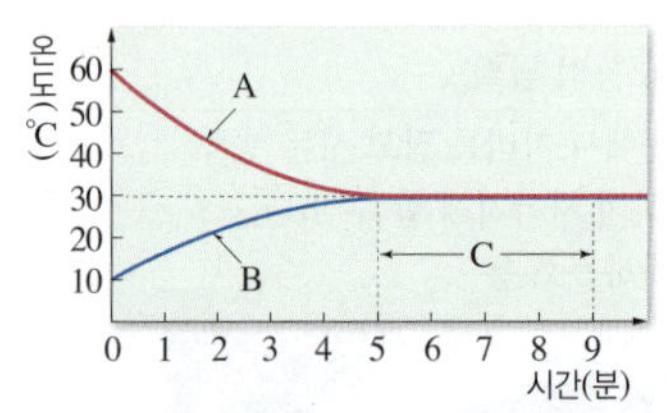		입자의 움직임이 (②)하다.
입자 사이의 거리가 멀다.			입자 사이의 거리가 가깝다.

족보 2 열평형 그래프 해석하기

↥ 접촉한 두 물체의 온도 변화 그래프

- A는 온도가 낮아지고, B는 온도가 높아진다.
- 열은 A에서 B로 이동한다.
- A가 잃은 열량은 B가 얻은 열량과 같다.
- C는 (③) 상태이다.
- 열평형 온도는 (④) °C이다.

족보 3 열평형과 입자

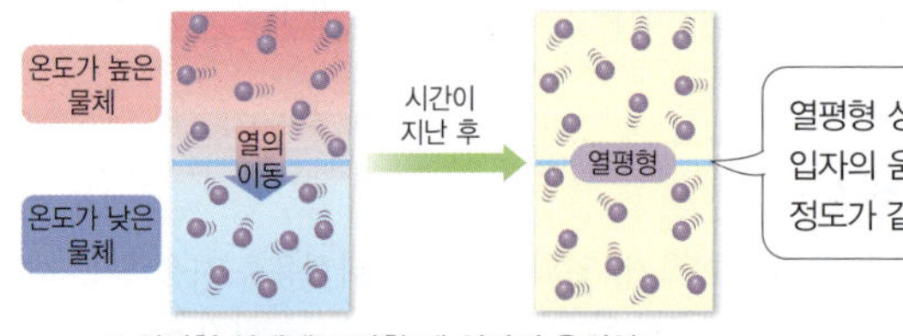

↥ 열평형 상태에 도달할 때 입자의 움직임

물체	열	온도	입자의 움직임	입자 사이의 거리
온도가 높은 물체	열을 잃는다.	낮아진다.	활발해진다.	(⑤)진다.
온도가 낮은 물체	열을 얻는다.	높아진다.	둔해진다.	(⑥)진다.

정답 ① 활발 ② 둔 ③ 열평형 ④ 30 ⑤ 가까워 ⑥ 멀어

족보 4 전도

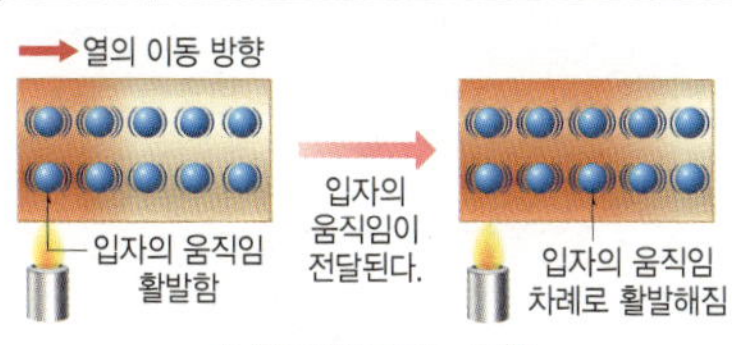

↑ 열이 전도되는 과정

[전도에 의한 현상]
• 프라이팬의 한쪽만 가열해도 프라이팬 전체가 뜨거워진다.
• 난로 위에 주전자를 올려놓으면 난로에서 주전자로 입자의 (❶   )이 전달되어 열이 이동한다.

족보 5 열이 전도되는 정도

족보 6 대류

↑ 끓는 물의 대류 과정

[대류에 의한 현상]
• 냄비로 물을 끓이면 열을 받은 물 (❸   )가 직접 이동하여 물이 골고루 데워진다.
• 냉방기는 (❹   )쪽에 설치하고, 난방기는 (❺   ) 쪽에 설치하는 것이 효율적이다.

족보 7 복사

↑ 난로의 복사

[복사에 의한 현상]
• 난로에 가까이 있으면 물질을 거치지 않고 (❻   )이 직접 이동하여 따뜻함을 느낄 수 있다.
• 햇볕에 있으면 태양에서 복사의 방식으로 열이 이동하여 따뜻하고, 그늘에 있으면 열이 차단되어 시원하다.

02 비열과 열팽창

족보 1 열량과 비열

열량	비열
온도가 다른 물질 사이에서 이동하는 열의 양	물질 1 kg의 온도를 1 ℃ 높이는 데 필요한 열량

족보 2 비열이 다른 물질의 온도 변화 그래프 해석하기

- 같은 시간 동안 온도 변화는 식용유가 물보다 더 크다.
- 같은 온도만큼 높일 때 필요한 열량은 물이 식용유보다 더 (❸   ).
- 비열은 물이 식용유보다 더 크다. ➡ 온도 변화 그래프의 기울기가 클수록 비열이 (❹   ).

족보 3 비열의 활용

비열이 (❺) 물질의 활용	비열이 (❻) 물질의 활용
온도가 잘 변하지 않아야 하는 경우 예 • 냉각수로 물을 넣어 자동차 엔진이 너무 뜨거워지는 것을 막는다. • 음식을 오랫동안 따뜻하게 유지해야 할 때는 뚝배기를 사용한다.	온도가 빠르게 잘 변해야 하는 경우 예 • 온수관이 빠르게 따뜻해지면서 바닥에 열을 전달한다. • 프라이팬은 빠르게 뜨거워지며 음식을 익힌다.

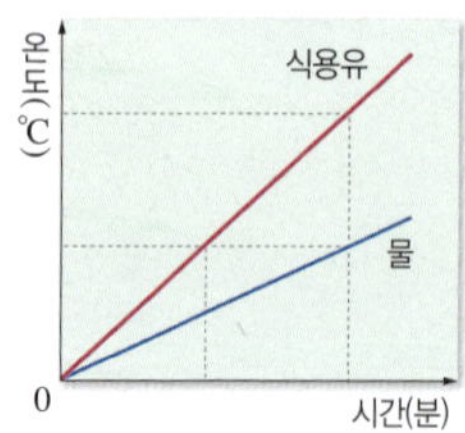

- 열팽창: 물질의 온도가 높아지면 입자의 움직임이 활발해지고, 입자 사이의 거리가 (❶   ) 지며 물질의 부피가 팽창한다.
- 열팽창 정도: 고체나 액체는 물질의 종류에 따라 열팽창 정도가 (❷   ).

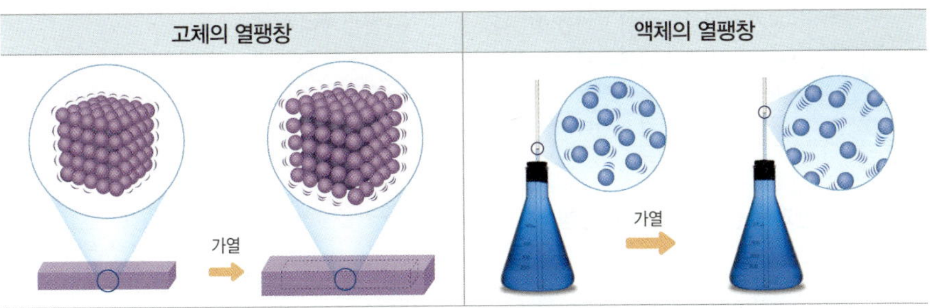

- 바이메탈: (❸   ) 정도가 다른 두 금속을 붙여 놓은 장치
- 바이메탈의 활용: 전기 주전자, 전기다리미, 토스터 등의 (❹   ) 조절 장치에 활용된다.

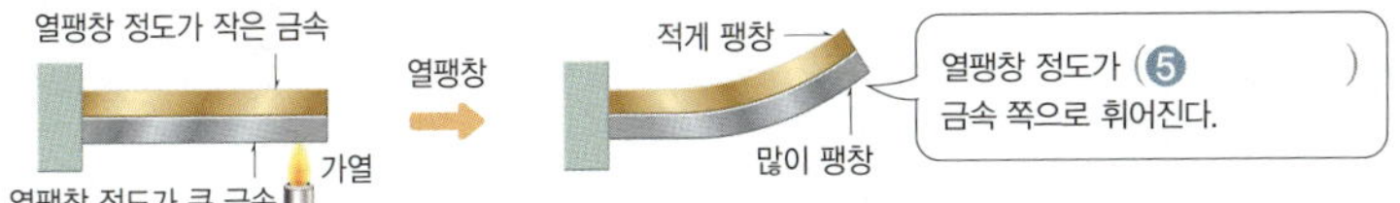

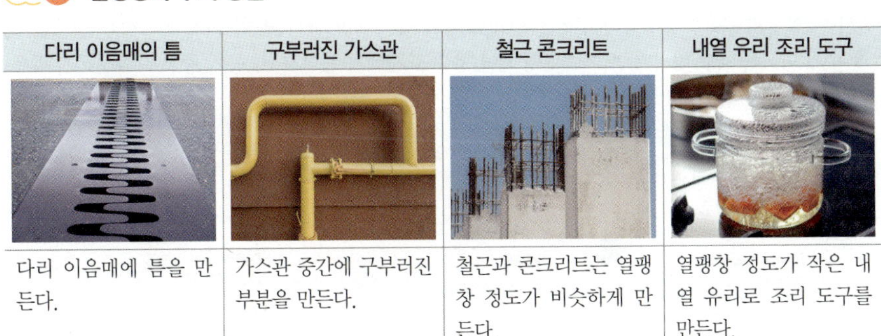

다리 이음매의 틈	구부러진 가스관	철근 콘크리트	내열 유리 조리 도구
다리 이음매에 틈을 만든다.	가스관 중간에 구부러진 부분을 만든다.	철근과 콘크리트는 열팽창 정도가 비슷하게 만든다.	열팽창 정도가 작은 내열 유리로 조리 도구를 만든다.

정답 ❺ 작은 ❹ 온도 ❸ 열팽창 ❷ 다르다 ❶ 멀어 图

01 입자의 운동

족보 ① 확산과 증발

구분	(①)	(②)
정의	물질을 구성하는 입자가 스스로 운동하여 모든 방향으로 퍼져 나가는 현상	물질을 구성하는 입자가 스스로 운동하여 액체 표면에서 기체로 변하는 현상
예	• 전기 모기향을 피워 모기를 쫓는다. • 마약 탐지견이 냄새로 마약을 찾는다. • 따뜻한 물에 홍차 티백을 넣으면 차가 우러나며 고르게 퍼져 나간다.	• 젖은 빨래가 마른다. • 염전에서 바닷물을 증발시켜 소금을 얻는다. • 오징어, 고추, 과일 등을 오래 보관하기 위해 말린다.

족보 ② 확산과 증발을 확인하는 실험

아세트산 입자의 확산	아세톤 입자의 증발
식초를 떨어뜨린 지점과 가까이 있는 BTB 용액부터 노란색으로 변한다. ➡ 식초에 들어 있는 아세트산 입자가 스스로 운동하여 (③) 방향으로 확산하기 때문	거름종이에 떨어뜨린 아세톤의 흔적이 서서히 사라지면서 질량이 점점 줄어든다. ➡ 아세톤 입자가 스스로 운동하여 공기 중으로 (④)하기 때문

족보 ③ 입자의 운동

- 확산과 증발 현상이 일어나는 까닭: 물질을 구성하는 입자가 가만히 있지 않고 스스로 끊임없이 (⑤   )하기 때문
- 향수의 확산과 증발: 향수병의 뚜껑을 연채로 방에 놓아두면 잠시 후 방 전체에서 향수 냄새를 맡을 수 있다. ➡ 향수 입자가 스스로 운동하여 향수 표면에서 증발하고, 공기 중으로 확산하기 때문

⬆ 향수의 확산과 증발 현상

정답 ① 확산 ② 증발 ③ 모든 ④ 증발 ⑤ 운동

02 물질의 상태와 상태 변화

족보 1 물질의 상태에 따른 특징

구분	고체	액체	기체
모양	일정하다.	(❶).	일정하지 않다.
부피	일정하다.	(❷).	일정하지 않다.
담는 용기에 따른 모양과 부피 변화	담는 용기가 달라져도 모양과 부피가 변하지 않는다.	담는 용기에 따라 모양은 변하지만 부피는 일정하다.	담는 용기에 따라 모양과 부피가 모두 변하며, 공간을 항상 가득 채운다.
성질	단단하다.	흐르는 성질이 있다.	흐르는 성질이 있다.
압축되는 정도	압축되지 않는다.	거의 압축되지 않는다.	압축된다.
예	얼음, 나무, 돌, 플라스틱, 쇠구슬, 설탕, 밀가루 등	물, 주스, 간장, 식초, 우유, 식용유, 에탄올 등	수증기, 공기, 산소, 질소, 이산화 탄소 등

족보 2 물질의 세 가지 상태와 입자 배열

구분	(❸)	(❹)	(❺)
입자 모형			
입자 운동	매우 둔하게 운동한다.	비교적 활발하게 운동한다.	매우 활발하게 운동한다.
입자 배열	규칙적이다.	고체보다 불규칙하다.	매우 불규칙하다.
입자 사이의 거리	매우 가깝다.	비교적 가깝다.	매우 멀다.

• 물질의 상태에 따라 특징이 다른 까닭: 물질의 상태에 따라 입자의 운동성, 입자 배열의 불규칙한 정도, 입자 사이의 거리가 다르기 때문

족보 ③ 상태 변화

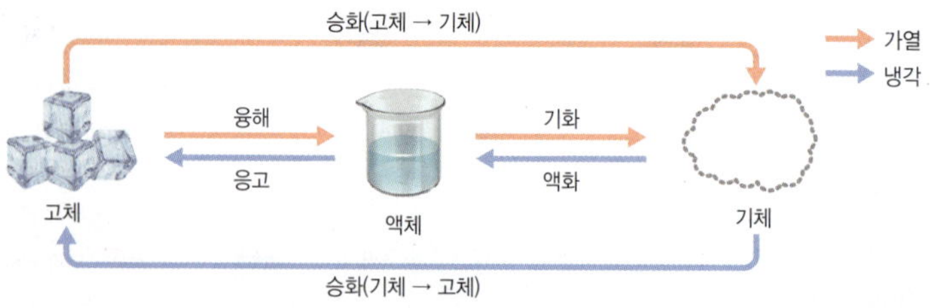

가열할 때		냉각할 때	
상태 변화	예	상태 변화	예
융해(고체 → 액체)	• 아이스크림이 녹는다. • 얼음이 녹아 물이 된다.	응고(액체 → 고체)	• 겨울철에 계곡물이 언다. • 흘러내리던 촛농이 녹는다.
기화(액체 → 기체)	• 손에 바른 손소독제가 금세 마른다. • 물을 끓이면 물의 양이 점점 줄어든다.	액화(기체 → 액체)	• 이른 새벽 풀잎에 이슬이 맺힌다. • 얼음물이 들어 있는 컵 표면에 물방울이 맺힌다.
승화(고체 → 기체)	• 드라이아이스의 크기가 점점 작아진다. • 추운 겨울 그늘에 있던 눈사람의 크기가 작아진다.	승화(기체 → 고체)	• 겨울철 나뭇잎에 서리가 생긴다. • 추운 겨울 유리창에 성에가 생긴다.

족보 ④ 상태 변화와 입자 배열의 변화

입자 모형	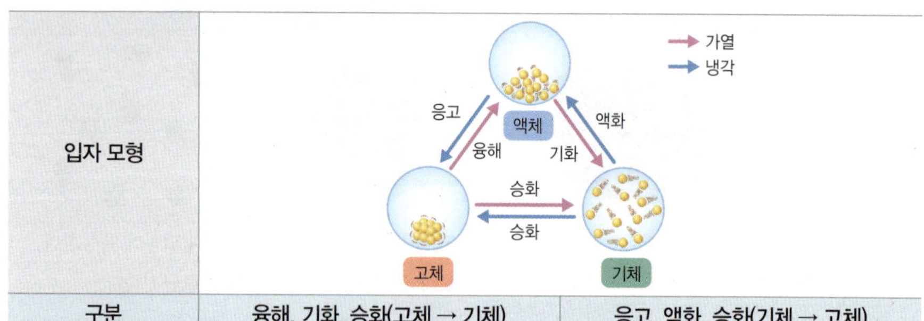	
구분	융해, 기화, 승화(고체 → 기체)	응고, 액화, 승화(기체 → 고체)
입자 운동	(❶　　　　)해진다.	(❷　　　　)해진다.
입자 배열	(❸　　　　)하게 변한다.	(❹　　　　)적으로 변한다.
입자 사이의 거리	멀어진다. (단, 물은 예외)	가까워진다. (단, 물은 예외)

정답 ❶ 활발 ❷ 둔 ❸ 불규칙 ❹ 규칙

 상태 변화에 따른 물질의 성질 변화 실험

- 뜨거운 물이 담긴 비커 위에 얼음이 담긴 시계 접시를 올려놓았더니 시계 접시 아랫면에 액체가 생겼다.
  ➡ 뜨거운 물이 수증기로 기화한다.
  ➡ 수증기가 차가운 시계 접시 아랫면에 닿아 물로 액화한다.
  ➡ 얼음이 물로 융해한다.
- 비커에 든 물과 시계 접시 아랫면에 생긴 액체에 푸른색 염화 코발트 종이를 대었더니 모두 붉은색으로 변한다.
  ➡ 물질의 상태가 변할 때 물질의 (❶   )은 변하지 않는다.

 상태 변화에 따른 물질의 질량과 부피 변화 실험

- 아세톤이 들어 있는 비닐 주머니를 감압 장치에 넣고 장치 속 공기를 뺀 뒤 감압 장치의 질량을 측정한 다음, 뜨거운 물이 담긴 수조에 감압 장치를 넣어 아세톤이 모두 기화하였을 때 다시 질량을 측정하였다.
- 질량은 같은 값이고, 비닐 주머니가 부풀어 오른다.
  ➡ 물질의 상태가 변할 때 물질의 (❷   )은 변하지 않고, (❸   )는 변한다.

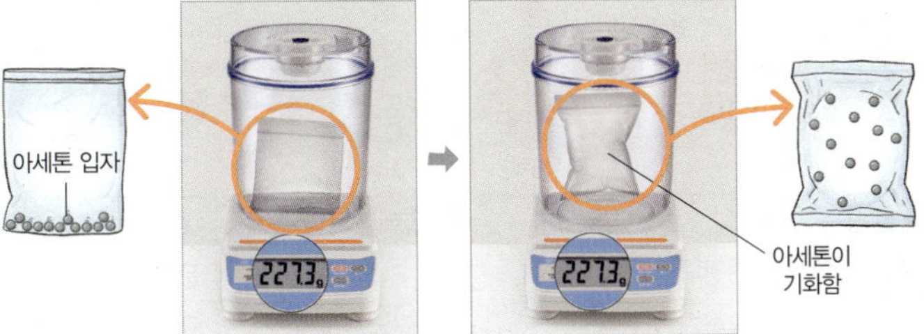

 상태 변화가 일어날 때 변하지 않는 것과 변하는 것

- 물질의 성질과 질량: 변하지 않는다. ➡ 물질을 구성하는 입자의 종류와 개수, 크기가 변하지 않기 때문
- 물질의 부피 변화: 변한다. ➡ 물질을 구성하는 입자의 배열이 달라져 입자 사이의 거리가 달라지기 때문

03 상태 변화와 열에너지

족보 ❶ 가열·냉각 곡선과 상태 변화

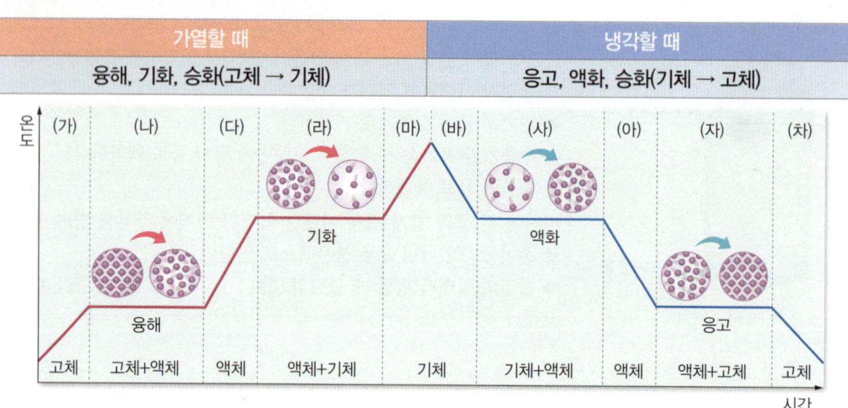

가열할 때	냉각할 때
융해, 기화, 승화(고체 → 기체)	응고, 액화, 승화(기체 → 고체)

- 온도가 높아지는 구간: (가), (다), (마)
  ➡ 흡수한 열에너지가 온도를 높이는 데 사용된다.
- 온도가 일정한 구간: (나), (라)
  ➡ 흡수한 열에너지가 (❶　　　) 하는 데 모두 사용된다.
- 두 가지 상태가 함께 존재하는 구간: (나), (라)

- 온도가 낮아지는 구간: (바), (아), (차)
  ➡ 열에너지를 빼앗겨 온도가 낮아진다.
- 온도가 일정한 구간: (사), (자)
  ➡ 상태 변화 하는 동안 (❷　　　)하는 열에너지가 온도가 낮아지는 것을 막아준다.
- 두 가지 상태가 함께 존재하는 구간: (나), (라)

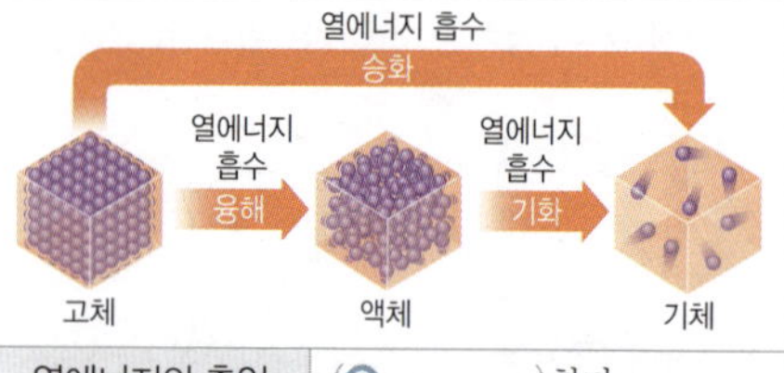

열에너지의 출입	(❸　　　)한다.	열에너지의 출입	(❹　　　)한다.
입자 운동	활발해진다.	입자 운동	둔해진다.
입자 배열	불규칙하게 변한다.	입자 배열	규칙적으로 변한다.
입자 사이의 거리	멀어진다. (단, 물은 예외)	입자 사이의 거리	가까워진다. (단, 물은 예외)

답 ① 상태 변화 ② 방출 ③ 흡수 ④ 방출

족보 ② 열에너지를 흡수·방출하는 상태 변화의 예

열에너지를 흡수하는 상태 변화		열에너지를 방출하는 상태 변화	
물질이 주위로부터 열에너지 흡수 ➡ 주위의 온도가 (❶)아진다.		물질이 주위로 열에너지 방출 ➡ 주위의 온도가 (❷)아진다.	
융해	• 얼음 조각상 옆에 있으면 시원하게 느껴진다. • 신선식품을 배달할 때 얼음주머니를 함께 넣으면 식품을 신선하게 유지할 수 있다.	응고	• 이글루의 벽에 물을 뿌려 내부를 따뜻하게 한다. • 액체 파라핀에 손을 담갔다가 꺼내면 파라핀이 응고하면서 손이 따뜻해진다.
기화	• 더운 여름날 인공 안개 장치로 물을 뿌리면 시원해진다. • 운동 후 땀이 마를 때나 샤워를 한 후 몸에 물기가 있으면 춥게 느껴진다.	액화	• 커피 기계의 스팀 분출 장치로 우유를 데운다. • 냉방이 잘 된 곳에 있다가 밖으로 나오면 후텁지근하게 느껴진다.
승화 (고체 → 기체)	• 아이스크림을 포장할 때 드라이아이스를 함께 넣으면 아이스크림이 잘 녹지 않는다.	승화 (기체 → 고체)	• 겨울철 눈이 내릴 때 날씨가 포근해진다.

족보 ③ 상태 변화를 이용한 냉방기와 난방기

에어컨 	증기난방 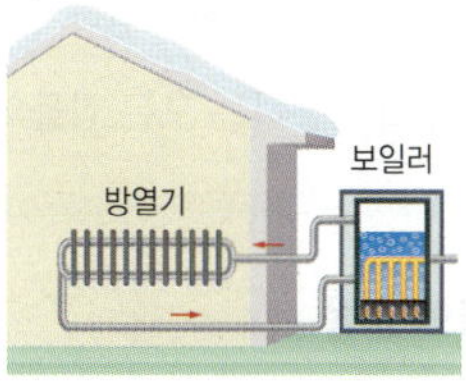

• 실내기: 액체 냉매가 (❸   )하면서 열에너지를 (❹   )하여 집 안을 시원하게 한다.
• 실외기: 기체 냉매가 액화하면서 열에너지를 방출한다.

• 방열기: 수증기가 물로 (❺   )하면서 열에너지를 (❻   )하여 집 안을 따뜻하게 한다.
• 보일러: 물이 수증기로 기화하면서 열에너지를 흡수한다.

답 ❶ 낮 ❷ 높 ❸ 기화 ❹ 흡수 ❺ 액화 ❻ 방출

01 힘의 표현과 평형

V. 힘의 작용

족보 1 과학에서의 힘

- 과학에서의 힘: 물체를 밀거나 당길 때 작용하는 힘으로, 물체의 모양이나 운동 상태를 변화시키는 원인
- 힘의 단위: N(뉴턴)

모양 변화	운동 상태 변화	모양과 운동 상태 변화
• 색 점토를 잡아당길 때 • 대리석을 쳐서 깨뜨릴 때 • 알루미늄 캔을 세게 누를 때	• 썰매를 밀 때 • 정지해 있던 창문을 밀 때 • 종이비행기를 날릴 때	• 야구공을 방망이로 세게 칠 때 야구공이 찌그러지며 날아간다. • 축구공을 발로 세게 찰 때 축구공이 찌그러지며 날아간다.

족보 2 힘의 표현

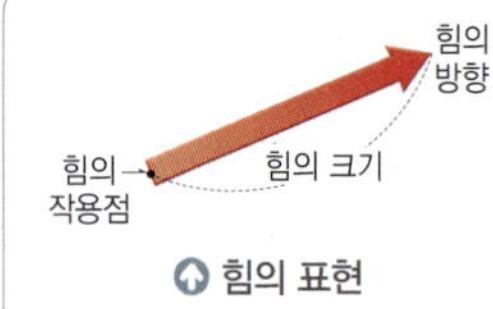

⬆ 힘의 표현

- 힘의 (❶   ): 화살표의 시작점으로 나타낸다.
- 힘의 크기: 화살표의 길이를 힘의 크기에 (❷   )하도록 나타낸다.
- 힘의 방향: 힘이 작용하는 방향을 화살표의 방향으로 나타낸다.

족보 3 힘의 합력

- 힘의 합력: 물체에 둘 이상의 힘이 동시에 작용할 때, 이와 같은 효과를 나타내는 하나의 힘

구분	힘이 물체에 같은 방향으로 작용할 때	힘이 물체에 반대 방향으로 작용할 때
합력의 크기	두 힘의 크기를 (❸) 값	큰 힘의 크기에서 작은 힘의 크기를 뺀 값
합력의 방향	두 힘의 방향과 같다.	(❹) 힘의 방향과 같다.

- 알짜힘: 물체에 작용하는 모든 힘들의 합력으로, 물체가 받는 순 힘

족보 4 힘의 평형

- 힘의 평형: 물체에 작용하는 알짜힘이 0이어서 물체가 아무런 힘을 받지 않는 것처럼 보이는 상태
- 두 힘이 평형을 이루는 조건: 두 힘의 크기는 같고 방향이 (❺   )이며, 일직선상에서 작용해야 한다.

⬆ 힘의 평형

정답 ❶ 작용점 ❷ 비례 ❸ 더한 ❹ 큰 ❺ 반대

02 여러 가지 힘

족보 1 중력의 방향

- 중력: 지구와 같은 천체가 물체를 당기는 힘
- 중력의 방향: 지구 (❶   ) 방향(＝연직 아래 방향)
  ➡ 물체를 지구 어디에 놓아도 물체는 지구 중심 방향으로 떨어진다.

족보 2 중력에 의해 나타나는 현상의 예

- 위로 던진 공이 땅으로 떨어진다.
- 비, 눈, 우박이 아래로 내린다.
- 폭포의 물이 위에서 아래로 흐른다.

족보 3 중력의 크기

- 물체를 들었을 때 무겁거나 가볍게 느끼는 까닭은 중력의 크기가 다르기 때문이다.
- 천체마다 물체에 작용하는 중력의 크기가 다르다.
  ➡ 달에서의 중력: 지구 중력의 약 (❷   ) 이다.

족보 4 무게와 질량

구분	무게	질량
정의	물체에 작용하는 (❸)의 크기	물체의 고유한 양
단위	N(뉴턴)	g(그램), kg(킬로그램)
측정 기구	용수철저울, 가정용 저울	양팔저울, 윗접시저울
특징	측정 장소에 따라 달라진다.	변하지 않는다.
관계	• 지구에서 물체의 무게＝(❹)×질량 • 질량이 클수록 무게도 크다.	

족보 5 탄성력의 방향

- 탄성력: 변형된 물체가 원래 모양으로 되돌아가려는 힘
- 탄성력의 방향: 변형된 물체가 원래 모양으로 되돌아가려는 방향

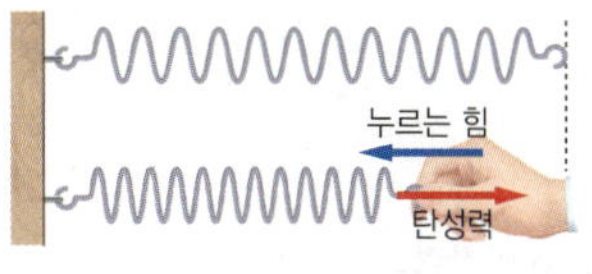

⬆ 탄성력의 방향

정답 ❶ 중심 ❷ $\frac{1}{6}$ ❸ 중력 ❹ 9.8

족보 6 탄성력의 크기

- 탄성력의 크기는 탄성체에 작용한 힘의 크기와 같다.
- 탄성체의 변형이 (❶　　　　)수록 탄성력이 커진다.

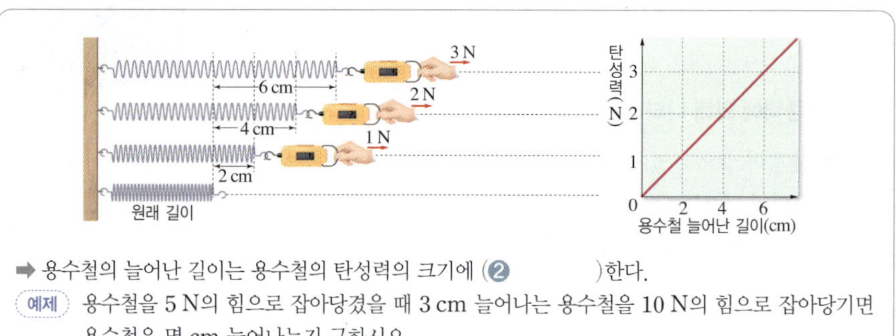

➡ 용수철의 늘어난 길이는 용수철의 탄성력의 크기에 (❷　　　　)한다.

예제　용수철을 5 N의 힘으로 잡아당겼을 때 3 cm 늘어나는 용수철을 10 N의 힘으로 잡아당기면 용수철은 몇 cm 늘어나는지 구하시오.

풀이　늘어난 길이를 x라고 하면 5 N : 3 cm $=$ 10 N : x이므로 $x=6$ cm이다.

족보 7 탄성력의 이용

- 탄성력의 이용: 컴퓨터 자판, 장대높이뛰기, 양궁, 볼펜, 집게, 자전거 안장, 용수철저울 등

족보 8 마찰력의 방향

- 마찰력: 두 물체의 접촉면에서 물체의 운동을 방해하는 힘
- 마찰력의 방향: 물체의 운동 방향과 (❸　　　　) 방향

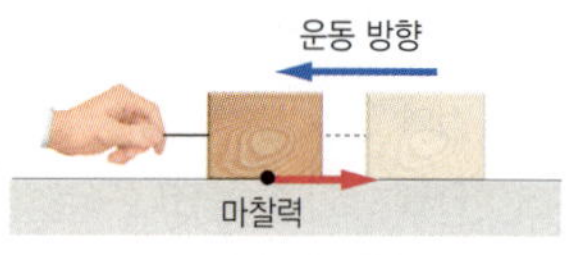

⬆ 마찰력의 방향

족보 9 마찰력의 크기

- 물체의 접촉면이 거칠수록, 물체의 무게가 (❹　　　　)수록 마찰력이 크다.

➡ 마찰력의 크기: (나) > (다) > (가)

정답 ❶ 클 ❷ 비례 ❸ 반대 ❹ 무거울

족보 ⑩ 마찰력의 이용

마찰력의 크게 하는 경우	마찰력을 작게 하는 경우
• 계단 끝에 미끄럼 방지 패드를 붙인다. • 등산화의 바닥을 울퉁불퉁하게 만든다. • 눈 오는 날 자동차 타이어에 체인을 감는다. • 고무장갑의 손바닥 부분을 울퉁불퉁하게 만든다.	• 수영장의 미끄럼틀에 물을 뿌린다. • 기계나 자전거의 체인에 윤활유를 사용한다. • 눈 위에서 스키나 스노보드가 잘 미끄러진다. • 창문을 열고 닫을 때 바퀴를 사용한다.

족보 ⑪ 부력의 방향

• 부력: 액체나 기체에 잠긴 물체를 위로 밀어 올리는 힘
• 부력의 방향: 중력의 방향과 반대 방향인 (❶)으로 작용

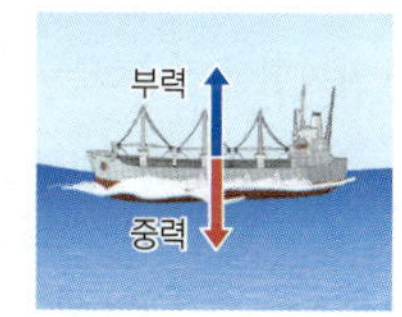

족보 ⑫ 부력의 크기

• 물체가 받은 부력의 크기는 물체가 물에 잠기기 전후 (❷)의 차이와 같다.

> 부력의 크기=(물 밖에서 물체의 무게)−(물속에서 물체의 무게)

• 물에 잠긴 물체의 (❸)가 클수록 부력이 크다.

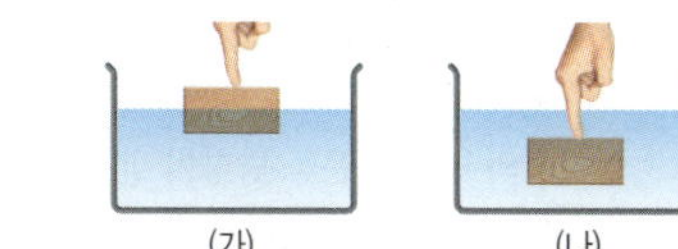

• 질량: (가)=(나)
• 물에 잠긴 부피: (가)<(나)
• 부력의 크기: (가)(❹)(나)

• 부력과 중력의 크기 비교

부력>중력	부력=중력	부력<중력
물속의 물체가 위로 뜬다.	물체가 물 위나 물속에 떠 있다.	물체가 물속에 가라앉는다.

족보 ⑬ 부력의 이용

액체 속에서 받는 부력	기체 속에서 받는 부력
• 구명조끼, 구명환, 튜브로 물에 쉽게 뜬다. • 무거운 배가 물 위에 뜬다. • 잠수함이 바다에 뜨고 가라앉는다.	• 열기구 안이 뜨거운 공기로 차면 뜬다. • 헬륨을 채운 풍선이나 비행선이 뜬다. • 풍등이 하늘로 올라간다.

> ❼ 위로 ❻ 무게 ❺ 부피 ❹ 크다 ❶ 위쪽

03 힘의 작용과 운동 상태 변화

족보 1 알짜힘이 0일 때 운동 상태 변화

- 정지해 있는 물체는 (❶   )해 있다.
  예 책상 위에 놓인 책, 물 위에 떠 있는 배 등
- 운동하고 있는 물체는 일정한 운동 상태를 유지한다.
  예 무빙워크, 에스컬레이터, 컨베이어 벨트 등

족보 2 알짜힘이 작용하는 경우

- 알짜힘이 작용하는 방향에 따라 물체의 (❷   )가 변한다.

운동 방향과 나란한 방향으로 알짜힘이 작용할 때	운동 방향과 수직 방향으로 알짜힘이 작용할 때	운동 방향과 비스듬한 방향으로 알짜힘이 작용할 때
(❸)이 변한다.	운동 방향이 변한다.	속력과 운동 방향이 모두 변한다.

족보 3 속력만 변하는 운동

- 알짜힘이 물체의 운동 방향과 나란한 방향으로 작용: 물체의 속력만 변하고 운동 방향이 일정

운동	속력이 (❹)하는 운동	속력이 감소하는 운동
물체의 모습	운동 방향 / 알짜힘	운동 방향 / 알짜힘
힘의 방향	알짜힘의 방향과 운동 방향이 같다.	알짜힘의 방향과 운동 방향이 반대이다.
예	사과나무에서 떨어지는 사과, 짚라인, 낙하하는 자이로 드롭 등	잔디 위를 굴러가는 공, 연직 위로 던져 올린 공 등

족보 4 운동 방향만 변하는 운동

- 알짜힘이 물체의 운동 방향과 수직 방향으로 작용: 물체의 운동 방향만 변하고 속력이 일정

운동	물체가 일정한 속력으로 원을 그리며 움직이는 운동	
힘의 방향	알짜힘의 방향이 운동 방향과 수직이다.	
속력	항상 일정	
운동 방향	원의 (❺) 방향 ➡ 계속 변한다.	
예	대관람차, 회전목마, 인공위성, 회전 그네 등	

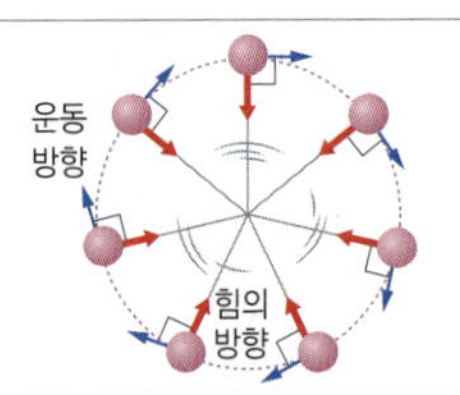

26

족보 5 속력과 운동 방향이 변하는 운동

• 알짜힘이 물체의 운동 방향과 (❶   ) 작용: 물체의 속력과 운동 방향이 모두 변함.

운동	비스듬히 던져 올린 물체의 운동	같은 경로를 왕복하는 운동
물체의 모습		
힘의 방향	(❷)이 항상 연직 아래 방향으로 작용	계속 변한다.
속력	계속 변한다.	계속 변한다.
운동 방향	운동 경로의 접선 방향 ➡ 계속 변한다.	
예	스케이트를 타며 점프할 때, 비스듬히 던진 농구공 등	바이킹, 시계추, 그네 등

족보 6 정지해 있는 물체에 작용하는 힘

바닥에 놓인 화분	용수철저울에 매달려 있는 물체
화분에는 (❸)과 바닥이 화분을 떠받치는 힘이 평형을 이루고 있다.	물체에는 탄성력과 중력이 (❹)을 이루고 있다.

족보 7 힘의 특징을 이용한 기구

자전거	• 안장 아래쪽에 (❺)이 큰 용수철을 설치하여 충격을 흡수한다. • 마찰력이 큰 재질이나 모양으로 페달을 만들면 쉽게 밟을 수 있다.
신발	마찰력이 큰 고무를 발바닥 부분에 붙여서 미끄럼을 방지한다.
모래시계	중력과 마찰력을 이용해서 일정한 양의 모래가 떨어지며 시간을 알려준다.
가정용 저울	용수철의 탄성력을 이용해서 물체에 작용하는 중력의 크기인 무게를 측정한다.

정답 ❶ 비스듬하게 ❷ 중력 ❸ 중력 ❹ 평형 ❺ 탄성력

01 기체의 압력

족보 1 압력

- 압력: 일정한 면적에 작용하는 힘
- 압력에 영향을 주는 요인

구분	힘이 작용하는 면적이 같을 때		작용하는 힘의 크기가 같을 때	
스펀지에 올려놓은 벽돌의 개수나 모양을 다르게 한 경우	(가)	(나)	(다)	(라)
힘이 작용하는 면적	(가)=(나)		(다)>(라)	
힘의 크기	(가)<(나)		(다)=(라)	
압력의 크기	(가)(❶)(나)		(다)(❷)(라)	
	➡ 작용하는 힘의 크기가 클수록 압력이 커져서 스펀지가 더 깊게 눌린다.		➡ 힘이 작용하는 면적이 좁을수록 압력이 커져서 스펀지가 더 깊게 눌린다.	

족보 2 압력의 크기 비교 실험

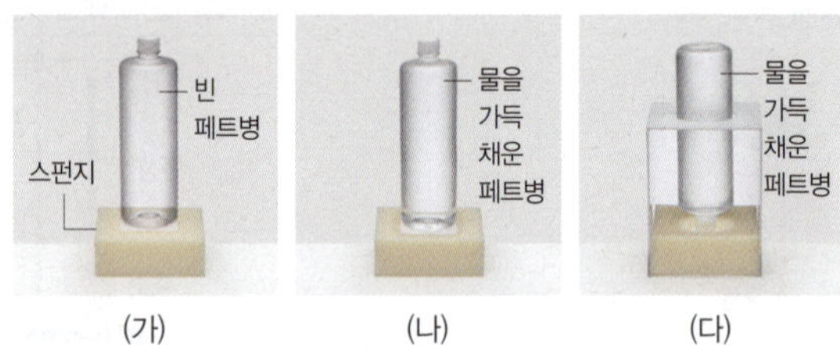

- 스펀지가 눌리는 정도: (가)<(나)<(다)
- 압력의 크기: 작용하는 힘의 크기가 (❸)수록, 힘이 작용하는 면적이 (❹)수록 압력이 크게 작용한다.

족보 3 압력을 이용한 예

구분	압력이 (❺)지는 경우	압력이 (❻)지는 경우
원리	힘이 작용하는 면적을 좁힌다.	힘이 작용하는 면적을 넓힌다.
예	못, 압정, 칼날, 가위, 빨대, 아이젠 등	눈썰매, 스키, 설피 등

정답 ❶ > ❷ > ❸ 클 ❹ 좁을 ❺ 커 ❻ 작아

기체의 압력(기압)

- 기체의 압력은 (❶   ) 방향으로 작용한다.
- 용기 안에 들어 있는 기체 입자의 개수가 많으면 기체 입자의 (❷   ) 횟수가 증가하여 기체의 압력이 커진다.
- 기체의 압력을 이용한 예: 에어백, 풍선 놀이 틀, 구조용 공기 안전 매트, 튜브, 혈압 측정기, 자동차 구조용 에어 잭 등

족보 5 찌그러진 축구공에 공기를 넣을 때의 변화

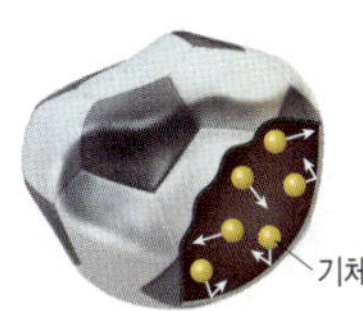

축구공에 공기를 넣음 ➡ 축구공 속 기체 입자의 개수 (❸   ) ➡ 축구공 속 기체 입자의 충돌 횟수 증가 ➡ 축구공 속 공기의 압력 (❹   ) ➡ 축구공이 사방으로 부풀어 오름

족보 6 기체의 압력 확인 실험

구분	기체의 압력이 작용하는 방향 확인	기체 압력의 크기 확인
과정	• 페트병에 쇠구슬 15 개를 넣은 다음 뚜껑을 닫는다. • 페트병을 양손으로 잡고 흔들어 손바닥에 느껴지는 힘을 확인한다.	• 페트병 2 개에 각각 쇠구슬 15 개, 30 개를 넣은 다음 뚜껑을 닫는다. • 2 개의 페트병을 양손으로 잡고 같은 빠르기로 흔들면서 손바닥에 느껴지는 힘을 비교한다.
결과	손바닥 전체에서 힘이 느껴진다.	쇠구슬의 개수가 많을수록 손바닥에 느껴지는 힘이 커진다.
해석	쇠구슬은 모든 방향으로 움직인다.	쇠구슬의 개수가 많을수록 페트병의 안쪽 벽에 충돌하는 횟수가 증가한다.
결론	기체의 압력은 (❺) 방향으로 작용한다.	기체 입자의 개수가 많을수록 입자가 용기 안쪽 벽에 충돌하는 횟수가 증가하여 기체의 압력이 (❻)진다.

정답 ❶ 모든 ❷ 충돌 ❸ 증가 ❹ 증가 ❺ 모든 ❻ 커

O2 기체의 압력 및 온도와 부피 관계

족보 1 보일 법칙

보일 법칙	온도가 일정할 때 일정량의 기체의 압력과 부피는 (❶)한다.
그래프 해석	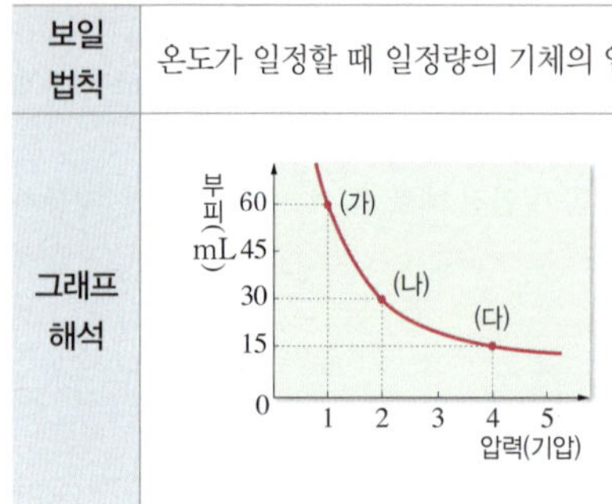 • (가) → (나): 기체의 압력이 2 배가 되면 기체의 부피는 $\frac{1}{2}$로 감소한다. • (가) → (다): 기체의 압력이 4 배가 되면 기체의 부피는 $\frac{1}{4}$로 감소한다. • (가), (나), (다)에서 기체의 압력과 부피의 곱은 일정하다.

족보 2 압력에 따른 기체의 부피 변화와 입자의 운동

구분	압력 감소	압력 증가
입자 모형		
입자 운동의 변화	외부 압력 감소 ➡ 기체 부피 증가 ➡ 기체 입자 사이의 거리 증가 ➡ 기체 입자의 충돌 횟수 (❷) ➡ 용기 속 기체의 압력 (❸)	외부 압력 증가 ➡ 기체 부피 감소 ➡ 기체 입자 사이의 거리 감소 ➡ 기체 입자의 충돌 횟수 (❹) ➡ 용기 속 기체의 압력 (❺)
변하지 않는 것	기체 입자의 개수, 기체 입자 운동의 빠르기	

족보 3 기체의 압력과 부피 관계를 이용한 예

압력이 감소하여 기체의 부피가 증가하는 경우	압력이 증가하여 기체의 부피가 감소하는 경우
• 높은 산에 올라가면 과자 봉지가 부풀어 오른다. • 헬륨 풍선이 하늘 높이 올라가면 크기가 점점 커진다. • 잠수부가 내뿜은 공기 방울은 수면으로 올라올수록 점점 커진다.	• 공기 주머니가 들어 있는 운동화는 발바닥에 전해지는 충격을 줄여 준다. • 공기 침대에 누우면 공기 침대의 부피가 감소한다. • 천연가스 버스의 가스통에는 높은 압력을 가하여 부피를 줄인 천연가스가 들어 있다.

정답 ❶ 반비례 ❷ 감소 ❸ 감소 ❹ 증가 ❺ 증가

샤를 법칙	압력이 일정할 때 기체의 온도가 높아지면 일정량의 기체의 부피는 일정한 비율로 (❶) 한다.	
그래프 해석	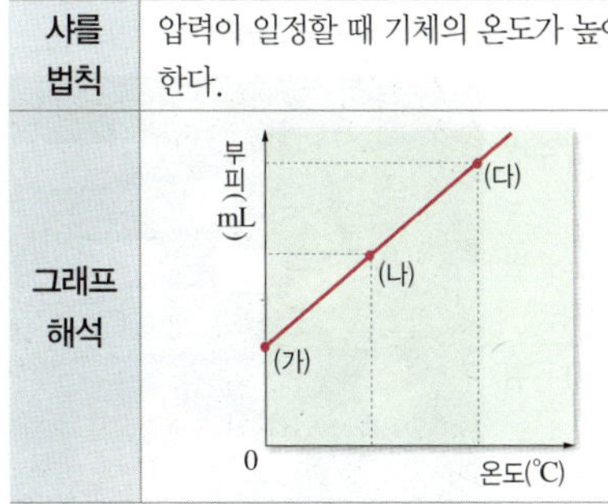	• (가) → (나) → (다): 온도가 높아지면 기체의 부피가 일정한 비율로 증가한다. • 온도가 0 ℃인 (가)에서 기체의 부피는 0이 아니다.

족보 5 **온도에 따른 기체의 부피 변화와 입자의 운동**

구분	온도 낮춤	온도 높임
입자 모형		
입자 운동의 변화	온도 낮춤 ➡ 기체 입자 운동의 빠르기 감소 ➡ 기체 입자의 충돌 세기 감소 ➡ 기체 부피 (❷)	온도 높임 ➡ 기체 입자 운동의 빠르기 증가 ➡ 기체 입자의 충돌 세기 증가 ➡ 기체 부피 (❸)
변하지 않는 것	기체 입자의 개수	

족보 6 **기체의 온도와 부피 관계를 이용한 예**

온도가 낮아져 기체의 부피가 감소하는 경우	온도가 높아져 기체의 부피가 증가하는 경우
• 추운 겨울에 헬륨 풍선을 들고 밖으로 나가면 풍선이 쭈그러든다. • 냉장고에서 꺼낸 밀폐 용기의 뚜껑이 잘 열리지 않는다. • 날씨가 추워지면 자동차 타이어가 수축한다.	• 찌그러진 탁구공을 뜨거운 물에 넣으면 펴진다. • 열기구의 풍선 속 기체를 가열하면 풍선이 부풀어 오르면서 가벼워져 위로 떠오른다. • 오줌싸개 인형의 머리에 뜨거운 물을 부으면 인형에서 물이 나온다.

01 태양계의 구성

족보 1 태양계 구성 천체

천체	특징	모습
태양	태양계의 중심에 있으며, 스스로 빛을 낸다.	
행성	태양을 중심으로 공전하고 둥근 모양이며, 궤도 주변의 다른 천체들에게 지배적인 지위를 갖는다.	
(❶)	태양을 중심으로 공전하고, 둥근 모양이며 궤도 주변 다른 천체들에게 지배적인 역할을 하지 못한다.	
위성	(❷)을 중심으로 공전하며, 행성마다 위성의 개수가 다양하다.	
소행성	모양이 불규칙하고 주로 화성과 목성 궤도 사이에 띠를 이루어 분포한다.	
혜성	얼음과 먼지로 이루어져 있으며, 태양과 가까워지면 (❸)가 생긴다.	

족보 2 행성의 특징

행성	특징	행성	특징
수성	대기가 거의 없어 낮과 밤의 온도 차가 크고, 표면에 운석 구덩이가 많다.	목성	표면에 적도와 나란한 줄무늬와 (❻)이 있으며, 희미한 고리가 있고 위성이 많다.
금성	(❹)로 이루어진 두꺼운 대기가 있어 표면 온도가 매우 높다.	토성	얼음과 암석으로 이루어진 뚜렷한 (❼)가 있고, 위성이 많다.
지구	질소와 산소 등으로 이루어진 대기와 액체 상태의 물이 있다.	천왕성	자전축이 공전 궤도면과 거의 나란하며 희미한 고리와 위성들이 많다.
화성	표면이 붉게 보이고, 과거에 물이 흘렀던 흔적이 있으며 극지방에는 얼음과 드라이아이스로 이루어진 (❺)이 있다.	해왕성	표면에 대흑점이 있으며, 희미한 고리와 위성들이 많다.

정답 ❶ 왜소 행성 ❷ 행성 ❸ 꼬리 ❹ 이산화 탄소 ❺ 얼음 ❻ 대적점 ❼ 고리

족보 ❸ 지구형 행성과 목성형 행성

구분	행성	질량	반지름	위성 수	고리	표면 상태
지구형 행성	수성, 금성, 지구, 화성	작다.	작다.	없거나 적다.	없다.	단단한 암석
목성형 행성	목성, 토성, 천왕성, 해왕성	크다.	크다.	많다.	있다.	(❶)

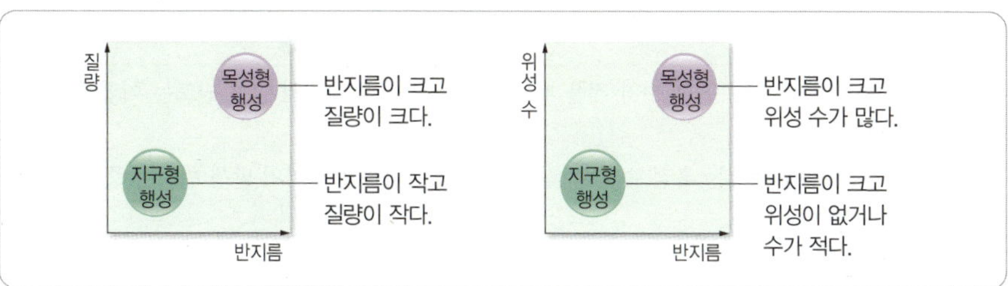

족보 ❹ 태양의 특징

표면 (광구)	흑점		크기와 모양이 불규칙한 어두운 부분 ➡ 주변보다 온도가 (❷) 어둡게 보인다.
	쌀알 무늬		쌀알을 뿌려 놓은 것처럼 보이는 무늬로, 광구 아래에서 일어나는 대류 현상으로 생긴다.
대기 및 대기 현상	채층		광구 바로 위쪽에 있는 붉은색의 얇은 대기층
	(❸)		채층 위로 멀리 뻗어있는 진주색의 대기층 ➡ 온도가 매우 높다.
	홍염		광구에서부터 대기로 고온의 기체가 솟아오르는 현상
	(❹)		흑점 주변에서 일어나는 폭발로, 많은 양의 에너지가 한꺼번에 방출되는 현상

족보 5 태양 활동과 영향

- 태양의 활동이 활발해지면 태양의 표면과 대기에 변화가 나타나고, 지구도 영향을 받아 다양한 현상이 일어난다.

태양의 변화	지구가 받는 영향
• 흑점 수 (❶) • 코로나의 크기가 커짐 • 홍염, 플레어가 자주 발생 • 태양풍이 강해짐	• 자기 폭풍 및 무선 전파 통신 장애 • 위성 위치 확인 시스템(GPS) 수신 방해 • 인공위성 및 송전 시설 고장 • 오로라 발생 빈도 (❷)

예제 흑점 수가 많을 때는 흑점 수가 적을 때에 비해 홍염과 플레어의 발생 빈도는 어떻게 변하는지 쓰시오.

풀이 흑점 수가 많을 때에는 흑점 수가 적을 때에 비해 홍염과 플레어의 발생 빈도가 증가한다.

족보 6 천체 망원경의 구조와 기능

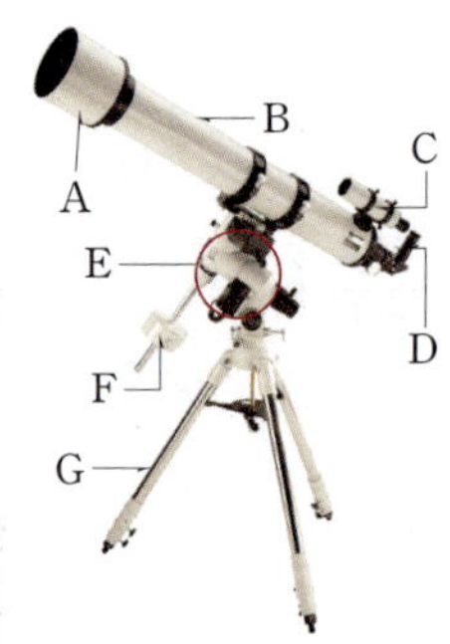

A	(❸) ➡ 빛을 모은다.
B	경통 ➡ 대물렌즈와 접안렌즈를 연결한다.
C	보조 망원경 ➡ 천체를 찾을 때 이용한다.
D	접안렌즈 ➡ 상을 확대한다.
E	가대 ➡ 경통과 삼각대를 연결한다.
F	균형추 ➡ 경통부와 무게 균형을 맞춘다.
G	삼각대 ➡ 경통과 가대를 받쳐준다.

족보 7 천체 망원경을 이용한 관측

- 주위가 트여 있고 주변에 불빛이 없으며, 편평한 곳에 망원경을 설치한다.
- 보조 망원경으로 관측할 천체를 찾아 시야의 중앙에 오도록 조정한다.
- 보조 망원경으로 찾은 천체를 망원경의 (❹   )로 보면서 초점을 맞춘다.
- 천체를 관측할 때 저배율에서 고배율 순서로 관측한다.

답 ❶ 증가 ❷ 증가 ❸ 대물렌즈 ❹ 접안렌즈

02 지구의 운동

족보 1 천체의 일주 운동

- 천체의 일주 운동: 태양, 별, 등의 천체가 하루에 한 바퀴씩 동쪽에서 서쪽으로 도는 겉보기 운동
- 원인: 지구의 (❶   )
- 보이는 현상: 우리나라에서 북쪽 하늘을 보면 천체는 북극성을 중심으로 (❷   ) 방향으로 도는 것처럼 보인다.

구분	지구의 자전	천체의 일주 운동
운동 방향	서 → 동	동 → 서
운동 속도	1 시간에 15° 회전	1 시간에 15° 회전

족보 2 북쪽 하늘 별의 일주 운동

- 별의 일주 운동: 지구의 자전에 의해 일어나는 겉보기 운동
  ➡ 별들은 실제로는 움직이지 않는다.
- 일주 운동의 중심인 별 P: (❸   )
- 별자리의 회전 방향은 시계 반대 방향(B → A)이다.
- 별은 1 시간에 15°씩 회전한다. ➡ 중심각(θ)＝15°×관측 시간

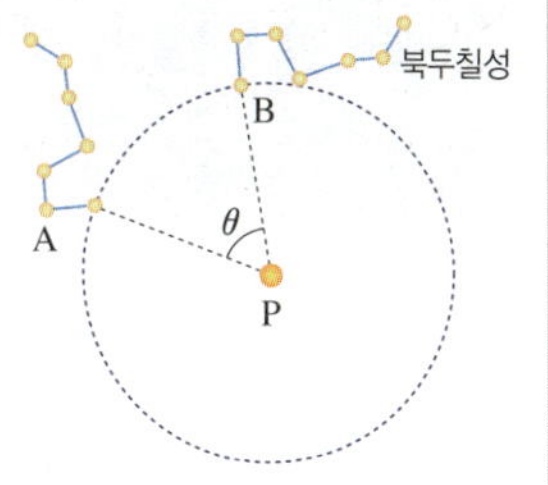

예제 별 P를 중심으로 A와 B의 중심각(θ)이 60°일 때 A와 B 사이의 시간 간격을 쓰시오.

풀이 별은 1 시간에 15°씩 움직이므로 A와 B 사이의 시간 간격은 60°÷15°＝4 시간이다.

족보 3 우리나라에서 관측한 별의 일주 운동 모습

정답 ❶ 자전 ❷ 동 → 서 ❸ 북극성 ❹ 남쪽 하늘 ❺ 북쪽 하늘

족보 4 태양의 연주 운동

- 태양의 연주 운동: 태양이 별자리를 배경으로 일 년에 한 바퀴씩 서쪽에서 동쪽으로 도는 겉보기 운동
- 원인: 지구의 (❶   )
- 보이는 현상: 한밤중에 남쪽 하늘에서 보이는 별자리는 계절에 따라 다르다.

구분	지구의 공전	태양의 연주 운동
운동 방향	서 → 동	서 → 동
운동 속도	하루에 약 1°씩 이동	하루에 약 1°씩 이동

족보 5 태양과 별자리의 위치 변화

- 지구의 공전으로 일어나는 겉보기 운동 ➡ 태양은 실제로는 움직이지 않는다.
- 별자리는 태양을 기준으로 동 → 서로 이동한다.
- 태양은 별자리를 기준으로 서 → 동으로 이동한다.

족보 6 황도 12궁과 계절별 별자리 변화

- 계절별 별자리 변화: 지구가 태양을 중심으로 공전하여 태양이 보이는 위치가 달라지므로 한밤중 남쪽 하늘에서 볼 수 있는 별자리는 계절에 따라 달라진다.
- 황도 12궁: 황도에 위치한 12개의 별자리 ➡ 태양은 표시된 계절에 해당하는 별자리를 지나고, 한밤중 남쪽 하늘에서는 태양의 (❷   ) 방향에 있는 별자리를 볼 수 있다.

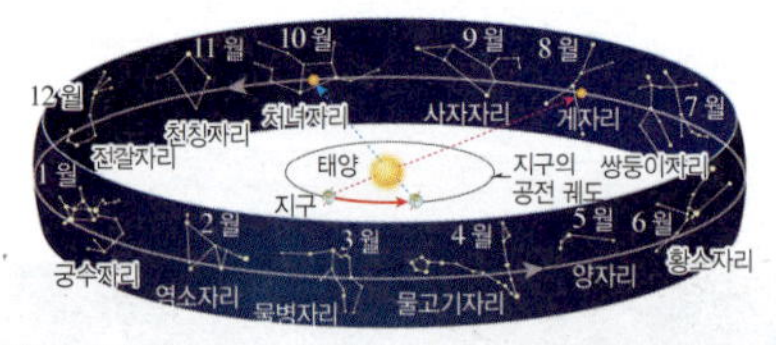

구분	태양이 지나는 별자리	한밤중에 남쪽 하늘에서 보이는 별자리
8월	(❸)	염소자리
10월	처녀자리	(❹)

(예제) 태양이 쌍둥이자리를 지날 때 한밤중에 남쪽 하늘에서 보이는 별자리를 쓰시오.

(풀이) 궁수자리, 태양이 쌍둥이자리를 지날 때 한밤중에 남쪽 하늘에서는 태양의 반대 방향에 있는 궁수자리(=6개월 후 별자리)가 보인다.

VII. 태양계

❶ 공전 ❷ 반대 ❸ 게자리 ❹ 물고기자리

03 달의 운동

족보 ① 달의 공전과 위상 변화

- 달의 공전: 달이 지구를 중심으로 서쪽에서 동쪽으로 약 한 달에 한 바퀴씩 도는 운동

공전 방향	서 → 동	공전 속도	하루에 약 13°씩 이동

- 달의 공전으로 나타나는 현상: 달의 위상 변화, 일식과 월식

족보 ② 달의 위상 변화

- 달의 위상: 지구에서 볼 때 햇빛을 반사하여 밝게 보이는 달의 모양
- 달의 공전과 위상 변화: 달이 공전함에 따라 상대적인 위치가 달라져 위상이 변한다.

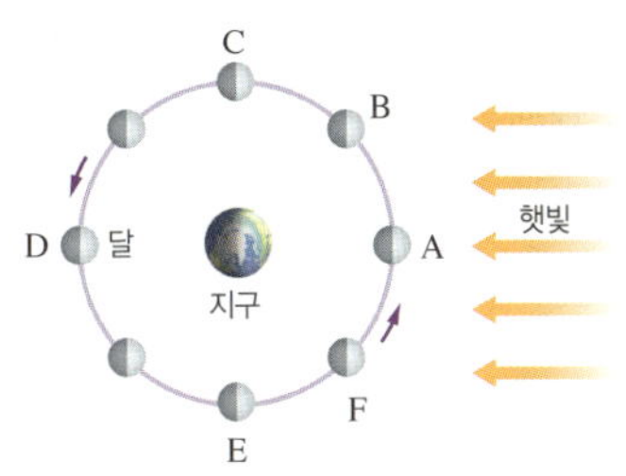

위치	위상		관측 시기(음력)
A	보이지 않음		1 일경
B	초승달		2 일~3 일경
C	(❶)		7 일~8 일경
D	보름달		(❷) 일경
E	하현달		22 일~23 일경
F	(❸)		27 일~28 일경

족보 ③ 달의 위치와 모양 변화

- 달의 위치는 매일 서 → 동으로 이동한다.
- 달은 하루에 약 (❹   )씩 서쪽에서 동쪽으로 이동한다.
- 달을 매일 같은 시각에 관측하면 달의 모양이 조금씩 달라진다.

답 ❶ 상현달 ❷ 15 ❸ 그믐달 ❹ 13°

일식

족보 4

- 일식: 지구에서 보았을 때 달이 태양의 전체 또는 일부를 가리는 현상
- 개기일식: 달이 태양을 완전히 가리는 현상
- 부분일식: 달이 태양의 일부를 가리는 현상

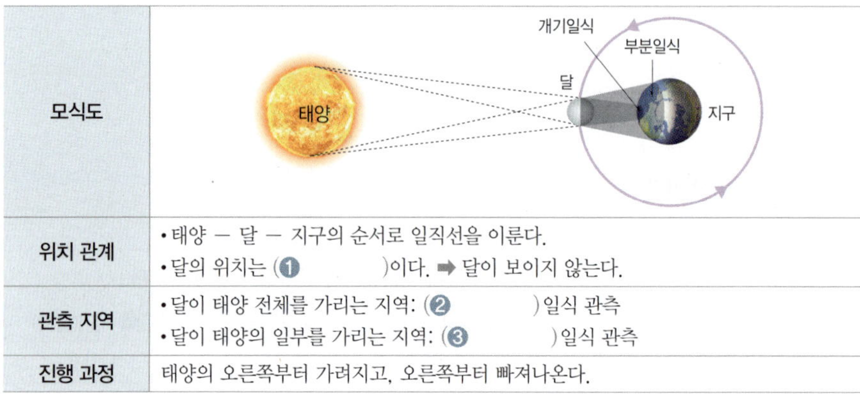

모식도	
위치 관계	• 태양 − 달 − 지구의 순서로 일직선을 이룬다. • 달의 위치는 (❶　　　)이다. ➡ 달이 보이지 않는다.
관측 지역	• 달이 태양 전체를 가리는 지역: (❷　　　)일식 관측 • 달이 태양의 일부를 가리는 지역: (❸　　　)일식 관측
진행 과정	태양의 오른쪽부터 가려지고, 오른쪽부터 빠져나온다.

월식

족보 5

- 월식: 지구에서 보았을 때 달이 지구의 그림자 속에 들어가 전체 또는 일부가 가려지는 현상
- 개기월식: 달의 전체가 지구의 그림자에 가려져 붉게 보이는 현상
- 부분월식: 달의 일부가 지구의 그림자에 가려지는 현상

모식도	
위치 관계	• 태양 − 지구 − 달의 순서로 일직선을 이룬다. • 달의 위치는 (❹　　　)이다. ➡ 달의 위상은 보름달
관측 지역	지구에서 밤이 되는 모든 지역
진행 과정	달의 (❺　　　)쪽부터 가려지고, (❻　　　)쪽부터 빠져나온다.

정답 ❶ 삭 ❷ 개기 ❸ 부분 ❹ 망 ❺ 동 ❻ 동

Memo

Memo

시험 전
한끝

 **주제 1 미국 혁명과 미국의 성장**

1. 미국 혁명

배경	17세기 이후 영국인이 종교의 자유와 경제적 기회를 찾아 북아메리카로 이주함 → 북아메리카 동부에 13개의 식민지 건설, 독자적인 의회 구성 → 프랑스와의 전쟁으로 영국의 재정 궁핍 → 식민지 간섭 시작(인지세 등 세금 징수)
전개	영국 정부의 세금 징수에 식민지 주민들이 저항함 → 식민지 주민들이 영국 동인도 회사의 배를 습격한 보스턴 차 사건 발발(1773) → 영국 정부가 보스턴항 봉쇄 → 식민지 대표들이 대륙 회의를 열어 영국에 항의함 → 식민지 대표들이 조지 워싱턴을 총사령관으로 임명, 미국 독립 선언문 발표(1776) → 초기 식민지군의 열세 → 프랑스 등 여러 국가의 지원, 요크타운 전투(1781)에서 식민지군 승리 → 파리 조약에서 영국 정부로부터 독립을 인정받음(1783)
결과	• 헌법 제정(연방제, 국민 주권, 삼권 분립), 아메리카 합중국(미국) 수립 • 프랑스 혁명과 라틴 아메리카의 독립운동에 큰 영향을 줌

2. 미국의 성장

(1) **영토 확장**: 독립 이후 원주민을 몰아내고 서부로 세력 확대 → 1840년대 말 태평양 연안까지 영토 확장

(2) **인구 증가**: 19세기 유럽, 아시아, 라틴 아메리카 등지에서 이민 → 인구 증가 → 이민자들의 값싼 노동력을 활용해 산업 발전

---

01 다음에서 설명하는 사건을 쓰시오.

> 영국이 식민지로 들어오는 설탕과 차 등에 세금을 부과하자 일부 식민지 주민들이 인디언으로 변장하고 보스턴항에 정박해 있던 영국 동인도 회사의 배를 습격한 사건이다.

( )

02 미국의 독립 과정을 일어난 순서대로 나열하시오.

> (가) 파리 조약 체결   (나) 요크타운 전투 승리
> (다) 미국 독립 선언문 발표   (라) 아메리카 합중국(미국) 수립

( )

03 미국의 성장에 대한 설명이 맞으면 ○표, 틀리면 ✕표를 하시오.
① 미국은 독립 이후 원주민을 몰아내고 동부로 세력을 확대하였다. ( )
② 19세기 미국은 이민자들의 노동력을 활용하여 산업이 발전하였다. ( )

주제 2 프랑스 혁명

1. 프랑스 혁명
(1) **혁명의 배경**: 구제도의 모순, 계몽사상과 미국 혁명의 영향을 받은 시민 계급의 성장

(2) **혁명의 전개**

국민 의회	루이 16세의 삼부회(삼신분회) 소집 → 삼부회 표결 방식을 놓고 신분 간 대립 → 제3 신분 대표들이 국민 의회 결성, 테니스코트의 서약(1789) → 루이 16세의 억압 → 파리 민중의 바스티유 습격 → 혁명 이념을 담은 '인간과 시민의 권리선언(인권 선언)' 발표 → 헌법 제정
입법 의회	입법 의회 구성 → 입법 의회가 오스트리아와 프로이센 등에 전쟁 선포 → 계속되는 전쟁으로 생활이 어려워진 파리 민중이 왕궁 습격 → 왕권 정지, 국민 공회 수립(1792)
국민 공회	공화정 선포, 루이 16세 처형 → 로베스피에르 등 급진파 세력의 공포 정치 실시(혁명 반대 세력 처형) → 반대 세력에게 로베스피에르가 처형당함
총재 정부	5명의 총재가 이끄는 총재 정부 수립 → 나폴레옹의 쿠데타로 붕괴(1799), 혁명 종결

2. 나폴레옹 시대
(1) **통령 정부와 제정 수립**: 나폴레옹이 제1 통령으로 취임, 대프랑스 동맹 격파, 『나폴레옹 법전』 편찬 등 개혁 실시 → 국민의 지지를 얻어 황제에 즉위(1804)

(2) **정복 전쟁**

전개	유럽 대부분 지역 침략 → 영국에 대륙 봉쇄령 선포 → 러시아 원정 실패 → 나폴레옹의 몰락
영향	유럽에 프랑스 혁명의 이념인 자유주의와 민족주의가 확산됨(→ 국민 국가 성장의 발판 마련)

---

01 빈칸에 들어갈 내용을 쓰시오.

① 국민 의회는 혁명의 이념을 담은 (　　　　　　)을/를 발표하였다.

② 루이 16세는 재정 문제를 해결하고자 신분 회의인 (　　　　　　)을/를 소집하였다.

02 ㉠에 들어갈 인물을 쓰시오.

> 국민 공회가 등장한 이후 (㉠　　　　　　)은/는 혁명 반대 세력을 탄압하는 등 공포 정치를 실시하였으나 반대 세력에게 처형당하였다.

03 나폴레옹에 대한 설명이 맞으면 ○표, 틀리면 ✕표를 하시오.

① 영국을 굴복시키기 위해 대륙 봉쇄령을 선포하였다. (　　　　)

② 국민 공회의 공화정 선포 이후 반역죄로 처형당하였다. (　　　　)

정답 | 01. ① 인간과 시민의 권리선언(인권 선언) ② 삼부회(삼신분회)　02. 로베스피에르　03. ① ○ ② ✕

주제 8 자유주의의 확산

1. 빈 체제의 성립

(1) **빈 회의(1814~1815):** 나폴레옹의 몰락 후 빈 회의 개최, 오스트리아의 메테르니히가 주도 → 유럽 각국의 영토와 지배권을 프랑스 혁명 이전으로 되돌리는 데 합의

(2) **빈 체제의 성립:** 보수적인 질서 유지 → 자유주의와 민족주의 운동 탄압

2. 프랑스의 자유주의 운동

7월 혁명 (1830)	• 배경: 부르봉 왕조 샤를 10세의 전제 정치(의회 해산, 언론 탄압 등) • 전개: 자유주의자들과 파리 시민들의 혁명 → 샤를 10세 추방 → 루이 필리프를 왕으로 추대, 입헌 군주제 수립
2월 혁명 (1848)	• 배경: 7월 혁명 이후 들어선 왕정도 부유층에게만 선거권 부여, 지배층의 이익만 보호 • 전개: 파리 시민과 노동자들이 선거권 확대 요구 → 왕정 폐지, 공화정 수립 • 영향: 유럽 각국에 자유주의와 민족주의 확산, 메테르니히 추방(빈 체제 붕괴)

3. 영국의 자유주의 운동

(1) **선거권 확대:** 제1차 선거법 개정(1832)에도 선거권을 얻지 못한 노동자들이 선거권을 요구하며 인민헌장 발표, 서명 운동 전개(차티스트 운동) → 실패(이후 선거법 운동에 영향을 줌)

(2) **자유 무역 체제 확립:** 19세기 중반 곡물법과 항해법 폐지 등 정부의 경제 규제 완화

---

01 빈칸에 들어갈 내용을 쓰시오.

① 오스트리아의 재상인 (　　　　　　　　)이/가 빈 회의를 주도하였다.

② 각국 대표들은 빈 회의에서 유럽 질서를 (　　　　　　　　) 이전으로 되돌리기로 하였다.

02 19세기 프랑스의 자유주의 운동 과정을 일어난 순서대로 나열하시오.

㈎ 공화정 수립	㈏ 루이 필리프의 즉위
㈐ 샤를 10세의 전제 정치	㈑ 빈 체제에 따라 부르봉 왕조 부활

(　　　　　　　　　　　　　　　)

03 다음에서 설명하는 운동을 쓰시오.

영국의 노동자들이 제1차 선거법 개정에도 선거권을 얻지 못하자 인민헌장을 발표하고, 이를 의회에 제출하기 위해 벌인 서명 운동이다.

(　　　　　　　　　　　　　　　)

---

1. 러시아의 개혁
(1) **배경**: 자유주의 성향의 청년 장교들이 입헌 군주제 요구 → 니콜라이 1세의 전제 정치 강화, 오스만 제국과 벌인 크림 전쟁에서 패배
(2) **전개**: 알렉산드르 2세의 농노 해방령 발표 → 지식인들이 농민 계몽 운동인 브나로드 운동 전개 → 알렉산드르 2세가 암살됨, 전제 정치 강화

2. 이탈리아의 통일
(1) **통일 운동 전개**: 2월 혁명의 영향을 받아 전개, 사르데냐 왕국이 주도

카부르	프랑스의 도움으로 오스트리아와의 전쟁에서 승리 → 이탈리아 중북부 지역 통합
가리발디	이탈리아 남부에서 의용대(붉은 셔츠단)를 이끌고 시칠리아와 나폴리를 점령 → 점령지를 사르데냐 왕국에 바침

(2) **통일의 완성**: 이탈리아 왕국 수립(1861) → 베네치아와 교황령을 통합하여 통일 완성(1870)

3. 독일의 통일
(1) **관세 동맹 체결**: 프로이센의 주도로 경제 통합, 통일 기반 마련
(2) **프랑크푸르트 의회**: 통일 방안 논의 → 별다른 성과를 거두지 못함
(3) **프로이센 중심의 통일 운동**: 비스마르크의 철혈 정책 추진(군비 확장) → 오스트리아 격파, 북독일 연방 결성 → 프랑스에 승리, 남독일의 여러 국가를 통합 → 독일 제국 수립(1871)

---

01 ㉠에 들어갈 국가를 쓰시오.

(㉠   )에서는 알렉산드르 2세가 농노 해방령을 발표하는 등 사회 개혁을 시도하였으나 농민의 형편은 나아지지 않았다.

02 다음 설명이 카부르에 해당하면 '카', 가리발디에 해당하면 '가'를 쓰시오.
① 오스트리아와의 전쟁에서 승리하여 이탈리아 중북부를 통합하였다.　　　(　　　)
② 이탈리아 남부에서 의용대를 이끌고 시칠리아와 나폴리를 점령하였고, 이 지역을 사르데냐 왕국에 바쳤다.　　　(　　　)

03 빈칸에 들어갈 내용을 쓰시오.
① 독일은 프로이센을 중심으로 (　　　　　　)을/를 맺어 통일의 기반을 마련하였다.
② 프로이센의 재상 (　　　　　　)은/는 철혈 정책을 주장하면서 적극적으로 군비를 확장하였다.

정답 01. 러시아　02. ① 카 ② 가　03. ① 관세 동맹 ② 비스마르크

미국의 발전과 라틴 아메리카의 독립

1. 미국의 발전

(1) 남북 전쟁

배경	남부와 북부의 산업 구조에 따른 경제 차이, 노예제 문제로 갈등 심화
전개	노예제 확대에 반대한 북부의 링컨이 대통령에 당선 → 노예제 유지를 바라던 남부의 여러 주가 연방 탈퇴 → 남북 전쟁 발발(1861) → 링컨의 노예 해방 선언(1863) → 북부 승리(1865)

(2) 미국의 발전: 대륙 횡단 철도 완성(1869) → 19세기 말 세계적인 공업국으로 성장

2. 라틴 아메리카 국가들의 독립

(1) 라틴 아메리카의 독립운동

배경	미국 혁명·프랑스 혁명의 영향을 받음, 나폴레옹 전쟁으로 식민지에 대한 에스파냐의 간섭 약화
전개	• 아이티: 투생 루베르튀르의 주도로 흑인 노예들이 프랑스에 맞서 독립운동 전개 → 아이티 공화국 수립(라틴 아메리카 최초 독립) • 멕시코: 이달고 신부 등이 민중 봉기 지휘 → 에스파냐로부터 독립(1821), 공화정 수립 • 브라질: 포르투갈로부터 독립(1822), 황제가 헌법 발표 • 기타: 에스파냐의 지배를 받던 베네수엘라, 콜롬비아, 아르헨티나, 페루 등이 볼리바르와 산마르틴의 주도로 독립
확산	영국이 라틴 아메리카의 독립 지지, 미국이 먼로주의(먼로 선언) 발표 → 독립운동 가속화

(2) 라틴 아메리카의 변화: 크리오요가 권력 독점, 외세의 간섭, 미국과 유럽에 경제적 의존

---

01 미국 남북 전쟁의 전개 과정을 일어난 순서대로 나열하시오.

> (가) 남북 전쟁 발발   (나) 남부의 연방 탈퇴
>
> (다) 링컨이 대통령으로 당선   (라) 링컨의 노예 해방 선언 발표

(   )

02 19세기 미국에 대한 설명이 맞으면 ○표, 틀리면 ×표를 하시오.

① 대륙 횡단 철도가 완성되어 지역 간 통합이 이루어졌다.   (   )

② 노동자들이 인민헌장을 발표하고 차티스트 운동을 전개하였다.   (   )

03 빈칸에 들어갈 내용을 쓰시오.

① 라틴 아메리카에서는 (   )이/가 최초로 독립하였다.

② 미국의 (   ) 발표 이후 라틴 아메리카의 독립운동이 가속화되었다.

정답 01. (다) - (나) - (가) - (라)   02. ① ○ ② ×   03. ① 아이티 ② 먼로주의(먼로 선언)

주제 6 산업 혁명의 배경과 전개

1. **산업 혁명의 의미**: 18세기 후반부터 기계의 발명과 기술의 혁신으로 경제와 사회 구조에 나타난 큰 변화
2. **산업 혁명의 배경**: 18세기 후반 영국에서 가장 먼저 시작

정치적 안정	시민 혁명 이후 의회 정치 발달, 정치적으로 안정
풍부한 지하자원	석탄과 철 등 지하자원 풍부
해외 식민지 확보	넓은 해외 식민지 확보 → 원료 공급지와 상품 판매 시장으로 활용
노동력 증가	인클로저 운동 전개 → 토지를 잃은 농민들이 도시로 이동, 공장에 노동력 제공

3. **산업 혁명의 전개**
   (1) **면직물 공업의 기계화**: 면직물의 수요 증가 → 방적기와 방직기 발명
   (2) **새로운 동력 개발**: 제임스 와트가 증기 기관 개량 → 면직물의 대량 생산이 가능해짐, 전통적인 가내 수공업에서 공장제 기계 공업으로 발전
   (3) **교통과 통신의 발달**: 스티븐슨이 증기 기관차 제작(→ 철도 건설), 풀턴이 증기선 발명, 모스의 유선 전신 발명, 전화 발명
4. **산업 혁명의 확산**: 벨기에, 프랑스로 확산 → 미국, 독일, 러시아, 일본 등에서도 산업화 진행

---

01 산업 혁명이 영국에서 먼저 일어난 배경을 〈보기〉에서 골라 기호를 쓰시오.

┌ 보기 ┐
ㄱ. 풍부한 지하자원　　　　　　　ㄴ. 구제도의 모순 심화
ㄷ. 미국의 먼로주의 발표　　　　　ㄹ. 인클로저 운동으로 노동력 증가

(　　　　　　　　　　　　)

02 ㉠에 들어갈 내용을 쓰시오.

제임스 와트가 개량한 (㉠　　　　　　　)이/가 새로운 동력으로 사용되어 면직물의 대량 생산이 가능해졌고, 면직물 공업은 가내 수공업에서 공장제 기계 공업으로 발전하였다.

03 다음 물음에 답하시오.
① 증기선을 발명하여 수상 교통의 발전에 이바지한 인물은?　　　　　(　　　　　)
② 스티븐슨이 제작하여 유럽의 철도망 확산에 영향을 준 교통수단은? (　　　　　)

주제 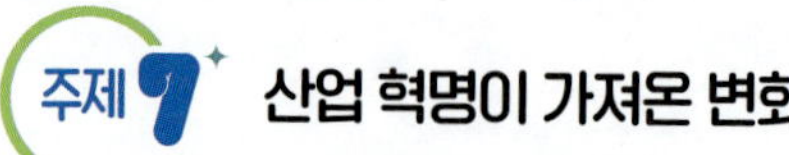 산업 혁명이 가져온 변화

1. 산업 사회의 형성

(1) **생활 방식의 변화**: 상품 대량 생산, 교통과 통신의 발전 → 물질적 풍요, 생활의 편의 증대

(2) **사회 구조의 변화**: 농업 중심의 사회가 산업 사회로 변화, 도시화 진행, 인구 증가

(3) **자본주의 체제의 확립**: 자본가와 노동자 계급 등장, 생산과 소비가 시장에 따라 결정되는 자본주의 체제 확립, 애덤 스미스가 자유방임주의를 주장하여 자본주의 체제를 뒷받침함

2. 사회 문제의 발생과 사회주의 사상의 등장

(1) **사회 문제의 발생**

빈부 격차 심화	산업화의 혜택이 모두에게 돌아가지 않으면서 빈부 격차가 커짐
도시 문제	도시 인구 급증 → 주택과 화장실 부족, 상하수도 시설 미비, 전염병 유행 등
노동 문제	위험한 노동 환경, 낮은 임금과 장시간 노동, 여성과 아동의 노동력 착취 → 노동자들은 노동조합 결성, 노동 운동 전개, 일부 노동자들은 일자리 부족 우려로 기계를 파괴하는 러다이트 운동 전개
환경 문제	산업화가 진행되면서 석탄과 석유의 사용으로 대기와 물, 토양 등이 오염됨 → 생태 환경의 변화 초래

(2) **사회주의 사상의 등장**: 산업 혁명 이후 노동 문제, 빈부 격차 등 사회 문제 발생 → 마르크스 등이 자본주의 체제 비판, 생산 수단의 공동 소유를 통한 사유 재산 제도 폐지 주장

---

01 산업 사회에 대한 설명이 맞으면 ○표, 틀리면 ✕표를 하시오.

① 도시의 인구가 감소하여 여러 사회 문제가 등장하였다. (   )

② 교통과 통신이 발전하면서 사람들의 생활이 편리해졌다. (   )

02 다음 괄호 안의 내용 중 알맞은 말에 ○표를 하시오.

① 산업화에 따라 자본가와 노동자가 등장하여 (자본주의 , 중상주의) 체제가 확립되었다.

② (마르크스 , 애덤 스미스)는 자본주의 체제를 비판하며 사유 재산 제도가 없는 평등 사회의 건설을 주장하였다.

03 다음에서 설명하는 운동을 쓰시오.

> 산업 혁명 과정에서 일부 노동자들이 기계가 등장한 탓에 자신들의 일자리가 줄어 비참한 생활을 하게 되었다며 기계를 파괴하였다.

(   )

주제 8  제국주의 열강의 침략

1. 제국주의의 등장

(1) **의미**: 19세기 후반 서양 열강이 군사력 등을 앞세워 약소국을 식민지로 삼은 팽창 정책

(2) **배경**: 자본주의 발전 → 열강들은 원료 공급지, 상품 판매처, 국내 자본의 투자처 필요

(3) **사상적 기반**: 사회 진화론(강대국의 약소국 지배 정당화), 인종주의

2. 제국주의 열강의 아프리카 침탈: 영국, 프랑스, 독일, 벨기에, 이탈리아 등이 침략

파쇼다 사건	종단 정책을 추진하던 영국과 횡단 정책을 추진하던 프랑스가 파쇼다에서 충돌(1898)
모로코 사건	독일과 프랑스가 모로코를 둘러싸고 두 차례에 걸쳐 갈등을 빚음(1905, 1911)

3. 제국주의 열강의 아시아, 태평양 침탈

영국	인도 진출, 미얀마와 말레이반도 등지로 세력 확장, 오스트레일리아와 뉴질랜드 지배
프랑스	베트남, 라오스, 캄보디아 등 점령
네덜란드	인도네시아 대부분 지역 지배, 네덜란드령 동인도 건설
기타	독일(마셜 제도, 캐롤라인 제도 등 차지), 미국(하와이 병합, 괌과 필리핀 차지)

4. 산업화와 제국주의가 세계에 미친 영향

(1) **서구 문물의 확산**: 표준시 사용, 민주주의 등 정치 제도 확산, 자유주의와 민족주의 등 전파

(2) **인구의 이동**: 사람들이 유럽을 떠나 아메리카 대륙과 오스트레일리아, 뉴질랜드 등으로 이주

(3) **식민지 경제와 생태환경의 변화**: 플랜테이션 농장 경영, 식민지의 생태환경 변화

---

01 다음 물음에 답하시오.

① 강대국의 약소국 지배를 정당화한 이론은?　　　　　　　(　　　　　)

② 19세기 후반 서양 열강이 군사력 등을 앞세워 약소국을 식민지로 삼은 팽창 정책은?

　　　　　　　　　　　　　　　　　　　　　　　　　　　(　　　　　)

02 ㉠에 들어갈 사건을 쓰시오.

> 19세기 후반 영국은 아프리카에서 종단 정책을, 프랑스는 횡단 정책을 펼쳤다. 이 과정에서 두 국가가 충돌한 (㉠　　　　　　)이/가 발생하였다.

03 다음 괄호 안의 내용 중 알맞은 말에 ○표를 하시오.

① (미국 , 네덜란드)은/는 인도네시아 대부분 지역을 지배하였다.

② 독일과 프랑스는 (콩고 , 모로코)를 놓고 두 차례에 걸쳐 갈등하였다.

정답 | 01. ① 사회 진화론 ② 제국주의　02. 파쇼다 사건　03. ① 네덜란드 ② 모로코

오스만 제국의 국민 국가 건설 운동

1. 오스만 제국의 국민 국가 건설

(1) **오스만 제국의 위기**: 제국의 여러 민족이 독립운동 전개, 영국과 러시아 등 유럽 열강의 압박

(2) **탄지마트(1839~1876)**

목적	제국의 대내외적 위기 극복
전개	민족과 종교에 따른 차별 폐지, 서양식 교육 제도와 징병 제도 실시, 조세 제도 개혁, 근대 시설 도입 → 성과 미흡 → 미드하트 파샤 등이 근대적 헌법 제정, 의회 개설
결과	보수 세력의 반발, 유럽 열강의 간섭 → 큰 성과를 거두지 못함

(3) **청년 튀르크당 혁명(1908)**

배경	개혁 실패, 전쟁 패배로 많은 영토 상실, 술탄의 전제 정치 강화(헌법 폐지, 의회 해산)
전개	젊은 장교와 관리, 지식인들이 청년 튀르크당 결성 → 무력으로 정권 장악, 헌법과 의회 부활 → 개혁 추진(여성 차별 금지, 언론의 자유 보장, 보통 선거 실시, 산업 진흥, 조세 감면 등)

2. 아라비아반도의 민족 운동

배경	오스만 제국의 쇠퇴, 영국과 러시아 등 서양 열강의 영향력 확대
전개	18세기 중엽 이븐 압둘 와하브의 주도로 초기 이슬람교의 순수성을 되찾자는 와하브 운동 전개 → 오스만 제국에 저항하는 민족 운동으로 발전, 19세기 초 아랍 문화 부흥 운동 발생

---

01 다음 물음에 답하시오.

① 1839년부터 오스만 제국이 위기를 극복하기 위해 실시한 개혁은?　(　　　　　　　)

② 오스만 제국의 술탄이 전제 정치를 강화하자 무력으로 정권을 장악하여 헌법과 의회를 부활시킨 단체는?　(　　　　　　　)

02 ㉠에 들어갈 운동을 쓰시오.

> 18세기 중엽 아라비아반도에서 이븐 압둘 와하브가 주도한 (㉠　　　　　)은/는 초기 이슬람교의 순수성을 되찾자는 이슬람교 순화 운동이다. 이후 오스만 제국에 저항하는 민족 운동으로 발전하였다.

03 다음 설명이 오스만 제국에 해당하면 '오', 아라비아반도에 해당하면 '아'를 쓰시오.

① 19세기 초 아랍 문화 부흥 운동이 발생하였다.　(　　　　)

② 미드하트 파샤 등이 근대적 헌법을 제정하고 의회를 개설하였다.　(　　　　)

|답| 01. ① 탄지마트 ② 청년 튀르크당　02. 와하브 운동　03. ① 아 ② 오

 이란과 이집트의 국민 국가 건설 운동

1. 이란의 입헌 혁명

담배 불매 운동	• 배경: 영국과 러시아에 영토와 이권을 빼앗김 → 영국 상인에게 담배 이권 부여 • 전개: 담배 불매 운동 전개, 알 아프가니가 불매 운동 확산에 기여 → 영국으로부터 담배 이권 회수, 막대한 배상금 지불 • 결과: 영국에 경제적으로 예속
입헌 혁명	• 전개: 담배 불매 운동 주도 세력이 국민 의회 수립, 헌법 제정(1906) • 결과: 보수 세력의 반발, 영국과 러시아의 간섭을 받아 의회가 해산됨, 혁명 실패 → 이란은 두 국가에 의해 분할 통치됨

2. 이집트의 근대화 운동

(1) **무함마드 알리의 개혁**: 학교와 군대 개혁, 산업 진흥 등 근대화 정책 추진 → 오스만 제국으로부터 공식적으로 자치권 획득

(2) **수에즈 운하 건설과 이집트의 민족 운동**: 영국과 프랑스로부터 자금을 빌려 철도 부설, 수에즈 운하 건설(1869, 지중해와 홍해 연결) → 영국과 프랑스의 내정 간섭 심화, 영국이 수에즈 운하 경영권 차지 → 아라비 파샤('이집트인을 위한 이집트 건설' 주장)를 중심으로 한 군부의 민족 운동 전개 → 영국이 진압 후 이집트를 보호국으로 삼음

---

01 이란의 국민 국가 건설 운동에 대한 설명이 맞으면 ○표, 틀리면 ×표를 하시오.

① 담배 불매 운동 주도 세력이 의회를 수립하고 헌법을 제정하였다. (　　　)

② 청년 튀르크당이 헌법과 의회를 부활시키고 사회 개혁을 추진하였다. (　　　)

02 다음에서 설명하는 운하를 쓰시오.

> 1869년 이집트가 건설하였으며, 지중해와 홍해를 연결하는 인공 수로이다. 운하의 개통으로 유럽과 아시아를 오가는 항로가 크게 단축되었다.

(　　　)

03 다음 설명에 해당하는 인물을 〈보기〉에서 골라 기호를 쓰시오.

┌ 보기 ┐
ㄱ. 아라비 파샤　　　　　　　　ㄴ. 무함마드 알리

① '이집트인을 위한 이집트 건설'을 주장하며 봉기를 일으켰다. (　　　)

② 이집트의 총독이며, 오스만 제국으로부터 자치권을 획득하였다. (　　　)

정답 | 01. ① ○ ② × 02. 수에즈 운하 03. ① ㄴ ② ㄱ

 **인도와 동남아시아의 국민 국가 건설 운동**

1. 인도의 국민 국가 건설 운동

(1) **영국의 인도 침략**: 무굴 제국 쇠퇴, 영국과 프랑스가 인도를 차지하기 위해 경쟁 → 플라시 전투(1757)에서 영국이 프랑스에 승리, 벵골 지역의 통치권 차지 → 19세기 중반 인도 대부분 지역 점령 → 영국에서 면직물이 대량 생산되어 인도의 면직물 산업 몰락

(2) **세포이의 항쟁(1857)**

배경	영국의 침략과 수탈에 따른 인도인의 불만 심화
전개	세포이들의 무장 투쟁 → 한때 델리까지 점령, 대규모 민족 운동으로 발전 → 실패
결과	무굴 제국 황제 폐위, 영국령 인도 제국 수립(1877)

(3) **인도 국민 회의의 반영 운동**: 인도인 관리와 지식인 중심으로 결성

초기 활동	영국에 협조하면서 인도인의 권리와 이익 확보를 위해 노력함
반영 운동 전개	영국의 벵골 분할령 발표(1905) → 인도 국민 회의가 영국 상품 배척, 스와라지(자치), 스와데시(국산품 애용), 국민 교육 실시 등의 내용을 담은 4대 강령 채택, 반영 운동 주도 → 대규모 민족 운동으로 발전 → 영국의 벵골 분할령 취소, 형식적으로 인도인의 자치 인정

2. 동남아시아의 민족 운동: 베트남(판보이쩌우의 민족 운동), 타이(라마 5세의 근대적 개혁), 필리핀(호세 리살이 에스파냐에 저항), 인도네시아(카르티니가 학교 설립) 등지에서 전개

---

01 다음에서 설명하는 전투를 쓰시오.

> 1757년 영국과 프랑스가 인도를 차지하기 위해 벌인 전투이다. 영국은 이 전투에서 승리하여 벵골 지역을 다스릴 권리를 얻었다.

(   )

02 빈칸에 들어갈 내용을 쓰시오.

① 영국의 수탈이 지속되자 동인도 회사의 용병인 (   )이/가 항쟁을 일으켰다.

② 영국의 벵골 분할령 발표 이후 (   )은/는 영국 상품 배척, 스와라지, 스와데시, 국민 교육 실시 등의 내용을 담은 4대 강령을 발표하였다.

03 동남아시아의 민족 운동에 대한 설명이 맞으면 ○표, 틀리면 ×표를 하시오.

① 필리핀에서는 카르티니가 학교를 세워 여성 교육을 위해 노력하였다. (   )

② 베트남의 판보이쩌우는 동유 운동을 추진하는 등 민족 운동을 전개하였다. (   )

주제 12  중국의 국민 국가 건설 운동

1. 아편 전쟁과 중국의 개항

제1차 아편 전쟁	영국이 인도산 아편을 청에 밀수출(삼각 무역) → 청이 아편 단속 → 영국의 청 공격(1840) → 청의 패배 → 난징 조약 체결(상하이 등 5개 항구 개항, 홍콩 할양 등)
제2차 아편 전쟁	애로호 사건 발생 → 영국이 프랑스와 연합하여 청 공격(1856) → 청의 패배 → 톈진 조약, 베이징 조약 체결(추가 개항, 크리스트교 포교와 외국 공사의 베이징 주재 허용 등)

2. 중국의 근대화 운동

태평천국 운동	홍수전이 만주족 왕조인 청을 몰아내고 한족 국가를 세우자며 일으킴. 토지 균등 분배와 남녀평등 등 주장 → 신사층이 모집한 의용군과 외국 군대의 공격을 받아 진압됨
양무운동	이홍장 등 한인 관료들이 중체서용을 토대로 부국강병 주장 → 성과 미미
변법자강 운동	캉유웨이 등 지식인들이 일본의 메이지 유신을 본받은 정치 제도 개혁 주장, 의회 설립과 입헌 군주제 확립 등 추진(1898) → 보수파의 반대로 100여 일 만에 실패

3. 신해혁명과 중화민국의 수립

(1) **의화단 운동**: 부청멸양 주장, 선교사·외교관 공격 → 8개국 연합군에 진압, 신축 조약 체결

(2) **신해혁명**

배경	의화단 운동 이후 혁명 운동 확산, 쑨원의 중국 동맹회 조직, 삼민주의 주장
전개	청 정부의 민간 철도 국유화 시도, 이에 반대하는 운동 확산 → 우창에서 신식 군대가 봉기 → 여러 지역에서 독립 선언(신해혁명, 1911) → 쑨원의 임시 대총통 취임, 중화민국 수립(1912)

---

01 ㉠에 들어갈 조약을 쓰시오.

> 제1차 아편 전쟁의 결과 청과 영국은 (㉠)을/를 체결하였다. 이 조약에는 5개 항구 개항, 홍콩 할양 등의 내용이 담겨 있다.

02 중국의 근대화 운동에 대한 설명이 맞으면 ○표, 틀리면 ×표를 하시오.

① 캉유웨이 등은 메이지 유신을 본받은 정치 제도 개혁을 주장하였다. ( )
② 홍수전은 중체서용을 토대로 부국강병을 주장한 양무운동을 추진하였다. ( )

03 다음 물음에 답하시오.

① 청이 의화단 운동을 진압한 8개국과 체결한 조약은? ( )
② 삼민주의를 주장하였으며, 중화민국의 임시 대총통으로 취임한 인물은? ( )

답 | 01 난징 조약 **02** ① ○ ② × **03** ① 신축 조약 ② 쑨원

주제 13 일본과 조선의 국민 국가 건설 운동

1. 일본의 개항과 근대화 운동

(1) **일본의 개항**: 미국 페리 제독의 강요로 미일 화친 조약(개항)과 미일 수호 통상 조약 체결

(2) **메이지 유신**

배경	막부의 굴욕적인 외교 정책에 대한 비판, 생활이 어려워진 백성의 불만 고조
전개	• 막부 붕괴, 천황을 중심으로 한 메이지 정부 수립(1868) → 서양식 근대 국가 수립을 목표로 메이지 유신 추진(번을 폐지하고 현 설치, 이와쿠라 사절단 파견, 상공업 육성 등) • 일본 제국 헌법(1889) 발표: 천황의 절대적인 권력 인정, 의회 설립(입헌 군주제 수립)

2. 일본의 제국주의 침략

(1) **대외 팽창**: 조선을 강제로 개항, 류큐를 차지하여 오키나와현으로 편입

(2) **청일 전쟁과 러일 전쟁**

청일 전쟁 (1894~1895)	청과 일본이 조선에 군대 파견 → 일본의 청 공격 → 일본 승리 → 시모노세키 조약 체결(랴오둥반도와 타이완을 넘겨받음, 배상금 획득) → 삼국 간섭으로 랴오둥반도 반환
러일 전쟁 (1904~1905)	삼국 간섭 이후 러시아의 영향력 확대 → 일본이 영국과 동맹을 맺고 러시아 공격 → 일본 승리 → 포츠머스 조약 체결(→ 일본이 만주와 한반도에서 독점적 지위 확보)

3. 조선의 개항과 근대화 운동

(1) **조선의 개항**: 운요호 사건을 계기로 일본과 강화도 조약 체결(1876)

(2) **근대화 운동**: 갑신정변 → 동학 농민 운동 → 갑오개혁 추진 → 독립 협회 설립

(3) **대한 제국 수립**: 고종이 황제로 즉위하여 대한 제국 수립(1897), 대한국 국제 반포(1899)

---

01 다음 물음에 답하시오.

① 일본이 미국 페리 제독의 강요로 체결하여 개항한 조약은? (　　　　　)

② 막부 붕괴 이후 수립된 정부가 근대화를 목표로 추진한 개혁은? (　　　　　)

③ 메이지 정부가 발표하였으며 천황의 절대적 권력을 인정한 헌법은? (　　　　　)

02 일본의 제국주의 침략에 대한 설명이 맞으면 ○표, 틀리면 ×표를 하시오.

① 일본은 청일 전쟁 이후 청과 포츠머스 조약을 체결하였다. (　　　　)

② 삼국 간섭 이후 러시아의 영향력이 커지자 일본은 러일 전쟁을 일으켰다. (　　　　)

03 빈칸에 들어갈 내용을 쓰시오.

① 조선은 운요호 사건을 계기로 일본과 (　　　　　)을/를 체결하였다.

② 1897년 고종은 황제의 자리에 오른 이후 (　　　　　)의 수립을 선포하였다.

주제 14 · 제1차 세계 대전

1. 제1차 세계 대전의 배경

(1) **제국주의 국가 간의 대립**: 3국 동맹과 3국 협상의 대립

(2) **발칸반도를 둘러싼 갈등**: 범게르만주의와 범슬라브주의의 대립 → 사라예보 사건(1914)

2. 제1차 세계 대전의 전개와 결과

전개	• 서부 전선: 참호전의 전개로 장기전 돌입 • 동부 전선: 독일의 러시아 공격 → 러시아가 국내에서 일어난 혁명으로 전쟁 중단 • 미국의 참전: 독일의 무제한 잠수함 작전 전개 → 미국이 연합국 편으로 참전
결과	독일의 서부 전선 총공격 실패 → 동맹국들의 항복 → 독일의 항복(1918)

3. 제1차 세계 대전의 특징

(1) **참호전**: 땅을 깊게 파고 오랜 시간 버티는 전투 → 전쟁의 장기화

(2) **신무기의 등장**: 전투기, 탱크, 잠수함, 독가스 등 사용 → 막대한 인명 피해 발생

(3) **총력전**: 국가의 모든 인적·물적 자원을 총동원

4. 베르사유 체제와 국제 연맹의 탄생

(1) **베르사유 체제 성립**: 파리 강화 회의 개최(1919) → 연합국과 독일이 베르사유 조약 체결 → 승전국 중심으로 새로운 국제 질서 형성

(2) **국제 연맹 창설**: 국제 평화 유지 목적, 강대국의 불참, 국제 분쟁을 막을 군사적 수단 부재

---

01 다음에서 설명하는 사건을 쓰시오.

> 1914년 오스트리아·헝가리 제국의 황태자 부부가 세르비아계 청년에게 암살되었다.

(   )

02 ㉠에 들어갈 내용을 쓰시오.

> 제1차 세계 대전에서는 군인들이 땅을 깊게 파고 서로 대치하는 (㉠   )이/가 전개되었다.

03 다음 설명이 맞으면 ○표, 틀리면 ✕표를 하시오.

① 국제 연맹에는 미국 등 강대국이 참여하였다. (   )

② 제1차 세계 대전이 끝난 후 연합국은 파리 강화 회의를 개최하였다. (   )

주제 15 유럽 각국의 정치 체제 변화

1. 러시아 혁명

(1) **배경**: 19세기 급속한 산업화 전개, 사회주의 사상 확산 → 피의 일요일 사건(1905)

(2) **전개**

3월 혁명	차르의 개혁 성과 미흡, 제1차 세계 대전으로 인명 피해와 경제적 어려움 발생 → 노동자와 군인들의 소비에트 결성 → 차르 퇴위, 임시 정부 수립
11월 혁명	임시 정부의 전쟁 지속, 개혁 추진 미흡 → 볼셰비키의 봉기 → 소비에트 정부 수립

2. 소련의 수립과 발전

레닌	사회주의 개혁 추진, 신경제 정책(NEP) 시행, 소비에트 사회주의 공화국 연방(소련) 수립
스탈린	농업의 집단화, 중공업 중심의 경제 개발 5개년 계획 추진, 공산당 독재 체제 강화

3. 유럽 각국의 민주주의 발전

(1) **독일**: 독일 의회의 바이마르 헌법 제정, 바이마르 공화국 수립(1919)

(2) **오스트리아·헝가리 제국**: 제1차 세계 대전 이후 왕정 해체 → 여러 민주 공화국 탄생

(3) **신생 독립국**: 패전국의 식민지가 독립하여 대부분 민주주의 헌법 채택

4. 참정권의 확대: 제1차 세계 대전 이후 보통 선거 정착, 여성 참정권 확대

---

01 다음에서 설명하는 사건을 쓰시오.

> 볼셰비키가 봉기하여 임시 정부를 무너뜨리고 소비에트 정부를 수립하였다.

( )

02 레닌이 펼친 활동을 〈보기〉에서 골라 기호를 쓰시오.

│보기│
ㄱ. 뉴딜 정책 실시
ㄴ. 신경제 정책(NEP) 시행
ㄷ. 경제 개발 5개년 계획 추진
ㄹ. 소비에트 사회주의 공화국 연방 수립

( )

03 다음 설명이 맞으면 ○표, 틀리면 ×표를 하시오.
① 1919년 독일에서 바이마르 공화국이 수립되었다. ( )
② 제1차 세계 대전 이후 오스트리아·헝가리 제국에서는 왕정이 수립되었다. ( )

주제 16 ✦ 대공황과 제2차 세계 대전

1. 대공황의 발생
(1) **과정**: 미국의 뉴욕 증권 거래소에서 주가 폭락(대공황, 1929) → 회사와 은행 파산, 실업자 급증 → 전 세계로 경제 위기 확산
(2) **각국의 대응**

미국	정부가 경제활동에 적극 개입하는 뉴딜 정책 실시
영국, 프랑스	블록 경제 형성 → 보호 무역 정책 시행

2. 전체주의 국가의 등장: 민족이나 국가 전체의 이익을 최우선으로 내세워 개인의 희생 강요

이탈리아	무솔리니가 이끄는 파시스트당이 정권 장악 → 에티오피아 침략
독일	히틀러가 이끄는 나치스가 정권 장악 → 오스트리아 병합, 체코슬로바키아 점령
일본	군부 세력이 권력을 잡고 군국주의를 내세움 → 국제 연맹 탈퇴, 중국 침략(중일 전쟁)

3. 제2차 세계 대전의 전개(1939～1945)
(1) **발발**: 이탈리아, 독일, 일본의 추축국 진영 형성 → 독소 불가침 조약 체결 → 독일의 폴란드 공격 → 영국과 프랑스가 독일에 선전 포고
(2) **전개**: 일본의 진주만 습격 → 아시아 태평양 전쟁 발발 → 미국이 미드웨이 해전에서 일본에 승리 → 소련이 스탈린그라드 전투에서 독일에 승리 → 이탈리아의 항복 → 노르망디 상륙 작전으로 파리 해방 → 독일의 항복 → 일본의 항복

---

01 다음 괄호 안의 내용 중 알맞은 말에 ○표를 하시오.

① 대공황은 (독일 , 미국)에서 시작되었다.
② 영국은 대공황을 극복하고자 (뉴딜 정책 , 보호 무역 정책)을 실시하였다.

02 다음 설명이 독일에 해당하면 '독', 이탈리아에 해당하면 '이'를 쓰시오.

① 무솔리니가 이끄는 파시스트당이 정권을 장악하였다. （　　　）
② 오스트리아를 병합하고 체코슬로바키아를 점령하였다. （　　　）

03 ㉠에 들어갈 전쟁을 쓰시오.

> 1941년 일본이 하와이 진주만 기지를 기습적으로 공격하였고, 이를 계기로 미국이 제2차 세계 대전에 참가하면서 (㉠　　　　　　)이/가 시작되었다.

주제 17  세계 대전 중 발생한 전쟁 범죄

1. 민간인의 희생

(1) **신무기와 대량 살상 무기의 등장**: 이전보다 강력해진 전차와 폭격기 사용, 도시에 폭탄 투하, 미국이 일본 히로시마와 나가사키에 원자 폭탄 투하

(2) **인권 침해**

강제 동원	식민지 주민을 강제로 전쟁에 끌고 가거나 군수 공장 등에 동원
생체 실험	독일과 일본이 의학적 지식을 얻는다는 명분으로 살아 있는 사람을 상대로 실험 자행
대량 학살	소련이 폴란드의 군인과 지식인 학살
강제 이주	• 소련: 블라디보스토크의 여러 소수 민족을 중앙아시아로 강제 이주시킴 • 독일: 폴란드 점령 후 폴란드인을 강제로 추방

2. 전쟁 범죄 발생

난징 대학살	중일 전쟁 발발 → 난징을 점령한 일본군이 군인과 민간인을 대상으로 학살 자행
홀로코스트	독일의 나치스가 유대인을 차별하는 법 제정, 별도의 주거 지역을 만들어 유대인 격리 → 여러 지역에 유대인 수용소 건설, 강제 노동을 시키거나 생체 실험 대상으로 삼음
일본군 '위안부'	일본군이 점령지의 여성들을 군대 위안소로 끌고 가 일본군 '위안부'의 끔찍한 삶 강요

01 ㉠에 들어갈 국가를 쓰시오.

> (㉠   )은/는 제2차 세계 대전 중에 원자 폭탄을 개발하는 데 성공하였고, 일본에 원자 폭탄을 떨어뜨려 수많은 사람이 목숨을 잃었다.

02 다음 설명이 맞으면 ○표, 틀리면 ✕표를 하시오.

① 제2차 세계 대전 중에 독일과 일본이 생체 실험을 자행하였다. (   )
② 미국이 블라디보스토크의 여러 소수 민족을 중앙아시아로 강제 이주시켰다. (   )

03 다음 설명에 해당하는 전쟁 범죄를 〈보기〉에서 골라 기호를 쓰시오.

> ┤보기├
> ㄱ. 홀로코스트   ㄴ. 난징 대학살

① 나치스가 유대인을 대상으로 대규모 학살을 저질렀다. (   )
② 중국을 침략한 일본군이 중국군 포로와 민간인을 폭행하고 살해하였다. (   )

|정답| 01. 미국 02. ① ○ ② × 03. ① ㄱ ② ㄴ

주제 18 ✦ 전후 처리와 국제 연합의 창설

1. 전후 처리

대서양 헌장	미국과 영국의 대표가 만나 8개의 전후 평화 원칙 발표
카이로 회담	한국의 독립과 일본의 무조건 항복 문제 논의
얄타 회담	전후 미국·영국·프랑스·소련의 독일 분할 점령과 소련의 일본 공격 결정
포츠담 회담	일본에 무조건 항복 권유, 전후 처리 문제 결정

2. 국제 연합(UN)의 창설

(1) **창설:** 제2차 세계 대전 이후 각국의 대표들이 모여 대서양 헌장의 정신에 따라 국제기구 창설

(2) **목적:** 국제 평화와 안전 유지, 국제 협력

(3) **산하 기구:** 총회, 안전 보장 이사회, 교육 과학 문화 기구(UNESCO) 등

(4) **특징**

① 미국과 소련 등 강대국의 참여

② 국제 분쟁 발생 시 군사적인 수단 동원 가능

③ 미국, 소련, 영국, 중국, 프랑스를 안전 보장 이사회의 상임 이사국으로 선정하여 강대국의 참여와 책임 강조

④ 인권을 강조하며 인종, 종교, 성별 등에 따른 차별 금지를 규정한 '세계 인권 선언' 채택

---

01 다음에서 설명하는 헌장을 쓰시오.

> 제2차 세계 대전 중에 미국과 영국의 대표가 만나 전후 질서의 기본 방침을 정한 공동 선언이다.

(   )

02 다음 괄호 안의 내용 중 알맞은 말에 ○표를 하시오.

① 카이로 회담에서 연합국 대표들이 (중국 , 한국)의 독립 문제를 논의하였다.

② 1945년 연합국 대표들이 모여 전후 미국, 영국, 프랑스, 소련이 (독일 , 일본)의 영토를 분할 점령하기로 결정하였다.

03 다음 설명이 맞으면 ○표, 틀리면 ✕표를 하시오.

① 대서양 헌장의 정신에 따라 국제 연맹이 창설되었다. (   )

② 국제 연합(UN)은 국제 분쟁 발생 시 군사적인 수단을 동원할 수 있다. (   )

주제 19  인권 회복과 평화 실현을 위한 노력

1. 국제 군사 재판

뉘른베르크 재판	• 내용: 나치스의 주요 인사를 포함한 독일의 전쟁 범죄자 재판 → 12명에게 사형 선고 • 의의: 역사상 최초로 전쟁을 일으킨 개인에게 형사 책임을 물음
극동 국제 군사 재판 (도쿄 재판)	• 내용: 일본 총리를 포함한 일본의 전쟁 범죄자 재판 → 전쟁을 기획·주도하였던 A급 전쟁 범죄자 중 7명에게 사형, 18명에게 금고형 선고 • 한계: 침략 전쟁을 명령한 천황과 731 부대의 책임자에 대한 처벌이 이루어지지 않음

2. 평화를 위한 조약

제노바 회의	유럽 각국의 대표들이 전쟁 배상금과 외교 관계 문제 등을 논의함
로카르노 조약	유럽의 국경선 문제 처리
켈로그·브리앙 조약	국제 분쟁을 해결하고자 전쟁을 일으키는 행위를 불법으로 규정함

3. 전쟁 범죄를 성찰하기 위한 노력
서독의 빌리 브란트 총리가 독일 나치스의 잘못을 인정하며 사죄, 유럽의 여러 나라가 과거의 잘못을 반성하고 올바른 역사 인식을 갖추고자 공동의 역사 교과서 제작, 여러 나라에서 전쟁 범죄와 관련된 박물관·기념관·추모관 설립

---

01 다음에서 설명하는 재판을 쓰시오.

> 나치스의 주요 인사를 포함한 독일의 전쟁 범죄자들을 재판하여 12명에게 사형을 선고하였다. 이 재판에서 역사상 최초로 전쟁을 일으킨 개인에게 형사 책임을 물었다.

(   )

02 다음 설명에 해당하는 조약을 〈보기〉에서 골라 기호를 쓰시오.

┌ 보기 ┐
ㄱ. 로카르노 조약   ㄴ. 켈로그·브리앙 조약

① 유럽 각국의 대표들이 모여 유럽의 국경선 문제를 처리하였다. (   )
② 국제 분쟁을 해결하고자 전쟁을 일으키는 행위를 불법으로 규정하였다. (   )

03 다음 설명이 맞으면 ○표, 틀리면 ×표를 하시오.

① 서독의 빌리 브란트 총리는 난징 대학살의 잘못을 인정하며 사죄하였다. (   )
② 여러 국가는 올바른 역사 인식을 갖추고자 공동 역사 교과서를 제작하였다. (   )

정답 | 01. 뉘른베르크 재판   02. ① ㄱ ② ㄴ   03. ① × ② ○

 **동아시아와 인도의 민족 운동**

1. 한국의 3·1 운동(1919)

전개	수많은 학생과 시민이 경성(서울) 탑골 공원에서 독립 선언서 낭독, 주요 도시에서 만세 시위 전개 → 해외로 확산 → 일제의 폭력적인 진압
영향	대한민국 임시 정부 수립, 중국의 5·4 운동 등 다른 나라의 민족 운동에 영향을 줌

2. 중국의 5·4 운동(1919)

배경	제1차 세계 대전 중 일본이 21개조 요구 강요 → 중국 정부의 수용 → 제1차 세계 대전 이후 개최된 파리 강화 회의에서 중국이 21개조 요구가 무효임을 주장함 → 승전국의 거부
전개	베이징의 학생들을 중심으로 산둥반도의 이권 반환 등을 요구하는 민족 운동 전개

3. 동남아시아의 민족 운동

(1) **베트남**: 호찌민이 베트남 공산당 창설, 프랑스에 저항하는 민족 운동 전개

(2) **필리핀**: 아기날도가 독립운동 주도 → 미국이 필리핀의 자치 인정

(3) **인도네시아**: 수카르노가 인도네시아 국민당 결성, 네덜란드에 맞서 독립운동 전개

4. 인도의 민족 운동

전개	• 간디: 영국 상품 불매와 세금 납부 거부 등의 비폭력·불복종 운동, 소금 행진 전개 • 네루: 인도의 완전한 독립 주장, 인도 독립 동맹 결성
결과	영국이 제한된 범위에서 인도 각 주의 자치권 인정

---

01 ㉠에 들어갈 민족 운동을 쓰시오.

> 일본이 21개조 요구를 강요하자, 베이징의 학생들을 중심으로 산둥반도의 이권 반환 등을 요구하는 (㉠   )이/가 일어났다.

02 다음 설명이 호찌민에 해당하면 '호', 수카르노에 해당하면 '수'를 쓰시오.

① 인도네시아 국민당을 결성하여 네덜란드에 맞서 독립운동을 이끌었다.　（　　　）

② 베트남 공산당을 창설하여 프랑스에 저항하는 민족 운동을 전개하였다.　（　　　）

03 다음 괄호 안의 내용 중 알맞은 말에 ○표를 하시오.

① 인도의 (간디 , 네루)는 비폭력·불복종 운동을 전개하였다.

② (영국 , 프랑스)은/는 제한된 범위에서 인도 각 주의 자치권을 인정하였다.

주제 21  서아시아와 아프리카의 민족 운동

1. 튀르키예 공화국 수립(1923)

(1) **배경:** 제1차 세계 대전 이후 오스만 제국이 연합국의 간섭을 받음

(2) **무스타파 케말의 개혁:** 술탄 제도 폐지, 튀르키예 공화국 수립 → 칼리프 제도 폐지, 튀르키예 문자 창제, 여성의 참정권 인정 등 근대적인 개혁 실시

2. 아랍 지역의 민족 운동

배경	제1차 세계 대전 이후 대부분 지역이 영국과 프랑스의 위임 통치를 받음
전개	각국에서 독립운동 전개 → 이라크와 시리아의 독립, 사우디아라비아의 통일 왕국 수립

3. 팔레스타인 지역 문제: 영국이 제1차 세계 대전 중 아랍인과 유대인에게 접근 → 영국을 도와주는 대가로 아랍인의 독립 지지를 약속(맥마흔 선언), 유대인의 국가 수립 지원을 약속(밸푸어 선언) → 영국이 두 약속을 모두 지키지 않음 → 아랍인과 유대인이 팔레스타인 지역을 둘러싸고 대립

4. 아프리카 지역의 민족 운동

(1) **이집트:** 영국이 수에즈 운하의 관리권과 군대 주둔권을 유지하는 조건으로 독립 인정

(2) **모로코, 알제리, 튀니지:** 프랑스에 맞선 독립운동 전개

(3) **중남부 아프리카:** 사하라 사막 남쪽 지역을 중심으로 범아프리카주의 확산

---

01 다음 설명이 맞으면 ○표, 틀리면 ×표를 하시오.

① 무스타파 케말은 튀르키예 공화국을 수립하였다. (   )

② 제1차 세계 대전 이후 아랍 지역의 대부분이 미국의 위임 통치를 받았다. (   )

02 다음 설명에 해당하는 국가를 〈보기〉에서 골라 기호를 쓰시오.

보기
ㄱ. 이집트 　　　　　　　　ㄴ. 사우디아라비아

① 제1차 세계 대전 이후 아랍 지역에서 통일 왕국을 수립하였다. (   )

② 영국이 수에즈 운하의 관리권 등을 유지하는 조건으로 독립을 인정하였다. (   )

03 ㉠에 들어갈 내용을 쓰시오.

> 제1차 세계 대전 이후 사하라 사막 남쪽 지역에서는 아프리카의 통일을 추구하는 (㉠　　　　　　)이/가 퍼져 나갔다.

1. 냉전의 시작

(1) **배경:** 제2차 세계 대전 이후 미국과 소련의 대립 심화, 동유럽에 공산주의 정권 수립

(2) **냉전 체제의 형성:** 미국 중심의 자본주의 진영과 소련 중심의 공산주의 진영의 대립

구분	자본주의 진영	공산주의 진영
정치	트루먼 독트린 발표(1947)	코민포름(공산당 정보국) 조직
경제	마셜 계획(서유럽 경제 원조 계획) 실시	코메콘(경제 상호 원조 회의) 결성
군사	북대서양 조약 기구(NATO) 결성	바르샤바 조약 기구(WTO) 결성

2. 냉전의 심화

(1) **독일:** 소련의 베를린 봉쇄 → 서독과 동독으로 분단 → 베를린 장벽 설치(1961)

(2) **아시아:** 군사적 충돌인 '열전'으로 전개

중국	국민당과 공산당 간 전쟁 발발(국공 내전) → 공산당 승리 → 중화 인민 공화국 수립(1949)
한국	광복 후 남한과 북한으로 분단 → 북한의 남침으로 6·25 전쟁 발발(1950) → 정전
베트남	독립 후 북베트남과 남베트남의 대립 → 베트남 전쟁 발발(1964) → 북베트남 승리

(3) **쿠바:** 소련이 지리적으로 미국과 가까운 쿠바에 핵미사일 기지 건설 시도 → 미국이 이에 반발하며 쿠바 해상 봉쇄(쿠바 미사일 위기, 1962) → 소련의 미사일 철수로 위기 해소

01 다음 설명이 자본주의 진영에 해당하면 '자', 공산주의 진영에 해당하면 '공'을 쓰시오.

① 미국이 서유럽의 경제를 원조하는 마셜 계획을 실시하였다. (   )

② 소련이 동유럽 국가들과 군사 동맹으로 바르샤바 조약 기구(WTO)를 만들었다. (   )

02 다음 설명에 해당하는 국가를 〈보기〉에서 골라 기호를 쓰시오.

┌─ 보기 ├─────────────────────
　ㄱ. 독일　　　　　　　　　　ㄴ. 쿠바
└──────────────────────────

① 분단된 이후 베를린 장벽이 건설되었다. (   )

② 소련과 미국이 핵미사일 기지 건설을 두고 대립한 지역이다. (   )

03 다음 괄호 안의 내용 중 알맞은 말에 ○표를 하시오.

① 광복 후 분단된 한국은 (북한 , 일본)의 침입으로 6·25 전쟁이 일어났다.

② 국공 내전에서 승리한 마오쩌둥은 (중화민국 , 중화 인민 공화국)을 수립하였다.

주제 23 ✦ 제3 세계의 등장

1. 아시아와 아프리카 국가들의 독립

(1) 아시아

인도	영국으로부터 독립(1947) → 종교 갈등으로 인도와 파키스탄으로 분리
서아시아	유대인이 영국, 미국 등의 도움을 받아 이스라엘 건국(1948) → 중동 전쟁 발발
동남아시아	• 필리핀: 미국의 지원으로 독립(1946) → 미국의 간섭을 물리치고 공화국 수립 • 인도네시아: 일본의 항복 후 네덜란드로부터 독립(1949)

(2) 아프리카: 1960년 17개국이 독립하여 '아프리카의 해'라고 불림

이집트	나세르가 공화정 수립(1952) → 수에즈 운하의 국유화 선언 후 운영권 회복(1956)
리비아	1951년 이탈리아로부터 독립
알제리	8년간에 걸친 전쟁 끝에 프랑스로부터 독립(1962)

2. 제3 세계의 등장

(1) **특징**: 아시아와 아프리카의 신생 독립국들 중심, 자본주의 진영(제1 세계)과 공산주의 진영(제2 세계) 어디에도 가담하지 않겠다는 비동맹주의(비동맹 중립 노선) 추구

(2) **활동**: 인도와 중국의 대표가 만나 평화 5원칙에 합의(1954) → 아시아와 아프리카 29개국 대표들이 아시아·아프리카 회의(반둥 회의)에서 평화 10원칙을 발표(1955) → 제1차 비동맹 회의(1961)를 시작으로 정기적 회의 개최

---

01 다음 괄호 안의 내용 중 알맞은 말에 ○표를 하시오.

① 유대인은 미국과 영국의 도움으로 (필리핀 , 이스라엘)을 세웠다.

② 인도는 독립 이후 종교 갈등으로 인도와 (베트남 , 파키스탄)으로 분리되었다.

02 다음 설명에 해당하는 국가를 〈보기〉에서 골라 기호를 쓰시오.

보기
ㄱ. 리비아　　　　　　　　　　ㄴ. 이집트

① 1951년 이탈리아로부터 독립하였다. (　　　)

② 나세르가 수에즈 운하의 국유화를 선언하고 운영권을 되찾았다. (　　　)

03 빈칸에 들어갈 내용을 쓰시오.

① 비동맹주의를 선언한 아시아·아프리카의 독립국들을 (　　　　　)(이)라고 부른다.

② 아시아와 아프리카의 29개국 대표들은 반둥 회의에서 (　　　　　)을/를 발표하였다.

정답 | 01. ① 이스라엘 ② 파키스탄　　02. ① ㄴ ② ㄱ　　03. ① 제3 세계 ② 평화 10원칙

주제 24 국제 질서의 변화

1. 냉전 체제의 완화

배경	소련과 미국의 영향력 약화, 제3 세계의 등장, 일본과 독일의 경제 성장 등 → 국제 질서가 미국과 소련 중심의 양극 체제에서 여러 국가들이 세력을 형성하는 다극 체제로 변화
과정	미국 대통령이 닉슨 독트린 발표(1969) → 닉슨 대통령의 중국 방문(1972), 미국과 중국의 국교 수립(1979), 미국과 소련이 전략 무기 제한 협정(SALT) 체결(1972, 1979)

2. 소련의 해체와 동유럽 사회주의 진영의 붕괴

(1) **소련의 해체**: 소련 사회의 경직과 경제 침체 → 1980년대 중반 고르바초프가 개혁(페레스트로이카)·개방(글라스노스트) 정책 추진 → 몰타 회담에서 미국과 냉전의 종식 공식 선언 → 옐친이 소련 해체, 러시아 연방을 중심으로 독립 국가 연합(CIS) 결성(1991)

(2) **동유럽 사회주의 진영의 붕괴**: 1980년대 후반 소련이 동유럽 국가에 대한 불간섭 선언 → 폴란드·체코슬로바키아·헝가리 등에서 민주화 운동 전개, 독일은 베를린 장벽 붕괴 후 통일(1990), 유고슬라비아 연방은 여러 국가가 독립하면서 사실상 해체(1992)

3. 중국의 개혁과 개방

마오쩌둥	대약진 운동 실패 → 1960년대 후반 홍위병을 앞세워 문화 대혁명 추진
덩샤오핑	흑묘백묘론을 바탕으로 자본주의 요소를 받아들이는 개혁·개방 정책 추진 → 경제 급성장

4. 유럽 연합(EU)의 성립: 유럽의 정치적·경제적 통합을 추구하며 창설(1993), 유로화 사용

---

01 다음 설명이 맞으면 ○표, 틀리면 ×표를 하시오.

① 소련과 미국의 영향력 약화와 제3 세계의 등장으로 냉전 체제가 완화되었다. (   )

② 미국의 트루먼 대통령은 앞으로 아시아의 군사적 분쟁에 미국이 개입하지 않겠다고 발표하였다. (   )

02 다음 괄호 안의 내용 중 알맞은 말에 ○표를 하시오.

① (옐친 , 고르바초프)은/는 소련을 해체하고, 독립 국가 연합(CIS)을 결성하였다.

② 소련의 고르바초프 서기장과 미국의 부시 대통령은 (몰타 회담 , 얄타 회담)에서 냉전의 종식을 공식 선언하였다.

03 다음 설명이 마오쩌둥에 해당하면 '마', 덩샤오핑에 해당하면 '덩'을 쓰시오.

① 흑묘백묘론을 바탕으로 개혁·개방 정책을 펼쳤다. (   )

② 대약진 운동 실패 이후 홍위병을 앞세워 문화 대혁명을 추진하였다. (   )

정답 01. ① ○ ② × 02. ① 고르바초프 ② 몰타 회담 03. ① 덩 ② 마

 주제 **25** **반전 평화 운동과 민주화 운동**

1. 탈권위주의 운동

(1) **의미**: 오랜 시간 계속되어 온 관습이나 기존의 정치 체제로부터 벗어나고자 하는 운동

(2) **배경**: 냉전 체제로 이념 대립 심화, 산업화로 물질만능주의 확산, 고등 교육의 확대

(3) **특징**: 청년과 학생들 중심, 반전 평화 운동·민주화 운동·인권 운동 등으로 전개

2. 반전 평화 운동: 전쟁에 반대하고 평화를 지키려는 운동

전개	1960년대 미국에서 청년들을 중심으로 베트남 전쟁 반대 시위 전개(→ 독일, 프랑스 등지로 확산), 핵무기를 비롯한 대량 살상 무기 개발 반대 운동(반핵 시위) 등 전개
성과	핵 확산 금지 조약(NPT) 체결(1968), 국제 연합(UN)의 평화 유지군 파견

3. 민주화 운동: 학생과 시민들을 중심으로 독재 정권에 대항한 운동

아시아	• 한국: 이승만 정부의 부정 선거를 규탄하는 시위 전개(4·19 혁명, 1960) • 필리핀: 마르코스 정권의 부정 선거에 맞서 전개(에드사 혁명, 1986) • 중국: 덩샤오핑 집권 이후 시민들이 톈안먼 광장에서 전개(톈안먼 사건, 1989)
유럽	• 체코슬로바키아: 시민들이 소련과 그 동맹국의 억압에 저항(프라하의 봄, 1968) • 에스파냐: 프랑코의 독재에 맞서 전국적인 시위 전개(1970년대)
아프리카	튀니지에서 정권의 부패에 맞서 전개(튀니지 혁명, 2011) → 아랍 지역에 영향을 줌

01 ㉠에 들어갈 운동을 쓰시오.

> 20세기 후반에 전개된 (㉠   )은/는 오랜 시간 계속되어 온 관습이나 기존의 정치 체제로부터 벗어나고자 하는 운동이다. 학생과 청년들을 중심으로 전개되었다.

02 다음 설명이 맞으면 ○표, 틀리면 ✕표를 하시오.

① 반전 평화 운동은 제1차 세계 대전을 계기로 전 세계에 확산되었다. (   )

② 국제 사회는 핵무기의 개발을 막기 위해 핵 확산 금지 조약(NPT)을 맺었다. (   )

03 다음 설명에 해당하는 민주화 운동을 〈보기〉에서 골라 기호를 쓰시오.

┌─ 보기 ┐
ㄱ. 4·19 혁명   ㄴ. 에드사 혁명

① 이승만 정권의 부정 선거를 규탄하는 시위가 한국에서 일어났다. (   )

② 마르코스 정권의 부정 선거에 대항하는 시위가 필리핀에서 전개되었다. (   )

주제 26 인권 운동

1. 민권 운동: 시민으로서의 자유와 평등한 권리를 보장받기 위한 운동

미국	짐 크로 법 시행 → 몽고메리시의 버스 승차 거부 운동(1955), 마틴 루서 킹의 워싱턴 행진(1963) → 흑인과 백인 사이의 법적 차별을 없앤 민권법 통과(1964)
남아프리카 공화국	인종 분리 정책인 아파르트헤이트 시행 → 넬슨 만델라가 아파르트헤이트 반대 운동 주도 → 넬슨 만델라가 클레르크 대통령과 아파르트헤이트 폐지

2. 노동 운동: 세계 각국 노동자의 권리를 보호하기 위한 운동

배경	산업화로 노동자 수 증가, 두 차례의 세계 대전 이후 노동자의 권리에 대한 관심 증가
전개	노동자들이 노동조합과 국제 노동자 협회 등을 조직하여 열악한 노동 환경과 처우 개선 요구, 일부 국가에서는 노동자·기업가·정부 대표가 회의체를 구성하여 문제 해결 노력
성과	국제 노동 기구(ILO) 설립(1919) → 노동 기본 원칙과 권리선언 채택(1998)

3. 여성 운동: 여성의 권리를 보장받기 위한 운동

배경	여성에 대한 사회적·문화적 차별 지속, 민권 운동의 영향을 받음
전개	미국의 여성 운동가 베티 프리단이 『여성의 신비』에서 남녀평등 주장, 여성들이 여러 여성 단체를 결성하여 교육·임신과 출산·고용 등 여러 부문에서 여성의 권리 보장 요구
성과	1970년대 차별 금지법 통과(영국), 헌법을 개정하여 여성 평등권 명시(미국)

01 다음 물음에 답하시오.

① 인종 분리 정책인 아파르트헤이트를 실시한 국가는? (   )

② 1963년 워싱턴에서 흑인 차별에 저항하는 행진을 주도한 인물은? (   )

02 ㉠에 들어갈 국제기구를 쓰시오.

1919년 국제 연맹 산하에 설립된 (㉠   )은/는 1998년 노동의 기본권을 명시한 노동 기본 원칙과 권리선언을 발표하였다.

03 다음 괄호 안의 내용 중 알맞은 말에 ○표를 하시오.

① 여성 운동의 결과 1970년대 (영국 , 중국)에서는 차별 금지법이 통과되었다.

② 여성 운동가 (로자 파크스 , 베티 프리단)은/는 『여성의 신비』에서 남녀평등을 주장하였다.

정답 | 01. ① 남아프리카 공화국 ② 마틴 루서 킹 02. 국제 노동 기구(ILO) 03. ① 영국 ② 베티 프리단

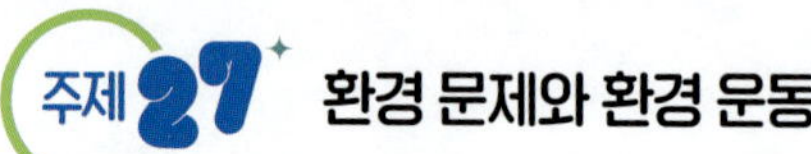

1. 환경 문제의 발생

(1) **배경**: 산업화, 과학 기술의 발달

(2) **내용**: 무분별한 개발로 삼림 파괴 및 초원과 수풀의 사막화 진행, 화석 연료 사용에 따른 온실가스의 증가로 지구 온난화 가속화(→ 빙하가 녹으면서 해수면 상승과 침수 피해 발생), 기후 변화로 이상 고온과 폭우 등 기상 이변 발생, 미세 먼지와 황사 등으로 대기 오염 심화, 해양 쓰레기로 생태계 파괴 심화

2. 환경 문제 해결 노력

(1) **국제 협약**

환경과 개발에 관한 리우 선언(1992)	지속가능한 발전을 실현하기 위한 협력 방안으로 채택
기후 변화 협약(1994)	온실가스의 감축 합의 발효
교토 의정서(1997)	선진국의 온실가스 감축 목표치 설정
파리 협정(2015)	개발 도상국이 온실가스 감축에 동참하기로 결정

(2) **민간단체**: 그린피스, 세계 자연 기금(WWF) 등 비정부 기구(NGO)가 해양 오염을 막고 생태계를 보전하기 위한 활동 전개

---

01 환경 문제에 대한 설명이 맞으면 ○표, 틀리면 ✕표를 하시오.

① 산업화와 과학 기술의 발달로 환경 문제가 발생하였다. (　　)

② 무분별하게 개발하면서 초원과 수풀의 사막화가 진행되었다. (　　)

③ 화석 연료 사용으로 온실가스가 급격히 늘어나 지구 온난화가 사라졌다. (　　)

02 ㉠, ㉡에 들어갈 국제 협약을 각각 쓰시오.

> 1997년 (㉠　　　　　　)에서는 선진국의 온실가스 감축 목표치를 정하였다. 2015년 (㉡　　　　　　)에서는 개발 도상국도 온실가스 감축에 동참하기로 하였다.

03 환경 운동을 전개하는 비정부 기구(NGO)를 〈보기〉에서 골라 기호를 쓰시오.

> **┤보기├**
> ㄱ. 그린피스　　　　　　　　ㄴ. 세계 자연 기금(WWF)
> ㄷ. 국제 사면 위원회(AI)　　　ㄹ. 국경 없는 의사회(MSF)

(　　　　　　)

주제 28  새로운 세계 질서의 형성

1. 자본주의 경제의 성장: 1960년대 전후 서독, 일본과 아시아 신흥 공업국의 경제가 크게 성장

2. 신자유주의

등장	1970년대 두 차례의 석유 파동으로 세계 경제 위기 → 영국의 대처 총리와 미국의 레이건 대통령이 정부의 개입 축소, 무역의 자유화와 시장 개방을 추구하는 신자유주의 경제 정책 추진
확산	1990년대 사회주의 진영 붕괴로 신자유주의 확산 → 미국과 유럽의 중화학 공업 공장이 아시아의 신흥 공업국으로 이전, 선진국은 금융업 중심으로 발달

3. 세계화

(1) **전개**: 무역과 투자의 자유화를 추구하며 세계 무역 기구(WTO) 결성(1995), 자유 무역 협정(FTA) 체결 확산, 세계 각지에 자사와 지사를 둔 다국적 기업 성장

(2) **지역 단위의 협력 노력**: 국가 간 무역 경쟁 심화 → 유럽 연합(EU), 아시아 태평양 경제 협력체(APEC), 동남아시아 국가 연합(ASEAN) 등 지역별 경제 협력체 등장

(3) **성과와 과제**

성과	다른 국가의 상품을 저렴한 값에 구매 가능, 여러 문화가 융합되면서 새로운 문화 형성, 선진국의 지원으로 개발 도상국의 경제 성장
과제	국가 간 빈부 격차와 경제의 상호 의존도 심화, 이주민이 늘면서 문화 차이에 따른 갈등 발생, 문화의 획일화 또는 지역의 고유문화 소멸

01 빈칸에 들어갈 내용을 쓰시오.

① 1970년대 두 차례의 (   )(으)로 세계 경제가 어려워졌다.

② 영국의 대처 총리와 미국의 레이건 대통령은 정부의 개입 축소, 무역의 자유화와 시장 개방을 추구하는 (   ) 경제 정책을 추진하였다.

02 다음 물음에 답하시오.

① 세계 각지에 자회사와 지사를 둔 기업을 이르는 말은? (   )

② 1995년 무역과 투자의 자유화를 추구하며 결성된 국제기구는? (   )

03 세계화가 진전되면서 결성된 지역별 경제 협력체를 〈보기〉에서 골라 기호를 쓰시오.

┌ 보기 ├
ㄱ. 국제 연맹   ㄴ. 국제 연합(UN)
ㄷ. 동남아시아 국가 연합(ASEAN)   ㄹ. 아시아 태평양 경제 협력체(APEC)

(   )

 주제 29 현대 세계의 문제와 해결 노력

1. 과학 기술과 대중문화의 발달

(1) 과학 기술의 발달

내용	원자력 기술, 유전·생명 공학, 우주 과학, 교통 기술, 정보 통신 기술 등 발달
영향	인적·물적 교류 증가, 전통적 가치관과 생활 양식의 급격한 변화, 물질만능주의의 확산

(2) 대중문화의 발달: 대중 사회 형성(불특정 다수가 사회적 영향력을 행사), 대중 매체의 발달 → 많은 사람이 쉽게 접하고 즐기는 대중문화 등장(→ 문화의 획일화 등 문제 발생)

2. 현대 세계의 문제와 해결 노력

(1) 현대 세계의 문제: 국가 간 빈부 격차(지구 남반구와 북반구의 경제 차이로 남북문제 발생), 종교·민족 갈등(이스라엘−팔레스타인 분쟁, 유고슬라비아 전쟁, 카슈미르 분쟁), 지역 분쟁(9·11 테러, 시리아·수단·콩고·르완다 등 내전), 자원 분쟁(센카쿠·댜오위다오 분쟁)

(2) 문제 해결 노력

국가	여러 국가가 국제 연합(UN)에 참여, 국제 연합이 분쟁 지역에 평화 유지군 파견, 세계 보건 기구(WHO)의 긴급 구호 활동, 난민에 관한 국제 협약 체결, 공정 무역 확대
민간단체	국경 없는 의사회(MSF), 국제 사면 위원회(AI) 등 비정부 기구(NGO)가 질병, 인권 등의 문제를 해결하기 위해 다양한 활동 전개
개인	문제의 역사적 배경 파악 → 문제 해결 방안 모색 → 자발적 실천

01 20세기 과학 기술의 발달에 대한 설명이 맞으면 ○표, 틀리면 ×표를 하시오.

① 휴대 전화와 컴퓨터 등 정보 통신 기술이 발달하였다. (   )

② 전통적 가치관과 생활 양식이 급격하게 변화하는 데 영향을 미쳤다. (   )

02 다음 물음에 답하시오.

① 대중 사회가 출현하고 대중 매체가 발달하면서 등장하였으며, 많은 사람이 쉽게 접하고 즐기는 문화를 일컫는 말은? (   )

② 제2차 세계 대전 이후 경제가 성장하고 민주주의가 발전하면서 불특정 다수가 사회적 영향력을 행사하게 된 사회를 이르는 말은? (   )

03 빈칸에 들어갈 내용을 쓰시오.

① 북반구와 남반구의 경제적 차이로 발생하는 여러 문제를 (   )(이)라고 한다.

② 국제 협력과 평화 유지를 위해 결성된 (   )은/는 분쟁 지역에 평화 유지군을 파견하고 있다.

정답 | 01. ① ○ ② ○   02. ① 대중문화 ② 대중 사회   03. ① 남북문제 ② 국제 연합(UN)

MEMO

MEMO

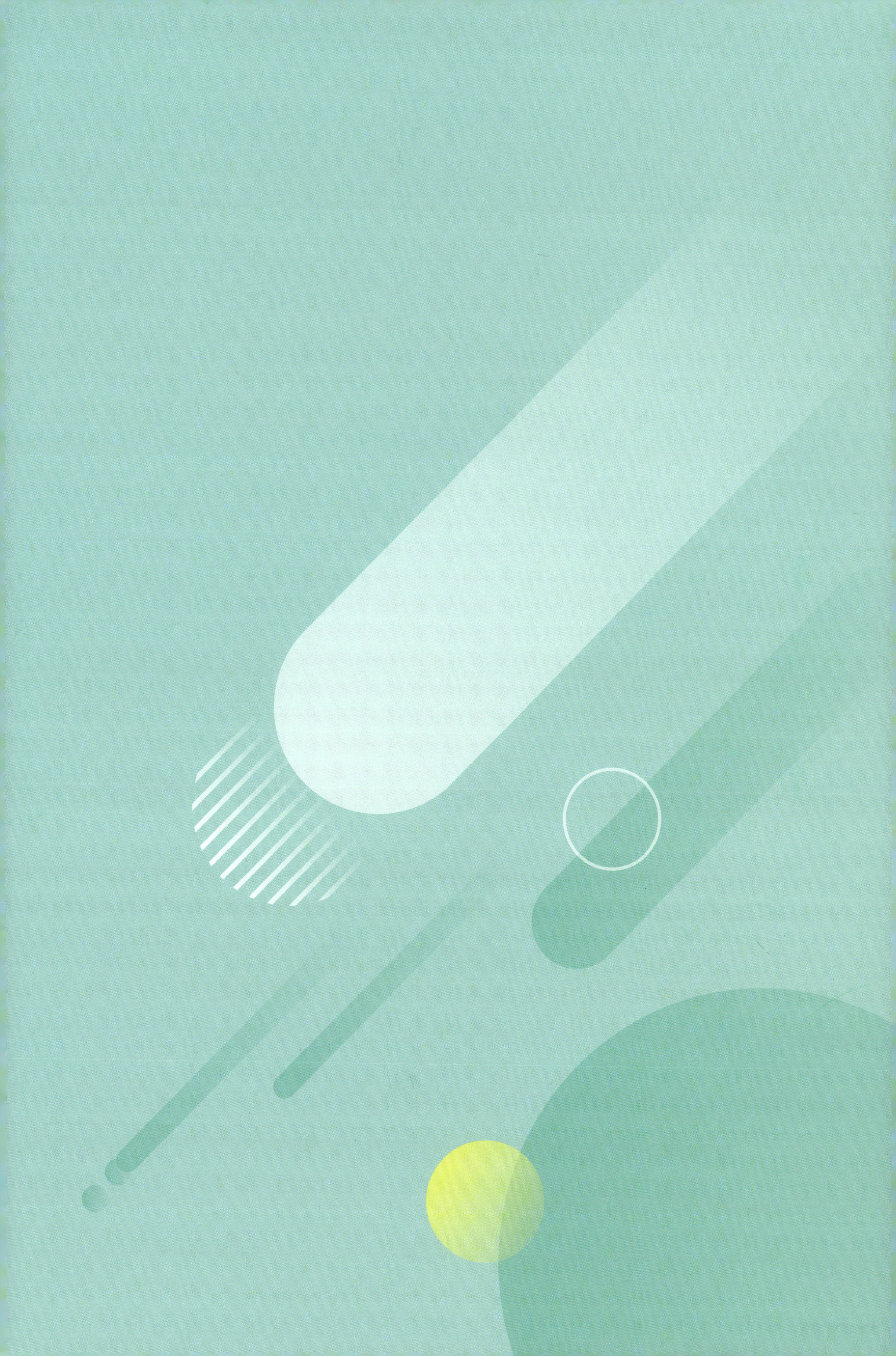

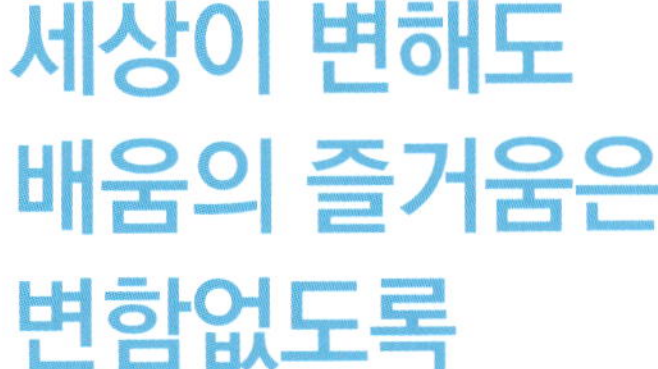

세상이 변해도
배움의 즐거움은
변함없도록

시대는 빠르게 변해도
배움의 즐거움은
변함없어야 하기에

어제의 비상은
남다른 교재부터
결이 다른 콘텐츠
전에 없던 교육 플랫폼까지

변함없는 혁신으로
교육 문화 환경의 새로운 전형을
실현해왔습니다.

비상은 오늘, 다시 한번
새로운 교육 문화 환경을 실현하기 위한
또 하나의 혁신을 시작합니다.

오늘의 내가 어제의 나를 초월하고
오늘의 교육이 어제의 교육을 초월하여
배움의 즐거움을 지속하는 혁신,

바로, 메타인지 기반 완전 학습을.

상상을 실현하는 교육 문화 기업 비상

메타인지 기반 완전 학습

초월을 뜻하는 meta와 생각을 뜻하는 인지가 결합한 메타인지는
자신이 알고 모르는 것을 스스로 구분하고 학습계획을 세우도록 하는
궁극의 학습 능력입니다. 비상의 메타인지 기반 완전 학습 시스템은
잠들어 있는 메타인지를 깨워 공부를 100% 내 것으로 만들도록 합니다.

학교 시험에 대비할 수 있어요.

대단원 마무리

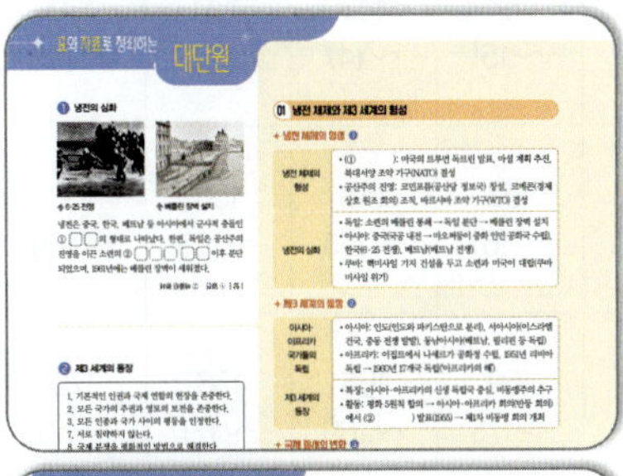

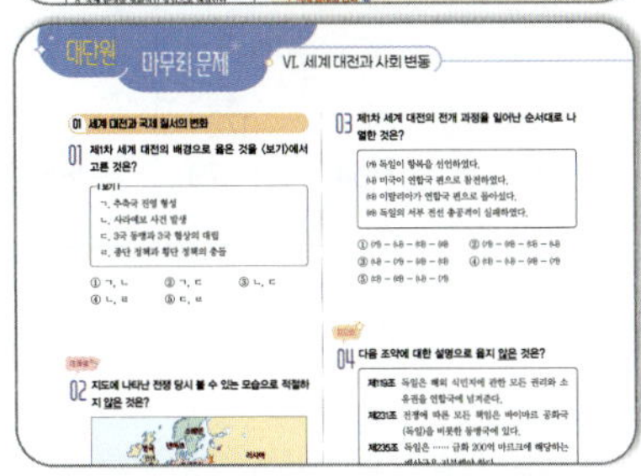

◆ '표와 자료로 정리하는 대단원'에서 대단원별 학습 내용을 체계적으로 정리할 수 있습니다. 또한 학습 목표에 따라 주요 개념을 잘 이해했는지 점검할 수 있습니다.

◆ '대단원 마무리 문제'에서 단원 통합형 문제를 확실히 대비할 수 있도록 수업 발표·보고서 작성·인터넷 검색 등의 재구성 문제, 두 문항 연계 문제 등 다양한 문제 유형을 제공하였습니다.

중간·기말고사 끝내기

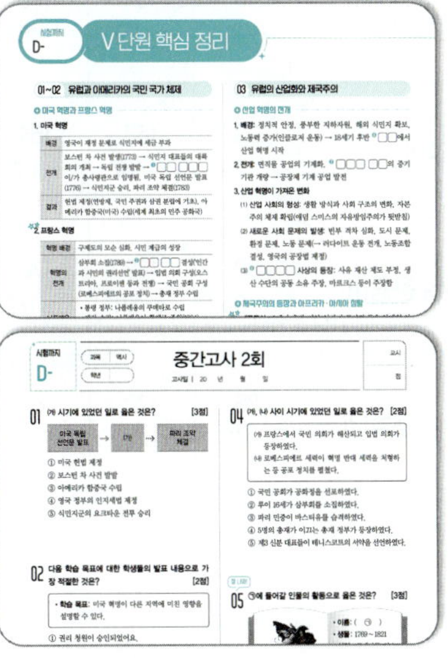

◆ 시험 일정에 맞추어 미리 계획을 세운 뒤 '핵심 정리'로 대단원별 핵심 내용을 정리하고, '중간고사·기말고사' 문제를 풀어 보세요. 시험 범위가 많아도 쉽고 빠르게 대비할 수 있습니다.

◆ 학교 시험 기출 문제를 분석하여 빈출 유형의 문제들로 구성하였습니다. 만점에 대비하여 난이도 있는 문제도 만들고 '100점 도전!'으로 표시하였습니다.

시험 전 한끝

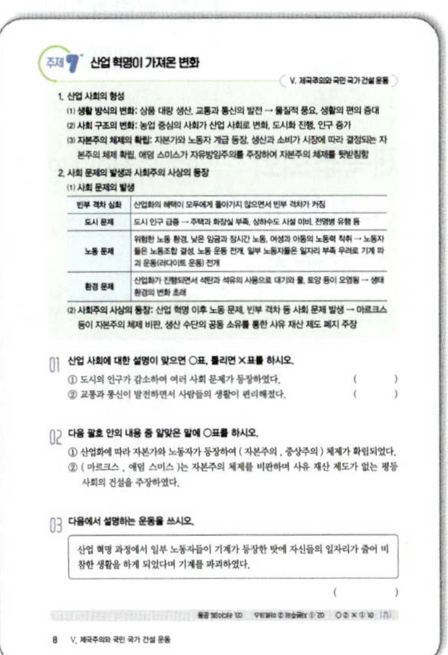

◆ 시험에 자주 나오는 교과서 내용을 빠짐없이 주제별로 정리하였습니다. 단원별 핵심 내용을 익히고 문제를 풀며 시험 직전에 알차게 사용해 보세요.

단원 비교하기

단원명		한끝	비상	동아	리베르	미래엔	지학사	천재	해냄
V 제국주의와 국민 국가 건설 운동	01. 유럽과 아메리카의 국민 국가 체제(1)	10 ～15	146 ～151	142 ～146	137 ～140	138 ～143	136 ～142	144 ～149	142 ～149
	02. 유럽과 아메리카의 국민 국가 체제(2)	16 ～21	152 ～157	146 ～153	141 ～149	144 ～151	143 ～147	150 ～155	150 ～159
	03. 유럽의 산업화와 제국주의	22 ～29	158 ～167	154 ～163	150 ～157	152 ～161	148 ～155	156 ～165	160 ～169
	04. 아시아의 국민 국가 건설 운동(1)	30 ～35	168 ～171	172 ～177	158 ～163	169 ～175	165 ～169	166 ～171	170 ～177
	05. 아시아의 국민 국가 건설 운동(2)	36 ～43	172 ～179	164 ～171	164 ～171	162 ～168	156 ～164	172 ～179	178 ～185

단원명		한끝	비상	동아	리베르	미래엔	지학사	천재	해냄
VI 세계 대전과 사회 변동	01. 세계 대전과 국제 질서의 변화	54 ~61	184 ~195	182 ~193	176 ~187	180 ~195	176 ~189	184 ~197	192 ~201, 208 ~211
	02. 전쟁 범죄에 맞선 평화 유지 노력	62 ~67	196 ~205	194 ~203	188 ~193	196 ~205	190 ~197	198 ~209	212 ~219
	03. 아시아와 아프리카의 민족 운동	68 ~73	206 ~211	204 ~211	194 ~199	206 ~211	198 ~207	210 ~215	202 ~207

단원명		한끝	비상	동아	리베르	미래엔	지학사	천재	해냄
VII 현대 세계의 전개와 과제	01. 냉전 체제와 제3 세계의 형성	84 ~91	216 ~225	216 ~227	204 ~219	216 ~227	212 ~225	220 ~227	224 ~233, 238 ~239
	02. 민주주의와 인권의 확산	92 ~97	226 ~233	228 ~235	220 ~229	228 ~237	226 ~235	228 ~235	234 ~237, 240 ~243
	03. 세계화와 지역 세계의 변화	98 ~103	234 ~243	236 ~241	230 ~235	238 ~243	236 ~243	236 ~243	244 ~251

차례

V 제국주의와 국민 국가 건설 운동

VI 세계 대전과 사회 변동

VII 현대 세계의 전개와 과제

V

제국주의와 국민 국가 건설 운동

01. 유럽과 아메리카의 국민 국가 체제(1)

✦ 미국 혁명
공부 TIP ▶ 미국 혁명의 배경과 전개 과정을 정리해 두자.

1 미국 혁명의 배경
(1) **영국인의 북아메리카 이주**: 17세기 이후 영국인이 종교의 자유와 경제적 기회를 찾아 북아메리카로 이주함 → 북아메리카 동부의 대서양 연안에 13개의 식민지 건설, 독자적인 의회 구성(자치)
(2) **영국의 식민지 정책 변화**: 프랑스와의 전쟁으로 영국의 재정 궁핍 → 식민지 간섭 시작, 식민지 주민들에게 각종 문서나 신문 등에 [+]인지를 사서 붙이게 하는 방식으로 세금 징수

2 미국 혁명의 전개
(1) **독립 전쟁의 발단**: 영국 정부의 인지세 부과에 대해 식민지 주민들이 "대표 없는 곳에 과세할 수 없다."라며 저항함 → 영국 정부가 인지세 폐지, 대신 설탕과 차 등에 세금 부과 → **보스턴 차 사건** 발발(1773) 자료1 → 영국 정부가 보스턴항 봉쇄, 주민 탄압 → 식민지 대표들이 대륙 회의를 열어 영국에 항의 ┌ 민간인으로 구성된 군대를 말해.
(2) **독립 전쟁의 전개**: 식민지 민병대와 영국군의 충돌 → 식민지 대표들이 **조지 워싱턴**을 총사령관으로 임명, **미국 독립 선언문** 발표 (1776) 자료2 → 초기 식민지군의 열세 → 프랑스 등 여러 국가의 지원, 요크타운 전투(1781)에서 워싱턴이 이끄는 식민지군 승리 → **파리 조약**에서 영국 정부로부터 독립을 인정받음(1783)

3 미국 혁명의 결과
시험 단골 ▶ 미국 헌법의 특징을 묻는 문제가 자주 출제돼!
(1) **헌법 제정**: [+]**연방제**, 주권이 국민에게 있는 **국민 주권**과 **삼권 분립** (국가의 권력을 입법·행정·사법으로 분리)의 원칙에 기초
(2) **아메리카 합중국(미국) 수립(1789)**: 조지 워싱턴을 초대 대통령으로 선출, **세계 최초의 민주 공화국** 수립 ┌ 주권이 국민에 있고 국민이 뽑은 대표자가 통치하는 국가를 말해.
(3) **영향**: 프랑스 혁명과 라틴 아메리카의 독립운동에 큰 영향을 줌

4 미국의 성장

영토 확장	독립 이후 원주민을 몰아내고 서부로 세력 확대 → 1840년대 말 태평양 연안까지 영토 확장 → 거대한 영토와 자원, 시장을 갖춘 국가로 성장
인구 증가	19세기에 유럽의 기근과 혼란을 피해 많은 사람이 미국으로 이주, 아시아와 라틴 아메리카 등지에서 이민 → 인구 증가 → 이민자들의 값싼 노동력을 활용해 산업 발전

┌ 흉년으로 인한 굶주림을 뜻해.

✦ 프랑스 혁명

1 혁명의 배경
┌ 18세기 프랑스에서는 강력한 왕정 아래 불평등한 신분제가 계속되었어.
(1) [+]**구제도의 모순**: 세 신분 중 제1, 2 신분은 관직 독점과 세금 면제 등 정치적·경제적 특권을 누림, 제3 신분은 많은 세금을 부담하면서도 정치 참여의 제한을 받음 자료3
(2) **시민 계급의 성장**: 상공업 발달로 성장, 계몽사상과 미국 혁명의 영향으로 구제도를 무너뜨리고자 함
┌ 인간의 이성이 사회를 진보하게 한다고 믿는 사상이야.
└ 도시에 거주하며 주로 상공업, 금융업 등에 종사하였어.

자료 1 보스턴 차 사건

식민지 주민들이 인디언으로 변장한 모습이야.

영국이 마시는 차에 세금을 부과하자 식민지 주민들은 영국산 차 불매 운동을 벌였다. 영국 정부가 이를 탄압하자 보스턴항에 정박 중이던 영국 동인도 회사의 배를 습격하여 차 상자를 바다에 던졌다.

자료 2 미국 독립 선언문

> 모든 인간은 평등하게 태어났고, 창조주는 양도할 수 없는 권리를 인간에게 부여하였으며, 거기에는 생명권과 자유권 및 행복 추구권이 포함되어 있다. …… 어떤 정부라도 이 목적을 훼손하는 경우에는 언제든지 새로운 정부를 수립할 수 있는 권리가 국민에게 있다.

미국 독립 선언문에는 **인간의 기본권(생명·자유·행복 추구권)과 국민 주권, 평등권, 저항권, 천부 인권** 등 근대 민주주의의 기본 원리가 담겨 있다.
┌ 인간이 태어나면서부터 가지는 권리를 말해.

자료 3 구제도의 모순
시험 단골 ▶ 프랑스 혁명의 배경인 구제도의 모순을 묻는 문제가 자주 출제돼!

↑ 구제도의 모순 풍자화　　↑ 18세기 프랑스의 신분 구조

프랑스의 제1, 2 신분은 많은 토지를 소유하면서도 세금을 내지 않았다. 반면, 제3 신분인 평민은 각종 세금을 부담하면서도 정치적 권리를 얻지 못하였다.

[+] **인지** 세금 납부를 증명하기 위해 서류에 붙이는 종이 표
[+] **연방제** 각 주가 통합적인 연방 정부 아래에서 광범위한 자치를 누릴 수 있는 통치 체제
[+] **구제도** 불평등한 신분제의 원리가 지배하는 혁명 이전의 프랑스 사회를 말함

② 혁명의 전개

(1) 혁명의 시작: 계속되는 전쟁과 왕실의 사치로 경제적 상황이 어려워지자 루이 16세가 <u>삼부회(삼신분회)</u> 소집(1789) → 삼부회 표결 방식 문제로 신분 간 대립(제1, 2 신분은 신분별 표결, 제3 신분은 머릿수 표결 주장)
  └ 구제도의 세 신분 대표가 모이는 회의를 말해.

(2) 혁명의 전개 〔자료 4〕

새로운 헌법이 만들어질 때까지
흩어지지 않겠다고 선언하였어.

국민 의회	제3 신분 대표들이 독자적으로 국민 의회 결성, <u>테니스코트의 서약</u>(1789) → 루이 16세의 국민 의회 억압 시도에 파리 민중이 <u>바스티유 습격</u> → 혁명의 전국 확산, 국민 의회의 봉건제 폐지 선언, '<u>인간과 시민의 권리선언(인권 선언)</u>' 발표(1789) 〔자료 5〕 → 헌법 제정(입헌 군주제와 재산에 따른 제한 선거 등 규정)
입법 의회	새로운 헌법에 따라 입법 의회 구성(1791) → <u>오스트리아와 프로이센</u> 등이 프랑스를 위협하자 입법 의회가 전쟁 선포 → 계속되는 전쟁으로 생활이 어려워진 파리 민중이 왕궁 습격 → 왕권 정지, 입법 의회 해산, 국민 공회 구성(1792)
국민 공회	• 활동: 공화정 선포, 반역죄로 루이 16세 처형, 헌법 제정(공화제와 성인 남성의 보통 선거권 보장 등) • <u>로베스피에르</u>(급진파)의 <u>공포 정치</u>: 공안 위원회와 혁명 재판소 설치, 혁명에 반대하는 세력을 처형 → 반대 세력(온건파)에 로베스피에르가 처형당함
총재 정부	5명의 총재가 이끄는 정부 수립 → 혼란 지속 → 나폴레옹의 쿠데타로 총재 정부 붕괴(1799), 프랑스 혁명 종결

혁명이 자국 내에 퍼지는 것을 막고자 하였어.

③ 나폴레옹 시대 〔시험 단골〕 나폴레옹의 활동을 묻는 문제가 자주 출제돼!

(1) 통령 정부와 제정 수립

① 통령 정부 수립: <u>나폴레옹</u>이 제1 통령으로 취임

② 개혁 실시

대내	• 중앙 집권적 행정 제도 마련, 국민 교육 제도 도입, 은행 설립, 도량형 통일 └ 개인의 자유, 법 앞에서의 평등 등 프랑스 혁명 정신을 반영하였어. • 『<u>나폴레옹 법전</u>』 편찬(1804): 새로운 시민 사회의 규범 마련
대외	⁺대프랑스 동맹 격파, 유럽 대부분 지역 침략

③ 제정 수립: 개혁으로 국민의 지지를 얻은 나폴레옹이 국민 투표를 거쳐 황제에 즉위(1804)

(2) 정복 전쟁과 영향 〔자료 6〕

① 정복 전쟁의 전개: 유럽 국가들이 나폴레옹의 침략에 대항하고자 다시 동맹 체결 → 영국이 강하게 저항, 나폴레옹은 영국을 굴복시키고자 <u>대륙 봉쇄령</u> 선포 → 러시아가 이를 무시하고 영국과 계속 교류하자 <u>러시아 원정</u> 단행(1812)
  └ 나폴레옹은 유럽 대륙 어느 나라도 영국과 교역할 수 없도록 항구를 봉쇄하였어.

② 나폴레옹의 몰락: 러시아의 혹독한 추위에 러시아 원정 실패, 대프랑스 동맹에 패배

③ 정복 전쟁의 영향: 나폴레옹의 정복 전쟁 과정에서 유럽에 프랑스 혁명의 이념인 자유주의와 민족주의가 확산(→ ⁺<u>국민 국가</u>가 성장하는 발판 마련)

〔자료 4〕 **프랑스 혁명의 전개**

루이 16세가 국민 의회를 억압하려 하자 분노한 파리 민중은 당시 구제도의 상징이었던 바스티유를 습격하였다. 이후 혁명은 전국으로 확대되었으며, 국민 공회가 반역죄로 루이 16세를 처형하였다.

〔시험 단골〕 인권 선언에 나타난 인간의 기본권을 묻는 문제가 자주 출제돼!

〔자료 5〕 **인간과 시민의 권리선언(인권 선언)**

제1조	인간은 자유롭게 그리고 평등한 권리를 가지고 태어났다.
제2조	자유, 재산, 안전 그리고 압제에 맞서는 저항권은 인간이 가진 불가침의 권리이다.
제3조	모든 주권의 원천은 국민에게 있다.
제6조	시민은 직접 또는 간접적으로 법의 제정에 참여할 권리를 갖는다.

국민 의회가 발표한 '인간과 시민의 권리선언(인권 선언)'은 자유, 평등, 국민 주권, 재산권 보호 등 프랑스 혁명의 기본 이념을 담고 있다.

〔자료 6〕 **나폴레옹의 정복 전쟁**

나폴레옹은 <u>오스트리아, 프로이센을 격파</u>하고 유럽 대륙의 패권을 장악하였다. 그러나 러시아 원정에 실패하고, 대프랑스 동맹의 공격을 받아 몰락하였다.

+ **대프랑스 동맹** 유럽 국가들이 나폴레옹의 대륙 지배에 대항하고자 여러 번에 걸쳐 맺은 군사 동맹
+ **국민 국가** 일정한 영토에 사는 사람들이 동일한 민족의식을 지니며 국가 운영에 참여하는 형태의 국가

대표 자료 확인하기

✦ 미국 독립 선언문

> 모든 인간은 평등하게 태어났고, 창조주는 양도할 수 없는 권리를 인간에게 부여하였으며, 거기에는 생명권과 자유권 및 행복 추구권이 포함되어 있다.

북아메리카의 식민지 대표들은 (①   )을/를 총사령관에 임명하고 인간의 평등과 생명·자유·행복 추구권이 담긴 독립 선언문을 발표하였다.

✦ 구제도의 모순

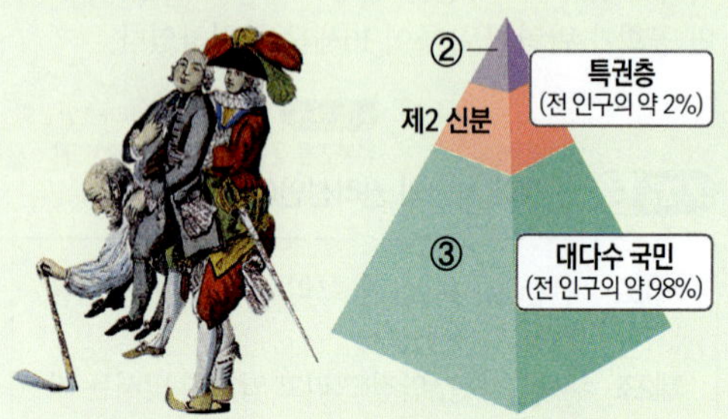

↑ 구제도의 모순 풍자화   ↑ 18세기 프랑스의 신분 구조

18세기에 성직자인 (②   )과/와 귀족인 제2 신분은 많은 토지를 소유하면서도 세금을 내지 않았다. 반면, 평민인 (③   )은/는 많은 세금을 내면서도 정치적 권리를 얻지 못하였다.

한눈에 정리하기

✦ 미국 혁명

배경	영국이 식민지의 차, 설탕 등에 세금 부과 → (①) 발생 → 영국이 보스턴 항 봉쇄 및 주민 탄압 → 대륙 회의 개최
전개	식민지 민병대와 영국군 충돌 → 식민지 대표들이 조지 워싱턴을 총사령관으로 임명, (②) 발표 → 요크타운 전투 → 파리 조약 체결(1783)

✦ 프랑스 혁명

배경	구제도의 모순, 계몽사상과 미국 혁명의 영향
전개	• 국민 의회: 루이 16세가 (③) 소집 → 제3 신분 대표들이 국민 의회 결성 → '인권 선언' 발표, 헌법 제정 • 입법 의회: 프랑스를 위협하는 오스트리아·프로이센 등과 전쟁 전개 • (④): 공화정 선포 후 루이 16세 처형 → 로베스피에르의 공포 정치 • 총재 정부: 혼란 지속 → (⑤)의 쿠데타로 몰락, 혁명 종결

---

1 다음 설명이 맞으면 ○표, 틀리면 ✕표를 하시오.

(1) 미국 혁명은 프랑스 혁명과 라틴 아메리카의 독립운동에 큰 영향을 주었다. ( )

(2) 보스턴 차 사건 이후 식민지 민병대와 영국군이 충돌하면서 독립 전쟁이 시작되었다. ( )

(3) 17세기 이후 많은 영국인이 종교적 자유와 경제적 기회를 찾아 남아메리카로 이주하였다. ( )

2 빈칸에 들어갈 내용을 쓰시오.

(1) 미국 헌법에는 국가의 권력을 입법, 행정, 사법으로 분리한다는 (   )의 원칙이 담겨 있다.

(2) 1789년 조지 워싱턴을 초대 대통령으로 하여 세계 최초의 민주 공화국인 (   )이/가 수립되었다.

3 다음 괄호 안의 내용 중 알맞은 말에 ○표를 하시오.

(1) 프랑스의 (제2 신분 , 제3 신분) 대표들은 삼부회에서 머릿수에 따른 투표를 요구하였다.

(2) 루이 16세가 (국민 공회 , 국민 의회)를 억압하려 하자 분노한 파리 민중은 바스티유를 습격하였다.

4 다음 설명에 해당하는 인물을 〈보기〉에서 골라 기호를 쓰시오.

┌ 보기 ┐
ㄱ. 루이 16세   ㄴ. 로베스피에르

(1) 프랑스의 재정 문제를 해결하고자 삼부회를 소집하였다. ( )

(2) 국민 공회 시기 급진파를 이끌며 공포 정치를 주도하였으나 반대파에 의해 처형당하였다. ( )

5 프랑스 혁명 시기의 정치 기구를 등장한 순서대로 나열하시오.

㈎ 국민 공회	㈏ 국민 의회
㈐ 입법 의회	㈑ 총재 정부

( )

6 다음 물음에 답하시오.

(1) 1804년에 나폴레옹이 새로운 시민 사회의 규범을 마련하기 위해 편찬한 법전은? ( )

(2) 나폴레옹이 영국을 고립시키기 위해 유럽 대륙과 영국 사이의 무역을 금지한 조치는? ( )

● 정답과 해설 02쪽

01 미국 혁명이 일어난 배경으로 적절한 것을 〈보기〉에서 고른 것은?

┤ 보기 ├
ㄱ. 구제도의 모순이 계속되었다.
ㄴ. 젠트리와 시민 계급이 성장하였다.
ㄷ. 영국이 식민지에 각종 세금을 부과하였다.
ㄹ. 영국은 재정이 어려워지자 식민지를 간섭하였다.

① ㄱ, ㄴ ② ㄱ, ㄷ ③ ㄴ, ㄷ
④ ㄴ, ㄹ ⑤ ㄷ, ㄹ

02 다음에서 설명하는 사건의 영향으로 가장 적절한 것은?

아메리카 원주민 복장을 한 식민지 주민들이 보스턴 항에 정박 중이던 영국 동인도 회사의 배를 습격하여 선박 안에 있던 차 상자를 바다에 던졌다.

① 의회가 권리 청원을 제출하였다.
② 크롬웰 사후 찰스 2세가 즉위하였다.
③ 식민지 민병대와 영국군이 충돌하였다.
④ 영국에서 의회파와 왕당파가 내전을 벌였다.
⑤ 메리와 그녀의 남편 윌리엄이 공동 왕이 되었다.

03 ㉠에 들어갈 인물을 쓰시오.

식민지군의 총사령관에 임명된 (㉠)은/는 요크타운 전투에서 영국군에 승리하였다. 이를 계기로 식민지군은 독립 전쟁에서 승리할 수 있었다.

(   )

04 (가) 시기에 있었던 일로 옳은 것은?

1774	(가)	1783
▲ 대륙 회의 개최		▲ 파리 조약 체결

① 보스턴 차 사건이 일어났다.
② 영국이 식민지에 인지세를 부과하였다.
③ 13개 식민지가 연방제 헌법을 제정하였다.
④ 식민지군이 요크타운 전투에서 승리하였다.
⑤ 조지 워싱턴이 초대 대통령으로 선출되었다.

중요해

05 다음 선언문에 대한 설명으로 옳지 <u>않은</u> 것은?

모든 인간은 평등하게 태어났고, 창조주는 양도할 수 없는 권리를 인간에게 부여하였으며, 거기에는 생명권과 자유권 및 행복 추구권이 포함되어 있다. …… 어떤 정부라도 이 목적을 훼손하는 경우에는 언제든지 새로운 정부를 수립할 수 있는 권리가 국민에게 있다.

① 미국 독립 전쟁 중에 발표되었다.
② 영국의 권리 장전에 영향을 주었다.
③ 13개의 식민지 대표들이 발표하였다.
④ 근대 민주주의의 기본 원리가 담겨 있다.
⑤ 인간의 생명·자유·행복 추구권을 명시하였다.

06 밑줄 친 '국가'에 대한 설명으로 옳지 <u>않은</u> 것은?

① 세계 최초의 민주 공화국이다.
② 국민 주권의 원리를 채택하였다.
③ 초대 대통령은 조지 워싱턴이다.
④ 연방제를 특징으로 하는 헌법이 있었다.
⑤ 의회파가 찰스 1세를 처형하고 공화정을 세웠다.

07 19세기 미국의 성장 과정에서 나타난 모습으로 옳지 <u>않은</u> 것은?

① 유럽에서 많은 사람이 이주하였다.
② 원주민을 몰아내고 서부로 세력을 넓혔다.
③ 식민지 대표들이 독립 선언문을 발표하였다.
④ 이민자들의 값싼 노동력으로 산업을 발전시켰다.
⑤ 1840년대 말에는 태평양 연안까지 영토를 확장하였다.

중요해

08 (가) 신분에 대한 설명으로 옳은 것을 〈보기〉에서 고른 것은?

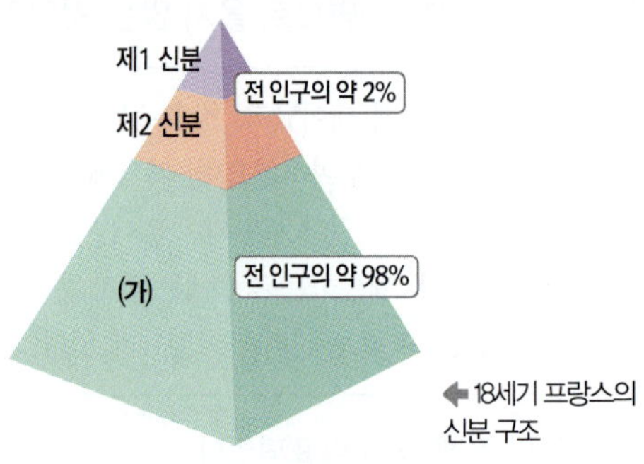

← 18세기 프랑스의 신분 구조

┌ 보기 ┐
ㄱ. 관직을 독점하였다.
ㄴ. 많은 토지를 소유하였다.
ㄷ. 국가 세금의 대부분을 부담하였다.
ㄹ. 평민으로 전체 인구의 대다수를 차지하였다.

① ㄱ, ㄴ   ② ㄱ, ㄷ   ③ ㄴ, ㄷ
④ ㄴ, ㄹ   ⑤ ㄷ, ㄹ

09 밑줄 친 '이 회의'를 쓰시오.

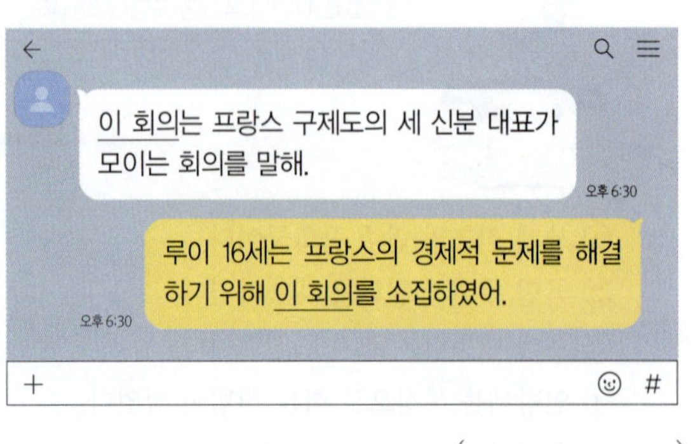

(   )

[10~11] 다음을 읽고 물음에 답하시오.

> 제1조 인간은 자유롭게 그리고 평등한 권리를 가지고 태어났다.
> 제2조 자유, 재산, 안전 그리고 압제에 맞서는 저항권은 인간이 가진 불가침의 권리이다.
> 제3조 모든 주권의 원천은 국민에게 있다.
> 제6조 시민은 직접 또는 간접적으로 법의 제정에 참여할 권리를 갖는다.

10 위 선언을 발표한 정치 기구로 옳은 것은?

① 국민 공회   ② 국민 의회
③ 입법 의회   ④ 총재 정부
⑤ 통령 정부

중요해

11 위 선언에 대한 설명으로 옳지 <u>않은</u> 것은?

① 인간의 기본권이 나타나 있다.
② 흔히 '인권 선언'이라고 부른다.
③ 제3 신분 대표들이 발표하였다.
④ 메리 여왕과 윌리엄 3세가 승인하였다.
⑤ 자유와 평등 등 프랑스 혁명의 이념이 담겨 있다.

12 (가), (나) 사건 사이에 있었던 일로 옳은 것은?

(가)   (나)

↑ 바스티유 습격   ↑ 루이 16세 처형

① 삼부회가 소집되었다.
② 테니스코트의 서약이 맺어졌다.
③ 제3 신분 대표들이 국민 의회를 세웠다.
④ 생활이 어려운 파리 민중이 왕궁을 습격하였다.
⑤ 나폴레옹이 쿠데타를 일으켜 총재 정부를 무너뜨렸다.

13 다음에서 설명하는 인물로 옳은 것은?

> 국민 공회 시기에 급진파 세력을 이끌며 혁명에 반대하는 사람들에게 공포 정치를 펼쳤다. 그러나 그를 반대하는 온건파 세력에게 처형되었다.

① 크롬웰
② 나폴레옹
③ 루이 16세
④ 조지 워싱턴
⑤ 로베스피에르

14 (가) 시기에 있었던 일로 옳은 것을 〈보기〉에서 고른 것은?

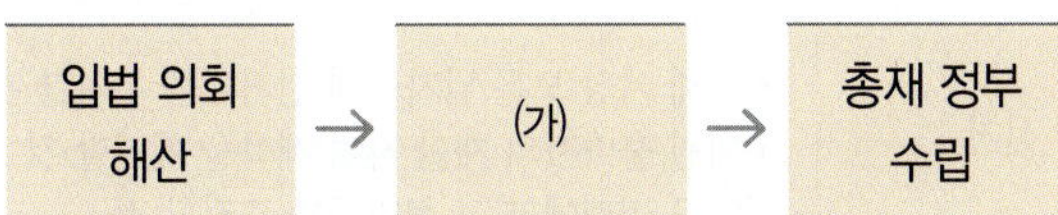

┤ 보기 ├
ㄱ. 공화정 선포
ㄴ. 봉건제 폐지 선언
ㄷ. 급진파의 혁명 재판소 설치
ㄹ. 나폴레옹의 대륙 봉쇄령 공표

① ㄱ, ㄴ
② ㄱ, ㄷ
③ ㄴ, ㄷ
④ ㄴ, ㄹ
⑤ ㄷ, ㄹ

이 문제에서 나올 수 있는 선택지는 다~!

15 지도의 경로로 유럽 정복에 나선 인물에 대한 설명으로 옳지 <u>않은</u> 것은?

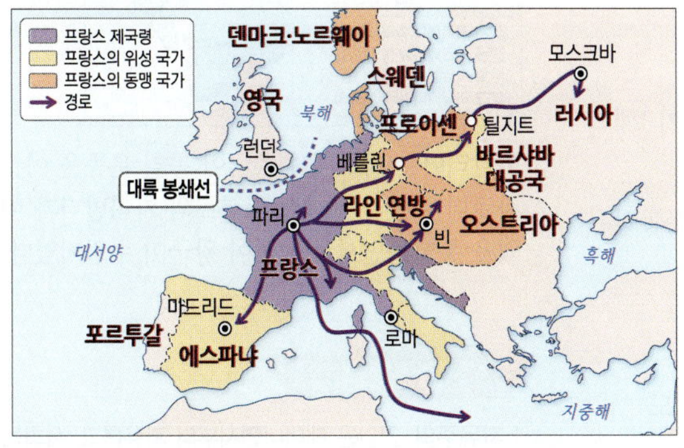

① 법전을 편찬하였다.
② 베르사유 궁전을 세웠다.
③ 러시아 원정을 추진하였다.
④ 국민 투표를 거쳐 황제가 되었다.
⑤ 중앙 집권적 행정 제도를 마련하였다.
⑥ 통령 정부를 세우고 제1 통령이 되었다.

서술형 문제

01 다음 헌법의 특징을 세 가지 서술하시오.

> **제1조 1항** 이 헌법에서 부여되는 모든 입법권은 미국 연방 의회에 속하며, 연방 의회는 상원과 하원으로 구성한다.
> **제2조 1항** 행정권은 미국 대통령에게 속한다.
> **제3조 1항** 미국의 사법권은 대법원 한 곳과 연방 의회가 수시로 만들어 설치하는 하급 법원에 속한다.

02 다음을 읽고 물음에 답하시오.

> 삼부회에서 제3 신분 대표들은 신분별 투표가 아닌 머릿수에 따른 투표를 요구하였으나 받아들여지지 않았다. 그러자 이들은 (㉠)을/를 세우고, 새로운 법이 만들어질 때까지 흩어지지 않겠다고 선언하였다.

(1) ㉠에 들어갈 정치 기구를 쓰시오.

(2) 위 사건으로 시작된 혁명의 배경을 서술하시오.

03 나폴레옹의 정복 전쟁이 유럽에 미친 영향을 두 가지 서술하시오.

02. 유럽과 아메리카의 국민 국가 체제(2)

🔴 자유주의와 민족주의의 확산

1 빈 체제의 성립

> **시험 단골** 빈 회의를 주도한 인물과 회의에서 합의된 내용을 묻는 문제가 자주 출제돼!

(1) **빈 회의(1814~1815)**: 나폴레옹 몰락 후 혼란을 수습하기 위해 오스트리아의 빈에서 개최, 오스트리아의 재상 **메테르니히**가 주도, 각국의 영토와 지배권을 프랑스 혁명 이전으로 되돌리는 데 합의

(2) **빈 체제의 성립**: 보수적인 질서 유지, **자유주의**와 **민족주의** 운동 탄압 → 그리스가 오스만 제국으로부터 독립하면서 체제 동요

2 프랑스와 영국의 자유주의 운동

(1) 프랑스의 자유주의 운동

7월 혁명 (1830) **자료 1**	• 배경: 부르봉 왕조의 샤를 10세가 전제 정치 전개(의회 해산, 언론 탄압 등 시민의 자유 제한) _{빈 체제에 따라 부활하였어.} • 전개: 자유주의자들과 파리 시민들이 샤를 10세를 추방함 → 루이 필리프를 왕으로 세우고 **입헌 군주제 수립**
2월 혁명 (1848)	• 배경: 7월 혁명 이후 들어선 왕정도 부유한 소수에게만 선거권 부여, 지배층의 이익만 보호 • 전개: 파리 시민과 노동자들이 선거권 확대를 요구하며 다시 혁명을 일으킴 → 왕정 폐지, **공화정 수립** • 영향: 유럽 여러 국가에 자유주의와 민족주의 운동 확산 → 오스트리아에서 메테르니히 추방(빈 체제 붕괴)

(2) **영국의 자유주의 운동**: 의회를 중심으로 자유주의 발전

① 선거권 확대
  - 제1차 선거법 개정(1832): 부패 선거구 폐지, 도시의 신흥 상공업자를 비롯한 중산 계급에게 선거권 부여
  > 선거권을 가진 사람에 비해 많은 의석을 차지하거나 지역이 사라졌는데도 의원을 선출하던 선거구를 말해.
  - **차티스트 운동**: 노동자들이 선거권을 요구하며 **인민헌장** 발표, 의회에 제출하기 위한 서명 운동 전개 → 정부의 탄압으로 실패하였으나 이후 선거법 개정에 영향을 줌 **자료 2**

② 자유 무역 체제 확립: 19세기 중반 **곡물법**과 **항해법** 폐지 등 정부의 경제 규제 완화
  > 제2, 3차 선거법 개정에서는 노동자, 제5차 선거법 개정에서는 만 21세 이상의 남녀에게도 보통 선거권이 부여되었어.

3 러시아의 개혁

배경	자유주의 성향의 청년 장교들이 입헌 군주제 요구 → 니콜라이 1세의 전제 정치, 오스만 제국과의 크림 전쟁에서 패배
전개	알렉산드르 2세의 **농노 해방령** 발표, 지식인들이 농민 계몽 운동인 **브나로드 운동** 전개 → 알렉산드르 2세 암살, 전제 정치 강화

> 브나로드는 '민중 속으로'라는 뜻의 러시아어야.

4 이탈리아의 통일 **자료 3**

(1) **통일 운동 전개**: 2월 혁명의 영향을 받음, 사르데냐 왕국이 주도

카부르	프랑스의 도움을 받아 오스트리아와의 전쟁에서 승리 → 이탈리아 중북부 지역 통합
가리발디	이탈리아 남부에서 의용대(붉은 셔츠단)를 이끌고 시칠리아와 나폴리 점령 → 점령지를 사르데냐 국왕에게 바침

(2) **통일의 완성**: 이탈리아 왕국 수립(1861) → 베네치아와 교황령을 통합하여 통일 완성(1870), 국민 국가의 기틀 마련

교과서 쏙 자료

자료 1 7월 혁명

⬆ 들라크루아, 「민중을 이끄는 자유의 여신」

프랑스 혁명 시기에 만들어져 이후 프랑스의 국가가 되었어. 7월 혁명을 기념하여 그린 그림이다. 자유의 여신이 오른손에는 삼색기를, 왼손에는 총을 들고 민중을 이끌고 있다. **부르주아, 노동자 등 다양한 계층이 혁명에 참여하였음을 알 수 있다.**

자료 2 차티스트 운동

> **시험 단골** 차티스트 운동의 배경과 영향을 묻는 문제가 자주 출제돼!

- 21세 이상 모든 남자에게 선거권을 부여할 것
- 의원 출마자의 재산 자격 제한을 폐지할 것
- 인구 비례에 따라 선거구를 조정할 것
- 매년 선거를 실시할 것   – 인민헌장, 1838

제1차 선거법 개정에도 선거권을 얻지 못한 영국의 노동자들은 요구 사항을 담은 인민헌장을 발표하고, 이를 의회에 제출하기 위한 서명 운동을 벌였다.

자료 3 이탈리아의 통일

> **시험 단골** 이탈리아의 통일을 주도한 인물을 묻는 문제가 자주 출제돼!

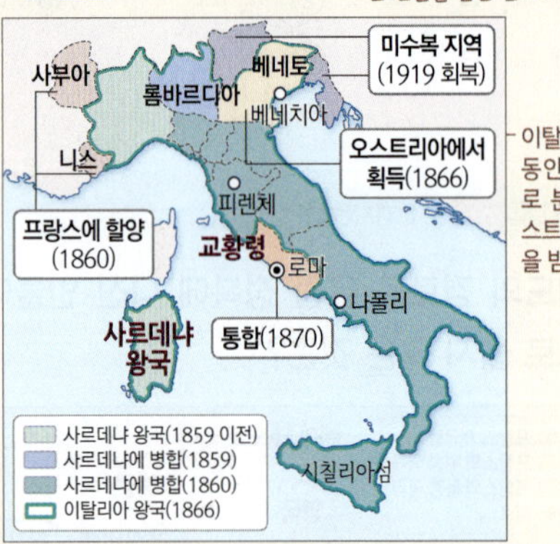

이탈리아는 오랫동안 여러 나라로 분열된 채 오스트리아의 간섭을 받고 있었어.

이탈리아는 사르데냐 왕국이 통일 운동을 이끌었다. 사르데냐 왕국의 재상 카부르와 가리발디가 여러 지역을 통합하면서 이탈리아 왕국이 수립되었다.

Plus 용어

- ✚ **자유주의** 인간은 태어나면서부터 자유롭고, 사회는 그 자유를 보장해 주어야 한다는 사상
- ✚ **민족주의** 민족을 중심으로 통일 국가를 이루어야 한다는 사상
- ✚ **곡물법** 수입 곡물에 높은 관세를 부과하여 국내 지주를 보호하는 법
- ✚ **항해법** 영국과 영국 식민지로 들어오는 수입품은 영국이나 상품 생산국의 선박을 이용하여 수송하도록 한 법

5 독일의 통일　공부 TIP 독일의 통일 과정을 정리해 두자.

(1) ⁺**관세 동맹** 체결: 프로이센의 주도로 경제 통합, 통일 기반 마련

(2) **프랑크푸르트 의회**: 통일 방안 논의 → 프로이센과 오스트리아의 의견 차이로 별다른 성과를 거두지 못함

(3) **프로이센 중심의 통일 운동**: 비스마르크의 철혈 정책 추진　자료 4
→ 오스트리아를 격파하여 북독일 연방 결성 → 프랑스와의 전쟁에서 승리하여 남독일의 여러 국가를 연방에 포함시킴

(4) **독일 제국 수립(1871)**: 빌헬름 1세의 황제 즉위식에서 수립 선포

6 미국의 남북 전쟁(1861~1865)

(1) **배경**: 남부와 북부의 경제 차이, 노예제 문제로 갈등 심화　자료 5

남부	노예를 이용한 대농장 경영 발달, 자유 무역과 노예제 찬성
북부	임금 노동자 중심의 공업 발달, 보호 무역 주장, 노예제 확대 반대

(2) **전개**: 북부의 링컨이 대통령에 당선 → 남부의 여러 주가 연방 탈퇴, 북부를 공격하여 남북 전쟁 발발(1861) → 링컨의 노예 해방 선언(1863) 이후 국제 여론의 지지로 북부가 전쟁에서 승리(1865)

(3) **미국의 발전**: 미국 최초의 대륙 횡단 철도 완성(1869), 이민자의 증가로 풍부한 노동력 확보 → 19세기 말 세계적인 공업국으로 성장

✚ 라틴 아메리카 국가들의 독립

1 라틴 아메리카의 독립운동　자료 6

(1) **배경**: 16세기 이후 에스파냐와 포르투갈이 라틴 아메리카 지배 → 19세기 무렵 미국의 독립과 프랑스 혁명의 영향을 받음, 나폴레옹과의 전쟁으로 식민지에 대한 에스파냐의 간섭 약화

(2) **각국의 독립**: ⁺크리오요들이 독립운동 주도　시험 단골 독립운동을 이끈 인물들을 묻는 문제가 자주 출제돼!

아이티	흑인 노예들이 프랑스에 맞서 독립운동 전개(투생 루베르튀르 주도) → 아이티 공화국 수립(라틴 아메리카 최초 독립)
멕시코	이달고 신부 등이 민중 봉기 지휘 → 에스파냐로부터 독립(1821)하여 공화정 수립
브라질	포르투갈로부터 독립(1822), 황제가 헌법 발표
기타	에스파냐의 지배를 받던 베네수엘라·콜롬비아·아르헨티나·페루 등이 볼리바르와 산마르틴 등의 주도로 독립

(3) **독립운동의 확산**: 영국이 상품 시장 확대를 위해 라틴 아메리카의 독립 지지, 미국의 ⁺먼로주의(먼로 선언) 발표 → 독립운동의 가속화

2 라틴 아메리카의 변화

(1) **정치**　크리오요는 대지주로 성장하여 부유한 삶을 누렸으나 대다수는 가난에 시달렸어.

① 독재 정권의 출현: 독립 이후 크리오요가 권력 독점(→ 빈부 격차 심화), 군부 세력이 정변을 일으켜 정치적으로 혼란

② 외세의 간섭: 영국(철도 등의 이권 차지), 미국(쿠바의 보호국화)

(2) **경제**: 미국과 유럽에 식료품과 원료 수출, 공업 제품과 자본 수입 → 농업과 공업의 불균형 발전, 미국과 유럽에 경제적 의존

자료 4　**비스마르크의 철혈 정책**

> 독일이 눈여겨보아야 할 것은 프로이센의 자유주의가 아니라 군비입니다. …… 오늘날 중요한 문제들은 연설이나 다수결로 해결되지 않습니다. 오직 '철과 피'를 통해서만 해결할 수 있습니다.
> └ 무기를 뜻함.　　　– 비스마르크의 의회 연설(1862)

프로이센의 재상 비스마르크는 독일의 통일은 무력(무기와 병력)으로만 달성할 수 있다고 주장하며 군비를 확장하는 철혈 정책을 추진하였다.

자료 5　**남북 전쟁의 배경**　시험 단골 남북 전쟁의 배경을 묻는 문제가 자주 출제돼!

■ 북부　□ 남부

- 총인구 2.5:1
- 섬유 제품 생산량 17:1
- 철 생산량 20:1
- 석탄 생산량 38:1
- 면화 생산량 1:24

⬆ 북부와 남부의 산업 구조

미국에서는 19세기 중반부터 산업화가 진행되면서 남부와 북부의 갈등이 나타났다. 목화를 재배하는 대농장 경영이 발달한 남부에서는 노예제 찬성이 많았고, 공업이 발달한 북부에서는 노예제 반대가 많았다.

자료 6　**라틴 아메리카 국가들의 독립**

└ 사탕수수 농장에서 일하였던 아이티의 흑인 노예들은 프랑스 혁명 소식이 전해지자, 독립운동을 전개하였어.

라틴 아메리카의 독립운동을 주도한 볼리바르는 콜롬비아 공화국과 볼리비아 공화국을 수립하였다. 산마르틴은 아르헨티나의 독립운동을 이끌었으며, 칠레를 해방하고 페루의 독립에도 기여하였다.

Plus 용어

⁺**관세 동맹** 독일 내 여러 국가 사이에서 거래되는 상품에 대해 관세를 부과하지 않기로 한 협정

⁺**크리오요** 라틴 아메리카로 이주한 에스파냐인의 후손

⁺**먼로주의(먼로 선언)** 유럽이 아메리카에 간섭하지 말아야 한다는 내용을 담은 미국 먼로 대통령의 외교 방침

대표 자료 확인하기

✦ 차티스트 운동

- 21세 이상 모든 남자에게 선거권을 부여할 것
- 의원 출마자의 재산 자격 제한을 폐지할 것
- 인구 비례에 따라 선거구를 조정할 것
- 매년 선거를 실시할 것

선거권을 얻지 못한 영국의 노동자들은 자신들의 요구 사항을 담은 (①   )을/를 발표하고, 이를 의회에 제출하기 위한 서명 운동을 벌였다.

✦ 독일의 통일

독일이 눈여겨보아야 할 것은 프로이센의 자유주의가 아니라 군비입니다. …… 오늘날 중요한 문제들은 연설이나 다수결로 해결되지 않습니다. 오직 '철과 피'를 통해서만 해결할 수 있습니다.

프로이센의 재상 (②   )은/는 독일의 통일은 협상이 아니라 무력으로만 달성할 수 있다고 선언하며 (③   )을/를 추진하였다.

한눈에 정리하기

✦ 자유주의와 민족주의의 확산

프랑스와 영국의 자유주의 운동	• 프랑스: (①)(으)로 샤를 10세 추방, 입헌 군주제 수립 → 2월 혁명으로 공화정 수립 • 영국: (②)(노동자들의 선거권 요구, 인민헌장 발표), 자유 무역 체제 확립(곡물법·항해법 폐지)
이탈리아와 독일의 통일	• 이탈리아: 카부르가 중북부 통합 → (③)이/가 시칠리아와 나폴리 점령(땅을 사르데냐 국왕에게 바침) → 이탈리아 왕국 수립(1861) • 독일: (④)이/가 철혈 정책을 바탕으로 오스트리아 격파(북독일 연방 결성) → 프랑스와의 전쟁 승리 → 독일 제국 수립(1871)

✦ 라틴 아메리카 국가들의 독립

배경	미국의 독립과 프랑스 혁명의 영향, 나폴레옹의 정복 전쟁으로 에스파냐의 간섭 약화
전개	(⑤)이/가 최초로 독립, 볼리바르·산마르틴·이달고 신부 등이 독립운동 전개 → 미국의 먼로주의 발표 이후 가속화

---

1 ㉠에 들어갈 내용을 쓰시오.

> 유럽 각국의 대표들은 오스트리아의 재상 메테르니히가 이끈 빈 회의에 참석하였다. 이들이 유럽 각국의 영토와 지배권을 프랑스 혁명 이전으로 되돌리는 데 합의하면서 (㉠   )이/가 형성되었다.

2 다음 설명에 해당하는 프랑스의 자유주의 운동을 〈보기〉에서 골라 기호를 쓰시오.

> **보기**
> ㄱ. 2월 혁명   ㄴ. 7월 혁명

(1) 파리 시민과 노동자들이 선거권 확대를 요구하며 왕정을 폐지하고 공화정을 수립하였다.   (   )

(2) 자유주의자들과 파리 시민이 샤를 10세를 몰아내고 루이 필리프를 왕으로 세워 입헌 군주제를 수립하였다.   (   )

3 다음 괄호 안의 내용 중 알맞은 말에 ○표를 하시오.

(1) (영국 , 프랑스)의 노동자들은 선거권을 요구하며 인민헌장을 발표하였다.

(2) 러시아의 지식인들은 (브나로드 운동 , 차티스트 운동)을 실시하여 농민을 계몽하고자 하였다.

(3) 사르데냐 왕국의 재상 (카부르 , 가리발디)는 오스트리아를 물리치고 이탈리아의 중북부 지역을 통합하였다.

(4) (프로이센 , 오스트리아)의 재상 비스마르크는 철혈 정책을 바탕으로 군사력을 키워 독일의 통일을 이루려 하였다.

4 다음 설명이 맞으면 ○표, 틀리면 ✕표를 하시오.

(1) 19세기 미국 남부에서는 임금 노동자를 중심으로 하는 공업이 발달하였다.   (   )

(2) 링컨이 대통령에 당선되자 남부의 여러 주가 연방을 탈퇴하고 북부를 공격하였다.   (   )

(3) 링컨의 노예 해방 선언으로 국제 여론의 지지를 얻으면서 북부가 남북 전쟁에서 승리하였다.   (   )

5 다음 물음에 답하시오.

(1) 라틴 아메리카에서 최초로 독립한 국가는?   (   )

(2) 멕시코에서 민중 봉기를 지휘하며 에스파냐의 식민 통치에 저항한 인물은?   (   )

(3) 유럽이 아메리카 대륙에 간섭하는 것을 허용하지 않겠다고 한 미국의 외교 방침은?   (   )

01 밑줄 친 '회의'에 대한 설명으로 옳은 것은?

그림은 1814년 오스트리아의 빈에서 열린 회의에 참여한 각국 대표들이 유럽의 국경을 제멋대로 정하고 있는 모습을 표현한 풍자화이다.

① 프랑스의 루이 16세가 소집하였다.
② 국민 의회가 등장하는 계기가 되었다.
③ 영국에 저항하여 식민지 대표들이 개최하였다.
④ 제3 신분 대표는 머릿수에 따른 투표를 요구하였다.
⑤ 유럽의 영토를 프랑스 혁명 이전의 상태로 되돌리기로 합의되었다.

02 검색창에 들어갈 인물로 옳은 것은?

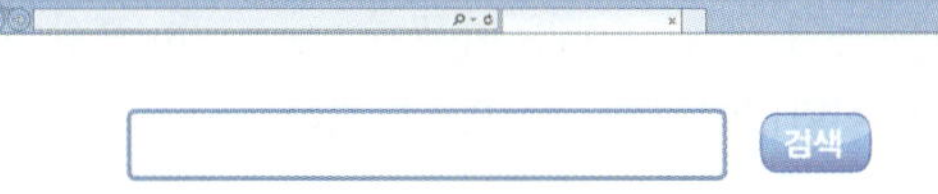

오스트리아의 재상으로 나폴레옹 몰락 후 빈에서 열린 회의를 이끌었다. 유럽에서 자유주의와 민족주의가 더욱 확대되자, 오스트리아에서 추방되었다.

① 나폴레옹　　　② 볼리바르
③ 메테르니히　　④ 비스마르크
⑤ 로베스피에르

03 프랑스의 7월 혁명에 대한 설명으로 옳은 것은?
① 루이 16세가 처형되었다.
② 루이 필리프가 왕으로 추대되었다.
③ 5명의 총재가 이끄는 정부가 등장하였다.
④ 크롬웰이 이끈 의회파가 전쟁에서 승리하였다.
⑤ 조지 워싱턴이 이끄는 식민지군이 요크타운 전투에서 승리하였다.

04 다음 대화의 주제가 된 혁명을 쓰시오.

(　　　　　　　)

중요해 ✰

05 다음 헌장을 발표하며 영국에서 일어난 운동에 대한 설명으로 옳은 것은?

• 21세 이상 모든 남자에게 선거권을 부여할 것
• 의원 출마자의 재산 자격 제한을 폐지할 것
• 인구 비례에 따라 선거구를 조정할 것
• 매년 선거를 실시할 것

① 노동자들이 선거권을 요구하였다.
② 제1차 선거법 개정에 영향을 주었다.
③ 운동의 결과 입헌 군주제가 수립되었다.
④ '민중 속으로'라는 뜻의 농민 계몽 운동이다.
⑤ 샤를 10세의 의회 해산에 저항하여 일어났다.

06 밑줄 친 '정책'의 내용으로 옳은 것을 〈보기〉에서 고른 것은?

19세기 중반 영국은 정부의 규제를 완화하는 정책을 추진하여 자유 무역 체제를 확립하였다.

┤ 보기 ├
ㄱ. 곡물법을 없앴다.
ㄴ. 항해법을 폐지하였다.
ㄷ. 대륙 봉쇄령을 선포하였다.
ㄹ. 북아메리카의 식민지에 인지세를 부과하였다.

① ㄱ, ㄴ　　② ㄱ, ㄷ　　③ ㄴ, ㄷ
④ ㄴ, ㄹ　　⑤ ㄷ, ㄹ

07 19세기 러시아의 개혁에 대한 설명으로 옳은 것을 〈보기〉에서 고른 것은?

┌ 보기 ┐
ㄱ. 1869년 대륙 횡단 철도를 완성하였다.
ㄴ. 지식인들이 브나로드 운동을 전개하였다.
ㄷ. 선거법을 개정하여 부패 선거구를 없앴다.
ㄹ. 알렉산드르 2세가 농노 해방령을 발표하였다.

① ㄱ, ㄴ   ② ㄱ, ㄷ   ③ ㄴ, ㄷ
④ ㄴ, ㄹ   ⑤ ㄷ, ㄹ

08 지도를 보고 학생들이 나눈 대화 내용으로 적절하지 <u>않은</u> 것은?

① 이탈리아의 통일 과정을 나타냈어.
② 사르데냐 왕국이 통일을 주도하였어.
③ 왕국을 수립하고 교황령까지 통합하였어.
④ 철혈 정책을 바탕으로 통일을 이루려 하였어.
⑤ 가리발디가 시칠리아와 나폴리를 점령하고 땅을 사르데냐 국왕에게 바쳤어.

09 다음에서 설명하는 인물로 옳은 것은?

• 사르데냐 왕국의 재상이다.
• 프랑스의 도움을 받아 오스트리아를 물리치고 이탈리아의 중북부 지역을 통합하였다.

① 링컨   ② 카부르
③ 가리발디   ④ 산마르틴
⑤ 투생 루베르튀르

10 독일의 통일 과정을 일어난 순서대로 나열한 것은?

(가) 프로이센 중심으로 관세 동맹이 체결되었다.
(나) 자유주의자들이 프랑크푸르트 의회를 열었다.
(다) 비스마르크가 무력에 의한 통일을 선언하였다.
(라) 오스트리아 격파 후 북독일 연방이 수립되었다.

① (가) – (나) – (다) – (라)   ② (가) – (나) – (라) – (다)
③ (나) – (가) – (다) – (라)   ④ (나) – (다) – (가) – (라)
⑤ (다) – (나) – (라) – (가)

11 밑줄 친 '통일 국가'로 옳은 것은?

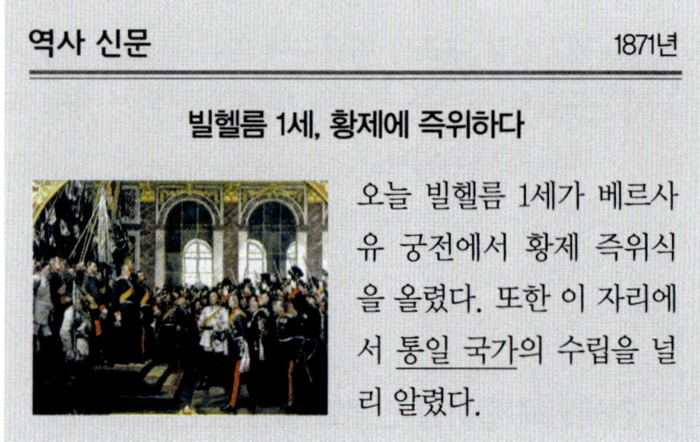
역사 신문   1871년

빌헬름 1세, 황제에 즉위하다

오늘 빌헬름 1세가 베르사유 궁전에서 황제 즉위식을 올렸다. 또한 이 자리에서 통일 국가의 수립을 널리 알렸다.

① 독일   ② 미국   ③ 프랑스
④ 이탈리아   ⑤ 오스트리아

12 자료를 활용한 탐구 주제로 가장 적절한 것은?

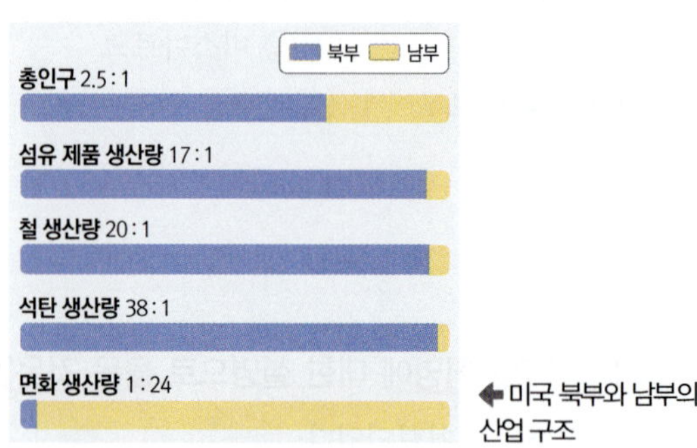

① 미국 혁명의 전개
② 청교도 혁명의 결과
③ 차티스트 운동의 의의
④ 미국 남북 전쟁의 배경
⑤ 나폴레옹 정복 전쟁의 시작

13 ㉠에 공통으로 들어갈 인물을 쓰시오.

> 미국 북부의 (㉠)이/가 대통령에 당선되자 남부의 여러 주가 연방을 탈퇴하고 북부를 공격하면서 남북 전쟁이 일어났다. (㉠)이/가 노예 해방을 선언하자 북부가 국제 여론의 지지를 얻으면서 전쟁에서 승리하였다.

(   )

이 문제에서 나올 수 있는 선택지는 다~!

14 라틴 아메리카 국가들의 독립운동에 대한 설명으로 옳지 <u>않은</u> 것은?

① 구제도의 모순이 배경이 되었다.
② 브라질은 포르투갈로부터 독립하였다.
③ 멕시코에서는 이달고 신부가 민중 봉기를 주도하였다.
④ 라틴 아메리카에서 처음으로 독립한 국가는 아이티이다.
⑤ 볼리바르와 산마르틴 등의 크리오요가 각지에서 독립 투쟁을 이끌었다.
⑥ 나폴레옹의 정복 전쟁으로 에스파냐의 간섭이 약해진 틈을 타 독립운동이 전개되었다.

15 밑줄 친 ㉠~㉤ 중 옳지 <u>않은</u> 것은?

> **독립 이후 라틴 아메리카의 변화**
>
> 라틴 아메리카는 독립 이후 ㉠ 크리오요가 정권을 장악하였으며, ㉡ 군부 세력이 정변을 일으켜 정치가 혼란하였다. 또한 라틴 아메리카는 ㉢ 공업적 기반이 부족하여 ㉣ 경제적으로 미국과 유럽에 크게 의존하게 되었다. 이를 바탕으로 ㉤ 영국은 쿠바를 보호국으로 삼는 등 라틴 아메리카에서 영향력을 확대해 나갔다.

① ㉠   ② ㉡   ③ ㉢   ④ ㉣   ⑤ ㉤

---

01 다음을 읽고 물음에 답하시오.

> 그림은 이 혁명의 모습을 들라크루아가 표현한 것이다. 이 혁명은 국왕이 된 샤를 10세가 의회를 해산하고 시민의 자유를 제한하자 일어났다.

(1) 밑줄 친 '이 혁명'을 쓰시오.

____

(2) (1) 혁명으로 나타난 정치적 변화를 서술하시오.

____

02 다음을 읽고 물음에 답하시오.

> 독일이 눈여겨보아야 할 것은 프로이센의 자유주의가 아니라 군비입니다. …… 오늘날 중요한 문제들은 연설이나 다수결로 해결되지 않습니다. 오직 '철과 피'를 통해서만 해결할 수 있습니다.

(1) 위와 같이 연설한 인물을 쓰시오.

____

(2) (1) 인물이 추진한 정책의 내용을 서술하시오.

____

03 미국에서 남북 전쟁이 일어난 배경을 서술하시오.

____

____

____

03. 유럽의 산업화와 제국주의

◆ 산업 혁명의 배경과 전개

1 산업 혁명의 의미: 18세기 후반부터 기계의 발명과 기술의 혁신으로 경제와 사회 구조에 나타난 큰 변화

2 산업 혁명의 배경: 영국에서 시작 **[시험 단골]** 영국에서 산업 혁명이 시작된 배경을 묻는 문제가 자주 출제돼!

(1) **정치적 안정**: 시민 혁명 이후 의회 정치 발달, 정치적으로 안정

(2) **풍부한 지하자원**: 석탄과 철 등 지하자원 풍부

(3) **해외 식민지 확보**: 넓은 해외 식민지 확보 → 원료 공급지와 상품 판매 시장으로 활용

(4) **노동력 증가**: ⁺인클로저 운동 전개 → 토지를 잃은 농민들이 도시로 이동, 공장에 값싼 노동력 제공
　　양 사육지를 확대하려 한 1차와 달리, 2차 인클로저 운동은 대규모 상업적 농업을 목표로 하였어.

3 산업 혁명의 전개

(1) **면직물 공업의 기계화**: 면직물의 수요 증가 → 실을 뽑는 기계인 방적기와 옷감을 짜는 기계인 방직기 발명 **[자료 1]**

(2) **새로운 동력 개발**: 제임스 와트가 증기 기관을 개량함 → 면직물의 대량 생산이 가능해짐, 공장제 기계 공업으로 발전 **[자료 2]**

(3) **교통과 통신의 발달**: 상품 시장 확대, 교역량 증가

교통	• 영국의 스티븐슨이 증기 기관차 제작 → 각지에 철도 건설 • 미국의 풀턴이 증기선 발명 → 수상 교통 발전 • 원료와 상품 운송, 사람의 이동이 활발해짐
통신	유선 전신 발명(모스), 전화 발명 → 정보 교류가 빨라짐

4 산업 혁명의 확산: 19세기 초반 벨기에, 프랑스로 확산 → 19세기 중반에는 미국, 19세기 후반에는 독일·러시아·일본으로 확산

미국	중화학 공업 중심으로 발전, 남북 전쟁 이후 자원과 시장, 노동력을 바탕으로 세계 최대 공업국으로 성장
독일	통일 이후 정부 주도로 산업화 진행(중화학 공업 중심)
러시아	시베리아 횡단 철도를 건설하며 산업화 시작
일본	국가 주도로 추진된 메이지 유신 과정에서 산업화 진행

◆ 산업 혁명이 가져온 변화

1 산업 사회의 형성 **[자료 3]**

(1) **생활 방식의 변화**: 대량 생산된 상품을 새로운 교통수단을 이용해 운송 → 물질적 풍요와 생활의 편의 증대, 지역 간 교류가 활발해짐

(2) **사회 구조의 변화**: 전통적인 농업 중심 사회가 산업 사회로 변화, 도시화 진행, 도시 인구 증가

(3) **자본주의 체제의 확립**
　자본을 가진 공장주나 은행가 등이 자본가라고 불리며 새로운 지배 계급으로 성장하였어.

① 배경: 산업화가 진행되면서 자본가와 노동자 계급 등장(자본가가 노동자를 고용하여 상품을 생산하고 판매하는 새로운 생산관계 형성) → 생산과 소비가 시장에 따라 결정되는 자본주의 체제 확립

② 발전: 애덤 스미스가 ⁺자유방임주의를 주장하며 자본주의 체제를 이론적으로 뒷받침함

[자료 1] 방적기의 발명

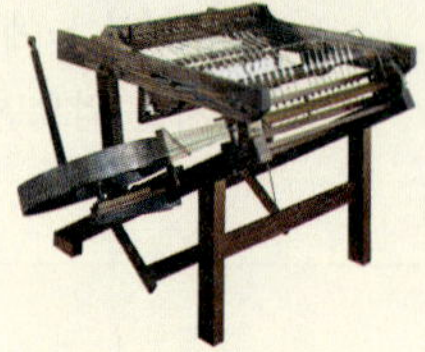

면직물의 수요가 늘자 방적기가 발명되었다. 제니 방적기는 1인당 면실 생산량을 8배 가까이 늘렸고, 수력 방적기는 물의 힘을 이용하여 면실을 생산하였다. 이후 제니 방적기와 수력 방적기의 장점을 합친 뮬 방적기가 제작되었다.

[자료 2] 공장제 기계 공업으로의 발전

제임스 와트가 개량한 증기 기관이 새로운 동력으로 사용되면서 전통적인 가내 수공업이 쇠퇴하고 공장제 기계 공업이 발전하였다.

[자료 3] 산업 사회의 형성

1851년 영국에서 개최된 런던 만국 박람회가 최초의 박람회야.

← 영국 수정궁에서 열린 만국 박람회

산업 혁명은 물질적 풍요와 생활의 편의를 가져왔으며, 산업 사회를 형성하였다. 유럽의 여러 국가는 산업화의 성과를 과시하기 위해 만국 박람회를 개최하기도 하였다.

Plus 용어

⁺**인클로저 운동** 지주들이 공동 경작지와 미개간지에 울타리를 쳐 사유지로 만든 운동

⁺**증기 기관** 수증기가 가진 열에너지를 운동 에너지로 바꾸는 기관

⁺**자유방임주의** 정부의 간섭을 최소한으로 줄이고 개인의 자유로운 경제활동을 보장해야 한다는 경제사상 및 정책

---

2 새로운 사회 문제의 발생과 사회주의의 등장

시험 단골▶ 산업화로 나타난 사회 문제를 묻는 문제가 자주 출제돼!

(1) 사회 문제의 발생

빈부 격차의 심화	산업화의 혜택이 모든 사람에게 고르게 돌아가지 않으면서 빈부 격차가 커짐
도시 문제	도시 인구의 급증 → 주택과 화장실 부족, 상하수도 시설 미비, 콜레라와 같은 전염병 유행 등 위생 문제 발생
노동 문제	• 비위생적이고 위험한 노동 환경, 낮은 임금과 장시간 노동, 여성과 아동의 노동력 착취 자료4 • 일부 노동자들은 기계가 등장하여 일자리가 줄어들었다고 생각하여 기계 파괴 운동(러다이트 운동) 전개 • 노동자들은 노동조합 결성, 노동 운동 전개(임금 인상과 노동 환경 개선 요구) → 영국은 공장법 개정
환경 문제	산업 혁명 이후 석탄과 석유의 사용으로 대기와 물, 토양 등이 오염됨 → 생태환경의 변화 초래 └ 아동 노동과 노동 시간 등을 제한하였어.

(2) 사회주의 사상의 등장

① 배경: 산업 혁명 이후 노동 문제, 빈부 격차 등 각종 사회 문제 발생

② 주장: 자본주의 체제 비판, 생산 수단의 공동 소유, 사유 재산 제도 폐지, 평등 사회 건설

초기 사회주의자	자본가와 노동자가 힘을 합쳐 이상적인 사회를 만들 수 있다고 주장함, 오언은 협동을 강조하는 작업 공동체 조직
마르크스 자료5	노동자들이 단결하고 투쟁하여 자본가들을 무너뜨리고 사유 재산 제도가 없는 평등 사회를 건설해야 한다고 주장함

③ 영향: 노동자들과 지식인들의 호응을 얻음, 이후 유럽의 노동 운동과 사회주의 운동에 영향을 줌

◆ 제국주의의 등장과 아프리카·아시아 침탈

1 제국주의의 등장

공부 TIP▶ 제국주의의 사상적 기반을 기억해 두자.

(1) 제국주의: 19세기 후반 서양[+]열강이 군사력과 경제력을 앞세워 약소국을 식민지로 삼은 팽창 정책

(2) 등장 배경: 산업화 과정에서 서양에서 자본주의 발전 → 서양 열강은 원료 공급지, 상품 판매처, 국내 자본의 투자처가 필요해짐

(3) 사상적 기반 자료6
└ 영국의 세실 로즈는 인구 급증과 빈부 격차 등 영국 내 문제를 해결하기 위해 제국주의 정책 추진을 주장하였어.

[+]사회 진화론	강대국의 약소국 지배를 정당화, 인종주의를 바탕으로 함
인종주의	인종 간 우열이 존재한다고 믿는 사고방식, 백인이 유색 인종보다 우월하기 때문에 미개한 아시아·아프리카 지역을 식민지로 삼아 문명화하는 것이 백인의 의무라고 주장함

2 제국주의 열강의 아프리카 침탈

└ 리빙스턴, 스탠리 등의 탐험가들이 활동하였어.

(1) 배경: 19세기 중반 이후 탐험가들의 활동으로 아프리카가 풍부한 지하자원을 가지고 있다는 사실이 유럽에 알려짐 → 유럽 열강의 아프리카 침략 시작, [+]베를린 회의에서 아프리카를 분할하는 데 합의(1884) → 식민지 쟁탈전 심화

자료4 **산업화로 나타난 아동 노동의 실태**

> 문: 몇 살 때 공장 일을 시작하였나요?
> 답: 여섯 살 때부터 일하였습니다.
> 문: 작업 시간은 몇 시부터 몇 시까지였나요?
> 답: 새벽 다섯 시부터 저녁 일곱 시까지인데, 일이 밀릴 때는 저녁 아홉 시까지 일하였습니다.
> – 영국 의회 조사단에 제출된 보고서(1832)

산업화 과정에서 여러 노동 문제가 나타났고, 여성과 아동까지 일터로 나갔다. 공장이나 상점의 주인들은 더 큰 이윤을 얻고자 성인 남성보다 임금이 적은 아동을 고용하기도 하였다.

자료5 **마르크스** 시험 단골▶ 마르크스의 주장을 묻는 문제가 자주 출제돼!

마르크스는 초기 사회주의자들의 비현실성을 비판하였다. 그는 자본주의 사회는 반드시 무너지며 노동자가 주인이 되는 사회주의 사회가 만들어질 것이라고 주장하였다.
└ 마르크스의 주장은 『자본론』에 잘 나타나 있어.

자료6 **제국주의의 정당화**

↑ 「백인의 짐」을 표현한 그림

영국과 미국을 상징하는 인물들이 식민지인들을 업고 산 정상의 '문명화'로 나아가는 모습을 표현한 그림으로, 제국주의 열강의 인식이 나타나 있다.

+ **열강**(列 여러, 強 강하다) 여러 강한 국가들을 이르는 말

+ **사회 진화론** 우월한 사회나 국가가 열등한 사회나 국가를 지배하는 것이 당연하다는 이론

+ **베를린 회의** 벨기에의 콩고 사유지 선언을 계기로 열렸으며, '먼저 점령하여 지배권을 획득한 국가'가 선점권을 갖는다는 분할 원칙에 합의한 회의

03. 유럽의 산업화와 제국주의

(2) 전개 [자료 7]

[시험 단골] 제국주의 열강의 아프리카·아시아 침략 과정을 묻는 문제가 자주 출제돼!

영국	**종단** 정책 추진(아프리카를 남북으로 점령, 이집트의 카이로와 남아프리카 연방의 케이프타운을 연결) [자료 8]
프랑스	**횡단** 정책 추진(아프리카를 동서로 점령, 알제리에서부터 마다가스카르까지 연결)
기타	벨기에, 독일, 이탈리아 등도 아프리카에 진출

└ 벨기에의 왕 레오폴드 2세는 콩고를 자신의 사유지로 삼고 착취하였어.

(3) 제국주의 열강의 충돌

파쇼다 사건	**영국과 프랑스가 각각 종단 정책과 횡단 정책을 추진하던 중 파쇼다에서 충돌함**(1898) → 영국이 이집트를, 프랑스가 모로코를 각각 세력권에 두기로 타협하면서 마무리됨
모로코 사건	독일과 프랑스가 모로코를 둘러싸고 두 차례에 걸쳐 갈등을 빚음(1905, 1911)

└ 이탈리아의 침입을 막고 독립을 유지하였어.

(4) 결과: 20세기 초 라이베리아와 에티오피아를 제외한 아프리카의 대부분이 열강의 식민지가 됨

└ 미국에서 귀환한 해방 노예들이 세웠어.

③ 제국주의 열강의 아시아, 태평양 침탈 [자료 9]

영국	• 인도 진출: 17세기경 인도에 진출, ⁺동인도 회사를 세워 인도 지배 → **플라시 전투**에서 프랑스 제압 → 19세기 후반부터 총독을 파견하여 직접 지배 • 동남아시아 진출: 미얀마, 말레이반도 등지로 세력 확장 • 태평양 지역 진출: 오스트레일리아, 뉴질랜드 지배
프랑스	베트남, 라오스, 캄보디아 등 점령
네덜란드	인도네시아 대부분 지역 지배, 네덜란드령 동인도 건설
독일	태평양의 마셜 제도, 캐롤라인 제도 등 차지
미국	• 하와이 병합 • 에스파냐와의 전쟁에서 승리하여 괌과 필리핀 차지

◆ 산업화와 제국주의가 세계에 미친 영향

① 서구 문물의 확산

(1) **배경:** 산업 혁명으로 교통과 통신 발달 → 사람들이 여러 지역으로 이동, 서양의 선진 문물이 전 세계로 확산

└ 영국의 그리니치 천문대를 기준으로 하는 표준시를 사용하였어.

(2) **내용:** **표준시** 사용, 서양의 의상과 건축 방식 전파, 민주주의 등 정치 제도 확대, 자유주의와 민족주의 등의 사상 확산

② 인구의 이동: 산업화로 도시의 인구 증가 → 사람들이 유럽을 떠나 해외로 이동, 아메리카 대륙과 오스트레일리아·뉴질랜드 등으로 이주

③ 식민지 경제의 변화: 제국주의 열강의 원료·노동력 수탈, 값싼 상품 판매, ⁺플랜테이션 농장(대농장) 경영 → 식민지 국가의 전통적인 경제 체제 붕괴, 서양 열강에 의존

④ 생태환경의 변화: 제국주의 열강들이 목재와 광물 등 식민지의 자원을 무분별하게 착취(→ 식민지의 산림 파괴), 유럽인의 해외 진출로 유럽의 생태환경 전파 → **식민지의 생태환경 변화**에 영향을 줌

└ 오스트레일리아에서는 유럽에서 들여온 토끼의 개체 수가 급증하여 자연이 훼손되었고, 이는 큰 사회 문제가 되기도 하였다.

교과서 쏙 자료

[자료 7] 제국주의 열강의 아프리카 침탈

제국주의 열강은 앞다투어 아프리카를 침략하였고, 20세기 초에는 라이베리아와 에티오피아를 제외한 아프리카의 대부분이 열강의 식민지가 되었다.

[자료 8] 영국의 아프리카 종단 정책 풍자화

영국의 식민지 총독인 세실 로즈가 이집트의 카이로와 남아프리카 연방의 케이프타운을 디디고 서서 두 곳을 잇는 모습을 그린 그림이다. 이 그림은 영국이 아프리카를 남북으로 점령한 종단 정책을 풍자하였다.

└ 영국, 프랑스, 독일 등이 중국에 진출하여 여러 이권을 빼앗았어.

[자료 9] 제국주의 열강의 아시아, 태평양 침탈

19세기 후반 서양 열강은 아시아에서 식민지 확보를 위해 경쟁을 벌였고, 20세기 초에는 아시아와 태평양 대부분 지역이 제국주의 열강의 지배를 받았다.

Plus 용어

⁺**동인도 회사** 유럽의 여러 국가가 인도 및 동남아시아와 무역하기 위하여 세운 회사

⁺**플랜테이션 농장** 한 가지 작물을 대규모로 재배하여 수출하는 농업이며, 대개 열강의 자본과 원주민의 저렴한 노동력으로 이루어짐

대표 자료 확인하기

✦ 산업 혁명의 전개

제임스 와트가 (①   )을/를 개량한 이후 상품의 대량 생산이 가능해졌고, 이에 가내 수공업이 쇠퇴하고 (②   )이/가 발달하였다.

✦ 제국주의 열강의 아프리카 침탈

영국은 아프리카에서 카이로와 케이프타운을 남북으로 연결하는 (③   )을/를 추진하였다. 이 과정에서 횡단 정책을 펼치던 (④   )과/와 파쇼다에서 충돌하기도 하였다(파쇼다 사건, 1898).

한눈에 정리하기

✦ 산업 혁명의 전개와 변화

전개	영국에서 시작 → 면직물 공업의 기계화, (①)의 증기 기관 개량 → 공장제 기계 공업의 발전
변화	• (②) 체제(생산과 소비가 시장에 따라 결정) 확립 • 도시·노동 문제, 빈부 격차 등 사회 문제 발생 → (③) 사상 등장 (마르크스가 대표적 사상가임)

✦ 제국주의의 등장과 열강의 침략

아프리카 침탈	영국(종단 정책), 프랑스(횡단 정책) 등이 침략 → (④)(영국과 프랑스 충돌), 모로코 사건 등 발생
아시아 침탈	영국(인도 진출), 프랑스(베트남, 캄보디아 등 점령), (⑤)(인도네시아 침략), 미국(필리핀 차지)

✦ 산업화와 제국주의가 세계에 미친 영향

문물의 확산과 인구의 이동	• 서구 문물 확산(표준시 사용 등) • 인구 이동(아메리카 등으로 이주)
경제와 생태 환경의 변화	• 플랜테이션 농장 경영 • 식민지 생태환경의 변화

---

1 다음 괄호 안의 내용 중 알맞은 말에 ○표를 하시오.

(1) 산업 혁명은 18세기 후반 (영국 , 프랑스)에서 시작되었다.

(2) 영국에서는 (인클로저 운동 , 차티스트 운동)으로 농민들이 도시로 몰려들어 값싼 노동력을 제공하였다.

(3) 면직물 공업의 기계화와 증기 기관의 개량 등의 기술 혁신으로 (가내 수공업 , 공장제 기계 공업)이 발달하였다.

2 다음 설명이 맞으면 ○표, 틀리면 ✕표를 하시오.

(1) 독일은 남북 전쟁 이후 빠르게 산업화를 이루었다.　（　　　）

(2) 증기 기관차와 증기선의 등장으로 산업 발전에 필요한 원료와 제품의 수송이 원활해졌다.　（　　　）

3 다음 물음에 답하시오.

(1) 자유방임주의를 주장하여 자본주의 체제를 이론적으로 뒷받침한 인물은?　（　　　　　）

(2) 일부 노동자들이 기계의 등장으로 일자리가 줄어들었다고 생각하여 기계를 파괴한 운동은?　（　　　　　）

4 ㉠에 들어갈 인물을 쓰시오.

> 사회주의 사상가인 (㉠   )은/는 노동자가 투쟁하여 사유 재산 제도가 없는 평등 사회를 건설해야 한다고 주장하였다. 대표적인 저서로 『자본론』이 있다.

5 빈칸에 들어갈 내용을 쓰시오.

(1) 19세기 후반 서양 열강이 군사력 등을 앞세워 약소국을 식민지로 삼은 팽창 정책을 (   )(이)라고 한다.

(2) 1898년 아프리카에서 종단 정책을 추진하던 (   )과/와 횡단 정책을 추진하던 프랑스가 파쇼다에서 충돌하였다.

6 다음 설명에 해당하는 국가를 〈보기〉에서 골라 기호를 쓰시오.

> ┌ 보기 ┐
> ㄱ. 독일　　　ㄴ. 영국　　　ㄷ. 프랑스　　　ㄹ. 네덜란드

(1) 인도네시아의 대부분을 점령하였다.　（　　　）

(2) 마셜 제도와 캐롤라인 제도 등을 차지하였다.　（　　　）

(3) 베트남, 라오스, 캄보디아 등을 식민지로 삼았다.　（　　　）

(4) 19세기 후반 총독을 파견하여 인도를 직접 지배하였다.　（　　　）

01 산업 혁명이 영국에서 먼저 시작된 배경으로 적절하지 않은 것은?

① 일찍이 정치적 안정을 이루었다.
② 석탄과 철 등 지하자원이 풍부하였다.
③ 인클로저 운동으로 값싼 노동력이 제공되었다.
④ 찰스 1세가 의회를 무시하고 청교도를 탄압하였다.
⑤ 해외 식민지를 확보하여 원료 공급지와 상품 판매처로 활용하였다.

02 자료를 활용한 탐구 주제로 가장 적절한 것은?

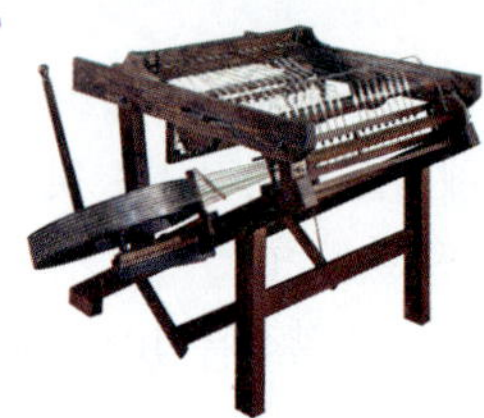

↑ 제니 방적기　　　　↑ 뮬 방적기

① 남북 전쟁의 배경
② 입헌 군주제의 수립
③ 차티스트 운동의 결과
④ 면직물 공업의 발전 과정
⑤ 제국주의가 식민지에 미친 영향

중요해

03 빈칸에 들어갈 내용으로 가장 적절한 것은?

사진은 제임스 와트가 개량한 증기 기관이다. 적은 연료로 강한 동력을 공급하는 증기 기관이 기계를 움직이는 데 사용되면서

① 노예 무역이 시작되었다.
② 공장제 기계 공업이 확대되었다.
③ 제2차 인클로저 운동이 일어났다.
④ 노동자들이 인민헌장을 발표하였다.
⑤ 루이 14세가 중상주의 정책을 추진하였다.

04 밑줄 친 '변화'의 내용으로 가장 적절한 것은?

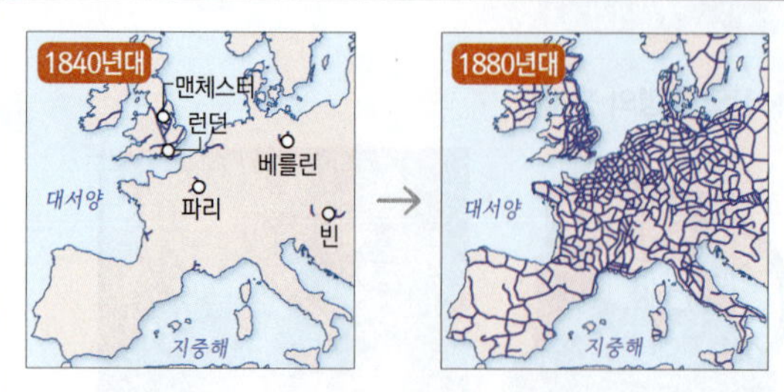

지도는 19세기 유럽 철도망의 변화를 나타낸 것이다. 스티븐슨의 증기 기관차 발명 이후 유럽 각국은 경쟁적으로 철도를 건설하였고, 이는 큰 <u>변화</u>를 일으켰다.

① 미국이 독립을 인정받았다.
② 프랑스에서 총재 정부가 수립되었다.
③ '인간과 시민의 권리선언'이 발표되었다.
④ 영국인들이 북아메리카에 식민지를 세웠다.
⑤ 원료와 상품 운송, 사람의 이동이 활발해졌다.

05 ㉠에 들어갈 내용으로 옳은 것은?

영국에서 시작된 산업 혁명은 세계 곳곳으로 확산되었다. 미국에서는 풀턴이 (㉠)을/를 만들어 수상 교통이 발전하였다.

① 방적기　　　② 방직기　　　③ 전화기
④ 증기선　　　⑤ 유선 전신

06 다음과 같은 특징을 지닌 국가의 산업화에 대한 설명으로 옳은 것은?

• 대륙 횡단 철도 개통 이후 물류 수송이 원활해졌다.
• 제철, 기계, 석유 화학 등 중화학 공업을 중심으로 산업이 발전하였다.

① 국가 주도로 메이지 유신을 추진하였다.
② 시베리아 횡단 철도를 건설하며 시작되었다.
③ 인클로저 운동으로 공장 노동력이 확보되었다.
④ 남북 전쟁 이후 세계 최대의 공업국으로 성장하였다.
⑤ 최초의 박람회를 개최하여 산업화의 성과를 과시하였다.

07 다음에서 설명하는 인물을 쓰시오.

> 정부의 간섭을 최소한으로 줄이고 개인의 자유로운 경제활동을 보장해야 한다는 자유방임주의를 주장하였다. 그의 주장은 자본주의 체제를 뒷받침하였다.

(   )

08 선생님의 질문에 대한 학생들의 답변으로 가장 적절한 것은?

① 링컨이 노예 해방을 선언하였기 때문입니다.
② 샤를 10세가 의회를 해산하였기 때문입니다.
③ 콜럼버스가 아메리카에 도착하였기 때문입니다.
④ 로베스피에르가 공포 정치를 실시하였기 때문입니다.
⑤ 기계의 사용으로 일자리가 줄었다고 생각하였기 때문입니다.

> 이 문제에서 나올 수 있는 선택지는 다~!

09 다음 인터뷰가 작성된 시기에 볼 수 있는 모습으로 적절하지 <u>않은</u> 것은?

> **문:** 몇 살 때 공장 일을 시작하였나요?
> **답:** 여섯 살 때부터 일하였습니다.
> **문:** 작업 시간은 몇 시부터 몇 시까지였나요?
> **답:** 새벽 다섯 시부터 저녁 일곱 시까지인데, 일이 밀릴 때는 저녁 아홉 시까지 일하였습니다.
> — 영국 의회 조사단에 제출된 보고서(1832)

① 콜레라에 걸린 아이
② 권리 장전을 승인하는 왕
③ 주택이 없어 떠도는 도시민
④ 만국 박람회를 관람하는 가족
⑤ 오염된 템스강을 바라보는 여성
⑥ 생산된 상품을 기차에 싣는 일꾼

10 다음 주장에 반영된 사상으로 옳은 것은?

① 계몽사상
② 민족주의
③ 사회주의
④ 자본주의
⑤ 자유주의

> 중요해

11 ㉠에 들어갈 정책에 대한 설명으로 옳은 것은?

> (㉠)은/는 19세기 후반 서양 열강이 군사력과 경제력을 앞세워 약소국을 침략하여 식민지로 삼은 대외 팽창 정책이다.

① 루이 14세가 콜베르를 등용하여 펼쳤다.
② 재정·군사 국가를 경제적으로 뒷받침하였다.
③ 프로이센을 중심으로 한 통일 운동의 바탕이 되었다.
④ 서양 열강이 값싼 원료 공급지와 상품 판매 시장을 확보하기 위해 실시하였다.
⑤ 독일의 통일은 오직 철과 피에 의해서만 해결할 수 있다는 주장 아래 추진되었다.

12 밑줄 친 '이 이론'에 대한 설명으로 옳은 것은?

> 우월한 사회나 국가가 열등한 사회나 국가를 지배하는 것이 당연하다는 내용의 이 이론은 다윈의 진화론을 사회에 적용한 것이다.

① 제국주의의 사상적 기반이 되었다.
② 몽테스키외, 볼테르 등이 주장하였다.
③ 노동자들의 단결과 투쟁을 강조하였다.
④ 영국에서는 선거권 확대 운동으로 나타났다.
⑤ 나폴레옹의 정복 전쟁으로 유럽에 확산되었다.

[13~14] 다음을 보고 물음에 답하시오.

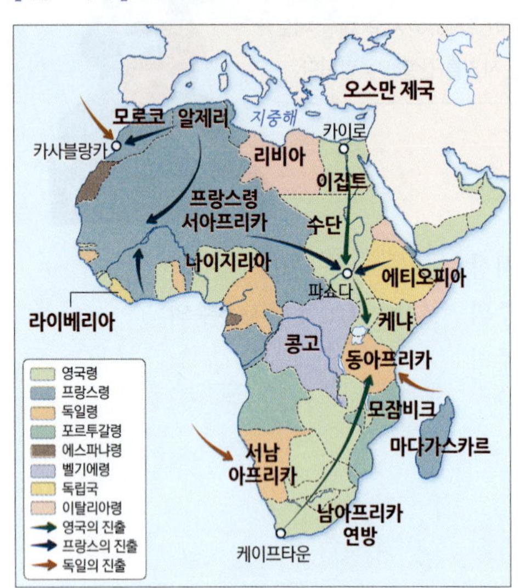

13 위 지도와 같은 상황이 나타난 배경으로 가장 적절한 것은?

① 구제도의 모순이 지속되었다.
② 미국에서 먼로주의가 발표되었다.
③ 식민지 주민들이 보스턴 차 사건을 일으켰다.
④ 아프리카에 지하자원이 풍부하다는 사실이 유럽에 알려졌다.
⑤ 영국이 재정 문제를 해결하고자 식민지에 인지세 등 세금을 부과하였다.

14 위 지도를 보고 학생들이 나눈 대화 내용으로 적절하지 <u>않은</u> 것은?

① 독일과 프랑스는 모로코를 놓고 대립하였어.
② 20세기 초 아프리카 대부분이 식민지가 되었어.
③ 콩고는 벨기에의 왕이 사유지로 삼아 착취한 땅이야.
④ 프랑스는 알제리부터 마다가스카르까지 동서로 점령하였어.
⑤ 볼리바르, 산마르틴 등 크리오요들이 독립운동을 주도하였어.
⑥ 영국과 프랑스는 식민지를 획득하는 과정에서 파쇼다에서 충돌하였어.

15 검색창에 들어갈 회의를 쓰시오.

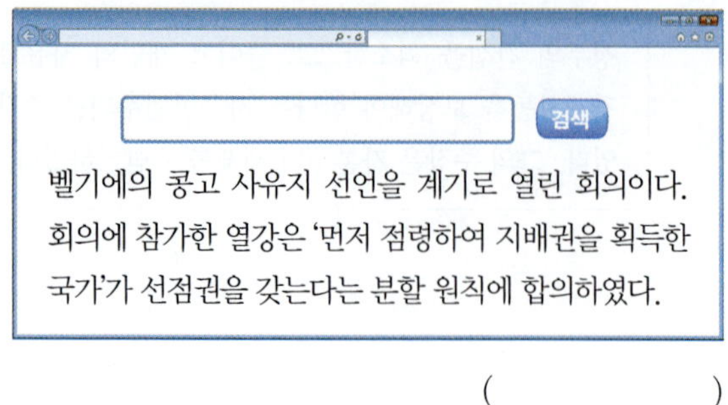

벨기에의 콩고 사유지 선언을 계기로 열린 회의이다. 회의에 참가한 열강은 '먼저 점령하여 지배권을 획득한 국가'가 선점권을 갖는다는 분할 원칙에 합의하였다.

(   )

16 ㉠에 공통으로 들어갈 국가로 옳은 것은?

그림은 아프리카 식민지에 파견된 (㉠)의 총독 세실 로즈가 카이로와 케이프타운을 딛고 서서 두 곳을 잇는 전신선을 들고 있는 모습을 표현한 것이다. 이는 (㉠)이/가 아프리카에서 펼친 정책을 보여 준다.

① 독일　　　② 영국　　　③ 벨기에
④ 프랑스　　⑤ 네덜란드

17 자료를 활용한 탐구 주제로 가장 적절한 것은?

↑ 파쇼다 사건 풍자화

↑ 벨기에의 콩고 침략 풍자화

① 사회주의의 등장
② 프랑스 혁명의 전개
③ 이탈리아와 독일의 통일
④ 라틴 아메리카의 독립운동
⑤ 제국주의 열강의 아프리카 침탈

18 제국주의 열강의 아시아 침탈에 대한 설명으로 옳은 것을 〈보기〉에서 고른 것은?

┤보기├
ㄱ. 독일 – 베트남, 라오스 등을 점령하였다.
ㄴ. 영국 – 인도에 총독을 파견하여 직접 다스렸다.
ㄷ. 프랑스 – 미얀마, 말레이반도 등지를 차지하였다.
ㄹ. 네덜란드 – 인도네시아 대부분 지역을 식민지로 삼았다.

① ㄱ, ㄴ ② ㄱ, ㄷ ③ ㄴ, ㄷ
④ ㄴ, ㄹ ⑤ ㄷ, ㄹ

19 ㉠, ㉡에 들어갈 국가로 옳은 것은?

제국주의 열강의 침탈은 태평양 지역에서도 이어졌다. (㉠)은/는 오스트레일리아와 뉴질랜드를 지배하였고, (㉡)은/는 마셜 제도와 캐롤라인 제도 등을 차지하였다.

	㉠	㉡		㉠	㉡
①	미국	독일	②	미국	프랑스
③	영국	독일	④	영국	미국
⑤	프랑스	독일			

20 밑줄 친 ㉠~㉤ 중 옳지 <u>않은</u> 것은?

서구 문물의 확산

산업화의 확산과 제국주의의 팽창은 서구 문물의 확산에 영향을 미쳤다. ㉠ 사람들은 철도와 증기선을 이용하여 다양한 지역으로 이동할 수 있게 되었으며, ㉡ 20세기에는 전 세계가 표준시를 사용하였다. ㉢ 민주주의와 같은 정치 제도가 널리 전파되었으며, ㉣ 유럽에서 재정·군사 국가가 등장하기도 하였다. 또한 ㉤ 자유주의와 민족주의 등 다양한 사상이 여러 국가로 확산되었다.

① ㉠ ② ㉡ ③ ㉢ ④ ㉣ ⑤ ㉤

01 다음을 읽고 물음에 답하시오.

산업화가 널리 퍼지면서 생산과 소비가 시장에 따라 결정되는 (㉠) 체제가 확립되었다.

(1) ㉠에 들어갈 체제를 쓰시오.

(2) (1) 체제가 자리 잡게 된 배경을 서술하시오.

02 제국주의 열강의 침략이 식민지 국가에 준 경제적·생태환경적 영향을 각각 서술하시오.

03 다음 그림에 나타난 사상이 제국주의 열강의 침략을 어떻게 정당화하였는지 서술하시오.

그림은 영국과 미국을 상징하는 인물들이 식민지인을 짊어지고 '문명화'로 나아가는 모습을 표현한 것이다.

04. 아시아의 국민 국가 건설 운동(1)

◆ 새아시아의 국민 국가 건설 운동

1 오스만 제국의 국민 국가 건설

(1) 오스만 제국의 위기: 제국 내 여러 민족이 독립운동 전개, 영국과 러시아 등 유럽 열강의 압박으로 위기를 맞음 (자료1)

(2) ⁺탄지마트(1839~1876) (자료2)

> **시험 단골** 탄지마트의 내용을 묻는 문제가 자주 출제돼!

목적	제국의 대내외적 위기 극복
내용	민족과 종교에 따른 차별 폐지, 서양식 교육 제도와 징병 제도 실시, 조세 제도 개혁, 근대 시설 도입 → 성과 미흡 → **미드하트 파샤** 등이 근대적인 헌법 마련, 의회 수립 등 입헌 정치 실시
결과	보수 세력의 반발, 유럽 열강의 간섭 → 큰 성과를 거두지 못함

(3) 청년 튀르크당 혁명(1908)

> **공부 TIP** 청년 튀르크당의 개혁 내용을 기억해 두자.

① 배경: 개혁 실패, 러시아와의 전쟁에서 패배하여 많은 영토 상실

② 전개: 술탄이 전제 정치 강화(헌법 폐지, 의회 해산) → 젊은 장교와 관리, 지식인들이 청년 튀르크당 결성 → 무력으로 정권 장악, 헌법과 의회 부활

③ 개혁 내용: 여성 차별 금지, 언론의 자유 보장, 보통 선거 실시, 산업 진흥, 조세 감면 등(→ 극단적 튀르크 민족주의 주장, 민족 갈등 고조)
  — 아랍어 사용을 금지하였어.

2 아라비아반도의 민족 운동

(1) 배경: 오스만 제국의 쇠퇴, 영국과 러시아 등 열강의 영향력 확대

(2) 전개: 18세기 이슬람교의 순수성을 되찾자는 ⁺**와하브 운동** 전개 → 오스만 제국에 저항하는 민족 운동으로 발전
  — 이븐 압둘 와하브가 주도하였어.

(3) 결과: 19세기 초 아랍의 고전을 연구하는 아랍 문화 부흥 운동 발생, 사우디아라비아 왕국 수립에 영향을 줌
  — 사우디아라비아의 국기는 와하브 운동의 깃발에서 유래되었어.

3 이란의 입헌 혁명

(1) 담배 불매 운동

배경	카자르 왕조의 쇠퇴, 영국과 러시아에 영토와 이권을 빼앗김 → 개혁 추진, 영국 상인에게 담배에 대한 독점적 권리 부여
전개	담배 불매 운동 전개, **알 아프가니**가 불매 운동 확산에 기여 → 영국으로부터 담배 이권 회수, 막대한 배상금 지불
결과	영국에 경제적으로 예속

(2) 입헌 혁명(1906)

① 전개: 담배 불매 운동 주도 세력이 국민 의회 수립, 헌법 제정

② 결과: 보수 세력의 반발, 영국과 러시아의 간섭을 받아 의회 해산, 실패 → 이란은 두 국가에 의해 분할 통치됨

4 이집트의 근대화 운동

> 징병제를 시행하고 서양식 군사 훈련을 실시하였으며, 근대식 공장 시설을 설립하였어.

(1) 무함마드 알리의 개혁: 학교와 군대 개혁, 산업 진흥 등 근대화 정책 추진 → 오스만 제국으로부터 공식적으로 자치권 획득

(2) 수에즈 운하 건설과 민족 운동: 영국·프랑스로부터 자금을 빌려 철도 부설, 수에즈 운하 건설 (자료3) → 영국·프랑스의 내정 간섭 심화 → 영국이 수에즈 운하 경영권 차지 → **아라비 파샤**를 중심으로 한 군부의 민족 운동 전개 → 영국이 진압 후 보호국으로 삼음
  — '이집트인을 위한 이집트 건설'을 외치며 혁명을 일으켰어.

교과서 쏙 자료

자료 1 오스만 제국의 쇠퇴

19세기 오스만 제국은 그리스와 발칸반도의 국가들이 독립하고 이집트가 자치권을 얻으면서 영토가 축소되었다.

자료 2 탄지마트를 위한 칙령(1839)

> 1. 술탄의 권한 일부를 의회에 넘기고, 의회는 술탄의 승인을 얻어 법을 제정한다.
> 2. 백성의 생명, 명예, 재산의 안전을 법으로 보장한다.
> 3. 조세 제도의 확립과 조세 징수에 관한 정식 규정을 정한다.

오스만 제국은 탄지마트라고 불리는 근대적 개혁을 시행하여 서양 문물과 유럽식 제도를 수용하였다.

자료 3 수에즈 운하
  — 이집트는 운하 건설 과정에서 막대한 빚을 지게 되었어.

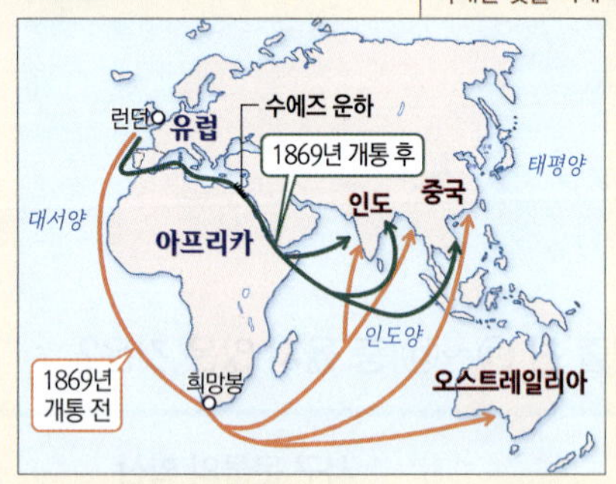

↑ 수에즈 운하 개통 전후의 변화

수에즈 운하는 지중해와 홍해를 연결하는 인공 수로로 1869년에 개통되었다. 이 운하가 개통되면서 아시아와 유럽을 오가는 항로가 크게 단축되었다.

Plus 용어

+ **탄지마트** 튀르크어로 '개혁'을 의미하며, 1839년부터 오스만 제국이 추진한 일련의 근대적 개혁을 뜻함

+ **와하브 운동** 18세기 아라비아반도에서 시작된 이슬람교 순화 운동으로, 『쿠란』의 가르침대로 생활할 것을 강조함

❖ 인도의 국민 국가 건설 운동

❶ 영국의 인도 침략과 세포이의 항쟁

(1) 영국의 인도 침략 〔공부 TIP〕 영국의 인도 침략 과정을 정리해 보자.

① 배경: 무굴 제국 쇠퇴 → 유럽 열강들이 인도를 차지하기 위해 경쟁

② 전개: 영국과 프랑스가 동인도 회사를 앞세워 인도 진출 → 영국이 플라시 전투(1757)에서 벵골과 연합한 프랑스에 승리함, 벵골 지역의 통치권 차지 → 19세기 중반 인도의 대부분 지역 점령

(2) 영국의 인도 지배 ┌영국은 인도를 원료 공급지이자 상품 시장으로 만들었어.

① 경제: 인도인에게 아편과 면화 재배 강요, 대량 생산된 면직물을 인도에 수출하여 인도 면직물 산업 몰락, 토지세 등 세금 부과 〔자료 4〕

② 종교: 힌두교도와 이슬람교도의 종교적 갈등 조장 → 인도인 분열

(3) 세포이의 항쟁(1857) 〔자료 5〕 〔시험 단골〕 인도의 국민 국가 건설 운동 전개 과정을 묻는 문제가 자주 출제돼!

배경	영국의 침략과 수탈에 따른 인도인의 불만 심화
전개	세포이들의 무장 투쟁 → 다양한 계층이 참여하는 대규모 민족 운동으로 발전, 한때 수도인 델리까지 점령 → 내부 분열과 영국군의 반격으로 실패
결과	무굴 제국 황제 폐위, 영국령 인도 제국 수립(1877)

└영국은 동인도 회사를 해체한 후 영국 왕이 직접 인도를 다스렸어.

❷ 인도 국민 회의와 반영 운동

(1) 인도 국민 회의 결성

① 배경: 서양식 근대 교육을 받은 지식인의 성장, 민족 운동 확대

② 결성: 영국이 인도인의 불만을 가라앉히고자 지원 → 인도인 관리와 지식인들을 중심으로 인도 국민 회의 결성(1885)

③ 초기 활동: 영국에 협조하면서 인도인의 권리와 이익을 확보하기 위해 노력함

(2) 인도 국민 회의의 반영 운동 전개

배경	영국의 벵골 분할령(1905) 발표 〔자료 6〕 영국은 행정의 효율성 증대라는 명분을 내세웠어.
전개	인도 국민 회의가 콜카타 대회에서 영국 상품 배척, 스와라지(자치), 스와데시(국산품 애용), 국민 교육 실시의 내용을 담은 4대 강령 채택, 반영 운동 주도 → 대규모 민족 운동으로 발전
결과	영국의 벵골 분할령 취소(1911), 형식적으로 인도인의 자치 인정

❖ 동남아시아의 민족 운동

베트남	판보이쩌우가 베트남 유신회 조직, 일본에 유학생을 보내 근대 문물을 배우게 한 동유 운동 추진, 중국에서 베트남 광복회 결성
타이	라마 5세의 근대화 개혁(서양 문물과 제도 도입, 노예 제도 폐지 등) 실시, 영국과 프랑스 사이의 완충 지대에서 지위를 확보하는 외교 정책 실시 → 동남아시아 국가 중 유일하게 독립 유지
필리핀	호세 리살이 독립을 주장하며 에스파냐의 식민 지배에 저항하는 소설과 글 저술, 필리핀 민족 동맹 결성
인도네시아	지식인과 이슬람교도 상인 등이 네덜란드에 맞서 이슬람 동맹 결성, 카르티니가 학교를 세워 여성 교육을 위해 노력함

〔자료 4〕 인도와 영국의 면직물 교역

19세기 이전까지 인도의 면직물은 인기를 얻었으나 영국이 값싼 면직물을 대량으로 생산하면서 인도의 면직물 산업은 큰 타격을 받았다.

〔자료 5〕 세포이의 항쟁 총알을 장전하려면 탄약 주머니를 입으로 뜯어야 했어.

↑ 당시 탄약 주머니(왼쪽)와 탄약을 넣는 방법(오른쪽)

동인도 회사가 지급한 탄약 주머니에 이슬람교도가 부정하게 여기는 돼지기름과 힌두교도가 신성하게 여기는 소기름이 칠해져 있다는 소문이 돌자, 세포이들은 이를 종교 탄압으로 받아들이고 봉기하였다.

〔자료 6〕 벵골 분할령 〔시험 단골〕 벵골 분할령의 영향을 묻는 문제가 자주 출제돼!

영국은 벵골주를 이슬람교도가 많은 동벵골과 힌두교도가 많은 서벵골로 분할하여 인도인을 분열시키려고 하였으나 이를 계기로 반영 운동이 확산되었다.

+ **세포이** 영국 동인도 회사에 고용된 인도인 용병으로, 대부분 힌두교도와 이슬람교도로 구성됨

+ **스와데시** 힌디어로 '자신의 나라의'라는 뜻으로, 영국 상품의 불매와 국산품 애용을 의미하는 표어 및 운동

대표 자료 확인하기

✦ 수에즈 운하의 건설

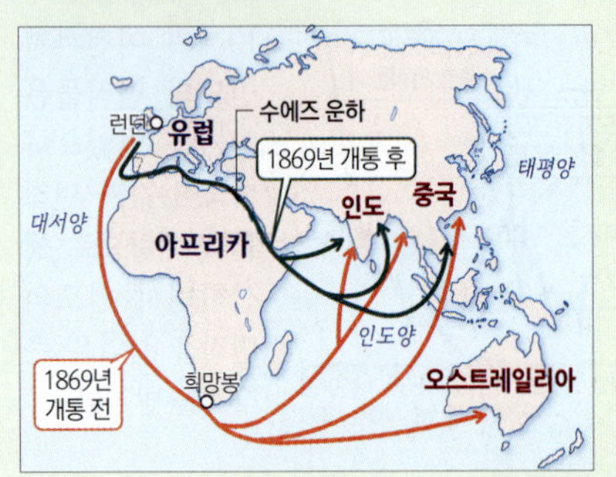

(①   )의 수에즈 운하가 개통되면서 아시아와 유럽을 오가는 항로가 크게 단축되었다.

✦ 벵골 분할령

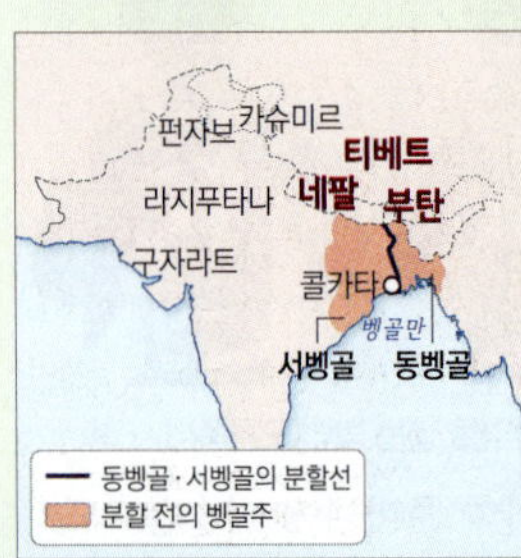

(②   )은/는 벵골주를 이슬람교도가 많이 사는 동벵골과 (③   )이/가 많이 사는 서벵골로 분할하여 인도인의 분열을 부추기려 하였다.

한눈에 정리하기

✦ 서아시아의 국민 국가 건설 운동

오스만 제국	오스만 제국의 위기 → (①) (근대적 개혁) 추진 → 술탄의 전제 정치 → 청년 튀르크당 혁명 전개
아라비아 반도	이슬람교 본래의 순수성을 회복하자고 주장하는 (②) 전개
이란	담배 불매 운동 → 입헌 혁명 추진
이집트	무함마드 알리의 개혁 → 지중해와 홍해를 연결하는 (③) 건설

✦ 인도와 동남아시아의 민족 운동

인도	• (④)이/가 플라시 전투에서 승리 → 인도 대부분 지역 차지 • 세포이의 항쟁이 일어남 → 실패 • 영국이 인도인의 불만을 가라앉히고자 (⑤) 결성 → 영국의 벵골 분할령 발표 이후 반영 운동 전개
동남 아시아	베트남(판보이쩌우), 타이(라마 5세), 필리핀(호세 리살), 인도네시아(카르티니) 등에서 전개

---

1 빈칸에 들어갈 내용을 쓰시오.

(1) 19세기 들어 크게 쇠퇴한 (   )은/는 위기를 극복하고자 탄지마트라고 불리는 근대적 개혁을 추진하였다.

(2) 1908년 오스만 제국에서는 술탄의 전제 정치 강화에 반발한 젊은 관리와 지식인들이 (   )을/를 결성하여 혁명을 일으켰다.

2 다음 괄호 안의 내용 중 알맞은 말에 ○표를 하시오.

(1) 19세기 중엽 (이집트 , 인도네시아)는 지중해와 홍해를 연결하는 수에즈 운하를 건설하였다.

(2) 이란의 카자르 왕조가 (영국 , 러시아)에 담배에 대한 독점권을 넘기자 담배 불매 운동이 전개되었다.

(3) 18세기 중엽 아라비아반도에서는 (힌두교 , 이슬람교) 본래의 순수성을 되찾자는 와하브 운동이 전개되었다.

(4) 이집트 총독이었던 (알 아프가니 , 무함마드 알리)는 학교와 군대를 개혁하는 등 이집트의 근대화 개혁을 추진하였다.

3 다음 물음에 답하시오.

(1) 영국이 프랑스를 물리치고 벵골 지역에 대한 통치권을 차지하게 된 전투는? (   )

(2) 19세기 중반 인도에서 대규모 민족 운동을 주도한 영국 동인도 회사의 인도인 용병은? (   )

(3) 힌디어로 '자신의 나라의'라는 뜻이며, 인도 국민 회의에서 주장한 국산품 애용을 이르는 말은? (   )

4 ㉠에 들어갈 내용을 쓰시오.

> 인도 국민 회의는 결성 초기 영국에 협조하면서 인도인의 권익을 확보하려 하였으나 (㉠   ) 발표 이후 반영 운동에 앞장섰다.

5 다음 설명에 해당하는 국가를 〈보기〉에서 골라 기호를 쓰시오.

┌ 보기 ┐
ㄱ. 타이   ㄴ. 베트남   ㄷ. 필리핀   ㄹ. 인도네시아

(1) 라마 5세가 근대 문물을 도입하였다. (   )
(2) 판보이쩌우가 동유 운동을 추진하였다. (   )
(3) 카르티니가 여성 교육을 위해 학교를 세웠다. (   )
(4) 호세 리살이 에스파냐의 식민 지배에 저항하였다. (   )

STEP 3 중단원 확인 문제

01 지도에 나타난 국가의 영토가 축소된 배경으로 가장 적절한 것은?

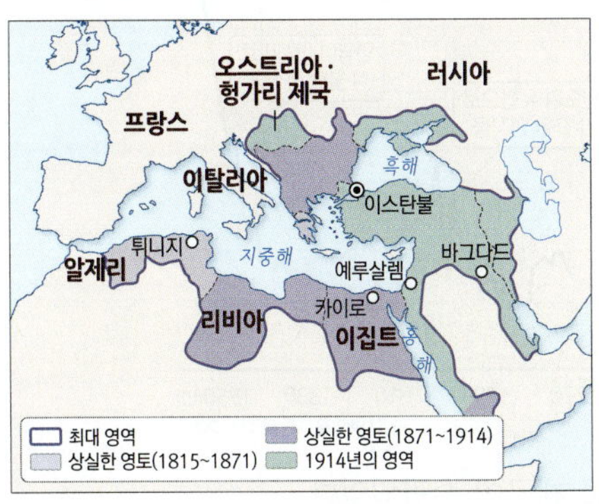

① 벨기에 왕의 사유지가 되어 착취당하였다.
② 그리스와 발칸반도의 국가들이 독립하였다.
③ 네덜란드에 맞서는 이슬람 동맹이 결성되었다.
④ 영국, 프랑스로부터 자금을 빌려 철도를 놓았다.
⑤ 투생 루베르튀르의 주도로 독립운동이 일어났다.

중요해

02 탄지마트 개혁 내용으로 옳지 <u>않은</u> 것은?
① 징병 제도가 실시되었다.
② 서양식 교육 제도가 시행되었다.
③ 영국 상품 배척 운동이 전개되었다.
④ 민족과 종교에 따른 차별을 폐지하였다.
⑤ 근대적 헌법이 마련되고 의회가 수립되었다.

03 빈칸에 들어갈 내용으로 가장 적절한 것은?

19세기 후반 오스만 제국은 러시아와의 전쟁에서 패배하여 많은 영토를 잃었다. 이때 술탄이 헌법을 폐지하고 의회를 해산하자 　　　　　　　

① 그리스가 독립하였다.
② 이집트가 자치권을 얻었다.
③ 청년 튀르크당이 혁명을 일으켰다.
④ 미드하트 파샤 등이 개혁을 시행하였다.
⑤ 메테르니히의 주도로 빈 회의가 개최되었다.

04 다음에서 설명하는 운동으로 옳은 것은?

18세기 중엽 오스만 제국의 지배를 받던 아라비아반도에서 일어난 이슬람교 순화 운동이다. 이 운동은 『쿠란』의 가르침대로 생활하며 초기 이슬람교의 순수성을 되찾을 것을 강조하였다.

① 와하브 운동
② 러다이트 운동
③ 브나로드 운동
④ 인클로저 운동
⑤ 차티스트 운동

05 이란의 국민 국가 건설 운동에 대한 설명으로 옳은 것을 〈보기〉에서 고른 것은?

┤ 보기 ├
ㄱ. 극단적 튀르크 민족주의를 내세웠다.
ㄴ. 입헌 혁명이 일어나 의회가 수립되었다.
ㄷ. 알 아프가니가 담배 불매 운동을 확산시켰다.
ㄹ. 미국이 먼로주의를 선언하면서 가속화되었다.

① ㄱ, ㄴ　　② ㄱ, ㄷ　　③ ㄴ, ㄷ
④ ㄴ, ㄹ　　⑤ ㄷ, ㄹ

06 밑줄 친 '이 인물'의 활동으로 옳은 것은?

<u>이 인물</u>은 19세기 초 나폴레옹의 몰락 이후 이집트의 총독이 되어 권력을 장악하였다. 학교와 군대를 개혁하고 산업을 진흥시키는 등 근대화 정책을 추진하였다.

① 철혈 정책을 추진하였다.
② 쿠데타로 총재 정부를 무너뜨렸다.
③ 오스만 제국으로부터 자치권을 얻었다.
④ 에스파냐의 식민 지배에 저항하는 글을 썼다.
⑤ 시칠리아와 나폴리를 점령하여 사르데냐 국왕에게 바쳤다.

07 다음에서 설명하는 인물로 옳은 것은?

> 19세기 중엽 이집트가 열강의 간섭을 받게 되자 '이집트인을 위한 이집트 건설'을 주장하며 군부 중심의 민족 운동을 일으킨 인물이다.

① 호세 리살　　② 아라비 파샤
③ 무함마드 알리　　④ 미드하트 파샤
⑤ 이븐 압둘 와하브

이 문제에서 나올 수 있는 선택지는 다~!

08 (가) 운하에 대한 학생들의 대화 내용으로 옳지 <u>않은</u> 것은?

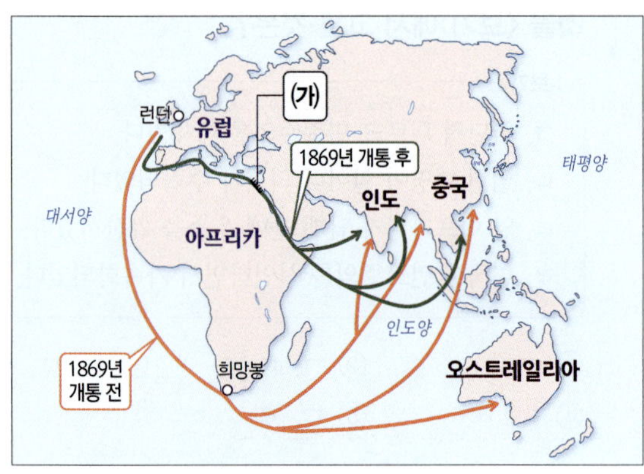

① 이집트가 건설한 운하야.
② 영국이 운하 경영권을 차지하였어.
③ 지중해와 홍해를 연결하는 인공 수로야.
④ 아시아와 유럽을 오가는 항로를 단축하였어.
⑤ 아프리카 노예 무역이 시작되는 계기가 되었어.
⑥ 이 운하의 부설로 이집트는 영국과 프랑스에 많은 빚을 졌어.

09 ㉠에 들어갈 전투를 쓰시오.

> 무굴 제국이 쇠퇴하자 영국과 프랑스는 인도에 진출하였다. 이후 영국은 (㉠)에서 벵골과 연합한 프랑스를 물리쳤다.

(　　　)

10 다음 그래프와 같은 교역 변화가 나타난 배경으로 가장 적절한 것은?

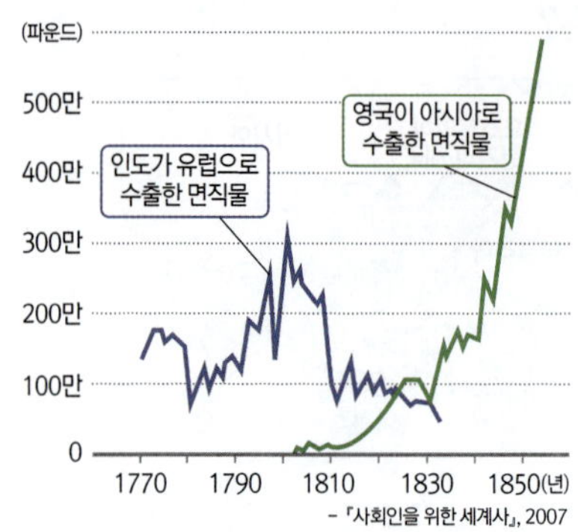

① 무굴 제국이 수립되었다.
② 인도 국민 회의가 결성되었다.
③ 콜카타 대회에서 4대 강령이 발표되었다.
④ 영국에서 대량 생산된 값싼 면직물이 인도에 유입되었다.
⑤ 영국이 종단 정책을 추진하던 중 프랑스와 파쇼다에서 충돌하였다.

중요해

11 다음은 동인도 회사의 인도인 용병이 쓴 가상 일기이다. 밑줄 친 '항쟁'의 결과로 옳은 것은?

> 1857년 5월 ○○일
> 얼마 전부터 우리가 사용하는 탄약 주머니에 소의 기름과 돼지의 기름이 발라져 있다는 소문이 돌고 있다. 우리는 탄약 주머니를 입으로 뜯어야 하기 때문에 힌두교도인 나는 탄약 주머니를 사용할 수 없으며, 이슬람교도 병사들도 함께 분노하고 있다. 우리는 <u>항쟁</u>을 일으켜 영국의 탄압에 저항할 것이다.

① 파리 조약이 체결되었다.
② 영국령 인도 제국이 수립되었다.
③ 영국이 벵골의 통치권을 획득하였다.
④ 영국과 프랑스가 동인도 회사를 앞세워 인도에 진출하였다.
⑤ 유럽과 영국 사이의 무역을 금지하는 대륙 봉쇄령이 선포되었다.

12 선생님이 설명하는 단체에 대한 학생들의 발표 내용으로 옳지 않은 것은?

① 인도에서 반영 운동을 주도하였어요.
② 인도에서 민족 운동이 확대되면서 결성되었어요.
③ 아랍어 사용을 금지하여 다른 민족이 반발하였어요.
④ 영국이 인도인의 불만을 잠재우기 위해 지원하였어요.
⑤ 결성 초기 영국에 협조하면서 인도인의 권익 확보를 위해 노력하였어요.

13 인도의 국민 국가 건설 운동 과정을 일어난 순서대로 나열한 것은?

> (가) 플라시 전투가 일어났다.
> (나) 세포이들이 델리를 점령하였다.
> (다) 영국이 벵골 분할령을 취소하였다.
> (라) 인도 국민 회의가 콜카타 대회를 개최하였다.

① (가) – (나) – (라) – (다)　② (가) – (라) – (다) – (나)
③ (나) – (가) – (라) – (다)　④ (다) – (가) – (나) – (라)
⑤ (라) – (다) – (가) – (나)

14 아시아 각국의 민족 운동에 대한 설명으로 옳은 것은?
① 이란 – 카르티니가 학교를 세웠다.
② 타이 – 미드하트 파샤 등이 헌법을 만들었다.
③ 베트남 – 판보이쩌우가 동유 운동을 전개하였다.
④ 필리핀 – 라마 5세가 열강 사이에서 균형 있는 외교 정책을 펼쳤다.
⑤ 인도네시아 – 호세 리살이 식민 지배에 저항하는 글과 소설을 저술하였다.

01 다음을 읽고 물음에 답하시오.

사진은 (㉠)이/가 행진하는 모습이다. 오스만 제국의 (㉠)은/는 술탄이 전제 정치를 강화하자 1908년 무장봉기를 일으켰다.

(1) ㉠에 공통으로 들어갈 단체를 쓰시오.

____

(2) (1) 단체가 시행한 개혁 내용을 두 가지 서술하시오.

____

____

02 다음을 보고 물음에 답하시오.

(1) 위 지도와 같이 지역을 나누려 한 영국의 법령을 쓰시오.

____

(2) (1) 법령 발표 이후 인도 국민 회의가 펼친 활동을 서술하시오.

____

____

____

05. 아시아의 국민 국가 건설 운동(2)

✚ 중국의 국민 국가 건설 운동

1 아편 전쟁과 중국의 개항　【공부 TIP】 중국의 개항 과정을 정리해 두자.

(1) **청과 영국의 무역 변화**: 18세기 중반 이후 청은 광저우의⁺공행에서만 서양 국가와의 무역 허가 → 영국은 청의 차, 비단, 도자기 수입 과정에서 많은 양의 은이 유출, 무역 적자 발생 → 영국이 인도산 아편을 청에 밀수출(삼각 무역) 【자료 1】 → 청의 은이 대량으로 유출, 아편 중독자 증가

(2) **제1, 2차 아편 전쟁**

구분	제1차 아편 전쟁(1840~1842)	제2차 아편 전쟁(1856~1860)
배경	청 정부가 광저우에 임칙서 등 관리를 파견하여 아편을 몰수함, 단속 시작	청의 개항 이후에도 영국의 무역 상황이 나아지지 않음 → 애로호 사건 발생
전개	영국이 재산권 침해를 구실로 삼아 청 공격 → 청의 패배	영국은 애로호 사건을 구실로 프랑스와 연합 → 청의 패배
결과	난징 조약 체결(상하이 등 5개 항구 개항, 홍콩 할양, 공행 폐지, 배상금 지불 등) 【자료 2】	톈진 조약, 베이징 조약 체결(추가 개항, 크리스트교 포교와 외국 공사의 베이징 주재 허용 등)

2 중국의 근대화 운동　【시험 단골】 중국의 근대화 운동을 비교하는 문제가 자주 출제돼!

(1) **태평천국 운동(1851~1864)**

배경	청 정부가 아편 전쟁 이후 배상금 마련을 위해 세금을 늘림
전개	• 크리스트교의 영향을 받은 홍수전이 만주족 왕조인 청을 몰아내고 한족 국가를 세우자며 일으킴 → 태평천국 선포 • 토지 균등 분배(「천조 전무 제도」 발표), 남녀평등,⁺전족과 같은 악습 폐지 등을 주장 → 농민의 지지 → 난징 점령, 세력 확대
결과	지도층의 내부 분열, 한인 신사층이 모집한 의용군과 외국 군대의 공격을 받아 진압됨

└ 태평천국 운동 당시 간행된 문서로 신분과 성별의 구분 없이 토지를 분배하자는 내용을 담고 있어.

(2) **양무운동**

배경	아편 전쟁과 태평천국 운동을 겪으면서 서양 무기의 우수성 인식
전개	• 이홍장, 증국번 등 한인 관료들이 주도(1861) • 중체서용을 토대로 부국강병을 이룰 것을 주장하며 개혁 단행 • 근대적 군수 공장 설립(금릉 기기국, 푸저우 선정국 등), 근대식 육군과 해군 창설, 미국과 유럽에 유학생 파견, 신식 학교 설립, 근대 회사 설립, 광산 개발 등을 추진 【자료 3】
결과	중앙 정부의 체계적인 계획 없이 지방에서 개별적으로 진행됨 → 성과 미미, 청일 전쟁의 패배로 한계가 드러남

(3) **변법자강 운동(1898)**

배경	청일 전쟁 패배 이후 열강의 간섭 심화 → 위기의식 고조
전개	• 캉유웨이, 량치차오 등이 추진 ┌ 서양의 기술뿐만 아니라 제도까지 받아들이는 근본적인 개혁을 주장하였어. • 일본의 메이지 유신을 본받은 정치 제도 개혁 추구 • 황제의 지지를 받아 의회 설립, 입헌 군주제 확립, 과거제 개혁, 근대 교육 실시, 상공업 육성 등 근대적 개혁 추진
결과	서태후 등 보수 세력의 반대로 100여 일 만에 실패

교과서 쏙 자료

【자료 1】 청과 영국 간의 무역

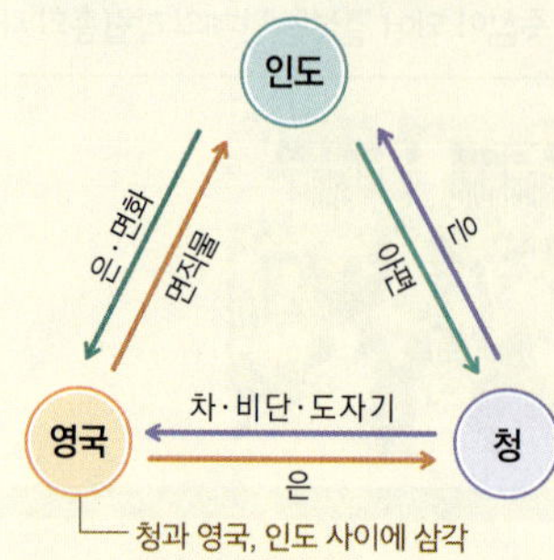

영국은 청의 차, 도자기 등을 수입하는 과정에서 무역 적자가 심해지자 이를 줄이기 위해 인도산 아편을 청에 밀수출하였다.

└ 청과 영국, 인도 사이에 삼각 무역이 이루어졌어.

【자료 2】 난징 조약　【시험 단골】 난징 조약의 주요 내용을 묻는 문제가 자주 출제돼!

- 상하이 등 5개 항구를 개방하고 홍콩을 영국에 넘긴다.
- 중국 땅에서 범죄를 저지른 외국인은 외국의 법으로 처벌한다. ┐ 영사 재판권을 인정하였어.
- 공행 제도를 폐지한다.
- 전쟁 배상금 1,200만 달러를 지급한다.

제1차 아편 전쟁에서 패배한 청은 영국과 상하이를 비롯한 5개 항구 개항, 홍콩 할양, 공행 폐지, 관세 상호 협의, 배상금 지불 등의 내용이 담긴 불평등한 난징 조약을 체결하였다(1842).

【자료 3】 양무운동의 성과

← 금릉 기기국에서 생산한 총포와 포탄

서양 무기의 우수성을 깨달은 이홍장 등 한인 관료들은 양무운동을 추진하여 근대적 군수 공장을 건설하고 무기를 생산하였다. 금릉 기기국은 이홍장이 난징에 세운 근대적 무기 공장이다.

Plus 용어

- ⁺**공행** 청 정부로부터 외국 상인과 교역하는 일을 공식적으로 허가받은 상인 조합
- ⁺**애로호 사건** 청 관리가 애로호에 올라 해적 혐의를 받는 사람을 체포하던 중 영국 국기를 강제로 내린 사건
- ⁺**전족** 여성의 발을 천으로 동여매어 어릴 때부터 자라지 못하게 한 중국의 옛 풍속
- ⁺**중체서용**(中 중국, 體 근본, 西 서양, 用 수단) 중국의 사상과 제도는 유지하면서 서양의 기술만을 수용하자는 사상

3 신해혁명과 중화민국의 수립

(1) 의화단 운동(1899)

배경	개항 이후 열강의 이권 침탈 심화, 크리스트교 확산 → 중국인의 반외세 감정 고조 ┈ 산둥 지역에서 조직되었어.
전개	비밀 결사인 의화단이 '청을 도와 서양 세력을 쫓아내자(부청멸양).'라는 구호를 내걸고 선교사와 외교관을 공격, 교회·철도·전신 등을 파괴함 → 베이징까지 진격
결과	영국·일본을 비롯한 8개국 연합군에 진압, **신축 조약** 체결(1901, 배상금 지불과 외국 군대의 베이징 주둔 허용)

(2) 신해혁명과 중화민국의 수립 공부 TIP 신해혁명의 전개 과정과 결과를 기억해 두자.

① 배경: 열강의 침략을 막아 내지 못한 청 왕조를 몰아내려는 움직임 확산 → **쑨원**은 일본에서 중국 동맹회 결성(1905), **삼민주의** 주장, 공화정 수립을 목표로 혁명 운동 주도 자료 4

② 전개: 청 정부의 민간 철도 국유화 시도, 이에 반대하여 철도 보호 운동이 일어남 → 정부의 무력 진압 → 우창에서 신식 군대가 봉기 → 여러 지역의 대표들이 호응, 독립 선언(**신해혁명**, 1911) 자료 5

③ 중화민국의 수립: 혁명 세력은 난징 점령 이후 쑨원을 임시 대총통으로 선출, 중국 최초의 공화국인 **중화민국 수립**(1912), 중화민국 임시 약법 제정

(3) 신해혁명 이후의 정치 변화: 청 정부는 혁명 세력을 진압하기 위해 **위안스카이** 파견 → 위안스카이는 혁명 세력과 타협, 청 황제를 몰아내고 중화민국의 대총통으로 선출됨 → 위안스카이의 황제 체제 부활 시도 → 위안스카이 사후 군벌 세력 등장, 정치 혼란

◆ 일본의 국민 국가 건설과 제국주의 침략

1 일본의 개항

(1) **배경**: 19세기 중반 미국이 페리 제독의 함대를 보내 개항 강요

(2) **내용**: **미일 화친 조약**(1854, 개항, *최혜국 대우 인정), **미일 수호 통상 조약**(1858, 추가 개항, *영사 재판권 인정, 관세 상호 협의) 체결 ┈ 두 조약은 불평등 조약의 성격을 띠었어.

2 메이지 유신 시험 단골 메이지 유신의 개혁 내용을 묻는 문제가 자주 출제돼!

(1) **배경**: 개항 이후 막부의 굴욕적인 외교 정책에 대한 비판이 높아짐, 외국 상품 수입과 물가 상승으로 백성의 생활이 어려워짐

(2) **과정**: 일부 지방 하급 무사들이 막부 타도 운동 전개, 천황 중심 정권 수립(1868) → 서양식 근대 국가 수립을 목표로 개혁 추진

(3) **개혁 내용**: 에도의 이름을 도쿄로 바꾸어 수도로 정함, 지방의 다이묘들이 다스리던 영지(번)를 폐지하고 현 설치, 서양에 유학생·**이와쿠라 사절단** 파견 자료 6 , 서양식 교육 도입, 상공업 육성, 서양의 과학 기술 수용, 징병제 실시, 신분제 폐지 ┈ 중앙 집권 체제를 확립하였어.

(4) **일본 제국 헌법 발표**: 일부 지식인들이 자유 민권 운동 전개 → 정부의 탄압, 이들의 주장 일부 수용 → 일본 제국 헌법 제정(1889, 천황의 절대적인 권력 인정), 제국 의회 설립(입헌 군주제 수립) ┈ 메이지 정부의 전제 정치를 비판하며 헌법 제정과 의회 설립을 요구하였어.

자료 4 **쑨원의 삼민주의** 시험 단골 쑨원의 삼민주의를 묻는 문제가 자주 출제돼!

> 나는 유럽과 서양의 발전이 민족, 민권, 민생의 3대 주의에 바탕을 두고 있다고 생각한다. 로마가 망한 뒤 민족주의가 일어나 여러 나라가 독립하였다. 전제 정치가 발달하여 백성이 그 괴로움을 감당하지 못하게 되자 민권주의가 일어났다. …… 정치 문제 뒤에 경제 문제가 뒤따르게 되어 민생주의가 활발해졌다.　 – 쑨원, 『민보』 발간사

쑨원은 만주족 왕조인 청 타도(민족주의), 공화제 국가 수립(민권주의), 토지 균등 분배 등으로 민생 안정(민생주의)을 주장하는 삼민주의를 내세웠다. ┈ 신해혁명과 중화민국 수립의 이념적 기반이 되었어.

자료 5 **신해혁명의 전개**

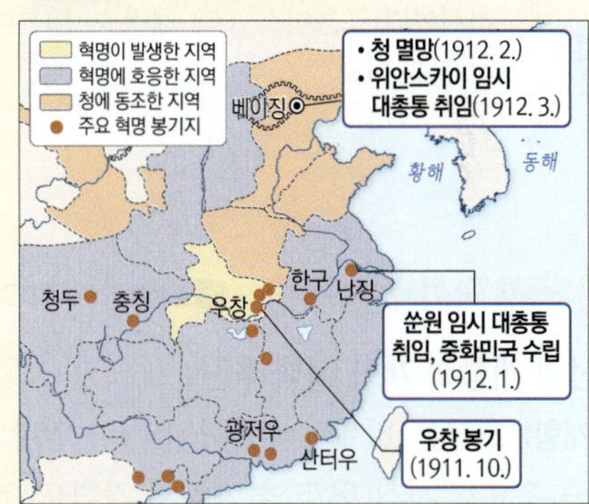

1911년 우창에서 신식 군대가 봉기하였고, 이는 신해혁명으로 이어졌다. 이듬해 혁명 세력은 쑨원을 임시 대총통으로 세우고 중화민국을 수립하였다.

자료 6 **이와쿠라 사절단**

메이지 정부는 서양의 문물을 살피고 서양과 맺은 불평등 조약을 개정하기 위해 미국과 유럽에 사절단을 파견하였다(1871~1873).

+ **최혜국 대우** 어떤 국가와 조약을 맺을 때 그 국가에 가장 유리한 조항이 이미 조약을 체결한 국가에도 부여되는 규정

+ **영사 재판권** 외국에 파견된 영사가 외국에서 자국의 법률을 적용하여 자국민의 재판을 행하는 권리

05. 아시아의 국민 국가 건설 운동(2)

③ 일본의 제국주의 침략 [시험 단골] 일본의 제국주의 침략 과정을 묻는 문제가 자주 출제돼!

(1) **일본의 대외 팽창**: 메이지 유신 이후 ⁺운요호 사건을 일으켜 조선을 강제로 개항시킴, 류큐를 차지하여 오키나와현으로 편입

(2) **청일 전쟁**(1894~1895)

배경	조선에 대한 지배권을 놓고 청과 일본이 대립
전개	일본은 동학 농민 운동을 구실로 한반도에 군대 파견, 청을 기습 공격 → 일본 승리
결과	청과 시모노세키 조약 체결(랴오둥반도와 타이완을 넘겨받음, 배상금 획득) [자료 7] → ⁺삼국 간섭으로 랴오둥반도를 청에 반환(1895), 배상금으로 야하타 제철소 등 군사 시설 확대, 산업화 추진

(3) **러일 전쟁**(1904~1905) [자료 8]

배경	삼국 간섭 이후 만주와 한반도에서 러시아의 영향력 확대
전개	일본은 영국과 동맹을 맺고 러시아를 공격함 → 일본 승리
결과	러시아와 포츠머스 조약 체결 → 일본이 만주와 한반도에서 독점적 지위 확보

◆ 조선의 국민 국가 건설 운동 [공부 TIP] 조선의 개항 과정을 기억해 두자.

① 조선의 개항과 개화 정책 추진   조선이 외국과 맺은 최초의 근대적 조약이자 불평등 조약이었어.

(1) **개항**: 조선은 19세기 후반까지 서양 열강의 통상 수교 요구 거부 → 운요호 사건(1875)을 계기로 강화도 조약 체결(1876) → 부산 등 3곳의 항구 개항, 일본의 해안 측량권 허용, 영사 재판권 인정

(2) **개화 정책 추진**: 통리기무아문(개화 정책 담당) 설치, 신식 군대(별기군) 창설, 청과 미국 등에 사절단과 유학생 파견 → 개화 정책에 반발하는 위정척사 운동, ⁺임오군란(1882) 발생

② 조선과 대한 제국의 근대화 운동

(1) **조선의 근대화 운동**   외교 방향과 개화 정책의 추진 방법을 놓고 온건 개화파와 급진 개화파로 나뉘었어.

갑신정변	개화의 방향을 두고 여러 입장이 대립 → 김옥균 등 급진 개화파가 정변을 일으킴(1884) → 청의 개입으로 실패
동학 농민 운동	전봉준 등 농민들이 탐관오리의 횡포와 외세의 침입에 저항하여 봉기(1894) → 관군에 진압됨
갑오개혁	일본의 정치 간섭, 개혁 강요 → 신분제와 과거제 폐지 등의 개혁 추진(1894) → ⁺을미사변(1895) → 고종이 러시아 공사관으로 피신(아관 파천, 1896) → 개혁 중단
독립 협회	서재필이 독립신문 창간 → 개화파 관료들과 함께 독립 협회 설립(1896) → 독립문 건립, 만민 공동회 개최 등 자주 국권 운동 전개, 의회 설립 주장 [자료 9]

(2) **대한 제국의 근대화 운동**: 고종이 환궁 후 황제로 즉위, 대한 제국 수립(1897), 광무개혁 추진 → 대한국 국제 반포(1899)

(3) **국권 침탈과 국권 수호 운동**: 을사늑약으로 외교권 박탈(1905) → 의병 운동, 애국 계몽 운동 전개 → 일본에 강제 병합(1910)

[자료 7] **시모노세키 조약**   일본은 시모노세키 조약에서 한반도에 대한 청의 영향력을 배제하였어.

- 청은 조선이 완전한 자주국임을 확인함
- 청은 랴오둥반도와 타이완 전체, 그리고 그 부속 섬을 일본에게 넘겨줄 것
- 청은 일본에 배상금으로 은 2억 냥을 이자와 함께 지급할 것

청일 전쟁에서 승리한 일본은 청과 시모노세키 조약을 맺었다. 일본은 이 조약으로 받은 배상금의 대부분을 제철소를 건설하여 무기를 만드는 등 군비 확장에 사용하였다. 이는 일본 제국주의 침략의 기반이 되었다.

[자료 8] **러일 전쟁 풍자화**

러일 전쟁 이전 만주와 한반도의 지배권을 두고 일본이 러시아에 도전하는 모습을 풍자한 그림이다. 서양 열강과 경기장에 들어오지 못한 청(중국)이 이를 지켜보고 있다.

[자료 9] **독립 협회의 활동**

⬆ 독립문과 독립관

서재필의 주도로 조직된 독립 협회는 청의 사신을 맞이하던 영은문이 있던 자리 근처에 자주독립을 의미하는 독립문을 건립하였다. 또한 만민 공동회를 개최하기도 하였다.

- ⁺**운요호 사건** 일본이 조선에 통상을 강요하기 위해 운요호를 보내 무력시위를 벌인 사건
- ⁺**삼국 간섭** 일본이 랴오둥반도를 차지하자 러시아가 프랑스, 독일과 함께 일본을 압박한 사건
- ⁺**임오군란** 별기군과의 차별 대우에 불만이 컸던 구식 군대의 군인들이 일으킨 봉기
- ⁺**을미사변** 일본이 경복궁을 습격하여 명성 황후를 시해한 사건

대표 자료 확인하기

✦ 중국의 개항

- 상하이 등 5개 항구를 개방하고 홍콩을 영국에 넘긴다.
- 공행 제도를 폐지한다.

청은 (①   )과/와 벌인 제1차 아편 전쟁에서 패배하여 (②   )을/를 체결하였다.

✦ 일본의 근대적 개혁

일본 정부는 (③   ) 과정에서 서양에 이와쿠라 사절단을 파견하였다.

한눈에 정리하기

✦ 중국의 국민 국가 건설 운동

개항	제1차 아편 전쟁 패배(난징 조약 체결) → 제2차 아편 전쟁 패배(톈진 조약, 베이징 조약 체결)
근대화 운동	• 태평천국 운동: 홍수전이 주도 • (①): 이홍장 등이 주도, 중체서용 주장 • 변법자강 운동: 캉유웨이 등이 주도, 의회 설립과 입헌 군주제 확립 추진 • 의화단 운동: '부청멸양' 주장 • 신해혁명: (②)의 삼민주의 기반 → 중화민국 수립

✦ 일본의 국민 국가 건설 운동과 제국주의 침략

개항	미일 화친 조약, 미일 수호 통상 조약 체결
메이지 유신	적극적인 개혁 추진 → (③) 제정(천황의 절대적 권력 인정)
제국주의 침략	(④)(시모노세키 조약 체결) → 러일 전쟁(포츠머스 조약 체결)

✦ 조선의 국민 국가 건설 운동

개항	운요호 사건 → (⑤) 체결
근대화 운동	갑신정변 → 동학 농민 운동 → 갑오개혁 → 독립 협회 창립 → 대한 제국 수립

---

1 다음 괄호 안의 내용 중 알맞은 말에 ◯표를 하시오.

(1) 영국은 무역 적자를 줄이고자 (인도 , 베트남)에서 생산된 아편을 청에 밀수출하였다.

(2) 청은 제1차 아편 전쟁에서 패배한 후 (난징 조약 , 톈진 조약)을 체결하여 5개 항구를 개항하였다.

(3) 영국은 (애로호 사건 , 운요호 사건)을 구실로 프랑스와 연합하여 제2차 아편 전쟁을 일으켜 승리하였다.

2 다음 설명에 해당하는 운동을 〈보기〉에서 골라 기호를 쓰시오.

┌ 보기 ┐
ㄱ. 양무운동   ㄴ. 변법자강 운동   ㄷ. 태평천국 운동

(1) 이홍장 등이 중체서용을 토대로 추진하였다.   (   )
(2) 캉유웨이 등 지식인들이 정치 제도 개혁을 주장하였다. (   )
(3) 홍수전이 만주족을 몰아내고 한족 국가를 세우자며 일으켰다.
                             (   )

3 다음 설명이 맞으면 ◯표, 틀리면 ✕표를 하시오.

(1) 쑨원의 삼민주의는 신해혁명의 기반이 되었다.   (   )
(2) 청 정부가 파견한 증국번은 신해혁명 세력과 타협하여 청 황제를 몰아냈다.   (   )

4 빈칸에 들어갈 내용을 쓰시오.

(1) 에도 막부는 미국과 (   )을/를 체결하여 개항하였고, 미국의 최혜국 대우를 인정하였다.

(2) 막부 붕괴 이후 천황을 중심으로 수립된 정부는 근대 국가 수립을 위한 개혁인 (   )을/를 추진하였다.

5 ㉠에 들어갈 조약을 쓰시오.

> 청일 전쟁에서 승리한 일본은 청과 (㉠   )을/를 체결하여 랴오둥반도와 타이완을 넘겨받았다.

6 조선의 국민 국가 건설 운동 과정을 일어난 순서대로 나열하시오.

㉮ 갑신정변 발발	㉯ 독립 협회 설립
㉰ 대한 제국 수립	㉱ 동학 농민 운동 전개

                                    (   )

01 18세기 중반 이후 청의 대외 무역에 대한 설명으로 옳지 않은 것은?

① 광저우에서만 무역을 허가하였다.
② 페리 제독 함대의 강요로 개항하였다.
③ 영국에 차, 비단, 도자기 등을 수출하였다.
④ 영국에 의해 인도산 아편이 몰래 판매되었다.
⑤ 청, 영국, 인도 사이에 삼각 무역이 이루어졌다.

02 다음 조약이 체결된 배경으로 가장 적절한 것은?

> • 상하이 등 5개 항구를 개방하고 홍콩을 영국에 넘긴다.
> • 중국 땅에서 범죄를 저지른 외국인은 외국의 법으로 처벌한다.
> • 공행 제도를 폐지한다.

① 청일 전쟁이 일어났다.
② 의화단 운동이 진압되었다.
③ 청이 제1차 아편 전쟁에서 패배하였다.
④ 중국 각지에서 군벌 세력이 등장하였다.
⑤ 청 정부가 민간 철도를 국유화하고자 하였다.

03 밑줄 친 '이 전쟁'의 결과로 옳은 것은?

① 타이완이 일본에 넘어갔다.
② 영국이 벵골 분할령을 취소하였다.
③ 임칙서 등이 광저우에 파견되었다.
④ 외국 군대의 베이징 주둔이 허용되었다.
⑤ 크리스트교 포교와 외국 공사의 베이징 주재가 허용되었다.

04 다음에서 설명하는 국민 국가 건설 운동의 주장으로 옳은 것은?

> 홍수전이 일으킨 근대화 운동으로, 만주족을 몰아내고 한족 국가를 세우자고 주장하였다.

① 청을 도와 서양 세력을 몰아내자!
② 청 정부의 민간 철도 국유화를 막아 내자!
③ 토지를 균등하게 분배하고 남녀평등을 이루자!
④ 일본의 메이지 유신을 본받아 정치 제도를 개혁하자!
⑤ 중국의 사상과 제도를 유지하면서 서양의 문물만을 받아들이자!

05 다음 인물이 주도한 근대화 운동으로 옳은 것은?

① 양무운동
② 의화단 운동
③ 변법자강 운동
④ 태평천국 운동
⑤ 동학 농민 운동

06 ㉠에 들어갈 운동의 한계로 가장 적절한 것은?

> 사진은 (㉠)(으)로 설립된 금릉 기기국에서 총포와 포탄 등 근대적 무기를 생산하는 모습이다.

① 영국 상인에게 담배 이권을 부여하였다.
② 위안스카이 사후 군벌 세력이 등장하였다.
③ 오스만 제국과의 크림 전쟁에서 패배하였다.
④ 서양 국가와의 무역은 공행에서만 가능하였다.
⑤ 지방에서 개별적으로 진행하였으며, 청일 전쟁에서 패배하였다.

07 다음 대화에서 다룬 개혁에 대한 설명으로 옳지 <u>않은</u> 것은?

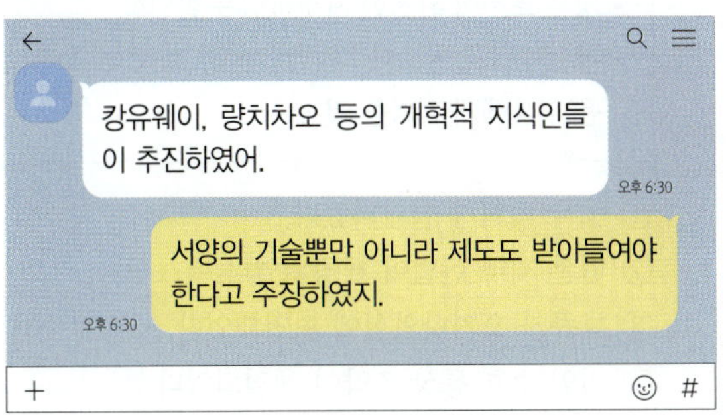

① 청일 전쟁 패배 이후 추진되었다.
② 의회 설립과 입헌 군주제 실시를 주장하였다.
③ 일본의 메이지 유신을 본받을 것을 강조하였다.
④ 보수 세력이 반대하여 100여 일 만에 실패하였다.
⑤ 신사층이 모집한 의용군과 외국 군대의 공격을 받았다.

08 중국의 근대화 운동 과정을 일어난 순서대로 나열한 것은?

> (가) 캉유웨이 등이 개혁을 추진하였다.
> (나) 홍수전이 「천조 전무 제도」를 발표하였다.
> (다) 청일 전쟁에서 패배하면서 개혁이 중단되었다.
> (라) 푸저우 선정국 등 근대적 군수 공장이 설립되었다.

① (가) – (다) – (나) – (라)　② (나) – (가) – (라) – (다)
③ (나) – (라) – (다) – (가)　④ (다) – (가) – (라) – (나)
⑤ (라) – (가) – (다) – (나)

09 밑줄 친 '이 단체'를 쓰시오.

사진은 <u>이 단체</u>를 진압하고자 자금성으로 향하는 8개국 연합군의 모습이다. <u>이 단체</u>는 청을 도와 서양 세력을 쫓아낼 것을 외치며 교회, 철도 등을 파괴하였다.

(　　　　　)

10 지도를 보고 학생들이 나눈 대화 내용으로 적절하지 <u>않은</u> 것은?

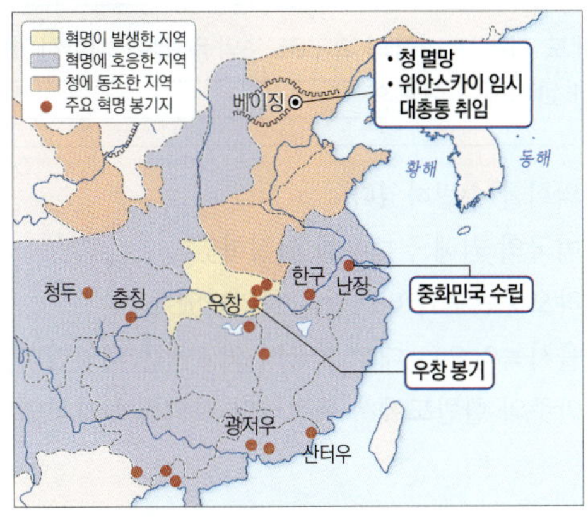

① 여러 지역이 호응하여 독립을 선언하였어.
② 중국 최초의 공화국인 중화민국이 수립되었어.
③ 청 정부는 신축 조약을 맺고 배상금을 지불하였어.
④ 우창에서 일어난 신식 군대의 봉기가 혁명으로 이어졌어.
⑤ 위안스카이는 혁명 세력과 타협하고 청 황제를 퇴위시켰어.
⑥ 청 정부의 철도 국유화에 반대하는 과정에서 혁명이 시작되었어.

중요해

11 ㉠에 들어갈 인물에 대한 설명으로 옳은 것은?

① 양무운동을 주도하였다.
② 황제 체제 부활을 시도하였다.
③ 일본에서 중국 동맹회를 결성하였다.
④ 광저우에 파견되어 아편을 몰수하였다.
⑤ 황제의 지지를 얻어 의회 설립, 입헌 군주제 확립을 추진하였다.

12 빈칸에 들어갈 내용으로 가장 적절한 것은?

> 에도 막부는 미국의 요구로 조약을 맺어 개항하였다. 이 과정에서 일본은 ☐☐☐☐

① 의회를 수립하였다.
② 미국의 최혜국 대우를 인정하였다.
③ 랴오둥반도와 타이완을 할양받았다.
④ 을사늑약으로 대한 제국의 외교권을 빼앗았다.
⑤ 만주와 한반도에서 독점적인 지위를 확보하였다.

13 그림의 배경이 된 시기에 볼 수 있는 모습으로 적절하지 <u>않은</u> 것은?

> 그림의 도쿄 거리에 벽돌로 지은 건물, 가스등, 양복 등이 나타나 있어 서양식 문화가 퍼져 있음을 알 수 있다.

① 근대식 공장을 건설하는 인부
② 일본에 접근하는 페리 제독의 함대
③ 징병제가 실시되어 군대에 입대하는 남성
④ 헌법 제정과 의회 설립을 요구하는 지식인
⑤ 지방의 번 폐지 소식을 듣고 반발하는 다이묘
⑥ 에도의 이름을 도쿄로 바꿀 것을 공표하는 천황

14 밑줄 친 '사절단'을 쓰시오.

사진은 메이지 정부가 서양의 문물을 살피고 불평등 조약 개정을 위해 미국과 유럽에 파견한 <u>사절단</u>의 모습이다.

(   )

15 다음 조약이 체결된 이후 있었던 일로 옳은 것은?

> • 청은 조선이 완전한 자주국임을 확인함
> • 청은 랴오둥반도와 타이완 전체, 그리고 그 부속 섬을 일본에게 넘겨줄 것

① 제국 의회가 설립되었다.
② 일본 제국 헌법이 제정되었다.
③ 류큐가 오키나와현에 편입되었다.
④ 미일 수호 통상 조약이 체결되었다.
⑤ 일본이 러시아, 독일, 프랑스의 삼국 간섭을 받았다.

16 자료를 활용한 탐구 주제로 가장 적절한 것은?

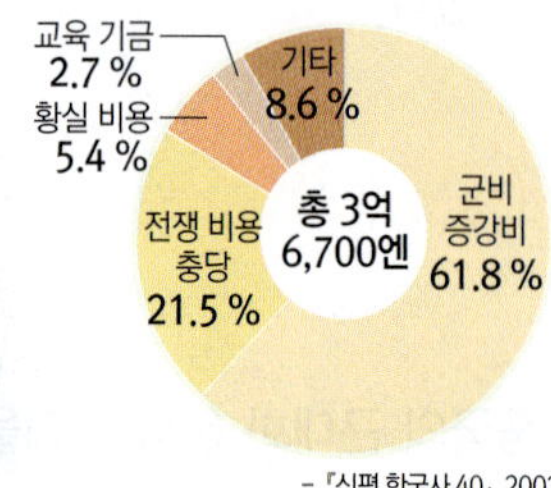

↑ 야하타 제철소　　↑ 일본의 청일 전쟁 배상금 사용 내역

① 일본의 개항 과정　　② 일본의 제국주의 침략
③ 막부 타도 운동의 전개　　④ 에도 막부의 대외 교류
⑤ 자유 민권 운동의 영향

17 ㉠에 들어갈 전쟁에 대한 탐구 활동으로 가장 적절한 것은?

그림은 일본이 러시아에 도전하는 모습을 나타낸 풍자화이다. 러시아가 만주와 한반도로 영향력을 확대하자 일본은 영국과 동맹을 맺고 (㉠)을/를 일으켰다.

① 운요호 사건의 결과를 조사한다.
② 포츠머스 조약의 내용을 찾아본다.
③ 이와쿠라 사절단의 활동을 정리한다.
④ 메이지 유신이 일어난 배경을 살펴본다.
⑤ 미국의 영사 재판권을 인정한 조약을 검색한다.

18 강화도 조약에 대한 설명으로 옳지 <u>않은</u> 것은?

① 청일 전쟁의 결과 체결되었다.
② 일본에 해안 측량권을 허용하였다.
③ 일본의 영사 재판권을 인정하였다.
④ 부산 등 3곳의 항구를 일본에 개항하였다.
⑤ 조선이 맺은 최초의 조약이자 불평등 조약이다.

19 ㉠에 공통으로 들어갈 단체의 활동으로 옳은 것은?

사진은 (㉠)이/가 세운 독립문과 독립관이다. 서재필 등의 주도로 조직된 (㉠)은/는 청의 사신을 맞이하던 영은문을 허물고 그 자리 근처에 자주 독립을 의미하는 독립문을 세웠다.

① 갑신정변을 일으켰다.
② 만민 공동회를 개최하였다.
③ 근대적 개혁인 광무개혁을 추진하였다.
④ 별기군과의 차별 대우에 반발하여 봉기하였다.
⑤ 대한국 국제를 반포하여 자주독립 국가임을 분명히 하였다.

20 (가) 시기에 있었던 일로 옳은 것은?

```
1896                        1899
        ┌────(가)────┐
        ▲            ▲
    아관 파천      대한국 국제 반포
```

① 임오군란이 일어났다.
② 대한 제국이 수립되었다.
③ 동학 농민 운동이 일어났다.
④ 통리기무아문이 설치되었다.
⑤ 조선 정부가 별기군을 창설하였다.

01 다음은 18~19세기의 무역을 나타낸 것이다. 이를 보고 물음에 답하시오.

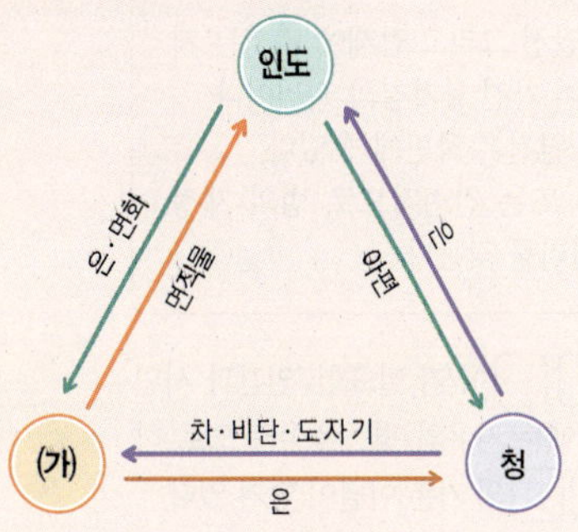

(1) (가)에 들어갈 국가를 쓰시오.

(2) 위에 나타난 무역이 청에 미친 영향을 서술하시오.

02 쑨원이 주장한 삼민주의의 내용을 서술하시오.

03 다음 헌법의 특징과 의의를 각각 서술하시오.

> **제1조** 일본 제국은 대대로 이어 온 천황이 통치한다.
> **제3조** 천황은 신성하여 침범할 수 없다.
> **제4조** 천황은 국가의 원수로서 통치권을 총괄하며, 이 헌법 조항에 따라 통치권을 행사한다.

① 인간과 시민의 권리선언

제1조	인간은 자유롭게 그리고 평등한 권리를 가지고 태어났다.
제2조	자유, 재산, 안전 그리고 압제에 맞서는 저항권은 인간이 가진 불가침의 권리이다.
제3조	모든 주권의 원천은 국민에게 있다.
제6조	시민은 직접 또는 간접적으로 법의 제정에 참여할 권리를 갖는다.

프랑스 ① ☐☐ ☐☐이/가 발표한 '인간과 시민의 권리선언(인권 선언)'에는 자유와 평등을 바탕으로 하는 ② ☐☐☐☐☐의 기본 이념이 담겨 있다.

| 정답 | ① 국민 의회 ② 프랑스 혁명

② 독일의 통일

독일이 눈여겨보아야 할 것은 프로이센의 자유주의가 아니라 군비입니다. …… 오늘날 중요한 문제들은 연설이나 다수결로 해결되지 않습니다. 오직 '철과 피'를 통해서만 해결할 수 있습니다.

프로이센의 재상 ① ☐☐☐☐☐은/는 무력의 중요성을 강조하는 ② ☐☐☐☐을/를 추진하여 군비를 확장하였다. 이후 프로이센은 통일된 독일 제국을 수립하였다.

| 정답 | ① 비스마르크 ② 철혈 정책

③ 제국주의의 정당화

⬆ 「백인의 짐」을 표현한 그림

제국주의 국가들은 강대국의 약소국 지배를 정당화하는 ① ☐☐ ☐☐☐과/와 인종 간 우열이 있다고 주장하는 ② ☐☐☐☐을/를 기반으로 하여 약소국을 식민지로 삼았다.

| 정답 | ① 사회 진화론 ② 인종주의

✦ 미국 혁명과 프랑스 혁명 ❶

미국 혁명	• 전개: 영국이 식민지에 세금 부과 → 보스턴 차 사건 발생 → 독립 전쟁 발발 → 식민지 대표들이 조지 워싱턴을 총사령관으로 임명, 미국 독립 선언문 발표 → 식민지군 승리, 파리 조약 체결(1783) • 결과: 헌법 제정(연방제, 삼권 분립), 아메리카 합중국(미국) 수립
프랑스 혁명	• 전개: 루이 16세의 삼부회 소집 → 국민 의회 결성, '인간과 시민의 권리선언' 발표(1789) → 입법 의회 구성 → 국민 공회 구성(로베스피에르의 공포 정치) → 총재 정부 수립 → (①)의 쿠데타 • 나폴레옹 시대: 통령 정부 수립(『나폴레옹 법전』 편찬) → 황제 즉위 → 대륙 봉쇄령 선포 → 러시아 원정 실패, 대프랑스 동맹에 패배

✦ 국민 국가의 발전 ❷

빈 체제	프랑스 혁명 이전의 보수적인 질서 유지, 자유주의·민족주의 탄압
자유주의 운동	• 프랑스: 7월 혁명(입헌 군주제 수립) → 2월 혁명(공화정 수립) • 영국: 제1차 선거법 개정 → (②)(인민헌장 발표)
민족주의 운동	• 이탈리아의 통일: 사르데냐 왕국의 카보우르, 가리발디가 활약 → 이탈리아 왕국 성립(1861) • 독일의 통일: 비스마르크의 철혈 정책 추진 → 독일 제국 수립
미국의 발전	남부와 북부의 대립 → 남북 전쟁 발발(1861) → (③)의 노예 해방 선언 → 북부 승리 → 최대 공업국으로 성장
라틴 아메리카의 독립운동	• 전개: 라틴 아메리카 최초로 아이티 독립, 이달고 신부가 주도하여 멕시코 독립, 볼리바르와 산마르틴 등 크리오요의 활약 • 독립운동의 확산: 영국의 지지, 미국의 먼로주의(먼로 선언) 발표

✦ 산업 혁명의 전개와 확산

배경	정치적 안정, 풍부한 지하자원, 해외 식민지 확보, 인클로저 운동으로 노동력 증가 → 18세기 후반 영국에서 시작
전개	면직물 공업의 기계화 → 증기 기관 개량 → 공장제 기계 공업의 발전
영향	• 사회 변화: 산업 사회 형성, 자본주의 체제 확립 • 노동 문제 등 발생 → (④) 사상 등장(마르크스가 대표적)

✦ 제국주의의 등장과 아프리카·아시아 침탈 ❸

제국주의 등장	19세기 후반 서양 열강이 군사력 등을 앞세워 약소국을 식민지로 삼음, 사회 진화론과 인종주의를 바탕으로 제국주의 정당화
아프리카 침탈	(⑤)(종단 정책)과 프랑스(횡단 정책)의 충돌(파쇼다 사건, 1898), 벨기에·독일·이탈리아 등도 아프리카에 진출
아시아 침탈	• 영국: 인도 지배, 미얀마·말레이반도·태평양 지역으로 세력 확장 • 프랑스(베트남, 라오스 등), 네덜란드(인도네시아), 미국 등 진출

| 정답 | ① 나폴레옹 ② 차티스트 운동 ③ 링컨 ④ 사회주의 ⑤ 영국

✦ 산업화와 제국주의의 영향

문물의 확산과 인구 이동	서구 문물의 확산(표준시 사용 등), 인구 이동(아메리카 대륙, 오스트레일리아, 뉴질랜드 등으로 이주)
식민지 경제와 생태환경의 변화	식민지 경제의 변화(플랜테이션 농장 경영), 제국주의 열강의 식민지 자원 착취, 유럽인의 해외 진출 등으로 생태환경 변화

04~05 아시아의 국민 국가 건설 운동

✦ 서아시아·인도·동남아시아의 국민 국가 건설 운동 ❹

서아시아	오스만 제국	(⑥　　　　　)(근대적 개혁, 민족·종교 차별 폐지) 추진 → 청년 튀르크당 혁명(헌법과 의회 부활)
	아라비아반도	와하브 운동(이슬람교 순화 운동) 전개
	이란	담배 불매 운동, 입헌 혁명(1906) 전개
	이집트	무함마드 알리의 근대화 개혁, 수에즈 운하 건설 → 아라비 파샤 중심의 민족 운동 → 영국의 보호국화
인도	영국의 인도 침략	(⑦　　　　　)(1757)에서 영국이 프랑스에 승리 → 영국이 벵골 지역 통치
	민족 운동	세포이의 항쟁(실패) → 영국령 인도 제국 수립 → 인도 국민 회의 설립 → 벵골 분할령 발표(1905) → 인도 국민 회의의 반영 운동 → 벵골 분할령 철회
동남 아시아		베트남(판보이쩌우), 타이(라마 5세), 필리핀(호세 리살), 인도네시아(카르티니) 등에서 민족 운동 전개

✦ 중국·일본·조선의 국민 국가 건설 운동 ❺❻

중국	개항	제1차 아편 전쟁 패배 이후 난징 조약 체결 → 제2차 아편 전쟁 패배 이후 톈진 조약, 베이징 조약 체결
	근대화 운동	• 태평천국 운동: 홍수전 주도, 토지 균등 분배 등 주장 • (⑧　　　　): 이홍장 등 주도, 중체서용 주장 • 변법자강 운동: 캉유웨이 등이 정치 제도 개혁 추진 • 의화단 운동: 부청멸양 주장 → 신축 조약 체결 • 신해혁명: 쑨원의 삼민주의 주장 → 우창에서 신식 군대 봉기 → 신해혁명(1911) → (⑨　　　　) 수립(1912)
일본	개항	미국과 미일 화친 조약, 미일 수호 통상 조약 체결
	근대화 운동	막부 붕괴, 메이지 정부 수립 → 서양식 근대 국가 수립을 목표로 (⑩　　　　) 추진 → 일본 제국 헌법 제정
	대외 침략	청일 전쟁 승리, 시모노세키 조약 체결 → 삼국 간섭 → 러일 전쟁 승리, 포츠머스 조약 체결
조선	개항	운요호 사건 → 일본과 강화도 조약 체결(1876)
	근대화 운동	갑신정변 → 동학 농민 운동 → 갑오개혁 → 독립 협회 설립 → 대한 제국 수립, 광무개혁 추진

| 답 | ⑥ 탄지마트 ⑦ 플라시 전투 ⑧ 양무운동 ⑨ 중화민국 ⑩ 메이지 유신

---

❹ 인도의 반영 운동

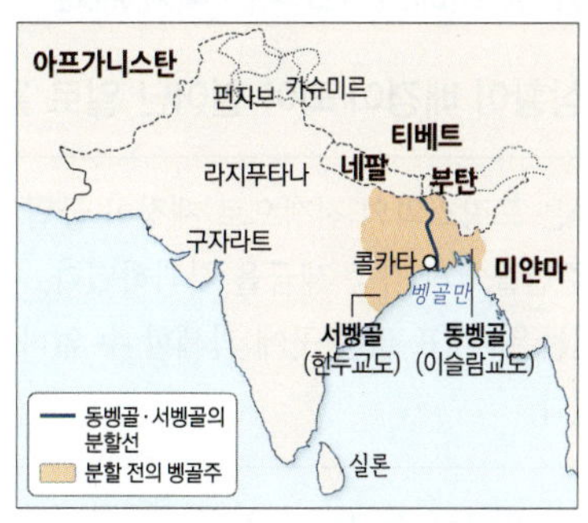

영국의 ① ☐☐☐☐ 발표를 계기로 영국에 협조적이었던 ② ☐☐☐☐☐☐이/가 영국 상품 배척, 스와라지(자치), 스와데시(국산품 애용), 국민 교육 실시 등을 주장하며 반영 운동에 앞장섰다.

| 답 | ① 벵골 분할령 ② 인도 국민 회의

---

❺ 중국의 개항

> • 상하이 등 5개 항구를 개방하고 홍콩을 영국에 넘긴다.
> • 중국 땅에서 범죄를 저지른 외국인은 외국의 법으로 처벌한다.
> • 공행 제도를 폐지한다.
> • 전쟁 배상금 1,200만 달러를 지급한다.

청은 제1차 아편 전쟁에서 ① ☐☐에 패배한 뒤 상하이 등 5개 항구 개항, 홍콩 할양, 공행 제도 폐지 등의 내용이 담긴 ② ☐☐☐☐을/를 체결하였다.

| 답 | ① 영국 ② 난징 조약

---

❻ 일본의 근대화 운동

일본 ① ☐☐☐ 정부는 서양의 문물을 살피고 서양 열강과 맺은 불평등 조약을 개정하기 위해 미국과 유럽에 ② ☐☐☐☐☐☐☐을/를 파견하였다.

| 답 | ① 메이지 ② 이와쿠라 사절단

01~02 유럽과 아메리카의 국민 국가 체제

01 다음 상황이 배경이 되어 일어난 일로 옳은 것은?

> 영국은 프랑스와의 전쟁으로 재정이 궁핍해지자 식민지 주민들에게 각종 세금을 부과하였다. 이에 식민지 주민들은 "대표 없는 곳에 과세할 수 없다."라며 저항하였다.

① 권리 장전이 승인되었다.
② 보스턴 차 사건이 일어났다.
③ 크롬웰이 독재 정치를 펼쳤다.
④ 영국이 이집트를 세력권에 두었다.
⑤ 청교도 혁명으로 공화정이 수립되었다.

02 미국 혁명의 전개 과정을 일어난 순서대로 나열한 것은?

> (가) 아메리카 합중국(미국)이 수립되었다.
> (나) 식민지군이 파리 조약으로 독립을 인정받았다.
> (다) 식민지 대표들이 대륙 회의를 열어 영국의 보스턴 항 봉쇄에 항의하였다.
> (라) 식민지 대표들이 조지 워싱턴을 총사령관에 임명하고, 독립 선언문을 발표하였다.

① (가) – (라) – (나) – (다)
② (나) – (라) – (가) – (다)
③ (다) – (나) – (라) – (가)
④ (다) – (라) – (나) – (가)
⑤ (라) – (다) – (나) – (가)

03 프랑스 혁명의 배경으로 적절한 것을 〈보기〉에서 고른 것은?

> **보기**
> ㄱ. 아이티가 독립하였다.
> ㄴ. 계몽사상이 확산되었다.
> ㄷ. 링컨이 노예 해방 선언을 발표하였다.
> ㄹ. 제3 신분이 정치적 권리를 얻지 못하였다.

① ㄱ, ㄴ
② ㄱ, ㄷ
③ ㄴ, ㄷ
④ ㄴ, ㄹ
⑤ ㄷ, ㄹ

04 (가), (나)에 해당하는 인물로 옳은 것은?

> (가) 국민 공회 시기 급진파 세력을 이끌고 혁명에 반대하는 사람들을 처형하는 등 공포 정치를 펼쳤다.
> (나) 총재 정부가 혼란스러운 상황을 해결하지 못하자 쿠데타를 일으켰으며, 통령 정부를 수립하여 제1 통령이 되었다.

	(가)	(나)
①	비스마르크	나폴레옹
②	비스마르크	루이 필리프
③	루이 필리프	로베스피에르
④	로베스피에르	나폴레옹
⑤	로베스피에르	루이 필리프

창의·융합

05 다음 전시회에서 볼 수 있는 그림으로 적절하지 <u>않은</u> 것은?

> **자유와 평등을 추구한 움직임**
> 이번 전시회에서는 자유와 평등을 추구한 프랑스 혁명의 모습을 표현한 그림을 살펴볼 수 있습니다. 많은 관람 부탁드립니다.

① 
▲ 바스티유 습격

② 
▲ 요크타운 전투

③ 
▲ 루이 16세의 처형

④ 
▲ 테니스코트의 서약

⑤ 
▲ 왕궁을 습격하는 파리 민중

06 지도에 나타난 전쟁의 영향으로 적절한 것을 〈보기〉에서 고른 것은?

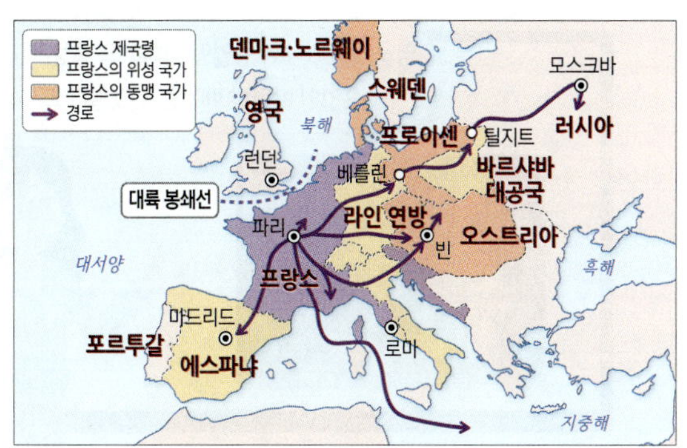

┤ 보기 ├

ㄱ. 파리 민중이 왕궁을 습격하였다.
ㄴ. 유럽 곳곳에 자유주의가 확산하였다.
ㄷ. 러시아가 포츠머스 조약을 체결하였다.
ㄹ. 프랑스의 지배에 저항하는 과정에서 민족주의가 성장하였다.

① ㄱ, ㄴ   ② ㄱ, ㄷ   ③ ㄴ, ㄷ
④ ㄴ, ㄹ   ⑤ ㄷ, ㄹ

07 (가) 시기에 있었던 일로 옳은 것은?

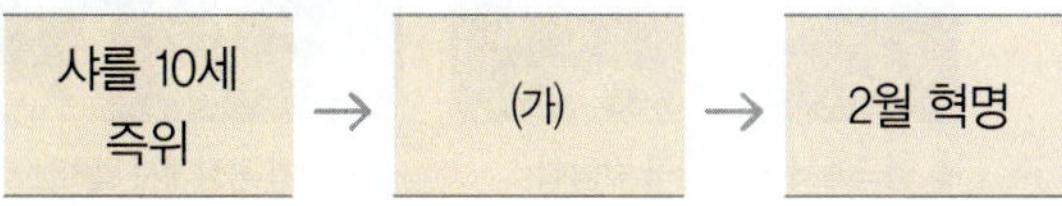

① 빈 회의 개최
② 메테르니히 추방
③ 대륙 봉쇄령 선포
④ 루이 필리프 즉위
⑤ 루이 16세의 삼부회 소집

08 19세기 영국의 자유주의 운동에 대한 설명으로 옳지 <u>않은</u> 것은?

① 부패 선거구가 사라졌다.
② 곡물법과 항해법이 폐지되었다.
③ 국민 의회가 해산되고 입법 의회가 결성되었다.
④ 산업 자본가, 중산 계급에게 선거권이 부여되었다.
⑤ 노동자들이 선거권을 요구하며 인민헌장을 발표하였다.

09 밑줄 친 '개혁'의 내용으로 옳은 것은?

① 농노 해방령을 발표하였다.
② 아랍어의 사용을 금지하였다.
③ 국민 교육 제도를 도입하였다.
④ 미드하트 파샤가 의회를 수립하였다.
⑤ 지방의 번을 폐지하고 현을 설치하였다.

10 다음 다큐멘터리의 제목으로 가장 적절한 것은?

> 장면 #1 카부르가 오스트리아와의 전쟁에서 승리하기 위해 프랑스에 도움을 청하는 장면
> 장면 #2 가리발디가 사르데냐 국왕을 만나 점령한 시칠리아와 나폴리를 바치는 장면

① 이탈리아 왕국의 통일
② 차티스트 운동의 전개 과정
③ 그리스의 독립과 빈 체제의 동요
④ 세계 최초로 수립된 민주 공화국
⑤ 산업 혁명 시기에 나타난 사회 문제

11 다음 연설이 발표된 이후 일어난 일로 옳은 것은?

> 독일이 눈여겨보아야 할 것은 프로이센의 자유주의가 아니라 군비입니다. …… 오늘날 중요한 문제들은 연설이나 다수결로 해결되지 않습니다. 오직 '철과 피'를 통해서만 해결할 수 있습니다.

① 관세 동맹이 체결되었다.
② 『나폴레옹 법전』이 편찬되었다.
③ 메테르니히가 빈 회의를 주도하였다.
④ 빌헬름 1세가 독일 제국의 수립을 선포하였다.
⑤ 프랑크푸르트 의회에서 통일 방안이 논의되었다.

12 미국 남북 전쟁에 대한 탐구 활동으로 가장 적절한 것은?

① 국민 공회의 활동을 정리한다.
② 유선 전신을 발명한 인물을 검색한다.
③ 북부와 남부의 산업 구조 차이를 조사한다.
④ 루이 16세가 삼부회를 소집한 배경을 알아본다.
⑤ 나폴레옹이 실시한 대내 개혁의 내용을 찾아본다.

중요해

13 지도를 보고 학생들이 나눈 대화 내용으로 적절하지 <u>않은</u> 것은?

① 브라질은 포르투갈로부터 독립하였어.
② 먼로주의 발표 이후 독립운동이 가속화되었어.
③ 라틴 아메리카에서 아이티가 가장 먼저 독립하였어.
④ 라이베리아와 에티오피아는 계속 독립을 유지하였어.
⑤ 라틴 아메리카의 여러 국가는 주로 에스파냐와 포르투갈의 지배를 받았어.

14 다음에서 설명하는 운동으로 옳은 것은?

> 영국의 지주들이 공동 경작지와 미개간지에 울타리를 쳐 사유지로 만든 운동으로, 토지를 잃은 농민들이 공장에 노동력을 제공하는 계기가 되었다.

① 탄지마트
② 와하브 운동
③ 러다이트 운동
④ 인클로저 운동
⑤ 차티스트 운동

15 선생님의 질문에 대한 학생들의 답변으로 가장 적절한 것은?

① 공장법이 제정되었어요.
② 노동조합이 결성되었어요.
③ 러다이트 운동이 전개되었어요.
④ 오언 등의 사상가가 등장하였어요.
⑤ 제임스 와트가 증기 기관을 개량하였어요.

16 자료를 활용한 탐구 주제로 가장 적절한 것은?

↑ 영국에서 열린 만국 박람회　　↑ 19세기 공장에서 일하는 아이들

① 빈 체제의 성립
② 이탈리아의 통일
③ 미국 혁명의 결과
④ 와하브 운동의 영향
⑤ 산업 혁명의 빛과 그림자

17 밑줄 친 ㉠~㉤ 중 옳지 <u>않은</u> 것은?

> **제국주의 열강의 아프리카 침탈**
>
> ㉠ 19세기 중반 이후 열강은 아프리카를 침략하였고, ㉡ 베를린 회의에서 분할 원칙에 합의하였다. ㉢ 영국과 프랑스는 각각 종단 정책과 횡단 정책을 추진하다가 ㉣ 파쇼다에서 충돌하였고, ㉤ 독일과 이탈리아는 모로코에서 대립하였다.

① ㉠
② ㉡
③ ㉢
④ ㉣
⑤ ㉤

18 다음 시에 대한 설명으로 옳지 <u>않은</u> 것은?

> 백인의 짐을 져라. 그대가 키운 최정예를 보내라. 그대의 아들들을 역경의 길로 보내라. 그대가 잡은 원주민들의 욕구를 달래기 위해 …… 절반은 악마 같고 절반은 어린이 같은 자들에게 아주 힘겹게 시중들기 위해

① 인종주의가 나타나 있다.
② 생산 수단의 공동 소유를 주장하였다.
③ 식민지의 문명화가 백인의 의무라고 하였다.
④ 제국주의 국가의 식민지 침략을 정당화하는 글이다.
⑤ 열강들은 아시아와 아프리카 원주민이 미개하다고 생각하였다.

어려워 ▽

19 다음은 제국주의 열강의 아시아 침탈을 나타낸 지도이다. (가), (나) 지역에 대한 설명으로 옳은 것은?

① (가) – 카르티니가 학교를 설립하였다.
② (가) – 초반에 에스파냐의 지배를 받기도 하였다.
③ (나) – 판보이쩌우가 동유 운동을 추진하였다.
④ (나) – 이 지역에서 재배된 아편이 청에 밀수출되었다.
⑤ (가), (나) – 플랜테이션 농업이 이루어졌다.

20 산업화와 제국주의가 세계에 미친 영향으로 적절한 것을 〈보기〉에서 고른 것은?

> ┤ 보기 ├
> ㄱ. 프랑스 혁명이 일어났다.
> ㄴ. 표준시 사용이 확대되었다.
> ㄷ. 민주주의 등 정치 제도가 확산되었다.
> ㄹ. 유럽에서 재정·군사 국가가 등장하였다.

① ㄱ, ㄴ 　　② ㄱ, ㄷ 　　③ ㄴ, ㄷ
④ ㄴ, ㄹ 　　⑤ ㄷ, ㄹ

---

21 오스만 제국에서 다음 칙령이 발표된 배경으로 가장 적절한 것은?

> 1. 술탄의 권한 일부를 의회에 넘기고 의회는 술탄의 승인을 얻어 법을 제정한다.
> 2. 백성의 생명, 명예, 재산의 안전을 법으로 보장한다.
> 3. 조세 제도의 확립과 조세 징수에 관한 정식 규정을 정한다.

① 벵골 분할령이 발표되었다.
② 영국과 러시아 등의 압박을 받았다.
③ 청년 튀르크당이 무력으로 정권을 잡았다.
④ 영국 상인에게 담배에 대한 독점권이 부여되었다.
⑤ 삼부회 표결 방식을 두고 신분 간 대립이 심해졌다.

22 ㉠, ㉡에 들어갈 내용으로 옳은 것은?

> 19세기 초 이집트의 총독이 된 (㉠)은/는 학교와 군대의 개혁 등 근대화 정책을 추진하였다. 이후 이집트는 수에즈 운하를 건설하였으나 막대한 빚을 지었고, 결국 (㉡)의 보호국이 되었다.

	㉠	㉡
①	아라비 파샤	영국
②	아라비 파샤	프랑스
③	무함마드 알리	영국
④	무함마드 알리	프랑스
⑤	이븐 압둘 와하브	영국

23 다음은 인도의 국민 국가 건설 운동 과정에서 있었던 일이다. 이 중에서 네 번째로 일어난 일은?

① 벵골 분할령이 취소되었다.
② 세포이들이 항쟁을 일으켰다.
③ 인도 국민 회의가 결성되었다.
④ 영국이 플라시 전투에서 승리하였다.
⑤ 콜카타 대회에서 4대 강령이 발표되었다.

[24~25] 다음을 보고 물음에 답하시오.

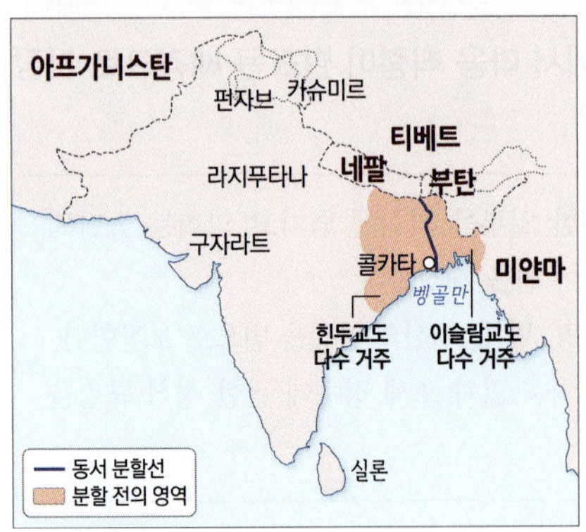

24 영국이 위 지도에 나타난 정책을 발표한 이유로 가장 적절한 것은?

① 인도인을 분열시키기 위해서
② 플라시 전투에서 승리하기 위해서
③ 무굴 제국의 황제를 폐위시키기 위해서
④ 인도인의 권리와 이익을 확보하기 위해서
⑤ 세포이들이 일으킨 항쟁을 진압하기 위해서

25 위 지도에 나타난 정책이 발표된 이후 인도에서 있었던 일로 옳은 것은?

① 무굴 제국이 쇠퇴하였다.
② 세포이 세력이 델리를 점령하였다.
③ 영국 왕이 인도를 직접 다스리게 되었다.
④ 인도 국민 회의가 반영 운동을 주도하였다.
⑤ 영국이 프랑스에 승리하여 벵골 지역의 통치권을 차지하였다.

26 다음 조약이 체결된 시기를 연표에서 고른 것은?

- 상하이 등 5개 항구를 개방하고 홍콩을 영국에 넘긴다.
- 공행 제도를 폐지한다.

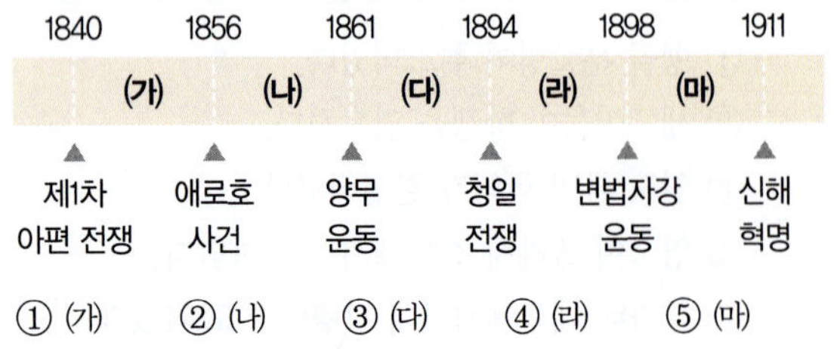

① (가)   ② (나)   ③ (다)   ④ (라)   ⑤ (마)

27 다음 학습 목표에 대한 학생들의 발표 내용으로 가장 적절한 것은?

- **학습 목표**: 태평천국 운동의 주장과 전개 과정을 설명할 수 있다.

① 쑨원이 임시 대총통으로 선출되었습니다.
② 청일 전쟁의 패배로 한계가 드러났습니다.
③ 중화민국이 수립되는 결과를 가져왔습니다.
④ 토지 균등 분배와 남녀평등을 주장하였습니다.
⑤ 청 정부를 도와 외세를 물리치자고 하였습니다.

어려워 ♥

28 다음 사건들의 공통점으로 가장 적절한 것은?

- 7월 혁명   - 변법자강 운동

① 공화정을 수립하였다.
② 빈 체제하에서 일어났다.
③ 입헌 군주제를 추구하였다.
④ 보수 세력의 반대로 실패하였다.
⑤ 메이지 유신을 본받을 것을 주장하였다.

29 밑줄 친 '3대 주의'의 영향으로 가장 적절한 것은?

나는 유럽과 서양의 발전이 …… 3대 주의와 밀접한 관련이 있다고 생각한다. 로마가 망한 뒤 민족주의가 일어나 여러 나라가 독립하였다. 전제 정치가 발달하여 백성이 그 괴로움을 감당하지 못하게 되자 민권주의가 일어났다. …… 정치 문제 뒤에 경제 문제가 뒤따르게 되어 민생주의가 활발해졌다.

① 베이징 조약이 체결되었다.
② 의화단이 8개국 연합군에 진압되었다.
③ 중체서용을 토대로 양무운동이 실시되었다.
④ 중국 최초의 공화국인 중화민국이 수립되었다.
⑤ 황제의 지지를 받아 의회 설립 등의 개혁이 추진되었다.

30 ㉠에 들어갈 개혁의 내용으로 옳은 것은?

> 일본에서 에도 막부가 무너지고 천황 중심의 정권이
> 수립되어 근대적 개혁인 (　㉠　)이/가 추진되었다.

① 별기군이 창설되었다.
② 금릉 기기국이 건설되었다.
③ 통리기무아문이 설치되었다.
④ 이와쿠라 사절단이 파견되었다.
⑤ 미일 수호 통상 조약이 체결되었다.

31 빈칸에 들어갈 내용으로 가장 적절한 것은?

> **역사 애니메이션 제작 구성안**
>
> • 주제: 일본 제국주의 침략의 과정
> • 회차별 구성 내용
> 제1화　조선에서 청과 싸우는 일본
> 제2화　시모노세키에서 조약을 체결하는 관리들
> 제3화 ________________________

① 일본 제국 헌법을 발표하는 천황
② 랴오둥반도를 청에 반환하는 일본
③ 막부 타도를 주장하는 지방의 하급 무사
④ 일본에 개항을 강요하는 페리 제독의 함대
⑤ 미국의 최혜국 대우를 인정하는 조약을 맺는 관리

32 밑줄 친 ㉠~㉤ 중 옳지 않은 것은?

> **조선의 국민 국가 건설 운동**
>
> 조선에서는 개화 정책 추진 과정에서 ㉠ 갑신정변이
> 발생하였으나 ㉡ 청의 개입으로 실패하였다. 이후
> ㉢ 전봉준 등 농민들이 의화단 운동을 벌였으나 진압
> 되었다. ㉣ 정부는 갑오개혁을 추진하였으나 중단되
> 었고, ㉤ 서재필 등은 독립 협회를 결성하였다.

① ㉠　　② ㉡　　③ ㉢　　④ ㉣　　⑤ ㉤

33 다음을 읽고 물음에 답하시오.

> (가) 19세기 유럽에서는 산업 혁명으로 증기 기관을 활용한 증기 기관차와 증기선이 등장하였고, 각국은 경쟁적으로 철도를 부설하는 등 교통이 크게 발전하였다.

↑ 산업 혁명 시기 유럽 철도망

> (나) 19세기 중반 영국의 템스강은 공장과 인구 증가로 많은 양의 산업 폐기물, 생활 하수로 오염되었다. 결국 런던에 콜레라가 유행하여 많은 사람이 목숨을 잃어 '죽음의 강'으로 불렸다.

↑ 템스강을 죽음의 신으로 묘사한 그림

(1) (가), (나)를 읽고 산업 혁명이 가져온 긍정적 영향과 부정적 영향을 각각 서술하시오.

____

____

____

(2) (1)의 내용을 바탕으로 산업 혁명에 대한 자신의 생각을 논술하시오.

____

____

____

____

____

____

____

VI

세계 대전과
사회 변동

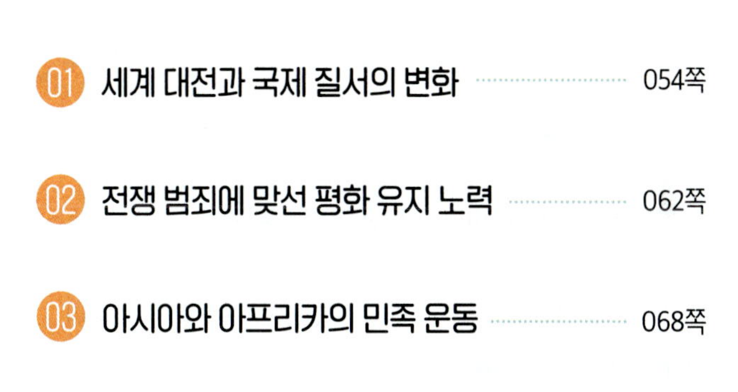

01. 세계 대전과 국제 질서의 변화

✦ 제1차 세계 대전

1 제1차 세계 대전의 배경 `시험 단골` 제1차 세계 대전의 배경을 묻는 문제가 자주 출제돼!

(1) 제국주의 국가 간의 대립: 19세기 후반 제국주의 국가들이 식민지를 차지하기 위해 치열하게 경쟁 → 3국 동맹과 3국 협상의 대립

3국 동맹(1882)	독일, 오스트리아·헝가리 제국, 이탈리아
3국 협상(1907)	영국, 프랑스, 러시아

(2) 발칸반도를 둘러싼 갈등: 오스트리아·헝가리 제국이 슬라브족 국가인 보스니아 헤르체고비나 병합 → 범게르만주의와 범슬라브주의의 대립 → 오스트리아·헝가리 제국의 황태자 부부가 세르비아계 청년에게 암살당함(사라예보 사건, 1914)

> 범게르만주의와 범슬라브주의는 각각 게르만족, 슬라브족의 통합을 이루려고 한 사상이야.

2 제1차 세계 대전의 전개와 결과 `자료 1`

(1) 발단: 오스트리아·헝가리 제국이 세르비아에 선전 포고 → 제1차 세계 대전 발발(1914)

(2) 전쟁 초반: 이탈리아가 연합국 편, 오스만 제국과 불가리아가 동맹국 편으로 참전 → 아시아 등지의 여러 국가가 참전 → 전쟁이 전 세계로 확대

> 동맹국의 일원이었던 이탈리아는 전쟁이 시작되자 연합국 편으로 돌아섰어.

(3) 전쟁의 장기화

서부 전선	전쟁 초기에 독일군이 서쪽으로 빠르게 진격 → 연합군의 저지 → 참호전이 전개되면서 장기전 돌입
동부 전선	독일이 러시아를 공격하여 큰 피해를 입힘 → 러시아가 국내에서 일어난 혁명으로 전쟁에서 물러남

> 독일은 연합국뿐 아니라 중립국 선박까지 공격하였어.

(4) 미국의 참전: 영국이 독일로 가는 바닷길 봉쇄 → 독일의 무제한 잠수함 작전 전개(→ 루시타니아호가 침몰하여 많은 미국인 사망), ⁺치머만 전보 사건 → 미국이 연합국 편으로 참전

(5) 결과: 독일의 서부 전선 총공격 실패 → 동맹국들의 항복 → 독일에서 혁명으로 들어선 새 정부가 항복 선언(1918), 연합국의 승리

3 제1차 세계 대전의 특징 `자료 2`

참호전	참호를 파고 오랜 시간 버티는 전투 → 전쟁의 장기화
신무기의 등장	전투기, 탱크, 잠수함, 독가스 등 신무기 사용 → 막대한 인명 피해 발생
총력전	국가의 모든 인적·물적 자원을 총동원(식민지인들을 전쟁에 동원, 여성들도 군수품 생산 등에 동원)

4 베르사유 체제와 국제 연맹의 탄생 `공부 TIP` 제1차 세계 대전 이후 형성된 국제 질서의 특징을 파악해 보자.

(1) 베르사유 체제 성립: 파리 강화 회의 개최(1919) → 윌슨의 ⁺14개조 평화 원칙을 바탕으로 회의 진행 → 연합국과 독일이 베르사유 조약 체결 `자료 3` → 승전국 중심으로 새로운 국제 질서 형성

> 패전국의 식민지 일부에만 적용되었어.

(2) 국제 연맹 창설(1920)

① 목적: 국제 평화 유지

② 한계: 미국 등 강대국의 불참, 국제 분쟁을 막을 군사적 수단 부재 → 국제 분쟁을 해결하는 데 한계가 있었음

자료 1 제1차 세계 대전의 전개

제1차 세계 대전은 독일, 오스트리아·헝가리 제국, 오스만 제국, 불가리아 등의 동맹국과 프랑스, 영국, 러시아 등의 연합국 간 대결 구도로 전개되었다.

자료 2 제1차 세계 대전의 특징

↑ 참호전을 펼치는 군인들　　↑ 방독면을 쓴 군인들

제1차 세계 대전에서는 참호를 파고 오랜 시간 버티는 참호전이 전개되었다. 또한 전투기, 탱크 등 신무기가 사용되어 막대한 인명 피해가 발생하였다.

자료 3 베르사유 조약 `시험 단골` 베르사유 조약의 특징을 묻는 문제가 자주 출제돼!

제119조	독일은 해외 식민지에 관한 모든 권리와 소유권을 연합국에 넘겨준다.
제231조	전쟁에 따른 모든 책임은 바이마르 공화국(독일)을 비롯한 동맹국에 있다.
제235조	독일은 …… 금화 200억 마르크에 해당하는 배상금을 지불해야 한다.

베르사유 조약은 전쟁의 모든 책임이 독일에 있음을 분명히 하였고, 독일에 대한 보복적 성격이 강하였다.

> 독일의 해외 식민지 상실, 군비 축소, 막대한 배상금 지불 등을 규정하였어.

Plus 용어

⁺**치머만 전보 사건** 독일이 멕시코에 미국을 함께 공격하자는 내용의 비밀 전보를 보낸 사실이 밝혀진 사건

⁺**14개조 평화 원칙** 식민 지배를 받고 있는 나라의 주권 문제를 처리할 때에는 식민지 주민의 이익과 손해를 반영하고, 공평하게 처리해야 한다는 민족 자결주의가 포함됨

◆ 유럽 각국의 정치 체제 변화

1 혁명 이전의 러시아

(1) **19세기 러시아의 상황**: 차르의 통치 아래 농업 중심의 경제 체제 유지, 급속한 산업화 전개(→ 노동자 증가), 사회주의 사상 확산

(2) **피의 일요일 사건**(1905) 자료 4

① 전개: 러일 전쟁으로 생활이 어려워진 노동자들이 개혁을 요구하며 시위 전개 → 차르 니콜라이 2세가 시위대를 무력으로 진압하여 많은 사상자 발생

② 결과: 차르가 의회(두마) 설립 등 개혁 약속

2 러시아 혁명의 전개

3월 혁명 (1917)	• 배경: 차르의 개혁 성과 미흡, 제1차 세계 대전에 참전하여 많은 인명 피해와 경제적 어려움 발생 • 전개: 노동자들이 식량 배급, 전쟁 중지, 차르 타도 등을 주장하며 봉기 → 노동자와 군인들의 +소비에트 결성 • 결과: 차르 퇴위, 임시 정부 수립
11월 혁명 (1917)	• 배경: 임시 정부의 전쟁 지속, 개혁 추진 미흡 • 전개: 레닌이 이끄는 +볼셰비키의 봉기 ┌ 최초의 사회주의 정부야. • 결과: 임시 정부 붕괴, 소비에트 정부 수립

3 소련의 수립과 발전

(1) **레닌의 활동** 시험 단골 ▶ 레닌과 스탈린의 활동을 구분하는 문제가 자주 출제돼!

① 전쟁 중단: 독일과 서로 공격하지 않겠다는 조약 체결

② 사회주의 개혁 추진: 토지와 산업을 국가가 직접 소유하고 관리

③ 신경제 정책(NEP) 시행: 경제적 어려움을 해결하고자 자본주의 요소를 일부 도입

④ 소비에트 사회주의 공화국 연방(소련) 수립(1922): 여러 소비에트 정부를 하나로 묶음 자료 5

(2) **스탈린의 활동**: 농업의 집단화, 중공업 중심의 경제 개발 5개년 계획 추진, 공산당 독재 체제 강화

4 유럽 각국의 민주주의 발전

(1) **독일**: 제1차 세계 대전 중 혁명으로 독일 제국 붕괴 → 독일 의회의 바이마르 헌법 제정, 바이마르 공화국 수립(1919) 자료 6

(2) **오스트리아·헝가리 제국**: 제1차 세계 대전 이후 왕정 해체 → 여러 민주 공화국 탄생

(3) **신생 독립국**: 패전국의 식민지였던 폴란드, 체코슬로바키아 등이 민족 자결주의 원칙에 따라 독립 → 대부분 민주주의 헌법 채택

5 참정권의 확대

(1) **보통 선거 정착**: 제1차 세계 대전 이후 여러 국가에서 재산이나 성별에 따른 선거권 제한이 사라짐 ┌ 전쟁이 총력전 양상으로 전개되면서 여성들이 군수품을 만들거나 간호병으로 참전하였어.

(2) **여성 참정권의 확대**: 여성의 제1차 세계 대전 참여, 여성 노동자의 수 증가 → 여성의 사회적·경제적 역할 확대 → 많은 국가에서 여성의 참정권 인정

자료 4 **피의 일요일 사건**

러시아의 민중은 수도 상트페테르부르크에서 개혁을 요구하는 대규모 시위를 벌였어.

러일 전쟁으로 물가가 크게 올라 생활이 어려워진 민중은 개혁을 요구하는 시위를 벌였다. 정부군이 이들을 향해 발포하면서 많은 희생자가 발생하였다.

자료 5 **러시아 혁명의 확산**

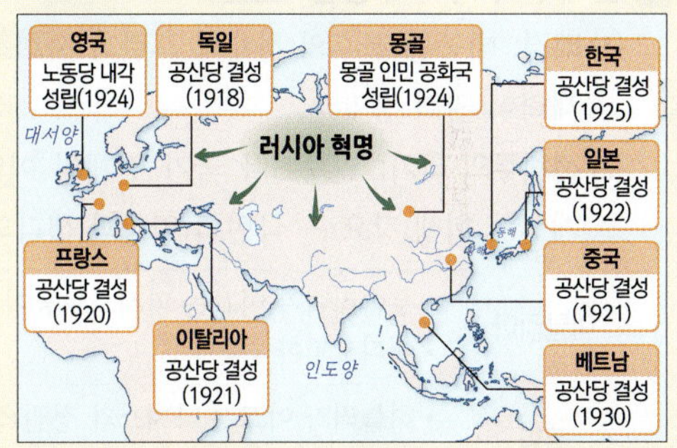

코민테른은 여러 국가의 혁명과 식민지 해방 운동을 지원하였다. 그 결과 사회주의 사상이 널리 전파되어 여러 국가에서 공산당이 조직되고, 노동 운동과 민족 해방 운동이 활발해졌다.

┌ 레닌이 사회주의 혁명을 전 세계로 퍼뜨리고자 만든 국제 공산당 연합 조직이야.

자료 6 **바이마르 헌법** 시험 단골 ▶ 바이마르 헌법의 특징을 묻는 문제가 자주 출제돼!

제1조	독일 연방은 공화국이다. 국가 권력은 국민에게서 나온다.
제22조	국회 의원은 비례 대표제의 원칙에 따라 20세 이상 남녀의 보통·평등·직접·비밀 선거로 선출된다.
제159조	모든 사람과 직업에서 노동 조건 및 경제 조건을 보호하고 개선하기 위한 단결의 자유가 보장된다.

바이마르 헌법은 보통 선거, 노동자의 단결권, 단체 교섭권 등을 보장하였다. 이후 여러 민주주의 국가의 헌법에 영향을 미쳤다.

+ **소비에트** 노동자와 군인들로 이루어진 대표자 회의

+ **볼셰비키** 러시아 사회주의 노동당의 급진파

01. 세계 대전과 국제 질서의 변화

◆ 대공황과 제2차 세계 대전

1 대공황의 발생
공부 TIP ▶ 대공황을 극복하려는 각국의 대응을 비교해 보자.

(1) **배경**: 제1차 세계 대전 이후 미국의 세계 경제 주도 → 기업의 과잉 생산으로 재고 증가 → 생산량과 노동자 수 감축 → 실업자 증가

(2) **과정**: 미국의 뉴욕 증권 거래소에서 주가 폭락(**대공황**, 1929) → 회사와 은행 파산, 실업자 급증 → 전 세계로 경제 위기 확산

(3) **각국의 대응**

미국	정부가 경제활동에 적극 개입하는 뉴딜 정책 실시 → 기업의 생산량 조절, 테네시강 유역 개발 공사 등 대규모 공공사업을 통한 실업자 구제 **자료 7**
영국, 프랑스	블록 경제 형성 → 보호 무역 정책 시행(본국에서 만든 상품을 식민지에 팔고 수입품에 높은 관세를 매겨 수입량 억제)

2 전체주의 국가의 등장 **자료 8**

(1) **배경**: 대공황 전후의 경제적 혼란과 사회적 불안을 틈타 전체주의 세력이 권력 장악

(2) **전체주의 국가**: 민족이나 국가 전체의 이익을 최우선으로 내세워 개인의 희생 강요 → 국민의 일상과 생각의 자유 통제

이탈리아	• 무솔리니가 이끄는 파시스트당이 정권 장악 • 에티오피아 침략
독일	• 히틀러가 이끄는 나치스가 정권 장악 • 오스트리아 병합, 체코슬로바키아 점령
일본	• 군부 세력이 권력을 잡고 군국주의를 내세움 • 국제 연맹 탈퇴, 중일 전쟁을 일으켜 중국 침략

3 제2차 세계 대전의 전개 **자료 9**
시험 단골 제2차 세계 대전의 전개 과정을 묻는 문제가 자주 출제돼!

(1) **발발**: 이탈리아, 독일, 일본이 군사 동맹을 맺어 추축국 진영 형성 → 독소 불가침 조약 체결 → 독일의 폴란드 공격 → 영국과 프랑스가 독일에 선전 포고(1939)

(2) **전개**

유럽	독일이 폴란드 장악 후 덴마크와 노르웨이 공격, 프랑스 파리 점령 → 독일의 소련 공격(1941) 중국과의 전쟁에 필요한 물자를 확보하고자 침략하였다.
아시아, 태평양	일본의 동남아시아 침략 → 미국이 이를 비난하며 일본에 석유 수출 금지 → 일본의 진주만 기지 기습 공격 → 미국의 참전 → 아시아 태평양 전쟁 발발(1941)

(3) **전세 변화**: 미국이 미드웨이 해전에서 일본에 승리(1942) → 소련이 스탈린그라드 전투에서 독일에 승리 → 무솔리니 정권 붕괴, 이탈리아의 항복(1943. 9.) → 노르망디 상륙 작전으로 프랑스 파리 해방(1944)
영미 연합군과 소련군이 각각 서쪽과 동쪽에서 공격하자 결국 독일이 항복하였다.

(4) **종결**: 독일의 항복(1945. 5.) → 미국이 일본에 원자 폭탄 투하 → 일본의 무조건 항복(1945. 8.)
히로시마와 나가사키에 두 차례 떨어뜨렸다.

(5) **결과**: 수많은 인명 피해와 재산 피해, 자연환경 파괴, 반인륜적 범죄 발생, 국제 연합(UN) 창설

교과서 쏙 자료

자료 7 미국의 뉴딜 정책

⬆ 테네시강 유역 개발 공사

미국의 루스벨트 대통령은 대공황을 극복하고자 테네시강 유역 개발 공사 등의 공공사업을 통한 일자리 창출, 농업 생산량의 조절 등을 추진하였다.

자료 8 전체주의의 특징
시험 단골 전체주의의 특징을 묻는 문제가 자주 출제돼!

• 국가를 떠나서는 인간과 영혼의 가치도 존재하지 않는다. …… 국민이 국가를 발생시키는 것이 아니라 국가가 국민을 창조한다.
– 무솔리니, 『파시즘 독트린』

• 국가는 인종의 순수한 보전을 위해 힘써야 한다. …… 독일 민족의 지위에 걸맞은 영토를 지상에서 확보해야 할 것이다.
나치스는 독일 민족의 우수성을 강조하고 유대인을 탄압하는 인종주의 정책을 펼쳤어. – 히틀러, 『나의 투쟁』

전체주의 국가들은 강력한 독재 체제를 갖추고, 국가와 민족의 번영을 앞세워 국민의 자유를 억압하였다.

자료 9 제2차 세계 대전의 전개

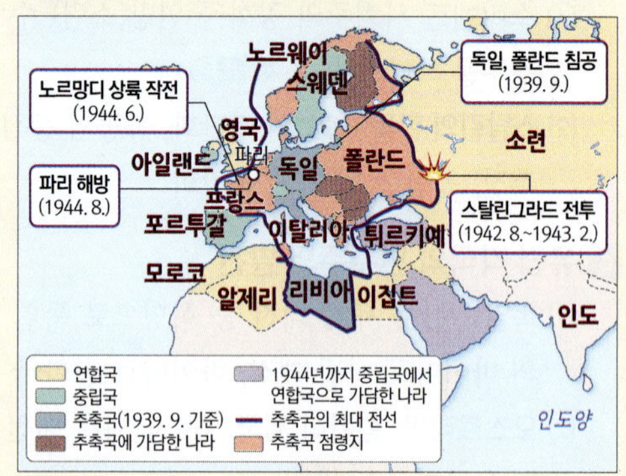

제2차 세계 대전은 미국, 영국, 소련 등의 연합국과 독일, 이탈리아, 일본 등의 추축국이 맞대결하는 양상을 띠며 전 세계로 확대되었다.

Plus 용어

+대공황 세계적으로 일어나는 큰 규모의 경제 침체로, 흔히 1929년에 발생한 경제 불황 상태를 일컬음

+군국주의 국가의 중요한 목적을 군사력에 의한 대외적 발전에 두고, 전쟁과 그 준비를 중요하게 여기는 정치 체제

대표 자료 확인하기

✦ 제1차 세계 대전의 전개

제1차 세계 대전은 (①   )과/와 연합국 간 대결 구도로 전개되었다. 서부 전선에서는 구덩이를 파고 서로 대치하는 (②   )이/가 전개되어 전쟁이 장기화되었다.

✦ 전체주의 국가의 등장

> 국가는 인종의 순수한 보전을 위해 힘써야 한다. …… 독일 민족의 지위에 걸맞은 영토를 지상에서 확보해야 할 것이다.
> – 히틀러, 「나의 투쟁」

대공황 전후의 경제적 혼란과 사회적 불안을 틈타 전체주의 세력이 권력을 잡았다. 독일에서는 히틀러가 이끄는 (③   )이/가 정권을 장악하였다.

한눈에 정리하기

✦ 제1차 세계 대전

배경	3국 동맹과 (①)의 대립, 사라예보 사건 발생
전개	전쟁 초기 독일의 우세 → 미국의 참전, 러시아의 전선 이탈 → 독일 항복
결과	(②) 개최 → 연합국과 독일이 베르사유 조약 체결, 국제 연맹 창설

✦ 제2차 세계 대전

발발	독소 불가침 조약 체결 → 독일의 폴란드 침공 → 영국, 프랑스가 독일에 선전 포고
전개	독일의 폴란드 장악, 프랑스 파리 점령 → 독일의 소련 공격 → 일본의 하와이 진주만 기습 공격으로 (③) 발발 → 미국의 미드웨이 해전 승리, 소련의 스탈린그라드 전투 승리 → 이탈리아의 항복 → 독일의 항복 → 일본의 무조건 항복

---

1 다음 괄호 안의 내용 중 알맞은 말에 ○표를 하시오.

(1) 제1차 세계 대전 당시 (독일 , 영국)은 무제한 잠수함 작전을 펼쳤다.

(2) 독일은 프랑스를 견제하고자 오스트리아·헝가리 제국, 이탈리아와 (3국 동맹 , 3국 협상)을 맺었다.

2 다음 물음에 답하시오.

(1) 제1차 세계 대전 이후 연합국이 독일과 체결한 조약은?
(   )

(2) 1920년 세계 각국이 국제 평화를 유지하고자 창설한 국제기구는?
(   )

3 다음 설명이 맞으면 ○표, 틀리면 ✕표를 하시오.

(1) 피의 일요일 사건 이후 차르가 개혁을 약속하였다. (   )

(2) 3월 혁명 당시 노동자와 병사들이 볼셰비키를 결성하였다.
(   )

(3) 레닌은 경제적 어려움을 해결하고자 자본주의 요소를 일부 도입한 신경제 정책(NEP)을 추진하였다. (   )

4 ㉠에 들어갈 내용을 쓰시오.

> 1929년에 미국의 뉴욕 증권 거래소에서 주가가 갑자기 큰 폭으로 떨어지면서 (㉠   )이/가 일어났다.

5 다음 설명에 해당하는 국가를 〈보기〉에서 골라 기호를 쓰시오.

> ┌ 보기 ┐
> ㄱ. 독일   ㄴ. 일본   ㄷ. 이탈리아

(1) 무솔리니가 이끄는 파시스트당이 정권을 장악하였다. (   )

(2) 대공황 이후 군부 세력이 권력을 잡고 군국주의를 내세웠다.
(   )

(3) 히틀러가 이끄는 나치스가 국민의 지지를 받으며 정권을 장악하였다. (   )

6 제2차 세계 대전의 전개 과정을 일어난 순서대로 나열하시오.

> (가) 독일의 파리 점령   (나) 독소 불가침 조약 체결
> (다) 아시아 태평양 전쟁 발발   (라) 미국이 일본에 원자 폭탄 투하

(   )

01 (가), (나)에 들어갈 국가로 옳은 것은?

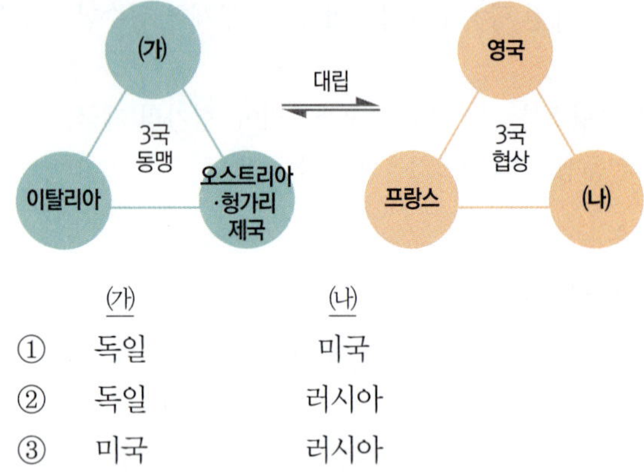

	(가)	(나)
①	독일	미국
②	독일	러시아
③	미국	러시아
④	러시아	세르비아
⑤	세르비아	오스만 제국

중요해

02 다음과 같은 상황이 배경이 되어 일어난 일로 옳은 것은?

보스니아의 사라예보에 방문한 오스트리아·헝가리 제국의 황태자 부부가 세르비아계 청년에게 암살되었다.

① 그리스가 독립하였다.
② 대공황이 발생하였다.
③ 전체주의 국가가 등장하였다.
④ 제1차 세계 대전이 발발하였다.
⑤ 베를린 회의에서 아프리카 분할 원칙이 정해졌다.

03 다음에서 설명하는 사건으로 옳은 것은?

제1차 세계 대전 중 독일이 멕시코에 미국을 함께 공격하자는 내용의 비밀 전보를 보낸 사실이 밝혀졌다.

① 애로호 사건　　　② 파쇼다 사건
③ 사라예보 사건　　④ 보스턴 차 사건
⑤ 치머만 전보 사건

04 제1차 세계 대전의 전개 과정 중 (가)에 들어갈 내용으로 옳은 것은?

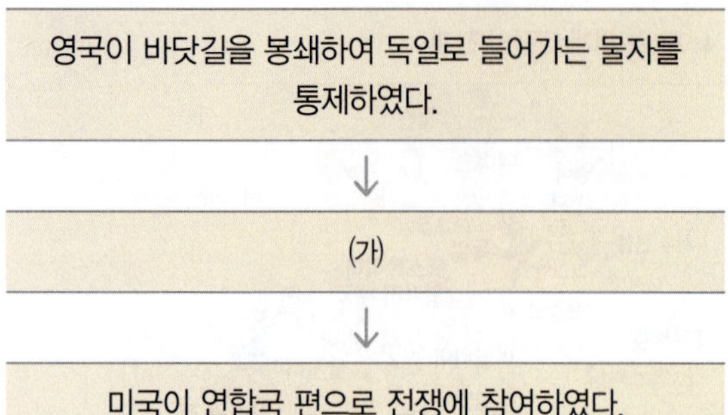

① 사라예보 사건이 일어났다.
② 러시아가 전쟁에서 이탈하였다.
③ 독일이 무제한 잠수함 작전을 펼쳤다.
④ 윌슨이 14개조 평화 원칙을 제안하였다.
⑤ 오스트리아·헝가리 제국이 세르비아에 선전 포고를 하였다.

05 지도에 나타난 전쟁의 특징으로 옳지 <u>않은</u> 것은?

① 여성들이 간호병으로 참전하였다.
② 참호전이 전개되어 전쟁이 장기화되었다.
③ 열강의 식민지인들은 전쟁에 참여하지 않았다.
④ 전투기, 탱크, 잠수함, 독가스 등이 사용되었다.
⑤ 신무기가 사용되면서 막대한 피해가 발생하였다.

06 제1차 세계 대전 직후에 있었던 일로 옳지 <u>않은</u> 것은?

① 국제 연맹이 창설되었다.
② 파리 강화 회의가 개최되었다.
③ 프랑스에서 공화정이 수립되었다.
④ 독일 의회가 바이마르 헌법을 만들었다.
⑤ 연합국과 독일이 베르사유 조약을 맺었다.

07 밑줄 친 ㉠~㉤ 중 옳지 <u>않은</u> 것은?

국제 연맹 창설

㉠ 제1차 세계 대전이 종결된 이후 세계 여러 국가는 ㉡ 국제 평화를 유지하고자 국제 연맹을 창설하였다. 국제 연맹은 ㉢ 미국 등 강대국이 참여한 국제기구였으나 ㉣ 침략국을 제재하는 등 분쟁을 막을 군사적 수단을 갖추지 못하였다. 이러한 이유로 국제 연맹은 ㉤ 국제 분쟁을 해결하는 데 한계가 있었다.

① ㉠ ② ㉡ ③ ㉢
④ ㉣ ⑤ ㉤

08 혁명 전 러시아의 상황으로 적절한 것을 〈보기〉에서 고른 것은?

┤ 보기 ├

ㄱ. 구제도의 모순이 계속되었다.
ㄴ. 사회주의 사상이 널리 퍼졌다.
ㄷ. 러일 전쟁으로 물가가 폭등하였다.
ㄹ. 영국이 인지세 등 각종 세금을 부과하였다.

① ㄱ, ㄴ ② ㄱ, ㄷ ③ ㄴ, ㄷ
④ ㄴ, ㄹ ⑤ ㄷ, ㄹ

09 검색창에 들어갈 사건을 쓰시오.

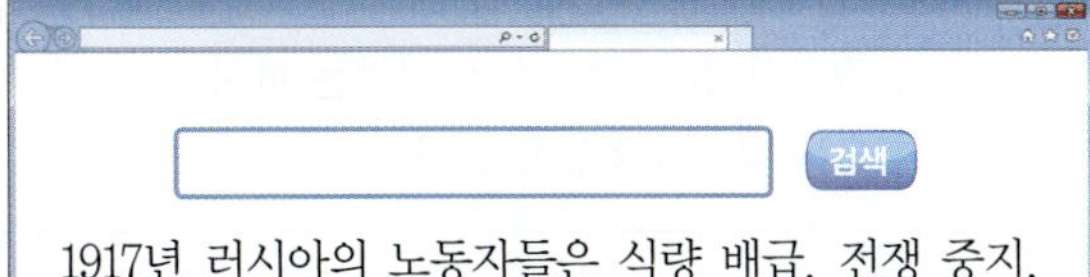

1917년 러시아의 노동자들은 식량 배급, 전쟁 중지, 차르 타도 등의 구호를 외치며 시위를 벌였다. 노동자와 군인들은 소비에트를 결성하여 차르를 몰아내고 임시 정부를 세웠다.

(   )

10 러시아 혁명의 과정을 일어난 순서대로 나열한 것은?

(가) 3월 혁명이 전개되었다.
(나) 소비에트 정부가 수립되었다.
(다) 피의 일요일 사건이 일어났다.
(라) 차르가 의회 설립 등을 약속하였다.

① (가) - (나) - (다) - (라) ② (가) - (다) - (나) - (라)
③ (나) - (가) - (라) - (다) ④ (다) - (나) - (가) - (라)
⑤ (다) - (라) - (가) - (나)

11 ㉠에 공통으로 들어갈 인물이 펼친 활동으로 옳지 <u>않은</u> 것은?

(㉠)이/가 혁명에 반대하는 차르, 귀족, 자본가 등을 지구상에서 빗자루로 쓸어버리는 모습을 그린 풍자화이다. (㉠)은/는 토지와 산업 시설을 국가가 직접 소유하고 관리하는 사회주의 개혁을 실시하였다.

① 볼셰비키를 이끌었다.
② 소비에트 정부를 세웠다.
③ 신경제 정책(NEP)을 펼쳤다.
④ 경제 개발 5개년 계획을 추진하였다.
⑤ 국제 공산당 연합 조직인 코민테른을 만들었다.
⑥ 소비에트 사회주의 공화국 연방(소련)을 수립하였다.

12 다음 학습 목표에 대한 학생들의 발표 내용으로 가장 적절한 것은?

• **학습 목표**: 러시아 혁명의 영향을 설명할 수 있다.

① 러일 전쟁이 일어났습니다.
② 자본주의 체제가 등장하였습니다.
③ 차르의 전제 정치가 심화되었습니다.
④ 세계 각국에 사회주의가 확산되었습니다.
⑤ 러시아에서 산업화가 본격적으로 시작되었습니다.

13 다음 헌법에 대한 설명으로 옳은 것을 〈보기〉에서 고른 것은?

> **제1조** 독일 연방은 공화국이다. 국가 권력은 국민에게서 나온다.
> **제22조** 국회 의원은 비례 대표제의 원칙에 따라 20세 이상 남녀의 보통·평등·직접·비밀 선거로 선출된다.

┤보기├
ㄱ. 노동자의 권리를 보장하였다.
ㄴ. 천황의 절대적인 권력을 인정하였다.
ㄷ. 여러 민주주의 국가의 헌법에 영향을 미쳤다.
ㄹ. 미드하트 파샤 등 혁신 세력이 주도하여 만들었다.

① ㄱ, ㄴ   ② ㄱ, ㄷ   ③ ㄴ, ㄷ
④ ㄴ, ㄹ   ⑤ ㄷ, ㄹ

14 제1차 세계 대전 이후 민주주의가 발전한 사례로 적절하지 <u>않은</u> 것은?

① 세계 각국에 보통 선거가 자리 잡았다.
② 많은 국가가 여성의 참정권을 인정하였다.
③ 새롭게 등장한 독립국이 대부분 민주주의 헌법을 채택하였다.
④ 승전국의 식민지들이 민족 자결주의 원칙에 따라 독립하였다.
⑤ 오스트리아·헝가리 제국이 해체되어 여러 민주 공화국이 탄생하였다.

15 ㉠에 들어갈 용어를 쓰시오.

> 1929년 미국의 뉴욕 증권 거래소에서 주가가 큰 폭으로 떨어지면서 (㉠)이/가 일어났다. 많은 회사와 은행이 파산하고 실업자가 넘쳐 났다. 미국에서 시작된 경제 위기는 전 세계로 확산하였다.

(   )

16 (가)에 들어갈 답변으로 가장 적절한 것은?

① 뉴딜 정책을 추진하였어.
② 농업 생산량을 조절하였어.
③ 곡물법과 항해법을 폐지하였어.
④ 블록 경제를 통해 보호 무역 정책을 펼쳤어.
⑤ 테네시강 유역 개발을 통해 일자리를 창출하였어.

17 빈칸에 들어갈 내용으로 옳은 것은?

① 사회주의   ② 자본주의
③ 자유주의   ④ 전체주의
⑤ 제국주의

중요해

18 밑줄 친 '이 국가'에 대한 설명으로 옳은 것은?

> 이 국가에서는 무솔리니가 이끄는 파시스트당이 정권을 장악하였다. 파시스트 정부는 파시스트당을 제외한 모든 정당의 활동을 금지하였다.

① 에티오피아를 침략하였다.
② 오스트리아를 병합하였다.
③ 군부 세력이 군국주의를 내세웠다.
④ 인종주의 정책을 펼쳐 유대인을 탄압하였다.
⑤ 국제 연맹을 탈퇴하고 중일 전쟁을 일으켰다.

중요해

19 다음 상황이 배경이 되어 일어난 일로 옳은 것은?

역사 신문 　　　　　　　　　　　　　1941년

일본, 진주만을 습격하다!

미국이 일본에 석유 수출을 금지하자, 일본은 미국의 하와이 진주만 기지를 기습적으로 공격하였다.

① 아시아 태평양 전쟁이 시작되었다.
② 서부 전선에서 참호전이 전개되었다.
③ 세계 여러 국가에서 공산당이 조직되었다.
④ 독일과 소련이 독소 불가침 조약을 맺었다.
⑤ 이탈리아, 독일, 일본이 추축국 진영을 형성하였다.

20 (개) 시기에 있었던 일로 옳지 <u>않은</u> 것은?

제2차 세계 대전 발발	→	(가)	→	독일의 항복

① 미드웨이 해전　　　② 독일의 소련 공격
③ 스탈린그라드 전투　④ 노르망디 상륙 작전
⑤ 일본의 무조건 항복

21 지도에 나타난 전쟁의 결과로 옳지 <u>않은</u> 것은?

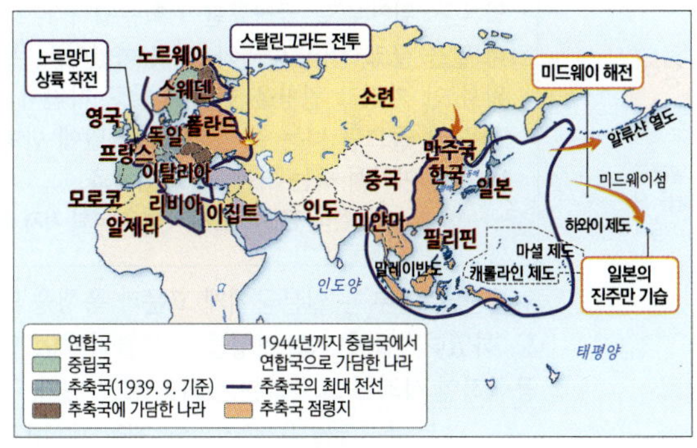

① 연합국의 승리로 끝이 났다.
② 국제 연합(UN)이 창설되었다.
③ 여러 지역의 자연환경이 파괴되었다.
④ 수많은 인명 피해와 재산 피해를 남겼다.
⑤ 범게르만주의와 범슬라브주의의 대립이 심화되었다.

서술형 문제

01 다음 조약의 특징을 <u>두 가지</u> 서술하시오.

> 제119조　독일은 해외 식민지에 관한 모든 권리와 소유권을 연합국에 넘겨준다.
> 제231조　전쟁에 따른 모든 책임은 바이마르 공화국(독일)을 비롯한 동맹국에 있다.
> 제235조　독일은 …… 금화 200억 마르크에 해당하는 배상금을 지불해야 한다.

02 대공황을 극복하기 위한 미국 정부의 대응을 서술하시오.

03 다음을 읽고 물음에 답하시오.

> 국가는 인종의 순수한 보전을 위해 힘써야 한다. ……
> 독일 민족의 지위에 걸맞은 영토를 지상에서 확보해야 할 것이다. 　－「나의 투쟁」

(1) 위와 같이 주장한 인물을 쓰시오.

(2) 위 자료로 알 수 있는 전체주의의 특징을 서술하시오.

02. 전쟁 범죄에 맞선 평화 유지 노력

◆ 두 차례 세계 대전 중 발생한 전쟁 범죄

1 민간인의 희생 [자료 1]

(1) **신무기와 대량 살상 무기의 등장**: 이전보다 강력해진 전차와 폭격기 사용, 도시에 폭탄 투하, 미국이 일본에 원자 폭탄 투하

(2) **인권 침해**
┗ 영국의 런던, 독일의 드레스덴이 대표적이야.

강제 동원	식민지 주민을 강제로 전쟁에 끌고 가거나 군수 공장 등에 동원
생체 실험	독일과 일본이 의학적 지식을 얻는다는 명분으로 살아 있는 사람을 상대로 실험 자행
대량 학살	소련이 폴란드의 군인과 지식인 학살
강제 이주	• 소련이 블라디보스토크의 한국인을 비롯한 여러 소수 민족을 중앙아시아로 강제 이주시킴 • 독일이 폴란드를 점령한 후 폴란드인을 강제로 추방

2 난징 대학살

(1) **내용**: 1930년대 일본의 대외 침략 본격화 → 중국 본토 공격(중일 전쟁, 1937) → 중화민국의 수도 난징을 점령하여 도시 전체 파괴 → 일본군이 폭행과 살해 자행
┗ 당시 신문에 일본군이 많은 사람을 죽였다는 내용의 기사가 실리기도 하였어.

(2) **피해**: 중국군 포로뿐만 아니라 여성과 아이를 포함한 약 30만여 명의 민간인 희생

3 ⁺홀로코스트 [자료 2]

(1) **내용**: 독일에서 히틀러가 이끄는 나치스의 정권 장악 → 유대인을 차별하는 법 제정, 별도의 주거 지역을 만들어 유대인 격리 → 독일과 점령지에 유대인 수용소 건설, 강제 노동을 시키거나 생체 실험 대상으로 삼음

(2) **피해**: 유럽 각지의 유대인 수용소에서 약 600만 명의 유대인 희생

4 일본군 '위안부' [자료 3]

(1) **내용**: 1930년대 초부터 일본군이 점령지나 전투 지역에 군대 위안소 설치 → 점령지에서 수만 명의 여성을 끌고 가 일본군 '위안부'의 끔찍한 삶 강요

(2) **피해**: 한국·중국·필리핀·인도네시아 등에서 수만 명의 여성이 끌려감, 수많은 일본군 '위안부' 여성들의 인권 유린, 살아남은 여성들은 정신적·육체적 상처를 입음
┗ 제2차 세계 대전에서 패배한 일본은 일본군 '위안부' 운영 사실을 숨기고자 여성들을 모아 학살하기도 하였어.

◆ 전후 처리와 국제 연합의 창설

1 전후 처리

영토 확대 중단, 민족 자결, 군비 축소 등 8개의 원칙을 내세웠어.

대서양 헌장 (1941)	미국과 영국의 대표가 만나 전후 평화 원칙 발표
카이로 회담 (1943)	한국의 독립과 일본의 무조건 항복 문제 논의
얄타 회담 (1945)	전후 미국·영국·프랑스·소련의 독일 분할 점령과 소련의 일본 공격 결정
포츠담 회담 (1945)	일본에 무조건 항복 권유, 전후 처리 문제 결정

자료 1 제2차 세계 대전 희생자 수

┌ 군인보다 민간인이 더 많이 희생되었음을 알 수 있어.

연합국
- 소련
- 중국 2,460
- 폴란드 600 불확실
- 프랑스 58
- 영국 38.5
- 미국 30

추축국
- 독일 600
- 일본 263
- 이탈리아 44

0 200 400 600 800(만 명)
■ 군인 ■ 민간인
– 「독일 프랑스 공동 역사 교과서」, 2008

제2차 세계 대전 중 대량 학살과 민간인 지역으로의 무차별 공습이 일어났고, 원자 폭탄 등의 대량 살상 무기가 사용되어 민간인의 피해가 컸다.

자료 2 유대인 수용소

시험 단골 홀로코스트의 사례를 묻는 문제가 자주 출제돼!

아우슈비츠 수용소에는 나치스가 사용하던 가스실, 철벽, 군영, 고문실 등이 남아 있어.

⬆ 아우슈비츠 수용소 정문

나치스는 제2차 세계 대전 중에 유대인을 수용소에 가두어 강제 노동을 시키거나 생체 실험 대상으로 삼았다. 노동을 할 수 없는 유대인들은 가스실로 끌려가 목숨을 잃거나 총살을 당하기도 하였다.

자료 3 일본군 '위안부'

> 일본군 '위안부'로 끌려갔던 김학순입니다. …… 내 팔을 끌고 "이리 따라와."라고 하였어요. 무서워서 안 가려고 반항을 하니까 발로 차면서 "내 말을 잘 들으면 너는 살 것이고, 내 말에 반항하면 너는 여기서 죽는 거야."라고 하였죠.
> **– 한국 정신대 문제 대책 협의회 기자 회견**

일본군 '위안부'는 일본군에게 고문과 폭행을 당하기도 하였다. 살아남은 여성들은 오늘날에도 일본의 공식적인 사죄를 요구하는 집회를 열고 있다.
┗ 일본 정부는 오늘날까지 일본군 '위안부'에 대한 공식적인 사죄나 제대로 된 보상을 하지 않고 있어.

+ **전쟁 범죄** 국제법상 전투와 관련된 법규를 어기는 행위
+ **홀로코스트** 동물을 제물로 바치는 의식에서 유래한 말로, 나치스가 유대인을 대상으로 저지른 대규모 학살을 말함

2 국제 연합(UN)의 창설

시험 단골 국제 연맹과 국제 연합의 차이점을 묻는 문제가 자주 출제돼!

창설	제2차 세계 대전 이후 여러 국가의 대표들이 모여 대서양 헌장의 정신에 따라 국제기구 창설(1945)
목적	국제 평화와 안전 유지, 국제 협력
산하 기구	총회, 안전 보장 이사회, 교육 과학 문화 기구(UNESCO), 세계 보건 기구(WHO)
특징	• 미국과 소련 등 강대국의 참여 • 국제 분쟁 발생 시 군사적인 수단 동원 가능(⁺국제 연합 평화 유지군) 6·25 전쟁이 일어나자 국제 연합은 최초로 국제 연합 평화 유지군(유엔군)을 한국에 파견하였어. • 미국, 소련, 영국, 중국, 프랑스를 안전 보장 이사회의 상임 이사국으로 선정 → 강대국의 참여와 책임 강조 • ⁺세계 인권 선언 채택: 인권과 자유의 신장을 위한 노력

❖ 인권 회복과 평화 실현을 위한 노력

1 국제 군사 재판

공부 TIP 뉘른베르크 재판과 극동 국제 군사 재판의 내용과 결과를 비교해 보자.

(1) **배경**: 제2차 세계 대전 종결 후 연합국 대표들이 런던에 모여 침략 전쟁과 대량 학살 등의 비인간적인 행위를 범죄로 규정

(2) **뉘른베르크 재판** 자료 4

유대인을 아우슈비츠 수용소로 보내는 일을 하던 아이히만은 숨어 지내다가 체포되어 1962년에 교수형을 선고받았어.

내용	나치스의 주요 인사를 포함한 독일의 전쟁 범죄자들을 재판
결과	12명에게 사형, 3명에게 종신형 선고
의의	역사상 최초로 전쟁을 일으킨 개인에게 형사 책임을 물어 이후의 전범 재판에 큰 영향을 미침

(3) **극동 국제 군사 재판**(도쿄 재판)

내용	일본 총리를 포함한 일본의 전쟁 범죄자들을 재판
결과	전쟁을 기획·주도한 A급 전쟁 범죄자 중 7명에게 사형, 18명에게 금고형 선고
한계	침략 전쟁을 명령한 히로히토 천황과 731 부대의 책임자에 대한 처벌이 이루어지지 않음

└ 한국인과 중국인을 대상으로 생체 실험을 자행하였어.

2 평화를 위한 조약

(1) **제노바 회의**(1922): 유럽 각국의 대표들이 전쟁 배상금과 외교 관계 문제 등을 논의

(2) **로카르노 조약**(1925): 유럽의 국경선 문제 처리

(3) **켈로그·브리앙 조약**(1928): 국제 분쟁을 해결하고자 전쟁을 일으키는 행위를 불법으로 규정

3 전쟁 범죄를 성찰하기 위한 노력

(1) **과거사 반성**: 서독 총리의 사과 자료 5

이와 달리 일본의 정치인들은 전쟁 범죄자의 위패가 보관된 야스쿠니 신사에 지속적으로 참배하고 있어.

(2) **공동 역사 교과서 제작**: 유럽의 여러 국가가 과거의 잘못을 반성하고 올바른 역사 인식을 갖추고자 공동의 역사 교과서 제작

(3) **박물관, 기념관, 추모관 설립**: 전쟁으로 생긴 상처를 잊지 않고, 희생자들을 추모하며 끔찍한 역사가 반복되지 않도록 노력 자료 6

자료 4 뉘른베르크 재판(1945~1946)

주요 전쟁 범죄자 중 12명에게는 사형이, 3명에게는 종신형이 선고되었어.

← 뉘른베르크 재판의 피고들

뉘른베르크 재판에서는 독일의 주요 전쟁 범죄자와 조직을 심판하였다. 재판 과정에서 나치스의 만행이 세상에 알려졌으며, 이 재판에서 '반인륜적 범죄'라는 개념을 최초로 법 집행에 적용하였다.

자료 5 독일 총리의 사과

1970년 빌리 브란트 서독 총리가 폴란드 유대인 게토의 위령탑 앞에서 독일 나치스의 잘못을 인정하며 무릎 꿇고 사죄하였다. 이후에도 독일 총리들은 대부분 홀로코스트에 대해 반성하는 태도를 보였다.

자료 6 전쟁의 상처를 기억하려는 노력

↑ 난징 대학살 기념관의 동상

↑ 야드바솀 박물관

두 차례의 세계 대전이 끝난 후 여러 국가에서 전쟁으로 생긴 상처를 잊지 않으려고 전쟁의 기록이 담긴 박물관을 세웠다. 또한 기념관이나 추모관을 만들어 희생자들을 추모하였다.

홀로코스트의 희생자들을 추모하는 이스라엘 국립 기념관이야.

Plus 용어

⁺**국제 연합 평화 유지군** 국제 연합에 속한 여러 나라에서 파견한 부대로 구성된 군대

⁺**세계 인권 선언** 인권을 강조하며 인종, 종교, 성별 등에 따른 차별을 금지한다고 규정한 선언

대표 자료 확인하기

✦ 아우슈비츠 수용소

(①   )이/가 이끄는 나치스는 유대인을 수용소에 가두어 강제 노동을 시키고 조직적으로 학살하였다. 이처럼 나치스가 유대인을 대상으로 저지른 대규모 학살을 (②   )(이)라고 한다.

✦ 뉘른베르크 재판

뉘른베르크 재판에서는 나치스의 주요 인사를 포함한 (③   )의 전쟁 범죄자들을 심판하였다.

한눈에 정리하기

✦ 두 차례 세계 대전 중 발생한 전쟁 범죄

난징 대학살	일본군이 (①)을/를 점령하여 학살 자행
홀로코스트	나치스가 (②)을/를 대상으로 학살 자행
일본군 '위안부'	일본군이 점령지에서 수만 명의 여성을 끌고 감

✦ 전후 처리와 국제 연합의 창설

전후 처리를 위한 논의	• 카이로 회담: 한국의 독립과 일본의 무조건 항복 문제 논의 • (③): 전후 독일 분할 점령과 소련의 일본 공격 결정 • 포츠담 회담: 전후 처리 문제 결정
국제 군사 재판	• (④): 독일의 전쟁 범죄자들을 재판 • 극동 국제 군사 재판: 일본의 전쟁 범죄자들을 재판
국제 연합 (UN) 창설	국제 평화와 안전 유지, 국제 협력을 목적으로 1945년에 출범

---

1 다음 설명이 맞으면 ○표, 틀리면 ✕표를 하시오.

(1) 제2차 세계 대전 중에 민간인의 피해는 거의 없었다. (　　　　)

(2) 미국은 제2차 세계 대전 중에 원자 폭탄을 개발하여 일본에 떨어뜨렸다. (　　　　)

2 다음 설명에 해당하는 국가를 〈보기〉에서 골라 기호를 쓰시오.

┌ 보기 ┐
ㄱ. 독일　　　　ㄴ. 소련　　　　ㄷ. 일본

(1) 난징을 점령하는 동안 중국군 포로와 민간인을 폭행하고 살해하였다. (　　　　)

(2) 유대인들을 수용소에 가두어 강제 노동을 시키거나 생체 실험 대상으로 삼았다. (　　　　)

(3) 블라디보스토크의 한국인을 비롯한 여러 소수 민족을 중앙아시아로 강제 이주시켰다. (　　　　)

3 ㉠에 들어갈 내용을 쓰시오.

> 일본은 곳곳에 군대 위안소를 설치하고, 점령지에서 수만 명의 여성을 끌고 가 (㉠   )의 끔찍한 삶을 강요하였다.

4 다음 괄호 안의 내용 중 알맞은 말에 ○표를 하시오.

(1) 1945년에 창설된 (국제 연맹 , 국제 연합)은 국제 분쟁을 막을 수 있는 군사적인 수단을 갖추었다.

(2) (뉘른베르크 재판 , 극동 국제 군사 재판)에서는 일본 총리를 포함한 일본의 전쟁 범죄자들을 재판하였다.

5 빈칸에 들어갈 내용을 쓰시오.

(1) 1941년 미국과 영국의 대표가 만나 8개의 전후 평화 원칙이 담긴 (　　　　)을/를 발표하였다.

(2) 1943년에 열린 (　　　　)에서 연합국 대표들이 한국의 독립과 일본의 무조건 항복 문제를 논의하였다.

(3) 1945년에 개최된 얄타 회담에서는 전후 4개국의 독일 영토 분할 점령과 (　　　　)의 일본 공격이 결정되었다.

6 다음 물음에 답하시오.

(1) 1925년에 유럽 각국의 대표들이 모여 유럽의 국경선 문제를 처리한 조약은? (　　　　)

(2) 1928년에 주요 국가들이 국제 분쟁을 해결하고자 전쟁을 일으키는 행위를 불법으로 규정한 조약은? (　　　　)

중단원 확인 문제

01 제2차 세계 대전 당시 일본에 원자 폭탄을 떨어뜨린 국가는?

① 독일   ② 미국   ③ 소련
④ 영국   ⑤ 이탈리아

02 제2차 세계 대전의 결과가 다음과 같이 나타나게 된 원인을 〈보기〉에서 고른 것은?

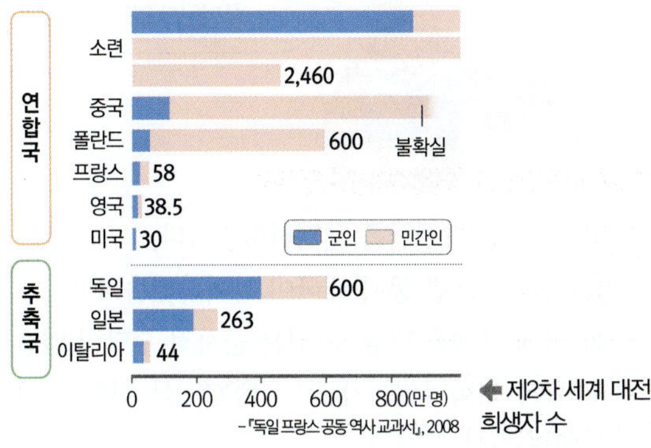

┤ 보기 ├
ㄱ. 피의 일요일 사건이 일어났다.
ㄴ. 곳곳에서 대량 학살이 자행되었다.
ㄷ. 대량 살상 무기 사용이 제한되었다.
ㄹ. 참전국이 민간인 거주 지역에 폭탄을 떨어뜨렸다.

① ㄱ, ㄴ   ② ㄱ, ㄷ   ③ ㄴ, ㄷ
④ ㄴ, ㄹ   ⑤ ㄷ, ㄹ

중요해

03 두 차례의 세계 대전 중에 발생한 인권 침해의 사례로 적절하지 <u>않은</u> 것은?

① 소련이 폴란드의 지식인을 학살하였다.
② 영국이 세포이의 항쟁을 무력으로 진압하였다.
③ 참전국이 식민지 주민을 강제로 전쟁에 끌고 갔다.
④ 독일과 일본이 살아 있는 사람을 대상으로 실험을 하였다.
⑤ 소련이 블라디보스토크의 여러 소수 민족을 중앙아시아로 강제 이주시켰다.

04 자료를 활용한 탐구 주제로 가장 적절한 것은?

신문 기사는 1937년 일본 군인의 대학살을 보도한 것이다. 두 일본군이 서로 중국인 100명 이상을 죽였다는 것을 자랑하는 내용이 담겨 있다.

① 핵무기의 파급력
② 청일 전쟁의 결과
③ 난징 대학살의 자행
④ 유대인 차별법의 내용
⑤ 아시아 태평양 전쟁의 배경

[05~06] 다음을 읽고 물음에 답하시오.

05 ㉠에 들어갈 내용으로 옳은 것은?

① 731 부대   ② 강제 이주
③ 홀로코스트   ④ 난징 대학살
⑤ 일본군 '위안부'

06 ㉠에 대한 설명으로 옳지 <u>않은</u> 것은?

① 생체 실험이 이루어지기도 하였다.
② 독일 외 다른 지역에서는 이루어지지 않았다.
③ 동물을 제물로 바치는 의식에서 유래한 말이다.
④ 히틀러가 독일 민족의 우수성을 강조하며 유대인을 탄압하였다.
⑤ 유대인들은 가스실로 끌려가 목숨을 잃거나 총살을 당하기도 하였다.

이 문제에서 나올 수 있는 선택지는 다~!

07 자료를 보고 학생들이 나눈 대화 내용으로 적절하지 **않은** 것은?

> 일본군 '위안부'로 끌려갔던 김학순입니다. …… 내 팔을 끌고 "이리 따라와."라고 하였어요. 무서워서 안 가려고 반항을 하니까 발로 차면서 "내 말을 잘 들으면 너는 살 것이고, 내 말에 반항하면 너는 여기서 죽는 거야."라고 하였죠.
>
> — 한국 정신대 문제 대책 협의회 기자 회견

① 일본군 '위안부' 피해 여성의 증언이야.
② 일본군 '위안부'의 피해자는 모두 한국인이야.
③ 살아남은 여성들은 정신적·육체적 상처를 입었어.
④ 일본 정부는 일본군 '위안부'에 대한 공식적인 사과를 하지 않고 있어.
⑤ 일본군 '위안부'의 피해자는 일본군에게 고문과 폭행을 당하기도 하였어.
⑥ 일본은 제2차 세계 대전에서 패배한 직후 여성들을 모아 학살하기도 하였어.

08 ㉠에 들어갈 내용으로 옳은 것은?

제2차 세계 대전이 진행 중이던 1941년에 미국과 영국의 대표가 만나 전후 질서의 기본 방침이 담긴 (㉠)을 발표하였다.

① 권리 장전
② 대서양 헌장
③ 베르사유 조약
④ 독소 불가침 조약
⑤ 인간과 시민의 권리선언

09 카이로 회담에 대한 설명으로 옳은 것은?
① 한국의 독립 문제를 논의하였다.
② 제1차 세계 대전 중에 진행되었다.
③ 전후 4개국의 독일 분할 점령이 결정되었다.
④ 소련이 연합군과 함께 일본을 공격하기로 하였다.
⑤ 독일과 소련이 서로 침략하지 않겠다고 약속하였다.

10 다음에서 설명하는 국제기구를 쓰시오.

> 제2차 세계 대전 이후에 여러 국가의 대표들이 대서양 헌장의 정신에 따라 국제 협력과 평화 유지를 위해 창설하였다.

(   )

11 학생의 질문에 대한 답변으로 적절하지 **않은** 것은?

① 세계 인권 선언을 채택하였습니다.
② 미국과 소련 등 강대국이 참여하였습니다.
③ 국제 분쟁을 막을 수 있는 군사적 수단이 없습니다.
④ 교육 과학 문화 기구(UNESCO)를 산하 기구로 두었습니다.
⑤ 미국, 소련, 영국, 중국, 프랑스를 안전 보장 이사회의 상임 이사국으로 선정하였습니다.

중요해

12 검색창에 들어갈 재판에 대한 설명으로 옳지 **않은** 것은?

연합국 대표들은 침략 전쟁과 대량 학살 등의 비인간적인 행위를 범죄로 규정하였다. 이에 따라 독일에서 주요 전쟁 범죄자와 조직을 심판하는 국제 군사 재판이 진행되었다.

① 제1차 세계 대전 직후 개최되었다.
② 독일의 뉘른베르크에서 진행되었다.
③ 나치스의 주요 인사들이 처벌을 받았다.
④ 반인륜적 범죄라는 개념을 최초로 적용하였다.
⑤ 재판 과정에서 나치스의 만행이 세상에 알려졌다.

13 빈칸에 들어갈 조약으로 옳은 것은?

역사 용어 사전

1928년에 주요 국가들이 국제 분쟁을 해결하고자 전쟁을 일으키는 행위를 불법으로 정하였다.

① 파리 조약
② 로카르노 조약
③ 포츠머스 조약
④ 시모노세키 조약
⑤ 켈로그·브리앙 조약

중요해

14 빈칸에 들어갈 내용으로 가장 적절한 것은?

역사 신문   1970년

서독의 빌리 브란트 총리가 유대인 위령탑을 방문하여 많은 사람이 지켜보는 가운데   무릎 꿇고 사죄하였다.

① 난징 대학살의 희생자를 추모하며
② 일본군 ‘위안부’ 피해자들에게 사과하며
③ 군수 공장으로 강제 동원된 피해자들을 기리며
④ 홀로코스트를 저지른 나치스의 잘못을 인정하며
⑤ 강제 이주로 피해를 입은 사람들에게 용서를 구하며

15 자료를 활용한 탐구 주제로 가장 적절한 것은?

 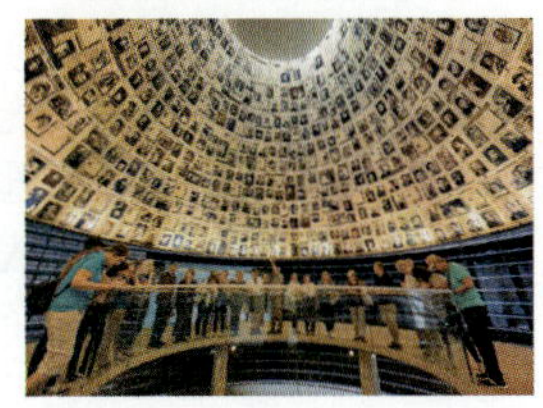

↑ 난징 대학살 기념관의 동상   ↑ 야드바셈 박물관

① 국제 군사 재판의 사례
② 제1차 세계 대전의 특징
③ 제2차 세계 대전의 배경
④ 전쟁 범죄를 성찰하려는 노력
⑤ 대공황을 극복하기 위한 각국의 대응

01 대서양 헌장으로 발표된 내용을 서술하시오.

02 얄타 회담의 결정 내용을 두 가지 서술하시오.

03 다음을 읽고 물음에 답하시오.

제2차 세계 대전이 종결된 후 도쿄에서 열린 (㉠)에서는 일본의 전쟁 범죄자들을 재판하였다. 그 결과 A급 전쟁 범죄자 중 7명이 사형을 선고받았다.

(1) ㉠에 들어갈 재판을 쓰시오.

(2) (1) 재판의 한계를 서술하시오.

03. 아시아와 아프리카의 민족 운동

동아시아와 인도의 민족 운동

1 한국의 민족 운동

(1) 3·1 운동(1919) 자료 1

배경	제1차 세계 대전 이후 아시아 지역에서 민족 자결주의의 영향을 받아 민족 운동이 활발하게 전개됨
전개	수많은 학생과 시민이 경성(서울) 탑골 공원에서 독립 선언서 낭독, 주요 도시에서 만세 시위 전개 → 해외로 확산 → 일제의 폭력적인 진압 └ 만주, 연해주, 일본 등으로 퍼졌어. ┘
영향	대한민국 임시 정부 수립, 중국의 5·4 운동 등 다른 국가의 민족 운동에 영향을 줌 └ 일제의 탄압을 피해 중국 상하이에 세웠어.

(2) 민족 운동의 분열: 3·1 운동 전후 사회주의 사상이 확산됨 → 독립 운동 세력이 민족주의 진영과 사회주의 진영으로 나뉨
└ 민족주의 진영은 주로 실력 양성 운동을 이끌었고, 사회주의 진영은 농민과 노동자를 중심으로 사회 운동을 펼쳤어.

2 중국의 민족 운동

(1) 신문화 운동

① 배경: 신해혁명 이후 군벌의 난립으로 사회적 혼란 지속

② 전개: 천두슈를 비롯한 지식인들이 유교를 포함한 중국의 전통문화 비판, 서양 과학과 민주주의 수용 주장

(2) 5·4 운동(1919) 자료 2

배경	제1차 세계 대전 중 일본이 21개조 요구 강요 → 중국 정부의 수용 → 제1차 세계 대전 이후 개최된 파리 강화 회의에서 중국이 21개조 요구가 무효임을 주장 → 승전국의 거부
전개	베이징의 학생들을 중심으로 산둥반도의 이권 반환 등을 요구하는 민족 운동 전개
영향	국민당과 공산당 결성

(3) 국공 합작 시험 단골 ▶ 국공 합작의 배경과 결과를 묻는 문제가 자주 출제돼!

제1차 국공 합작	5·4 운동 이후 국민당과 공산당 중심으로 민족 운동 전개 → 군벌과 제국주의 열강 타도를 위해 국민당과 공산당이 연합(1924) → 쑨원의 뒤를 이은 장제스가 공산당 탄압 → 제1차 국공 합작 결렬, 마오쩌둥이 이끄는 공산당은 대장정에 나섬
제2차 국공 합작	장제스가 군벌을 무너뜨리고 중국 통일(1928) → 중일 전쟁 발발 → 국민당과 공산당이 다시 연합(1937)

└ 국민당의 포위망을 뚫고 1만 2,500km가 넘는 거리를 행군하였어.

3 동남아시아의 민족 운동 자료 3

(1) 베트남: 독립을 조건으로 제1차 세계 대전 당시 프랑스 지원 → 프랑스가 약속을 지키지 않음 → 호찌민이 베트남 공산당 창설 → 프랑스에 저항하는 민족 운동 전개

(2) 필리핀: 미국과 에스파냐가 필리핀의 지배권을 두고 전쟁 → 미국의 필리핀 식민 지배 → 아기날도가 독립운동 주도 → 미국이 필리핀의 자치를 인정
└ 미국은 필리핀의 독립을 약속하였으나 에스파냐와의 전쟁 이후 필리핀을 식민지로 삼았어.

(3) 인도네시아: 오랜 기간 네덜란드의 지배를 받음 → 수카르노가 인도네시아 국민당 결성 → 네덜란드에 맞서 독립운동 전개, 인종과 종교를 넘어선 통일과 독립 주장

자료 1 3·1 운동

⬆ 만세 시위를 벌이는 사람들

1919년 3월 1일, 수많은 학생과 시민이 경성(서울) 탑골 공원에 모여 독립 선언서를 낭독하고 '대한 독립 만세'를 외치며 시위를 벌였다.

자료 2 5·4 운동 ┌ 한국의 3·1 운동이 중국의 5·4 운동에 영향을 주었음을 알 수 있어.

> 산둥이 망하면 중국도 망합니다. 조선에서는 독립을 꾀하면서 "독립이 아니면 차라리 죽음을 달라."라고 외쳤습니다.
>
> – 베이징 학생계 선언

일본의 21개조 요구 강요를 계기로 중국에서 5·4 운동이 일어났다. 베이징의 대학생과 시민들은 톈안먼 광장 앞에 모여 산둥반도의 이권 반환 등을 요구하며 21개조 요구 철폐, 친일파 처벌을 주장하였다.

자료 3 베트남과 인도네시아의 민족 운동

⬆ 호찌민

⬆ 수카르노

호찌민은 베트남 공산당을 조직하고, 독립을 원하는 모든 계층과 연합하여 독립 전쟁을 준비하였다. 인도네시아의 독립운동을 이끈 수카르노는 독립 이후 인도네시아의 초대 대통령이 되었다.

Plus 용어

+ **군벌(軍 군사, 閥 지체)** 군사력을 바탕으로 지방 행정을 장악한 정치 집단

+ **21개조 요구** 독일이 가지고 있던 산둥반도의 이권을 넘기라는 등의 내용이 포함된 일본의 요구 사항

4 인도의 민족 운동 시험 단골 간디와 네루의 활동을 비교하는 문제가 자주 출제돼!

(1) **배경**: 제1차 세계 대전 당시 영국이 인도인의 참전을 조건으로 인도의 자치 허용을 약속 → 전쟁 이후 약속을 지키지 않음, +롤럿법 제정 등 인도의 민족 운동 억압

(2) **전개**

간디	비폭력·불복종 운동, 소금 행진 전개 자료 4
네루	인도의 완전한 독립 주장, 인도 독립 동맹 결성

(3) **결과**: 영국이 제한된 범위에서 인도 각 주의 자치권 인정(1935)

◆ 서아시아와 아프리카의 민족 운동

1 서아시아의 민족 운동

(1) **튀르키예 공화국 수립(1923)** 공부 TIP 무스타파 케말이 펼친 개혁 정책을 정리해 두자!
① 배경: 제1차 세계 대전 이후 오스만 제국이 패전국이 되면서 영토의 많은 부분 상실, 연합국의 간섭을 받음
② **무스타파 케말**의 개혁: 술탄 제도 폐지, 튀르키예 공화국 수립 → 근대적인 개혁 실시(칼리프 제도 폐지, 튀르키예 문자 창제, 여성의 참정권 인정 등) 자료 5

(2) **아랍 지역의 민족 운동**

배경	연합국으로부터 독립을 약속받고 제1차 세계 대전 참전 → 전쟁 이후 대부분 지역이 영국과 프랑스의 위임 통치를 받음
전개	각국에서 독립운동 전개 → 이라크와 시리아의 독립, 사우디아라비아에서 사우드 가문의 주도로 통일 왕국 수립

(3) **팔레스타인 지역 문제**
① 발단: 영국이 제1차 세계 대전 중 영국을 도와주는 대가로 아랍인의 독립 지지를 약속(맥마흔 선언), 유대인의 국가 수립 지원을 약속(밸푸어 선언)
② 영향: 영국이 두 약속을 모두 지키지 않음 → 아랍인과 유대인이 팔레스타인 지역을 둘러싸고 대립

2 아프리카 지역의 민족 운동

(1) **여러 국가의 민족 운동**
① 이집트: 영국이 수에즈 운하의 관리권과 군대 주둔권을 유지하는 조건으로 이집트의 독립 인정(1922) └ 모로코는 제2차 세계 대전 이후 독립을 이루었어.
② 모로코, 알제리, 튀니지: 프랑스에 맞선 독립운동 전개
(2) +**범아프리카주의 확산**: 중남부 아프리카(사하라 사막 남쪽 지역)를 중심으로 아프리카의 통일을 추구하는 움직임 확산 자료 6

제1차 범아프리카 회의	노예 제도 폐지, 아프리카인 보호를 위한 국제법 정비, 외국 자본 착취 규제 등 결의(1900)
제5차 범아프리카 회의	모든 식민지의 동시 독립과 자결권 선언, 이를 위한 적극적인 정치 행동 결의(1945)

자료 4 **간디의 소금 행진**

간디는 영국 상품을 사지 않고 세금 납부를 거부하는 등의 비폭력·불복종 운동을 이끌었다. 영국이 소금법을 제정하여 인도에서 소금을 만들지 못하게 하자, 소금 행진을 벌여 이에 저항하였다.

자료 5 **무스타파 케말의 개혁**

튀르키예 공화국의 초대 대통령으로 취임한 무스타파 케말은 칼리프 제도를 폐지하여 정치와 종교를 분리하고, 튀르키예 문자를 만들어 문맹률을 낮추었다.

← 문자를 가르치는 무스타파 케말

자료 6 **범아프리카 회의**

↑ 제2차 범아프리카 회의에 참가한 사람들

중남부 아프리카를 중심으로 아프리카의 통일을 추구하는 움직임이 확산하였다. 각 지역의 대표들은 여러 차례 범아프리카 회의를 개최하여 독립을 위해 싸울 것을 결의하였다.

+**롤럿법** 반영 운동을 벌이는 인도인을 재판 없이 체포하고 감옥에 가둘 수 있도록 규정한 법
+**범아프리카주의** 스스로의 힘으로 독립하여 아프리카 대륙의 통일을 추구하는 움직임

대표 자료 확인하기

✦ 중국의 민족 운동

> 산둥이 망하면 중국도 망합니다. 조선에서는 독립을 꾀하면서 "독립이 아니면 차라리 죽음을 달라."라고 외쳤습니다. — 베이징 학생계 선언

일본은 중국에 산둥반도의 이권을 넘기라는 내용이 포함된 (①   )을/를 강요하였다. 이를 계기로 중국에서 (②   )이/가 전개되었다.

✦ 인도의 민족 운동

간디는 영국 상품을 사지 않고 세금 납부를 거부하는 등의 (③   )을/를 이끌었다. 그는 영국의 소금법 제정에 저항하며 (④   )을/를 벌였다.

한눈에 정리하기

✦ 동아시아와 인도의 민족 운동

한국	일제의 식민 지배에 저항하는 3·1 운동 전개 → 중국에 (①) 수립
중국	베이징의 학생들을 중심으로 산둥반도의 이권 반환 등을 요구하는 5·4 운동 전개
동남 아시아	• 베트남: 호찌민이 베트남 공산당 창설 • 필리핀: 아기날도가 독립운동 주도 • 인도네시아: 수카르노가 인도네시아 국민당 결성
인도	• 간디: 비폭력·불복종 운동 주도 • (②): 인도 독립 동맹 창설

✦ 서아시아와 아프리카의 민족 운동

튀르키예 공화국	(③)이/가 튀르키예 공화국 수립 → 근대화 개혁 추진, 튀르키예 문자 창제
(④)	영국이 수에즈 운하의 관리권과 군대 주둔권을 유지하는 조건으로 독립 인정
중남부 아프리카	아프리카의 통일을 추구하는 범아프리카주의 확산

---

1 ㉠에 들어갈 내용을 쓰시오.

> 1919년 한국에서는 일제의 식민 지배에 저항하는 (㉠   ) 이/가 일어났다.

2 다음 괄호 안의 내용 중 알맞은 말에 ○표를 하시오.

(1) 1928년에 (장제스 , 마오쩌둥)이/가 중국을 통일하였다.

(2) 중일 전쟁이 일어나자 (제1차 국공 합작 , 제2차 국공 합작)이 이루어졌다.

(3) 베이징의 학생들을 중심으로 (산둥반도 , 랴오둥반도)의 이권 반환 등을 요구하는 5·4 운동이 일어났다.

3 다음 설명에 해당하는 국가를 〈보기〉에서 골라 기호를 쓰시오.

> ┤보기├
> ㄱ. 베트남   ㄴ. 필리핀   ㄷ. 인도네시아

(1) 미국의 식민 지배를 받았다.   (   )

(2) 호찌민이 프랑스에 저항하는 민족 운동을 주도하였다. (   )

(3) 수카르노가 네덜란드의 통치에 저항하는 민족 운동을 이끌었다.

                       (   )

4 다음 물음에 답하시오.

(1) 인도의 비폭력·불복종 운동을 이끈 인물은?   (   )

(2) 네루가 인도의 완전한 독립을 주장하며 만든 단체는?

                       (   )

5 다음 설명이 맞으면 ○표, 틀리면 ✕표를 하시오.

(1) 제1차 세계 대전 이후 오스만 제국은 연합국의 간섭을 받았다.

                       (   )

(2) 무스타파 케말이 아라비아반도를 통합하여 사우디아라비아를 수립하였다.   (   )

(3) 영국이 맥마흔 선언과 밸푸어 선언을 지키지 않아 아랍인과 유대인이 팔레스타인 지역을 둘러싸고 대립하게 되었다. (   )

6 빈칸에 들어갈 내용을 쓰시오.

(1) 영국은 (   ) 관리권과 군대 주둔권을 유지하는 조건으로 이집트의 독립을 인정하였다.

(2) 제1차 세계 대전 이후 사하라 사막 남쪽 지역에서는 아프리카의 통일을 추구하는 (   )이/가 확산하였다.

01 ㉠에 들어갈 운동으로 옳은 것은?

① 3·1 운동
② 5·4 운동
③ 와하브 운동
④ 의화단 운동
⑤ 애국 계몽 운동

중요해

02 ㉠에 공통으로 들어갈 내용으로 옳은 것은?

> 한국에서는 3·1 운동을 전후로 (㉠) 사상이 퍼지면서 독립운동가들이 민족주의 진영과 (㉠) 진영으로 나뉘었다.

① 민주주의
② 사회주의
③ 자본주의
④ 자유주의
⑤ 전체주의

03 밑줄 친 '이 운동'을 쓰시오.

> 신해혁명 이후 중국에서는 지식인들이 중국의 전통문화를 비판하고, 서양의 과학과 민주주의를 수용하여 중국을 개혁하자는 이 운동을 전개하였다.

(   )

04 다음 학습 목표에 대한 학생들의 발표 내용으로 가장 적절한 것은?

> • **학습 목표**: 중국에서 전개된 5·4 운동의 특징을 설명할 수 있다.

① 홍수전의 주도로 전개되었습니다.
② 산둥반도의 이권 반환 등을 요구하였습니다.
③ 선교사, 교회, 철도 등을 공격하는 등 서양 세력을 배척하였습니다.
④ 일본의 메이지 유신을 본받아 정치 제도를 개혁하고자 하였습니다.
⑤ 중국의 사상과 제도는 유지하고 서양의 기술만을 받아들이고자 하였습니다.

05 빈칸에 들어갈 인물로 옳은 것은?

> **역사 인물 사전**
>
> 쑨원의 뒤를 이어 중국 국민당을 이끌었다. 1928년에 군벌을 무너뜨리고 중국을 통일하였다.

① 이홍장
② 장제스
③ 마오쩌둥
④ 캉유웨이
⑤ 위안스카이

06 제2차 국공 합작의 배경으로 가장 적절한 것은?

① 중일 전쟁이 일어났다.
② 파리 강화 회의가 개최되었다.
③ 제1차 세계 대전이 발발하였다.
④ 혁명 세력이 중화민국 수립을 발표하였다.
⑤ 일본이 중국 정부에 21개조 요구를 강요하였다.

07 밑줄 친 '이 국가'로 옳은 것은?

> 프랑스의 식민 지배를 받았던 이 국가는 독립을 조건
> 으로 제1차 세계 대전에 참여하여 프랑스를 도왔다.
> 전쟁이 끝난 후 프랑스가 약속을 지키지 않자, 프랑스
> 에 저항하는 민족 운동을 전개하였다.

① 인도 ② 한국 ③ 베트남
④ 필리핀 ⑤ 인도네시아

08 ㉠에 공통으로 들어갈 국가에서 전개된 민족 운동에 대한 설명으로 옳은 것은?

> 미국과 에스파냐가 (㉠)의 지배권을 두고 전쟁
> 을 벌였다. 전쟁에서 승리한 미국은 (㉠)을/를
> 식민지로 삼았다.

① 카르티니가 여학교를 세웠다.
② 아기날도가 독립운동을 주도하였다.
③ 천두슈 등이 신문화 운동을 전개하였다.
④ 무함마드 알리가 근대화 정책을 추진하였다.
⑤ 베이징의 학생들이 친일파 처벌을 주장하였다.

09 (가), (나) 인물에 대한 설명으로 옳지 <u>않은</u> 것은?

(가) 

(나) 

↑ 호찌민 ↑ 수카르노

① (가) – 베트남 공산당을 창설하였다.
② (가) – 독립을 원하는 모든 계층과 연합하였다.
③ (나) – 인도네시아 국민당을 만들었다.
④ (나) – 인도네시아의 초대 대통령이 되었다.
⑤ (가), (나) – 프랑스에 저항하는 민족 운동을 전개하였다.

[10~11] 다음을 읽고 물음에 답하시오.

인도의 민족 운동

> 영국이 소금법을 제정하여 인도의 소금 생산과 판매를 독
> 점하자, (㉠)이/가 바다까지 행진한 후 직접 소금을
> 만들며 저항하였다.

10 ㉠에 들어갈 인물로 옳은 것은?

① 간디 ② 네루 ③ 아기날도
④ 호세 리살 ⑤ 판보이쩌우

중요해

11 ㉠에 들어갈 인물에 대한 설명으로 옳은 것은?

① 튀르키예 문자를 만들었다.
② 의회 설립 등을 주장하며 변법자강 운동을 이끌었다.
③ 세금 납부 거부 등의 비폭력·불복종 운동을 전개하였다.
④ 이슬람교의 순수성을 되찾자는 와하브 운동을 주도하였다.
⑤ 인도의 완전한 독립을 주장하며 인도 독립 동맹을 창설하였다.

이 문제에서 나올 수 있는 선택지는 다~!

12 무스타파 케말이 펼친 활동으로 옳지 <u>않은</u> 것은?

① 술탄 제도를 없앴다.
② 동유 운동을 추진하였다.
③ 칼리프 제도를 폐지하였다.
④ 여성의 참정권을 인정하였다.
⑤ 튀르키예 공화국을 수립하였다.
⑥ 새로운 문자를 만들어 문맹률을 낮추었다.

13 다음에서 설명하는 국가로 옳은 것은?

> 제1차 세계 대전 이후 아라비아반도를 통합하여 수립된 통일 왕국이다. 이 국가의 국기는 와하브 운동의 깃발에서 유래하였다.

① 이란
② 시리아
③ 이라크
④ 사우디아라비아
⑤ 튀르키예 공화국

14 아프리카의 민족 운동에 대한 설명으로 옳지 <u>않은</u> 것은?

① 라이베리아는 독립을 유지하였다.
② 모로코는 제1차 세계 대전 직후 독립을 이루었다.
③ 알제리에서 프랑스에 맞선 독립운동이 전개되었다.
④ 제1차 범아프리카 회의에서 노예 제도 폐지 등이 결의되었다.
⑤ 이집트는 영국이 수에즈 운하의 관리권과 군대 주둔권을 유지하는 조건으로 독립을 인정받았다.

중요해

15 ㉠에 들어갈 내용을 쓰시오.

> 사하라 사막 남쪽 지역에서는 아프리카의 통일을 추구하는 (㉠)이/가 퍼져 나갔다. 이러한 움직임 속에 아프리카인들은 스스로의 힘으로 독립하여 아프리카 대륙을 통일하고자 노력하였다.

(   )

---

01 3·1 운동의 영향을 <u>두 가지</u> 서술하시오.

02 다음 사건의 배경을 서술하시오.

↑ 톈안먼 광장 앞에 모인 사람들

03 다음 선언이 서아시아에 미친 영향을 서술하시오.

> • 맥마흔 선언   • 밸푸어 선언

❶ 제1차 세계 대전의 특징

↑ 참호전을 펼치는 군인들

↑ 방독면을 쓴 군인들

제1차 세계 대전에서는 참호를 파고 오랜 시간을 버티는 ① ☐☐☐이/가 전개되었다. 또한 전투기, 탱크, 독가스 등 ② ☐☐☐이/가 사용되어 막대한 인명 피해가 발생하였다.

|답| ① 참호전 ② 신무기

❷ 전체주의 국가의 등장

> 국가를 떠나서는 인간과 영혼의 가치도 존재하지 않는다. …… 국민이 국가를 발생시키는 것이 아니라 국가가 국민을 창조한다.
> – 무솔리니, 『파시즘 독트린』

이탈리아, 독일, 일본 등에서는 ① ☐☐☐ 전후의 혼란과 불안을 틈타 전체주의 세력이 권력을 잡았다. 이탈리아에서는 무솔리니가 이끄는 ② ☐☐☐☐ 당이 정권을 장악하였다.

|답| ① 대공황 ② 파시스트당

❸ 아우슈비츠 수용소

제2차 세계 대전 중 ① ☐☐☐이/가 이끄는 나치스는 독일을 비롯한 여러 지역에 유대인 수용소를 만들고, 유대인을 가두어 강제 노동을 시키거나 생체 실험 대상으로 삼았다. 이처럼 나치스가 유대인을 대상으로 저지른 대규모 학살을 ② ☐☐☐☐☐(이)라고 한다.

|답| ① 히틀러 ② 홀로코스트

---

01 세계 대전과 국제 질서의 변화

✦ 제1차 세계 대전 ❶

배경	• 독일, 오스트리아·헝가리 제국, 이탈리아가 맺은 3국 동맹과 프랑스, 영국, 러시아가 맺은 (①)의 대립 • 발칸반도에서 갈등 심화 → 사라예보 사건 발생
전개	서부 전선에서 참호전 전개 → 독일의 무제한 잠수함 작전 전개 → 미국의 참전 → 독일의 서부 전선 총공격 실패 → 동맹국들의 항복 → 독일의 항복(1918)
결과	• 베르사유 체제 성립: (②) 개최 → 연합국과 독일이 베르사유 조약 체결 → 새로운 국제 질서 형성 • 국제 연맹 창설: 국제 평화 유지 목적, 미국 등 강대국 불참, 국제 분쟁을 막을 군사적 수단 부재

✦ 유럽 각국의 정치 체제 변화

러시아 혁명	• 3월 혁명: 노동자와 군인들이 소비에트 결성 → 차르 퇴위, 임시 정부 수립 • (③): 볼셰비키의 봉기 → 소비에트 정부 수립
민주주의 발전	• 독일: 바이마르 헌법 제정, 바이마르 공화국 수립 • 오스트리아·헝가리 제국: 왕정 해체 → 여러 민주 공화국 탄생 • 신생 독립국: 패전국의 식민지가 민족 자결주의 원칙에 따라 독립 → 대부분 민주주의 헌법 채택

✦ 제2차 세계 대전 ❷

배경	대공황 전후 (④) 국가의 등장 → 이탈리아, 독일, 일본이 군사 동맹을 맺어 추축국 진영 형성
전개	독일의 폴란드 침공 → 영국과 프랑스가 독일에 선전 포고 → 아시아 태평양 전쟁 발발 → 미국이 미드웨이 해전에서 일본에 승리 → 소련이 스탈린그라드 전투에서 독일에 승리 → 이탈리아 항복(1943) → 노르망디 상륙 작전으로 파리 해방 → 독일 항복(1945. 5.) → 미국이 일본에 원자 폭탄 투하 → 일본 항복(1945. 8.)
결과	수많은 인명 피해와 재산 피해 발생

---

02 전쟁 범죄에 맞선 평화 유지 노력

✦ 두 차례 세계 대전 중 발생한 전쟁 범죄 ❸

(⑤)	일본군이 중화민국의 수도 난징을 점령하여 도시 전체 파괴 → 중국군 포로와 민간인을 대상으로 폭행과 살해 자행
홀로코스트	나치스가 유대인을 수용소에 가두어 강제 노동을 시키거나 생체 실험 대상으로 삼음 → 많은 유대인이 희생됨
일본군 '위안부'	1930년대 초부터 일본군이 점령지나 전투 지역에 군대 위안소 설치 → 점령지에서 수많은 여성을 끌고 가 일본군 '위안부'의 끔찍한 삶 강요

|답| ① 3국 협상 ② 파리 강화 회의 ③ 11월 혁명 ④ 전체주의 ⑤ 난징 대학살

✦ 전후 처리와 국제 연합의 창설

전후 처리를 위한 논의	• 대서양 헌장: 전후 평화 원칙 발표 • 카이로 회담: 한국의 독립과 일본의 무조건 항복 문제 논의 • (⑥): 전후 독일 분할 점령, 소련의 일본 공격 결정 • 포츠담 회담: 일본에 무조건 항복 권유, 전후 처리 문제 결정
(⑦)	• 목적: 국제 평화와 안전 유지, 국제 협력 • 특징: 미국과 소련 등 강대국의 참여, 국제 분쟁 발생 시 군사적인 수단 동원 가능

✦ 인권 회복과 평화 실현을 위한 노력 ④

국제 군사 재판	• 뉘른베르크 재판: 독일의 전쟁 범죄자들을 재판 • 극동 국제 군사 재판(도쿄 재판): 일본의 전쟁 범죄자들을 재판
평화를 위한 조약	• 제노바 회의: 전쟁 배상금과 외교 관계 문제 등 논의 • 로카르노 조약: 유럽의 국경선 문제 처리 • 켈로그·브리앙 조약: 국제 분쟁을 해결하고자 전쟁을 일으키는 행위를 불법으로 규정

03 아시아와 아프리카의 민족 운동

✦ 동아시아와 인도의 민족 운동 ⑤ ⑥

한국	일제의 식민 지배에 저항하는 3·1 운동 전개 → 대한민국 임시 정부 수립, 다른 나라의 민족 운동에 영향을 미침
중국	• (⑧): 일본의 21개조 요구 강요 → 베이징의 학생들을 중심으로 산둥반도의 이권 반환 등을 요구하는 민족 운동 전개 • 제1차 국공 합작: 군벌과 제국주의 열강을 물리치고자 국민당과 공산당이 연합 → 장제스의 공산당 탄압으로 합작 결렬 • 제2차 국공 합작: 중일 전쟁 발발 → 일본군에 대항하고자 국민당과 공산당이 다시 연합
동남아시아	• 필리핀: 아기날도가 미국의 지배에 저항하는 독립운동 주도 • (⑨): 호찌민 등이 프랑스에 저항하는 민족 운동 전개 • 인도네시아: 수카르노 등이 네덜란드에 맞서 독립운동 전개
인도	• 간디: 비폭력·불복종 운동, 소금 행진 전개 • 네루: 인도의 완전한 독립 주장, 인도 독립 동맹 결성

✦ 서아시아와 아프리카의 민족 운동

서아시아	• 튀르키예 공화국: 초대 대통령인 (⑩)의 개혁 시도 • 아랍 지역: 이라크와 시리아의 독립, 사우디아라비아의 통일 왕국 수립 • 팔레스타인 지역 문제: 맥마흔 선언, 밸푸어 선언 → 아랍인과 유대인이 팔레스타인 지역을 둘러싸고 대립
아프리카	• 이집트: 영국이 수에즈 운하의 관리권과 군대 주둔권을 유지하는 조건으로 독립 인정 • 중남부 아프리카: 범아프리카주의 확산

| 정답 | ⑥ 얄타 회담 ⑦ 국제 연합(UN) ⑧ 5·4 운동 ⑨ 베트남 ⑩ 무스타파 케말

⬅ 뉘른베르크 재판의 피고들

④ 뉘른베르크 재판

뉘른베르크 재판에서는 ① ☐☐의 전쟁 범죄자를 심판하였다. 그 과정에서 히틀러가 이끄는 ② ☐☐☐의 만행이 세상에 알려졌고, 이 재판에서 '반인륜적 범죄'라는 개념을 최초로 법 집행에 적용하였다.

| 정답 | ① 독일 ② 나치당

⑤ 5·4 운동

> 산둥이 망하면 중국도 망합니다. 조선에서는 독립을 꾀하면서 "독립이 아니면 차라리 죽음을 달라."라고 외쳤습니다.
>
> – 베이징 학생계 선언

제1차 세계 대전 이후 ① ☐☐☐☐☐에 참가한 중국은 21개조 요구가 무효임을 주장하였다. 승전국 대표들이 이를 받아들이지 않자, 베이징의 학생들을 중심으로 ② ☐☐☐☐의 이권 반환 등을 요구하는 5·4 운동이 일어났다.

| 정답 | ① 파리 강화 회의 ② 산둥반도

⑥ 인도의 비폭력·불복종 운동

① ☐☐은/는 영국의 식민 지배에 맞서 영국 상품을 사지 않고 세금 납부를 거부하는 등의 비폭력·불복종 운동을 이끌었다. 또한 영국의 소금법 제정에 저항하여 ② ☐☐☐☐을/를 벌이기도 하였다.

| 정답 | ① 간디 ② 소금 행진

01 세계 대전과 국제 질서의 변화

01 제1차 세계 대전의 배경으로 옳은 것을 〈보기〉에서 고른 것은?

┤ 보기 ├
ㄱ. 추축국 진영 형성
ㄴ. 사라예보 사건 발생
ㄷ. 3국 동맹과 3국 협상의 대립
ㄹ. 종단 정책과 횡단 정책의 충돌

① ㄱ, ㄴ　　② ㄱ, ㄷ　　③ ㄴ, ㄷ
④ ㄴ, ㄹ　　⑤ ㄷ, ㄹ

어려워 ♡

02 지도에 나타난 전쟁 당시 볼 수 있는 모습으로 적절하지 <u>않은</u> 것은?

↑ 독일의 폴란드 침공

② ↑ 방독면을 쓴 군인들

↑ 군복을 만드는 여성들

↑ 침몰하는 루시타니아호

↑ 참호전을 펼치는 군인들

03 제1차 세계 대전의 전개 과정을 일어난 순서대로 나열한 것은?

(개) 독일이 항복을 선언하였다.
(내) 미국이 연합국 편으로 참전하였다.
(대) 이탈리아가 연합국 편으로 돌아섰다.
(래) 독일의 서부 전선 총공격이 실패하였다.

① (개) — (내) — (대) — (래)
② (개) — (래) — (대) — (내)
③ (내) — (개) — (래) — (대)
④ (대) — (내) — (래) — (개)
⑤ (대) — (래) — (내) — (개)

중요해 ☆

04 다음 조약에 대한 설명으로 옳지 <u>않은</u> 것은?

제119조　독일은 해외 식민지에 관한 모든 권리와 소유권을 연합국에 넘겨준다.
제231조　전쟁에 따른 모든 책임은 바이마르 공화국(독일)을 비롯한 동맹국에 있다.
제235조　독일은 …… 금화 200억 마르크에 해당하는 배상금을 지불해야 한다.

① 연합국 간에 체결되었다.
② 베르사유 조약의 일부이다.
③ 독일에 대한 보복적 성격이 강하였다.
④ 베르사유 체제가 성립되는 결과를 가져왔다.
⑤ 전쟁의 모든 책임이 독일에 있음을 분명히 하였다.

05 빈칸에 들어갈 사건으로 옳은 것은?

1905년 러시아의 노동자들이 개혁을 요구하는 시위를 벌이자, 정부군이 발포하면서 많은 희생자가 발생하였다.

① 3월 혁명
② 11월 혁명
③ 사라예보 사건
④ 치머만 전보 사건
⑤ 피의 일요일 사건

06 다음 사건이 일어난 시기를 연표에서 고른 것은?

> 러시아의 노동자와 군인들이 소비에트를 결성하였다.

1904	1905	1914	1917	1922	1929
(가)	**(나)**	**(다)**	**(라)**	**(마)**	
▲ 러일 전쟁 발발	▲ 피의 일요일 사건	▲ 제1차 세계 대전 발발	▲ 11월 혁명	▲ 소련 수립	▲ 대공황 발생

① (가) ② (나) ③ (다) ④ (라) ⑤ (마)

07 (가)에 들어갈 혁명에 대한 설명으로 옳지 <u>않은</u> 것은?

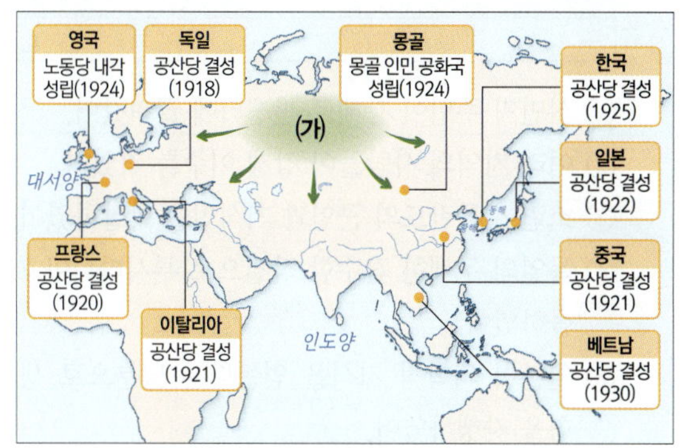

① 빈 체제가 붕괴되는 결과를 가져왔다.
② 3월 혁명으로 임시 정부가 수립되었다.
③ 여러 국가의 공산당 결성에 영향을 미쳤다.
④ 소비에트 사회주의 공화국 연방 수립으로 이어졌다.
⑤ 레닌은 혁명을 전 세계로 확산하고자 국제 공산당 연합 조직인 코민테른을 만들었다.

중요해

08 제1차 세계 대전 이후 민주주의 발전의 사례로 적절한 것을 〈보기〉에서 고른 것은?

┤ 보기 ├
ㄱ. 미국이 먼로주의를 발표하였다.
ㄴ. 노동자들이 러다이트 운동을 전개하였다.
ㄷ. 독일 의회가 바이마르 헌법을 제정하였다.
ㄹ. 새롭게 등장한 독립국이 대부분 민주주의 헌법을 채택하였다.

① ㄱ, ㄴ   ② ㄱ, ㄷ   ③ ㄴ, ㄷ
④ ㄴ, ㄹ   ⑤ ㄷ, ㄹ

09 누리집 검색 결과 중 옳지 <u>않은</u> 답변을 고른 것은?

질문 제1차 세계 대전 이후 참정권이 확대된 배경에 대해 알려 주세요.
ㄴ ⊙ 여성 노동자의 수가 늘어났습니다.
ㄴ ⓒ 여성들이 제1차 세계 대전에 참여하였습니다.
ㄴ ⓒ 영국의 노동자들이 차티스트 운동을 전개하였습니다.
ㄴ ⓒ 새롭게 탄생한 국가들이 대부분 민주주의를 채택하였습니다.
ㄴ ⓜ 전쟁에 참여한 사람들이 자신들의 정치적 권리를 요구하였습니다.

① ⊙   ② ⓒ   ③ ⓒ   ④ ⓒ   ⑤ ⓜ

10 자료를 활용한 탐구 주제로 가장 적절한 것은?

▲ 뉴욕 증권 거래소로 몰려든 사람들

▲ 테네시강 유역 개발 공사

① 제국주의의 등장
② 전쟁 범죄의 발생
③ 베르사유 체제의 성립
④ 전후 처리를 위한 노력
⑤ 대공황의 발생과 각국의 대응

11 다음 국가들의 공통점으로 가장 적절한 것은?

> • 독일   • 일본   • 이탈리아

① 3국 동맹에 포함되었다.
② 한국을 식민 지배하였다.
③ 전체주의 세력이 권력을 잡았다.
④ 군부 세력이 군국주의를 내세웠다.
⑤ 유대인을 탄압하는 인종주의 정책을 펼쳤다.

12 ㉠에 들어갈 국가에 대한 설명으로 옳은 것은?

> 대공황 이후 (㉠)에서는 히틀러가 이끄는 나치스가 국민의 지지를 받으며 정권을 장악하였다.

① 중일 전쟁을 일으켰다.
② 오스트리아를 병합하였다.
③ 에티오피아를 침략하였다.
④ 블라디보스토크의 여러 소수 민족을 강제 이주시켰다.
⑤ 제2차 세계 대전 당시 일본에 원자 폭탄을 투하하였다.

[13~14] 다음을 보고 물음에 답하시오.

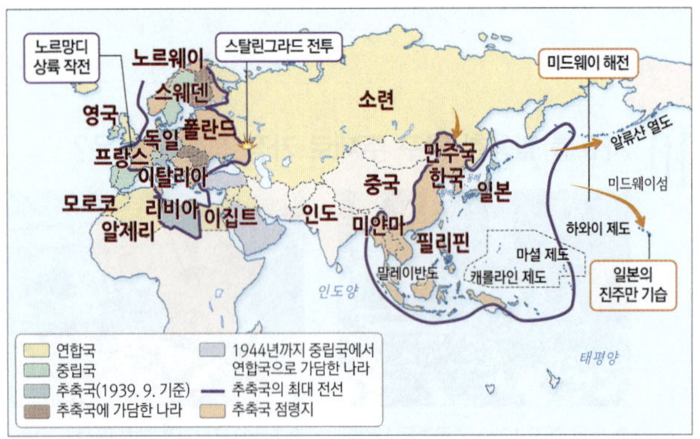

13 다음은 위 지도에 나타난 전쟁 시기에 있었던 일들이다. 이 중에서 세 번째로 일어난 일은?

① 추축국 진영이 형성되었다.
② 독일이 폴란드를 공격하였다.
③ 아시아 태평양 전쟁이 발발하였다.
④ 소련이 스탈린그라드 전투에서 승리하였다.
⑤ 영국과 프랑스가 독일에 선전 포고를 하였다.

14 위 지도에 나타난 전쟁을 주제로 하는 영화에 등장할 장면으로 적절하지 <u>않은</u> 것은?

① 파리 강화 회의가 개최되는 장면
② 일본이 진주만 기지를 기습 공격하는 장면
③ 독일과 소련이 불가침 조약을 체결하는 장면
④ 일본의 히로시마에 원자 폭탄이 떨어지는 장면
⑤ 미국이 미드웨이 해전에서 일본에 승리하는 장면

---

02 전쟁 범죄에 맞선 평화 유지 노력

15 (가)에 들어갈 내용으로 적절하지 <u>않은</u> 것은?

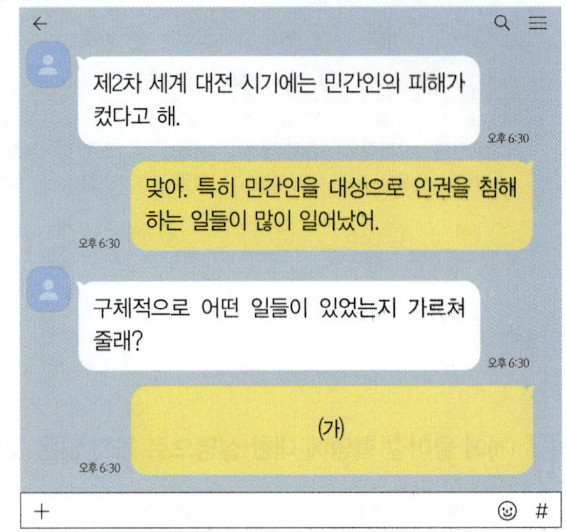

① 식민지 주민이 강제로 전쟁터에 끌려갔어.
② 여러 지역의 사람들이 강제 이주를 겪었어.
③ 소련이 폴란드의 군인과 지식인을 학살하였어.
④ 독일의 무제한 잠수함 작전으로 루시타니아호가 침몰하였어.
⑤ 일본이 의학적 지식을 얻는다는 명분으로 생체 실험을 자행하였어.

중요해

16 ㉠에 공통으로 들어갈 국가가 저지른 전쟁 범죄로 옳은 것은?

> • 국제 연맹을 탈퇴한 (㉠)은/는 1937년에 중국을 침략하였다.
> • 1945년에 열린 얄타 회담에서 소련이 연합군과 함께 (㉠)을/를 공격하기로 결정하였다.

① 난징 대학살을 저질렀다.
② 유대인을 대상으로 홀로코스트를 자행하였다.
③ 폴란드 점령 후 폴란드인을 강제로 추방하였다.
④ 별도의 주거 지역을 만들어 유대인을 격리하였다.
⑤ 블라디보스토크의 여러 소수 민족을 중앙아시아로 강제 이주시켰다.

17 자료를 보고 학생들이 나눈 대화 내용으로 가장 적절한 것은?

← 아우슈비츠 수용소 정문

① 일본의 731 부대가 생체 실험을 자행하였어.
② 일본이 난징을 점령하여 많은 사람을 살해하였어.
③ 나치스가 유대인을 대상으로 대규모 학살을 저질렀어.
④ 수많은 여성이 일본군 '위안부'의 끔찍한 삶을 강요당하였어.
⑤ 식민지 주민이 군수 공장에 동원되어 힘든 노동에 시달렸어.

18 ㉠, ㉡에 들어갈 내용으로 옳은 것은?

• 1943년에 열린 (㉠)에서 연합국 대표들이 한국의 독립과 일본의 무조건 항복 문제를 논의하였다.
• 1945년에 열린 (㉡)(으)로 전후 처리 문제가 결정되었다.

	㉠	㉡
①	얄타 회담	베를린 회의
②	얄타 회담	포츠담 회담
③	카이로 회담	포츠담 회담
④	카이로 회담	파리 강화 회의
⑤	파리 강화 회의	포츠담 회담

19 밑줄 친 '국제기구'에 대한 설명으로 옳지 <u>않은</u> 것은?

제2차 세계 대전이 끝난 후 여러 나라의 대표들이 국제 평화와 안전 유지를 위해 이 국제기구를 세웠다.

① 미국과 소련 등 강대국이 참여하였다.
② 대서양 헌장의 정신에 따라 창설되었다.
③ 국제 분쟁을 막을 군사적 수단이 없었다.
④ 세계 인권 선언을 채택하며 인권을 강조하였다.
⑤ 총회, 안전 보장 이사회 등 여러 산하 기구가 있었다.

20 (가), (나) 재판에 대한 설명으로 옳은 것은?

(가) 뉘른베르크 재판　　　(나) 극동 국제 군사 재판

① (가) – 일본의 전쟁 범죄자를 재판하였다.
② (가) – 재판 과정에서 나치스의 만행이 드러났다.
③ (나) – 독일의 전쟁 범죄자를 재판하였다.
④ (나) – 반인륜적 범죄를 법 집행에 적용하였다.
⑤ (가), (나) – 제2차 세계 대전 중에 진행되었다.

21 다음 다큐멘터리의 제목으로 가장 적절한 것은?

장면 #1 1922년 유럽 각국의 대표들이 이탈리아 제노바에서 전쟁 배상금과 외교 관계 문제 등을 논의하는 장면
장면 #2 1928년 주요 국가들이 켈로그·브리앙 조약을 체결하는 장면

① 빈 체제의 성립
② 전쟁 범죄의 발생
③ 전체주의 국가의 등장
④ 국제 연합(UN)의 창설
⑤ 평화 실현을 위한 노력

22 학생의 질문에 대한 답변으로 적절하지 <u>않은</u> 것은?

① 전쟁의 기록이 담긴 박물관을 세웠어요.
② 희생자들을 추모하는 추모관을 설립하였어요.
③ 유럽의 여러 나라가 공동의 역사 교과서를 제작하였어요.
④ 서독 총리가 독일 나치스의 잘못을 인정하며 사죄하였어요.
⑤ 일본의 정치인들이 야스쿠니 신사에 지속적으로 참배하고 있어요.

03 아시아와 아프리카의 민족 운동

23 ㉠에 공통으로 들어갈 내용으로 옳은 것은?

> • 제1차 세계 대전 이후 아시아 지역에서는 (㉠)의 영향을 받아 민족 운동이 활발하게 일어났다.
> • 윌슨의 14개조 평화 원칙에는 식민지의 주권 문제를 처리할 때에는 식민지 주민의 이익과 손해를 반영해야 한다는 (㉠)이/가 포함되었다.

① 민주주의   ② 사회주의
③ 자유주의   ④ 자유방임주의
⑤ 민족 자결주의

중요해

24 다음 학습 목표에 대한 학생들의 발표 내용으로 가장 적절한 것은?

> • **학습 목표**: 한국에서 일어난 3·1 운동의 영향을 설명할 수 있다.

① 독립 협회가 설립되었습니다.
② 동학 농민 운동이 일어났습니다.
③ 중국의 5·4 운동에 영향을 주었습니다.
④ 군벌의 난립으로 사회가 혼란스러워졌습니다.
⑤ 고종이 러시아 공사관으로 처소를 옮겼습니다.

25 중국의 신문화 운동에 대한 설명으로 옳은 것을 〈보기〉에서 고른 것은?

> ┤ 보기 ├
> ㄱ. 이홍장의 주도로 전개되었다.
> ㄴ. 서양 과학과 민주주의 수용을 주장하였다.
> ㄷ. 유교를 비롯한 중국의 전통문화를 비판하였다.
> ㄹ. 일본의 메이지 유신을 본받아 정치 제도 개혁을 시도하였다.

① ㄱ, ㄴ   ② ㄱ, ㄷ   ③ ㄴ, ㄷ
④ ㄴ, ㄹ   ⑤ ㄷ, ㄹ

26 다음 선언문이 발표된 배경으로 가장 적절한 것은?

> 산둥이 망하면 중국도 망합니다. 조선에서는 독립을 꾀하면서 "독립이 아니면 차라리 죽음을 달라."라고 외쳤습니다.
> — 베이징 학생계 선언

① 난징 대학살이 일어났다.
② 제2차 세계 대전이 발발하였다.
③ 정부가 민간 철도를 국유화하였다.
④ 일본이 산둥반도의 이권을 넘겨받았다.
⑤ 양무운동이 실패로 끝나고 열강의 간섭이 심해졌다.

27 (가) 시기에 있었던 일로 옳지 <u>않은</u> 것은?

제1차 국공 합작 완성	→	(가)	→	제2차 국공 합작 완성

① 5·4 운동 전개
② 중일 전쟁 발발
③ 장제스의 중국 통일
④ 공산당의 대장정 시작
⑤ 장제스의 공산당 탄압

28 (가), (나) 인물에 대한 설명으로 옳은 것은?

(가)	(나)

↑ 간디	↑ 네루

① (가) – 볼셰비키를 이끌었다.
② (가) – 인도네시아의 초대 대통령이 되었다.
③ (나) – 소금 행진을 전개하였다.
④ (나) – 인도 독립 동맹을 결성하였다.
⑤ (가), (나) – 비폭력·불복종 운동을 주도하였다.

29 지도를 보고 학생들이 나눈 대화 내용으로 적절하지 않은 것은?

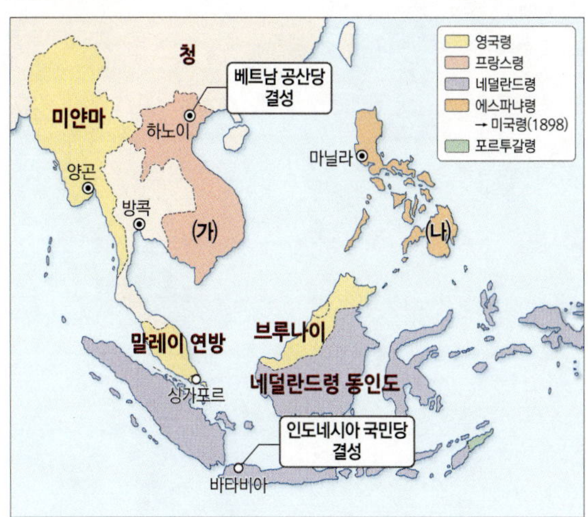

① 동남아시아의 민족 운동을 보여 주는 지도야.
② ㈎는 제1차 세계 대전 당시 프랑스를 지원하였어.
③ 미국은 ㈏의 지배권을 두고 에스파냐와 전쟁을 벌였어.
④ ㈎에서 호찌민이 프랑스에 저항하는 민족 운동을 이끌었어.
⑤ ㈏에서 수카르노가 인종과 종교를 넘어선 통일과 독립을 주장하였어.

30 빈칸에 들어갈 내용으로 적절하지 않은 것은?

〈포트폴리오 제작 구성안〉

서아시아와 아프리카의 민족 운동

▣ 배경: 제1차 세계 대전이 끝난 후 서아시아와 아프리카

▣ 장면별 구성 내용
#1. 튀르키예 문자를 가르치는 무스타파 케말
#2. 팔레스타인을 둘러싼 갈등의 배경
#3. ______________________

① 영국으로부터 독립하는 이집트
② 사우디아라비아의 통일 왕국 수립
③ 범아프리카 회의를 개최하는 아프리카인들
④ 대한민국 임시 정부를 세우는 독립운동가들
⑤ 프랑스에 맞서 독립운동을 전개하는 모로코인들

31 다음을 읽고 물음에 답하시오.

㈎ 국가를 떠나서는 인간과 영혼의 가치도 존재하지 않는다. …… 국민이 국가를 발생시키는 것이 아니라 국가가 국민을 창조한다. – 무솔리니

㈏ 국가는 인종의 순수한 보전을 위해 힘써야 한다. …… 독일 민족의 지위에 걸맞은 영토를 지상에서 확보해야 할 것이다. – 히틀러

(1) 위 자료에 나타난 체제의 등장 배경과 특징을 각각 서술하시오.

(2) (1)의 내용을 바탕으로 위 자료에 나타난 체제를 반박하는 글을 논술하시오.

VII

현대 세계의 전개와 과제

01. 냉전 체제와 제3 세계의 형성

✚ 냉전 체제의 형성

1 냉전의 시작

(1) **배경**: 제2차 세계 대전 이후 미국과 소련의 대립 심화, 소련의 영향으로 동유럽 여러 국가에 공산주의 정권 수립

(2) **냉전 체제의 형성**: 미국 중심의 자본주의 진영과 소련 중심의 공산주의 진영의 대립 시험 단골 자본주의 진영과 공산주의 진영을 비교하여 묻는 문제가 자주 출제돼!

구분	자본주의 진영	공산주의 진영
정치	⁺트루먼 독트린 발표(1947)	코민포름(공산당 정보국) 조직
경제	미국이 마셜 계획 실시 자료 1	소련이 코메콘(경제 상호 원조 회의) 결성
군사	미국이 서유럽 국가들과 북대서양 조약 기구(NATO) 결성	소련이 동유럽 국가들과 바르샤바 조약 기구(WTO) 결성

2 냉전의 심화

(1) **독일**: 제2차 세계 대전 이후 미국·영국·프랑스·소련이 독일 분할 점령 → 소련의 베를린 봉쇄(1948~1949) → 서독(자본주의 진영)과 동독(공산주의 진영)으로 분단 → 베를린 장벽 설치(1961) 자료 2

> 이때 미국은 비행기로 서베를린에 보급품을 전달해 주었어.

(2) **아시아**: 군사적 충돌인 '열전'으로 전개 자료 3

중국	장제스의 국민당과 마오쩌둥의 공산당 간 전쟁 발발(국공 내전) → 공산당 승리 → 중화 인민 공화국 수립(1949)
한국	1945년 광복 후 냉전의 영향으로 남북 분단 → 소련의 지원을 받은 북한이 남한을 침략하여 6·25 전쟁 발발(1950) → 정전(1953)
베트남	프랑스로부터 독립 후 공산주의 정권이 들어선 북베트남과 미국의 지원을 받은 남베트남의 대립 → 베트남 전쟁 발발(1964) → 북베트남 승리, 베트남 통일(1975)

(3) **쿠바**: 소련이 지리적으로 미국과 가까운 쿠바에 핵미사일 기지 건설 시도 → 이에 반발한 미국이 쿠바 해상을 봉쇄하며 핵전쟁의 위기 발생(쿠바 미사일 위기, 1962) → 소련이 미사일 철수 발표

✚ 제3 세계의 등장

1 아시아와 아프리카 국가들의 독립

(1) **아시아**

> 동파키스탄은 1971년 방글라데시로 독립하였어.

인도	영국의 식민 지배에서 독립(1947) → 종교 갈등 지속, 인도(힌두교 국가)와 파키스탄(이슬람교 국가)으로 분리
서아시아	• 시리아, 요르단 등 독립 • 이스라엘: 유대인이 영국, 미국 등의 도움을 받아 팔레스타인 지역에 건국(1948) → 팔레스타인 거주민과 주변 아랍국들이 반발, 네 차례 중동 전쟁 발발(1948~1979)
동남아시아	• 필리핀: 미국의 지원을 받아 독립(1946) → 미국의 간섭을 물리치고 공화국 수립 • 인도네시아: 일본 항복 후 네덜란드와 전쟁하여 독립(1949) • 기타: 미얀마, 캄보디아, 베트남, 말레이시아 등 독립

자료 1 마셜 계획

영국 총리 처칠은 '철의 장막'이라는 말을 사용하여 세계가 서로 다른 두 개의 진영으로 나뉘었음을 선언하였어.

미국의 국무 장관인 마셜은 공산주의 세력의 확산을 막기 위해 서유럽의 경제를 원조하는 마셜 계획을 실시하였다.

자료 2 독일의 분단

← 베를린 장벽이 설치된 거리(1962)

미국, 영국, 프랑스가 점령한 지역에서 공동으로 화폐 개혁을 추진하자 소련은 이에 항의하여 서베를린으로 가는 육로를 약 1년간 봉쇄하였다. 이후 독일은 분단되었으며, 1961년에 베를린 장벽이 세워졌다.

자료 3 아시아에서의 냉전 시험 단골 아시아에서 나타난 냉전의 사례를 묻는 문제가 자주 출제돼!

↑ 6·25 전쟁

↑ 베트남 전쟁

한국에서는 6·25 전쟁이 일어나 국제 연합군과 중국군이 참전하였다. 베트남 전쟁도 여러 국가가 참여하면서 국제전으로 확대되었다.

> 국군과 국제 연합군이 인천 상륙 작전을 벌이는 모습이야.

+ **냉전(冷 차다, 戰 전쟁)** 자본주의 진영과 공산주의 진영이 직접적인 무력 충돌보다는 정치, 군사, 외교 등에서 경쟁과 대립을 유지하던 상황을 말함

+ **트루먼 독트린** 1947년 미국의 트루먼 대통령이 공산주의 세력의 확산을 막겠다고 발표한 선언

(2) **아프리카** ┌ 서구 열강이 임의적으로 국경선을 설정하여
└ 독립 과정에서 잦은 영토 분쟁이 발생하였어.

① 이집트: **나세르**가 중동 전쟁에서 패배한 왕정을 몰아내고 공화정 수립(1952) → 수에즈 운하의 국유화 선언, 운영권 회복(1956)

② 리비아: 1951년 이탈리아로부터 독립

③ **'아프리카의 해'**: 1960년에 나이지리아, 중앙아프리카 공화국, 카메룬, 차드 등 17개국이 독립하여 '아프리카의 해'라고 불림

④ 알제리: 1962년 8년간의 전쟁 끝에 프랑스로부터 독립

2 제3 세계의 등장

(1) **특징**: 아시아와 아프리카의 신생 독립국들 중심, 자본주의 진영(제1 세계)과 공산주의 진영(제2 세계) 어디에도 가담하지 않겠다는 **비동맹주의(비동맹 중립 노선)** 추구 ┌ 상호 불가침, 평화 공존 등의 └ 내용이 담겨 있어.

(2) **활동**: 인도와 중국의 대표가 만나 **평화 5원칙** 발표(1954) → 아시아와 아프리카 29개국 대표들이 **아시아·아프리카 회의(반둥 회의)** 에서 **평화 10원칙** 발표(1955) 자료 **4** → 제1차 비동맹 회의(1961)를 시작으로 정기적 회의 개최 ┌ 유고슬라비아의 티토, 인도의 네루, └ 이집트의 나세르가 모였어.

🔶 국제 질서의 변화

1 냉전 체제의 완화 ┌ 냉전 체제가 완화되면서 여러 └ 국가가 세력을 형성하였어.

(1) **배경**: 소련과 미국의 영향력 약화, 제3 세계의 등장, 일본과 독일의 경제 성장 등 → 국제 질서가 **양극 체제**에서 **다극 체제로 변화**

소련의 영향력 약화	중국과 소련의 이념 및 국경 갈등, 동유럽 국가의 **자유화 운동** 추진(체코슬로바키아·폴란드 등이 독자 노선 추구)
미국의 영향력 약화	프랑스가 북대서양 조약 기구(NATO) 탈퇴 후 독자 노선 선택, 미국이 베트남 전쟁에서 어려움을 겪음

(2) **과정**: **닉슨 독트린** 발표(1969) 자료 **5** → 미국 탁구 선수단이 중국에서 친선 경기 진행(1971), 닉슨의 중국 방문(1972), 서독 총리의 동방 정책으로 동독과 서독의 관계 개선 및 국제 연합(UN) 동시 가입(1973), 미국이 중국과 외교 관계 수립(1979), 미국과 소련이 **전략 무기 제한 협정(SALT)** 체결(1972, 1979) ┌ 미국과 중국의 외교 관계가 │ 탁구를 통해 개선되었기에 └ 이를 '핑퐁 외교'라고 불러.

2 소련의 해체

(1) **배경**: 1970년대 이후 공산당 관료 체제와 사회주의 경제 체제 강화 → 소련 사회의 경직, 경제 침체

(2) **고르바초프의 정책**: 1985년 집권 후 실시

개혁(페레스트로이카)과 개방(글라스노스트) 정책 추진	시장 경제 체제 도입, 정치 민주화 추진, 언론의 자유 허용, 동유럽 국가에 대한 불간섭 선언
몰타 회담 개최(1989) 자료 **6**	미국의 부시 대통령과 만나 냉전의 종식을 공식적으로 선언

(3) **소련의 해체**: 고르바초프의 정책에 반대한 공산당의 쿠데타 발생 → 옐친이 쿠데타 저지 → 옐친이 대통령이 되어 소련 해체, 러시아 연방을 중심으로 국제기구인 **독립 국가 연합(CIS)** 결성(1991) ┌ 처음에는 11개국이 속하였으나 이후 조지아, └ 우크라이나, 몰도바가 탈퇴하였어.

자료 **4** 평화 10원칙(일부)

> 1. 기본적인 인권과 국제 연합의 헌장을 존중한다.
> 2. 모든 국가의 주권과 영토의 보전을 존중한다.
> 3. 모든 인종과 국가 사이의 평등을 인정한다.
> 7. 서로 침략하지 않는다.
> 8. 국제 분쟁을 평화적인 방법으로 해결한다.
> 10. 정의와 국제 의무를 존중한다.

아시아와 아프리카의 29개국은 인도네시아의 반둥 회의에서 **국제 분쟁의 평화적 해결과 상호 존중 등의 원칙을 제시한 평화 10원칙을 발표**하였다. 이로써 제3 세계가 독자적인 정치 세력으로 등장하였다.

자료 **5** 닉슨 독트린 시험단골 ▶ 닉슨 독트린 발표의 영향을 묻는 문제가 자주 출제돼!

> • 미국은 앞으로 베트남 전쟁과 같은 군사적 개입을 피한다.
> • 미국은 강대국의 핵 위협을 제외한 내란이나 침략인 경우 아시아 각국이 스스로 협력하여 그에 대처하기를 바란다.
> • 미국은 '태평양 국가'로서 그 지역에서 중요한 역할을 계속하지만 직접적·군사적·정치적 과잉 개입은 하지 않는다.

미국의 닉슨 대통령은 앞으로 **아시아의 군사적 분쟁에 개입하지 않겠다고 선언**하였다. 이후 미국은 베트남 전쟁에서 철수하였다.

자료 **6** 몰타 회담

← 미국의 부시 대통령(왼쪽)과 소련의 고르바초프 서기장(오른쪽)

미국의 부시 대통령과 소련의 고르바초프 공산당 서기장은 1989년 몰타 회담에서 냉전의 종식을 공식 선언하였다.

✚ **전략 무기 제한 협정(SALT)** 미국과 소련 간의 공격용 및 방어용 전략 핵무기를 제한하는 것에 관한 협정

✚ **페레스트로이카와 글라스노스트** 페레스트로이카는 공산주의 체제에서 벗어나 시장 경제 체제를 도입하는 경제 정책이며, 글라스노스트는 정치적 자유화 정책을 말함

01. 냉전 체제와 제3 세계의 형성

3 동유럽 사회주의 진영의 붕괴

(1) 배경: 1980년대 후반 소련이 동유럽 국가에 대한 불간섭 선언

(2) 사회주의 진영의 붕괴 `자료 7`

① 동유럽: 민주화 운동 전개, 시장 경제 제도 도입

폴란드	자유 노조 운동을 이끈 바웬사가 대통령에 선출됨
헝가리	복수 정당제 도입, 시장 경제 제도 수용, 헝가리 공화국 선포
체코슬로바키아	벨벳 혁명(1989)이 일어나 자유선거를 통한 민주화 달성

② 독일: 베를린 장벽 붕괴(1989) → 서독이 동독을 흡수하는 방식으로 독일 통일(1990)

┌ 당시 발칸반도의 여섯 국가로 이루어져 있었어.

③ 유고슬라비아 연방: 1990년대에 여러 국가가 독립, 그 과정에서 유고슬라비아 전쟁(1991~2001) 발발(→ 크로아티아, 보스니아 헤르체고비나, 코소보에서 많은 사상자 발생), 연방 해체(1992)

4 중국의 개혁과 개방 `공부 TIP` 마오쩌둥과 덩샤오핑의 정책을 비교해 보자.

(1) **마오쩌둥의 정책**

대약진 운동	1950년대 말 독자적인 공산주의 경제 정책으로 인민공사를 설립하여 농업의 집단화 추진 → 무리한 계획, 자연재해 지속 등으로 실패
문화 대혁명 `자료 8`	대약진 운동의 실패로 마오쩌둥의 정치적 입지 약화 → 1960년대 후반 홍위병을 앞세워 문화 대혁명 추진(1966~1976) → 중국의 전통문화 파괴, 예술인·지식인 억압

(2) **덩샤오핑의 정책**

① 개혁·개방 정책: 흑묘백묘론을 토대로 시장 경제 체제 도입, 동남부 해안 지역에 경제특구 설치 → 급속한 경제 성장

② 톈안먼 사건(1989): 톈안먼 광장에서 민주화를 요구하는 대규모 시위 발생 → 중국 정부의 무력 진압, 수천 명의 인명 피해 발생

5 유럽 연합의 성립 `자료 9` ┌ 전쟁을 막기 위해 철강, 석탄의 생산과 판매를 공동으로 관리하자는 프랑스의 제안으로 출범하였어.

배경	유럽 석탄 철강 공동체(ECSC) → 유럽 경제 공동체(EEC) → 유럽 공동체(EC) 순으로 1950년대부터 유럽 통합 추진
성립	마스트리흐트 조약(1992)에 따라 유럽의 정치적·경제적 통합을 추구하는 유럽 연합(EU) 창설(1993)
활동	소속 국가들은 유럽 의회에서 정치, 외교 등 여러 사안을 함께 논의, 유로화를 공동 화폐로 사용하여 경제 통합

6 냉전 이후의 국제 질서

(1) 20세기 후반

① 사회주의 진영 붕괴 이후 미국 등 선진국이 정치와 경제 주도

② 주요 7개국(G7)이 정상 회의 구성, G20(G7+주요 신흥 경제국+유럽 연합)이 2008년부터 정상 회의로 격상하여 경제 문제 등 논의

(2) 21세기: 급성장한 중국의 영향력 확대와 미국의 견제, 러시아도 영향력을 회복하기 위해 노력

`자료 7` **사회주의 진영의 붕괴**

⬆ 철거되는 레닌 동상(1989)

⬆ 베를린 장벽 붕괴(1989)

1980년대 후반에 소련이 동유럽 국가에 대한 불간섭을 선언하자 동유럽 국가들에서 민주화 운동이 일어나 사회주의 정권이 붕괴되었다. 한편, 독일은 베를린 장벽이 무너지고 통일되었다.

`자료 8` **문화 대혁명** `시험 단골` 문화 대혁명의 배경을 묻는 문제가 자주 출제돼!

┐ 학생들로 조직된 홍위병이 마오쩌둥의 어록을 들고 있어.

⬅ 문화 대혁명을 주도한 홍위병

대약진 운동 실패로 정치적 위기를 맞은 마오쩌둥은 이를 극복하기 위해 사회주의 사상으로 무장한 홍위병을 앞세워 문화 대혁명을 일으켰다.

`자료 9` **유럽 연합(EU)**

┐ 깃발에 그려진 12개의 별은 출범 당시 회원국을 뜻하고, 원 모양은 통합과 단결을 상징해.

⬆ 유럽 연합기　　⬆ 유로화

냉전이 종식된 뒤 유럽에서는 마스트리흐트 조약이 체결되어 유럽 연합(EU)이 출범하였다. 유럽 연합의 성립으로 유럽은 공동 화폐인 유로화를 사용하였다.

+ **벨벳 혁명** 체코슬로바키아에서 평화적인 시위로 정권이 교체된 것을 부드러운 천인 벨벳에 비유하여 이르는 말

+ **흑묘백묘론** "검은 고양이든 흰 고양이든 쥐만 잘 잡으면 된다."라는 뜻으로, 중국 인민을 잘살게 할 수 있다면 자본주의적인 방법도 도입할 수 있다는 덩샤오핑의 선언

대표 자료 확인하기

✦ 제3 세계의 등장

> 1. 기본적인 인권과 국제 연합의 헌장을 존중한다.
> 2. 모든 국가의 주권과 영토의 보전을 존중한다.
> 3. 모든 인종과 국가 사이의 평등을 인정한다.
> 8. 국제 분쟁을 평화적인 방법으로 해결한다.
> 10. 정의와 국제 의무를 존중한다.

아시아와 아프리카의 29개국 대표들은 반둥 회의에서 국제 분쟁의 평화적 해결과 상호 존중 등의 원칙을 제시한 (①   )을/를 발표하였다.

✦ 냉전 체제의 종식

개혁·개방 정책을 추진한 소련의 (②   )은/는 미국의 부시 대통령과 함께 (③   )에서 냉전이 끝났다고 공식적으로 선언하였다.

한눈에 정리하기

✦ 냉전 체제의 형성

냉전의 형성	• (①): 트루먼 독트린, 마셜 계획, 북대서양 조약 기구(NATO) • 공산주의 진영: 코민포름, 코메콘, 바르샤바 조약 기구(WTO)
냉전의 심화	독일 분단, 중화 인민 공화국 수립, 6·25 전쟁, 베트남 전쟁, 쿠바 미사일 위기 등

✦ 제3 세계의 등장과 국제 질서의 변화

제3 세계의 등장	인도와 중국 대표가 만나 (②) 합의 → 아시아·아프리카 회의(반둥 회의)에서 평화 10원칙 발표(1955)
냉전의 완화	닉슨 독트린 발표(1969) → 닉슨 대통령의 중국 방문, 미국과 중국의 국교 체결, 전략 무기 제한 협정(SALT) 체결
냉전의 종식	• 소련: 고르바초프의 개혁과 개방 정책 추진 → 몰타 회담에서 냉전 종식 공식 선언 → 옐친이 (③) 결성 • 동유럽: 사회주의 정권 붕괴, 독일 통일 • 중국: (④)이/가 문화 대혁명 추진 → 덩샤오핑이 개혁·개방 정책 추진

1 다음 괄호 안의 내용 중 알맞은 말에 ○표를 하시오.

(1) (미국 , 소련)의 트루먼 대통령은 공산주의 세력의 확산을 막겠다고 선언하였다.

(2) 소련 중심의 (공산주의 진영 , 자본주의 진영)은 공산당 정보국인 코민포름을 만들었다.

(3) (바르샤바 조약 기구 , 북대서양 조약 기구)는 소련이 동유럽 공산주의 국가들과 조직한 군사 동맹이다.

2 다음 설명이 맞으면 ○표, 틀리면 ✕표를 하시오.

(1) 제2차 세계 대전 이후 독일은 미국, 영국, 이탈리아, 소련이 분할하여 점령하였다.   (   )

(2) 소련이 쿠바에 핵미사일 기지를 세우려고 하자 미국이 쿠바 해상을 봉쇄하면서 핵전쟁의 위기가 일어났다.   (   )

3 빈칸에 들어갈 내용을 쓰시오.

(1) 이집트에서는 (   )이/가 중동 전쟁에서 패배한 왕정을 몰아내고 공화정을 세웠다.

(2) 비동맹주의(비동맹 중립 노선)를 내세운 아시아와 아프리카의 신생 독립국들을 (   )(이)라고 한다.

4 다음 물음에 답하시오.

(1) 1969년 미국의 대통령이 아시아에서 일어나는 전쟁에 군사적인 개입을 피하겠다고 한 선언은?   (   )

(2) 1980년대 중반 소련의 개혁·개방 정책을 추진하고 동유럽 국가에 간섭하지 않겠다고 선언한 인물은?   (   )

5 다음 설명에 해당하는 인물을 〈보기〉에서 골라 기호를 쓰시오.

> ┌ 보기 ┐
> ㄱ. 덩샤오핑   ㄴ. 마오쩌둥

(1) 대약진 운동 실패 이후 문화 대혁명을 일으켜 정치적 위기를 극복하려고 하였다.   (   )

(2) 흑묘백묘론을 주장하며 사회주의를 유지하면서 자본주의 요소를 받아들이는 개혁을 진행하였다.   (   )

6 ㉠에 들어갈 국제기구를 쓰시오.

> 1993년 유럽에서 정치적·경제적 통합을 추구하는 (㉠   )이/가 만들어졌다. 이 기구에 속한 국가들은 여러 사안에 대해 함께 논의하고 유로화를 공동 화폐로 사용하였다.

01 제2차 세계 대전 이후 미국의 활동으로 옳은 것을 〈보기〉에서 고른 것은?

┤ 보기 ├
ㄱ. 트루먼 독트린을 발표하였다.
ㄴ. 북대서양 조약 기구(NATO)를 만들었다.
ㄷ. 바르샤바 조약 기구(WTO)를 결성하였다.
ㄹ. 상호 경제 지원을 위해 코메콘을 조직하였다.

① ㄱ, ㄴ　　② ㄱ, ㄷ　　③ ㄴ, ㄷ
④ ㄴ, ㄹ　　⑤ ㄷ, ㄹ

02 미국이 지도에 나타난 정책을 실시한 목적으로 가장 적절한 것은?

① 대공황을 극복하기 위해
② 전쟁 범죄자를 처벌하기 위해
③ 공산주의 세력의 확산을 막기 위해
④ 유럽을 정치적·경제적으로 통합하기 위해
⑤ 개발 도상국의 이익과 권리를 보호하기 위해

03 검색창에 들어갈 내용을 쓰시오.

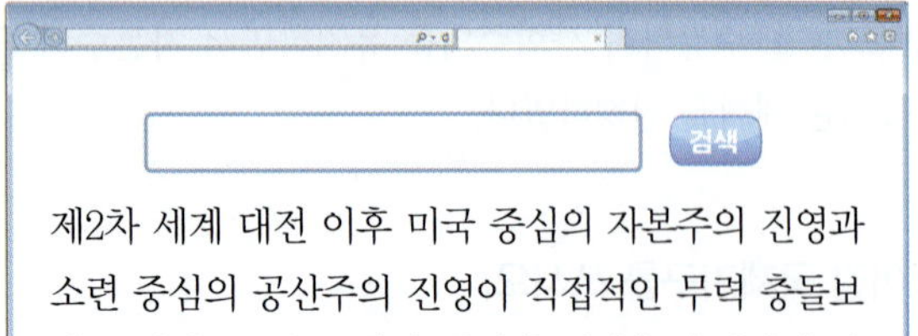

제2차 세계 대전 이후 미국 중심의 자본주의 진영과 소련 중심의 공산주의 진영이 직접적인 무력 충돌보다는 정치, 군사 등에서 경쟁과 대립을 유지하던 상황을 말한다.

(　　　　　　)

04 ㉠에 들어갈 국가에 대한 설명으로 옳지 <u>않은</u> 것은?

← 베를린 봉쇄 때 서베를린에 보급품을 전달하는 비행기

미국, 영국, 프랑스가 독일의 점령 지역에서 공동으로 화폐 개혁을 추진하자 (　㉠　)은/는 이에 항의하며 서베를린으로 가는 육로를 약 1년간 봉쇄하였다.

① 6·25 전쟁 때 북한을 지원하였다.
② 수에즈 운하의 국유화를 선언하였다.
③ 공산당 정보국인 코민포름을 만들었다.
④ 쿠바에 핵미사일 기지를 세우려고 하였다.
⑤ 미국과 전략 무기 제한 협정(SALT)을 맺었다.

05 밑줄 친 '전쟁'으로 옳은 것은?

중국에서는 장제스가 이끄는 국민당과 마오쩌둥이 이끄는 공산당이 <u>전쟁</u>을 벌였다.

① 국공 내전　　　　② 중동 전쟁
③ 중일 전쟁　　　　④ 제1차 세계 대전
⑤ 아시아 태평양 전쟁

06 자료를 활용한 탐구 주제로 가장 적절한 것은?

⬆ 6·25 전쟁　　　　⬆ 베트남 전쟁

① 제3 세계의 등장
② 아시아에서의 냉전
③ 아시아 민족 운동의 전개
④ 아시아·아프리카 국가들의 독립
⑤ 페레스트로이카와 글라스노스트 정책

07 다음 그림이 풍자하는 사건의 원인으로 가장 적절한 것은?

① 닉슨 독트린이 발표되었다.
② 중화 인민 공화국이 수립되었다.
③ 독일이 서독과 동독으로 분단되었다.
④ 북한이 남한을 침략하여 전쟁이 일어났다.
⑤ 소련이 쿠바에 미사일 기지 건설을 추진하였다.

08 다음에서 설명하는 국가로 옳은 것은?

> 1948년 유대인이 영국과 미국 등의 도움을 받아 팔레스타인 지역에 세운 국가이다. 이 국가의 건국으로 팔레스타인 지역에서는 여러 차례 전쟁이 일어났다.

① 인도　　　② 리비아　　　③ 알제리
④ 필리핀　　　⑤ 이스라엘

09 빈칸에 들어갈 인물로 옳은 것은?

역사 인물 사전

> 중동 전쟁에서 패배한 왕정을 몰아내고 공화정을 세웠다. 이집트의 대통령이 되어 영국과 프랑스로부터 수에즈 운하의 운영권을 되찾았다.

① 간디　　　② 나세르　　　③ 호찌민
④ 수카르노　　　⑤ 무스타파 케말

10 제3 세계에 대해 학생들이 나눈 대화 내용으로 옳지 않은 것은?

① 비동맹주의를 내세웠어.
② 평화 10원칙을 발표하였어.
③ 다수가 마셜 계획의 혜택을 받았어.
④ 아시아·아프리카 회의를 개최하였어.
⑤ 아시아와 아프리카의 국가들이 주축이었어.
⑥ 1961년부터 정기적으로 비동맹 회의를 열었어.

11 밑줄 친 '우리'에 대한 탐구 활동으로 가장 적절한 것은?

> 평화를 유지하는 것보다 더 시급한 일은 없습니다. …… 다른 대륙에 사는 사람들에게 <u>우리</u> 대다수가 전쟁이 아니라 평화를 지지하며, <u>우리</u>가 가진 힘이 무엇이든 항상 평화의 편에 기댈 것이라는 점을 보여 줄 수 있습니다.
> — 아시아·아프리카 회의, 1955

① 평화 5원칙에 담긴 내용을 살펴본다.
② 문화 대혁명의 추진 배경을 조사한다.
③ 극동 국제 군사 재판의 한계를 정리한다.
④ 독립 국가 연합(CIS)에 속한 국가를 검색한다.
⑤ 북대서양 조약 기구(NATO)의 활동을 알아본다.

중요해

12 다음과 같은 변화가 나타난 배경으로 적절한 것을 〈보기〉에서 고른 것은?

> 국제 질서가 미국과 소련이 주도하던 양극 체제에서 여러 국가들이 세력을 형성하는 다극 체제로 변해 갔다.

| 보기 |

ㄱ. 제3 세계가 등장하였다.
ㄴ. 국제 연합(UN)이 창설되었다.
ㄷ. 일본과 독일이 경제 성장을 이루었다.
ㄹ. 인도에서 네루가 인도 독립 동맹을 만들었다.

① ㄱ, ㄴ　　　② ㄱ, ㄷ　　　③ ㄴ, ㄷ
④ ㄴ, ㄹ　　　⑤ ㄷ, ㄹ

13 다음 선언이 발표된 이후 있었던 일로 옳은 것은?

> • 미국은 앞으로 베트남 전쟁과 같은 군사적 개입을 피한다.
> • 미국은 '태평양 국가'로서 그 지역에서 중요한 역할을 계속하지만 직접적·군사적·정치적 과잉 개입은 하지 않는다.

① 베를린 장벽이 세워졌다.
② 트루먼 독트린이 발표되었다.
③ 아프리카에서 17개국이 독립하였다.
④ 미국 대통령이 중국을 처음 방문하였다.
⑤ 인도가 인도와 파키스탄으로 분리되었다.

14 다음 정책을 펼친 인물에 대한 설명으로 옳은 것은?

> 페레스트로이카는 공산주의 체제에서 벗어나 시장 경제 체제를 도입하는 경제 정책이며, 글라스노스트는 정치적 자유화 정책을 말한다.

① 문화 대혁명을 일으켰다.
② 중화 인민 공화국을 수립하였다.
③ 독립 국가 연합(CIS)을 결성하였다.
④ 수에즈 운하의 국유화를 선언하였다.
⑤ 동유럽 국가에 간섭하지 않겠다고 하였다.

15 빈칸에 들어갈 내용으로 가장 적절한 것은?

1989년 미국의 부시 대통령과 소련의 고르바초프 공산당 서기장은 몰타 회담에서 ____

① 평화 10원칙을 발표하였다.
② 한국의 독립 문제를 논의하였다.
③ 유럽의 국경선 문제를 처리하였다.
④ 냉전의 종식을 공식적으로 선언하였다.
⑤ 전쟁을 일으키는 행위를 불법으로 정하였다.

16 자료로 알 수 있는 국제 질서의 변화로 가장 적절한 것은?

① 제3 세계의 형성
② 냉전 체제의 심화
③ 전체주의 국가의 등장
④ 제2차 세계 대전의 전개
⑤ 유럽 사회주의 진영의 붕괴

17 소련이 동유럽 국가에 불간섭을 선언한 이후 전개된 사실로 옳지 <u>않은</u> 것은?

① 독일이 통일되었다.
② 유고슬라비아 연방이 해체되었다.
③ 소련의 공산당이 쿠데타를 일으켰다.
④ 전략 무기 제한 협정(SALT)이 체결되었다.
⑤ 체코슬로바키아에서 벨벳 혁명이 전개되었다.
⑥ 폴란드에서 자유 노조 운동을 이끈 바웬사가 대통령에 당선되었다.

18 (가) 시기에 중국에서 있었던 일로 옳은 것은?

중화 인민 공화국 수립	→	(가)	→	덩샤오핑 집권

① 국공 내전 발발
② 중일 전쟁 시작
③ 대약진 운동 추진
④ 톈안먼 사건 발생
⑤ 제2차 국공 합작 완성

19 다음에서 설명하는 인물을 쓰시오.

> 중국을 개혁·개방 정책으로 이끈 인물이다. "검은 고양이든 흰 고양이든 쥐만 잘 잡으면 된다."라고 하며 중국 인민을 잘살게 할 수 있다면 자본주의적인 방법도 도입할 수 있다고 하였다.

(   )

중요해

20 빈칸에 들어갈 탐구 주제로 가장 적절한 것은?

> **수행 평가 보고서**
>
> • 탐구 주제: [   ]
> • 모둠별 조사 내용
> – 1모둠: 유로화 사용 국가
> – 2모둠: 마스트리흐트 조약의 내용
> – 3모둠: 유럽 석탄 철강 공동체(ECSC) 설립

① G7의 활동
② 국제 연맹의 출범
③ 유럽 연합(EU)의 창설
④ 독립 국가 연합(CIS)의 수립
⑤ 바르샤바 조약 기구(WTO)의 결성

21 밑줄 친 ㉠~㉤ 중 옳지 <u>않은</u> 것은?

> **냉전 이후의 국제 질서**
>
> ㉠ 20세기 후반 자본주의 진영이 붕괴한 뒤에는 ㉡ 미국을 비롯한 선진국이 정치와 경제를 주도하였다. ㉢ G7이라 불리는 주요 선진국들이 모여 세계 문제를 논의하고 있으며, 1999년에는 ㉣ G7 국가에 주요 신흥 경제국, 유럽 연합을 포함하여 G20이 탄생하였다. 21세기에는 경제 성장을 바탕으로 ㉤ 중국이 국제 사회에서 영향력을 확대해 가고 있다.

① ㉠   ② ㉡   ③ ㉢   ④ ㉣   ⑤ ㉤

01 다음을 읽고 물음에 답하시오.

> 1. 기본적인 인권과 국제 연합의 헌장을 존중한다.
> 2. 모든 국가의 주권과 영토의 보전을 존중한다.
> 3. 모든 인종과 국가 사이의 평등을 인정한다.
> 7. 서로 침략하지 않는다.
> 8. 국제 분쟁을 평화적인 방법으로 해결한다.
> 10. 정의와 국제 의무를 존중한다.

(1) 위 내용이 담긴 선언을 쓰시오.

____

(2) (1) 선언을 발표한 세력이 취한 노선과 국제 사회에 미친 영향을 각각 서술하시오.

____

____

____

02 다음을 읽고 물음에 답하시오.

> 사진은 (㉠)을/를 주도한 홍위병의 모습이다. 마오쩌둥은 1960년대 후반 사회주의 사상으로 무장한 홍위병을 앞세워 (㉠)을/를 추진하였다.

(1) ㉠에 공통으로 들어갈 내용을 쓰시오.

____

(2) 마오쩌둥이 (1)을 추진한 이유를 서술하시오.

____

____

02. 민주주의와 인권의 확산

✦ 반전 평화 운동과 민주화 운동

1 탈권위주의 운동

(1) **배경**: 냉전 체제로 이념 대립 심화, 산업화로 물질만능주의 확산, 제2차 세계 대전 이후 학생들이 경제적 풍요를 누리며 성장, 고등 교육의 확산 등

(2) **특징**: 20세기 후반 청년과 학생들을 중심으로 전개, 자신들이 추구하는 가치를 장발·아프로·청바지·로큰롤 등으로 표현, 반전 평화 운동·민주화 운동·민권 운동 등 다양한 형태로 전개
— 머리카락을 구름이나 공처럼 둥글게 만든 머리 모양을 말해.

(3) **대표 사례**: 프랑스 68 운동(1968) 자료 1

배경	파리의 한 대학교에서 베트남 전쟁에 항의하는 학생을 감금하는 사건 발생 ┌ 서유럽이 경제적으로 미국에 뒤처지자 당시 드골 정부의 무능을 비판하였어.
전개	프랑스의 학생들이 정부의 실정과 사회 모순에 저항하여 시위 전개, 노동자도 시위와 파업에 참여 → 독일, 미국 등지로 확산

2 반전 평화 운동: 전쟁을 반대하고 평화를 지키려는 운동

배경	1960년대에 일어난 베트남 전쟁을 계기로 전 세계에 확산
전개	• 1960년대 미국에서 청년들을 중심으로 베트남 전쟁 반대 시위 전개 → 독일, 프랑스 등지로 확산 자료 2 • 반핵 시위 등 핵무기를 비롯한 대량 살상 무기 개발 반대 운동 전개 ┌ 9·11 테러 이후 미국이 대량 살상 무기 제거를 명분으로 이라크와 전쟁을 벌였어. • 이라크 전쟁 반대 시위(2004) 등 전개
성과	• 국제 사회가 핵 확산 금지 조약(NPT)을 체결(1968)하여 대량 살상 무기를 축소하려고 노력함 • 국제 연합(UN)이 평화 유지군을 분쟁 지역에 파견하여 문제를 해결하고자 함 • 오늘날에도 세계 곳곳에서 일어나는 전쟁에 맞선 반전 평화 운동이 전개되고 있음

3 민주화 운동: 세계 여러 지역에서 학생과 시민들을 중심으로 독재 정권에 대항함 자료 3

(1) **아시아**
이를 시작으로 독재에 저항하는 운동이 꾸준히 일어났어. ┐

한국	이승만 정부의 부정 선거를 규탄하는 시위 전개(4·19 혁명, 1960) → 이승만이 대통령직에서 물러남, 정권 붕괴
필리핀	마르코스 정권의 부정 선거에 맞서 시민들이 민주화 운동 전개(에드사 혁명, 1986) → 독재 정권 붕괴
중국	덩샤오핑 집권 후 톈안먼 광장에서 시민들이 민주화 운동 전개 → 정부의 무력 진압(톈안먼 사건, 1989)

(2) **유럽**
┌ 1980년대 이후 동유럽 곳곳에서 자유와 민주주의를 요구하는 민주화 운동이 일어났어.

체코슬로바키아	시민들이 개혁에 반대하는 소련과 그 동맹국 억압에 저항(프라하의 봄, 1968)
에스파냐	프랑코의 독재에 맞서 전국적인 시위 전개(1970년대)

(3) **아프리카**: 튀니지에서 정권의 부패에 맞서 민주화 운동 전개(튀니지 혁명, 2011) → 정권 붕괴
└ 아랍 지역의 민주화 운동에 영향을 주었어.

자료 1 프랑스 68 운동 시험 단골 탈권위주의 운동의 대표 사례로 프랑스 68 운동을 묻는 문제가 자주 출제돼!

— 학생뿐만 아니라 노동자도 시위에 참여하였어.

1968년 프랑스 대학생들은 자신들을 억누르는 기성세대의 권위와 권력, 체제에 반대하면서 '모든 권위에 저항하라.', '금지하는 것을 금지하라.' 등을 외치며 시위를 벌였다.

자료 2 반전 평화 운동

— 미국의 시민이 군인들에게 평화를 상징하는 꽃을 주는 모습이야.

← 베트남 전쟁 반대 시위(1968)

반전 평화 운동은 미국에서 일어난 베트남 전쟁 반대 시위를 계기로 확산되었다. 반전 평화 운동은 미군이 베트남에서 철수하는 데 영향을 미쳤다.

자료 3 세계의 민주화 운동 시험 단골 민주화 운동의 사례를 묻는 문제가 자주 출제돼!

↑ 프라하의 봄(1968)　↑ 톈안먼 사건(1989)

1960년대 동유럽에서는 공산주의 체제에서 벗어나기 위한 움직임이 나타났다. 한편, 중국에서도 덩샤오핑 집권 이후 톈안먼 광장에서 민주화를 요구하는 시위가 전개되었다.

+ **탈권위주의 운동** 오랜 시간 계속되어 온 관습이나 기존의 정치 체제로부터 벗어나고자 하는 운동

+ **물질만능주의** 돈이 있으면 무엇이든지 할 수 있다는 사고방식

+ **핵 확산 금지 조약(NPT)** 핵무기 보유 국가는 핵무기 관련 기술을 전파하지 않고, 핵무기가 없는 국가는 핵무기를 개발하지 않는다는 내용의 조약

✚ 인권 운동

1 민권 운동: 제2차 세계 대전 이후 종교·인종·성별 등에 따른 차별에 저항, 시민으로서의 자유와 평등한 권리를 보장받기 위한 노력

(1) 미국: **짐 크로 법**에 따른 흑인 차별에 저항

① 몽고메리시의 버스 승차 거부 운동(1955): 흑인 여성 로자 파크스가 버스 뒷자리로 이동 거부, 흑백 인종 분리법 위반으로 체포 → 흑인들이 버스 승차 거부 운동 전개 └ 버스에서의 인종 분리가 위헌이라는 대법원 판결을 받았어.

② 마틴 루서 킹의 워싱턴 행진(1963): 흑인 차별에 반대하는 운동 전개 → **민권법** 통과(1964) [자료 4] └ 이로써 미국에서는 흑인과 백인의 법적 차별이 없어졌어.

(2) 남아프리카 공화국: **아파르트헤이트** 시행 → 넬슨 만델라가 흑인 민권 운동 전개 → 아파르트헤이트 폐지 └ 남아프리카 공화국의 최초 흑인 대통령으로, 클레르크 대통령과 아파르트헤이트를 폐지하여 노벨 평화상을 받았어.

2 노동 운동: 세계 각국 노동자의 권리 보호 목적

배경	• 산업화로 노동자 수 증가 • 두 차례의 세계 대전으로 노동자의 권리에 대한 관심 증가
전개	노동조합 결성, 국제 노동자 협회를 조직하여 열악한 노동 환경과 처우 개선 요구, 일부 국가는 노동자·기업가·정부 대표가 회의체를 구성하여 문제 해결 노력 └ 국제 연맹의 하위 기구로 세워졌다가 국제 연합의 전문 기관이 되었어.
성과	**국제 노동 기구(ILO)** 설립(1919) → 국제 노동 기구 총회에서 노동의 기본권을 명시한 **노동 기본 원칙과 권리선언** 채택(1998) └ 결사의 자유와 단체 교섭권 인정, 강제 노동 폐지, 아동 노동 금지, 고용과 직업상의 차별 철폐 등

3 여성 운동

배경	여성에 대한 사회적·문화적 차별 지속, 민권 운동의 영향
전개	• 미국에서 **베티 프리단**이 남녀평등 주장, 여성주의 운동 단체인 전미 여성 기구(NOW) 결성 [자료 5] • 1960년대 교육, 임신과 출산, 고용 등 여러 영역에서 자신의 권리를 보장받기 위한 운동 전개
성과	1970년대 영국에서 차별 금지법 통과, 미국에서 헌법을 개정하여 여성의 평등권 명시

✚ 환경 운동

└ 산업화와 과학 기술의 발달 등으로 나타났어.

1 환경 문제의 발생: 무분별한 개발로 삼림 파괴 및 사막화 심화, 화석 연료 사용에 따른 온실가스 증가와 **지구 온난화** 가속화, 이상 고온 현상으로 빙하가 녹으면서 해수면 상승과 침수 피해 발생, 기후 변화로 기상 이변 발생, 대기 오염과 해양 오염으로 생태계 파괴 심화 └ 중앙아시아의 아랄해 등 └ 황사, 미세 먼지로 대기 오염이 심해지고 있어.

2 환경 문제 해결 노력

국제 협약	• **환경과 개발에 관한 리우 선언**(1992): 국제 연합 환경 개발 회의에서 **지속가능한 발전**을 실현하기 위한 협력 방안으로 채택 • 기후 변화 협약(1994): 온실가스의 감축 합의 발효 • **교토 의정서**(1997): 선진국의 온실가스 감축 목표치 설정 • **파리 협정**(2015): 개발 도상국의 온실가스 감축 합의 [자료 6]
민간 단체	그린피스, 세계 자연 기금(WWF) 등 비정부 기구(NGO)가 해양 오염을 막고 생태계를 보전하기 위한 활동 전개 └ 2022년에 생물 다양성 보호 시위를 벌이기도 하였어.

[자료 4] **마틴 루서 킹** (시험 단골) 마틴 루서 킹의 활동을 묻는 문제가 자주 출제돼!

1963년 마틴 루서 킹은 '법 앞에서의 평등'을 외치며 흑인 차별에 반대하는 워싱턴 행진을 주도하였다.

[자료 5] **베티 프리단**

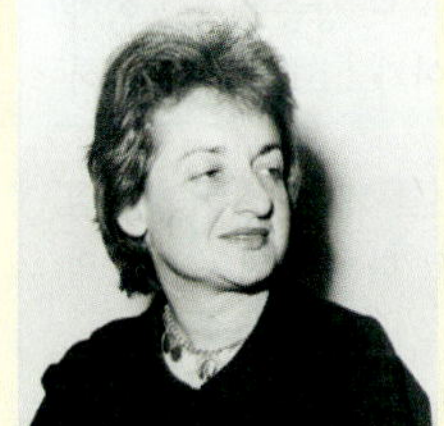

1963년 미국의 여성 운동가 베티 프리단은 『여성의 신비』를 출간하여 여성이 고정된 성 역할에 얽매이지 말고 사회 활동을 통해 질적인 남녀평등을 이루어야 한다고 주장하였다.

[자료 6] **파리 협정** (시험 단골) 파리 협정과 교토 의정서의 내용을 비교하는 문제가 자주 출제돼!

제2조	산업화 이전 대비 온도 상승을 2℃ 이하로 유지하고 더 나아가 1.5℃까지 억제하기 위해 노력한다.
제9조	선진국은 선도적으로 개발 도상국을 위한 재원을 조성하고 다른 국가는 자발적으로 참여한다.
제14조	2023년부터 5년 단위로 전 지구적 이행을 점검한다.

2015년에 채택된 파리 협정에서는 **선진국에 이어 개발 도상국도 온실가스** 감축 의무를 이행하기로 합의하였다. └ 지구 대기를 오염시켜 온실 효과를 일으키는 가스로, 지구 온난화의 주된 원인이야.

✚ **짐 크로 법** 공공장소에서 백인과 흑인을 분리하는 등 흑인에 대한 차별을 규정한 법

✚ **민권법** 인종, 종교, 성별 등에 따른 차별을 금지한 법

✚ **아파르트헤이트** 남아프리카 공화국의 백인 정권이 시행한 인종 분리 정책

✚ **지속가능한 발전** 경제 개발을 하면서도 생태환경이 지속될 수 있도록 균형을 맞춘 발전을 뜻함

✚ **비정부 기구(NGO)** 공식적인 정부 기관이나 조직이 아닌 민간 차원에서 조직된 비영리 시민 단체

대표 자료 확인하기

✦ 미국의 흑인 민권 운동

(①   )은/는 '법 앞에서의 평등'을 외치며 흑인 차별에 반대하는 (②   )을/를 이끌었다.

✦ 환경 문제 해결 노력

제2조	산업화 이전 대비 온도 상승을 2℃ 이하로 유지하고 더 나아가 1.5℃까지 억제하기 위해 노력한다.
제9조	선진국은 선도적으로 개발 도상국을 위한 재원을 조성하고 다른 국가는 자발적으로 참여한다.

2015년 국제 사회는 (③   )을/를 체결하여 선진국뿐만 아니라 개발 도상국도 (④   ) 감축에 동참하기로 결정하였다.

한눈에 정리하기

✦ 탈권위주의 운동

반전 평화 운동	1960년대 일어난 (①)을/를 계기로 전 세계에 확산, 핵 확산 금지 조약(NPT) 체결, 반핵 시위 전개
민주화 운동	독재 정권에 저항하여 한국(4·19 혁명), 필리핀(에드사 혁명), 중국(톈안먼 사건), 체코슬로바키아(프라하의 봄), 튀니지(튀니지 혁명) 등에서 전개
민권 운동	• 미국: 마틴 루서 킹이 워싱턴 행진 전개 → (②)이/가 통과되어 흑인과 백인의 법적 차별 철폐 • (③): 넬슨 만델라가 인종 분리 정책인 아파르트헤이트에 저항 → 아파르트헤이트 폐지
노동 운동	노동자들이 열악한 노동 환경과 처우 개선 요구 → (④) 설립(1919), 노동 기본 원칙과 권리선언 채택
여성 운동	여성에 대한 사회적·문화적 차별 반대 → 영국에서 차별 금지법 통과, 미국에서 헌법을 개정하여 여성의 평등권 명시

1 ㉠에 들어갈 내용을 쓰시오.

> 20세기 후반에 오래된 관습이나 기존 정치 체제로부터 벗어나고자 하는 (㉠   )이/가 일어났다.

2 다음 괄호 안의 내용 중 알맞은 말에 ○표를 하시오.

(1) 반전 평화 운동은 1960년대에 일어난 (6·25 전쟁 , 베트남 전쟁)을 계기로 전 세계에 확산되었다.

(2) 국제 사회는 (핵 확산 금지 조약 , 마스트리흐트 조약)을 체결하여 대량 살상 무기를 축소하고자 노력하였다.

3 다음 설명이 맞으면 ○표, 틀리면 ✕표를 하시오.

(1) 민주화 운동은 독재 정권에 저항하여 학생과 시민들이 전개한 운동을 말한다. (   )

(2) 에스파냐에서는 마르코스 독재 정권에 맞서 시위가 일어나 정권이 붕괴되었다. (   )

(3) 한국에서는 이승만 정권의 부정 선거를 규탄하는 시위가 전개되어 이승만이 대통령직에서 물러났다. (   )

4 다음 설명에 해당하는 인물을 〈보기〉에서 골라 기호를 쓰시오.

> **보기**
> ㄱ. 넬슨 만델라   ㄴ. 마틴 루서 킹

(1) 1963년 미국에서 흑인 차별에 반대하는 워싱턴 행진을 이끌었다. (   )

(2) 남아프리카 공화국에서 흑인 민권 운동을 이끌었으며 아파르트헤이트를 폐지하였다. (   )

5 다음 물음에 답하시오.

(1) 여성 운동의 결과 1970년대에 차별 금지법이 통과된 국가는? (   )

(2) 국제 노동 기구 총회에서 채택한 것으로 노동의 기본권을 명시한 선언은? (   )

6 빈칸에 들어갈 내용을 쓰시오.

(1) 산업화로 화석 연료를 사용하면서 온실가스가 급격하게 늘어나 (   )이/가 가속화하였다.

(2) 1997년 국제 사회는 (   )을/를 체결하여 선진국의 온실가스 감축을 이행하기로 합의하였다.

01 20세기 후반에 탈권위주의 운동이 일어난 배경으로 적절한 것을 〈보기〉에서 고른 것은?

┤ 보기 ├
ㄱ. 사라예보 사건이 일어났다.
ㄴ. 냉전 체제로 이념 대립이 깊어졌다.
ㄷ. 산업화로 물질만능주의가 널리 확산되었다.
ㄹ. 미국의 윌슨 대통령이 14개조 평화 원칙을 제안하였다.

① ㄱ, ㄴ　　　② ㄱ, ㄷ　　　③ ㄴ, ㄷ
④ ㄴ, ㄹ　　　⑤ ㄷ, ㄹ

중요해

02 탈권위주의 운동에 대한 설명으로 옳지 <u>않은</u> 것은?
① 청년과 학생들을 중심으로 일어났다.
② 프랑스에서 일어난 68 운동이 대표 사례이다.
③ 반전 평화 운동, 민주화 운동 등 다양한 형태로 전개되었다.
④ 오래된 관습이나 기존 정치 체제로부터 벗어나고자 하는 운동을 말한다.
⑤ 국제 사회는 지속가능한 발전을 위한 협력 방안으로 환경과 개발에 관한 리우 선언을 채택하였다.

03 밑줄 친 '이 전쟁'으로 옳은 것은?

사진은 1968년에 전개된 이 전쟁 반대 시위 모습이다. 반전 평화 운동은 이 전쟁을 계기로 전 세계에 퍼졌다. 1960년대 미국에서 청년들을 중심으로 이 전쟁에 반대하는 시위가 일어났고, 이는 여러 국가로 확산되었다.

① 중동 전쟁　　　② 6·25 전쟁
③ 베트남 전쟁　　　④ 유고슬라비아 전쟁
⑤ 아시아 태평양 전쟁

04 자료를 활용한 탐구 주제로 가장 적절한 것은?

▲ 반핵 시위(1962)

▲ 이라크 전쟁 반대 시위(2004)

① 노동 운동　　　② 민권 운동
③ 여성 운동　　　④ 민주화 운동
⑤ 반전 평화 운동

05 다음에서 설명하는 조약을 쓰시오.

핵무기가 없는 국가가 새로 핵무기를 보유하는 것과 기존에 핵무기를 가지고 있던 국가가 다른 국가에 핵무기 및 관련 기술을 넘기는 것을 금지한 조약이다.

(　　　　　　)

06 누리집 검색 결과 중 옳지 <u>않은</u> 답변을 고른 것은?

[질문] 20세기 후반에 여러 지역에서 일어난 민주화 운동의 사례를 알려 주세요.
ㄴ ㉠ 에스파냐에서는 프랑코 정권에 맞선 전국적인 시위가 일어났어요.
ㄴ ㉡ 필리핀에서는 마르코스의 독재 정권에 맞서 시민들이 저항하였어요.
ㄴ ㉢ 한국에서는 이승만 정권의 부정 선거를 규탄하는 시위가 일어났어요.
ㄴ ㉣ 미국에서는 몽고메리시의 흑인들이 버스 승차 거부 운동을 일으켰어요.
ㄴ ㉤ 중국에서는 덩샤오핑 집권 이후 톈안먼 광장에서 시민들이 민주화를 요구하였어요.

① ㉠　　　② ㉡　　　③ ㉢
④ ㉣　　　⑤ ㉤

07 다음 민주화 운동이 일어난 국가로 옳은 것은?

역사 신문 　　　　　　　　　　1968년

프라하에도 봄은 오는가

공산주의를 거부하고 개혁을 추진한 프라하의 시민들은 소련과 그 동맹국의 억압에 맞서 탱크를 둘러싸고 저항하였다.

① 폴란드　　② 헝가리　　③ 불가리아
④ 에스파냐　　⑤ 체코슬로바키아

중요해

08 다음 인물이 전개한 운동의 영향으로 가장 적절한 것은?

① 민권법이 제정되었다.
② 차별 금지법이 통과되었다.
③ 국제 노동 기구(ILO)가 창설되었다.
④ 필리핀에서 독재 정권이 붕괴되었다.
⑤ 핵 확산 금지 조약(NPT)이 체결되었다.

이 문제에서 나올 수 있는 선택지는 다~!

09 노동자의 권리를 보호하기 위한 세계 각국의 노력으로 적절하지 <u>않은</u> 것은?

① 짐 크로 법이 실시되었다.
② 국제 노동자 협회가 만들어졌다.
③ 국제 노동 기구(ILO)가 설립되었다.
④ 세계 대전 이후 노동조합이 결성되었다.
⑤ 노동 기본 원칙과 권리선언이 채택되었다.
⑥ 노동자, 기업가, 정부 대표가 회의체를 구성하여 노동 문제 해결에 힘썼다.

10 다음 내용이 담긴 선언으로 옳은 것은?

1. 결사의 자유와 단체 교섭권의 인정
2. 모든 형태의 강제 노동 폐지
3. 아동 노동의 금지
4. 고용과 직업상의 차별 철폐

－ 국제 노동 기구(ILO), 1998

① 맥마흔 선언
② 밸푸어 선언
③ 노예 해방 선언
④ 인간과 시민의 권리선언
⑤ 노동 기본 원칙과 권리선언

11 다음에서 설명하는 인물을 쓰시오.

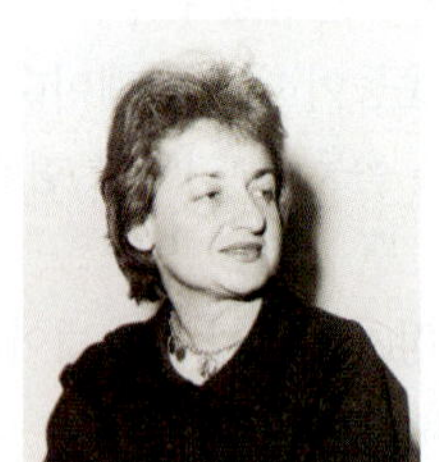

여성 운동가로, 1963년 미국에서 『여성의 신비』를 출간하였다. 여성들이 고정된 성 역할에 얽매이지 말고 사회 활동을 통해 질적인 남녀평등을 이루어야 한다고 주장하였다.

(　　　　　　　)

12 다음 운동의 결과로 옳은 것을 〈보기〉에서 고른 것은?

20세기 중반 이후 여성들은 여성에 대한 사회적·문화적 차별에 반대하고 교육, 임신과 출산, 고용 등 여러 부문에서 자신의 권리를 보장받고자 운동을 벌였다.

⊣ 보기 ⊢
ㄱ. 영국에서 차별 금지법이 통과되었다.
ㄴ. 에스파냐에서 프랑코 정권이 붕괴되었다.
ㄷ. 미국의 헌법에 여성의 평등권이 명시되었다.
ㄹ. 미국 내 버스에서의 인종 분리가 위헌이라는 대법원 판결을 받았다.

① ㄱ, ㄴ　　② ㄱ, ㄷ　　③ ㄴ, ㄷ
④ ㄴ, ㄹ　　⑤ ㄷ, ㄹ

13 오늘날의 환경 문제를 보여 주는 사진이 <u>아닌</u> 것은?

① 
▲ 사막이 된 아랄해

② 
▲ 쓰레기 섬이 생긴 태평양

③ 
▲ 미세 먼지로 대기가 악화된 도시

④ 
▲ 공습으로 파괴된 팔레스타인 거리

⑤ 
▲ 이상 고온으로 한겨울에 눈이 녹은 스키장

14 빈칸에 들어갈 내용으로 적절한 것을 〈보기〉에서 고른 것은?

┤ 보기 ├
ㄱ. 전미 여성 기구(NOW)를 만들었어.
ㄴ. 핵 확산 금지 조약(NPT)을 체결하였어.
ㄷ. 환경과 개발에 관한 리우 선언을 채택하였어.
ㄹ. 온실가스의 농도 안정을 위한 기후 변화 협약을 발효하였어.

① ㄱ, ㄴ　　② ㄱ, ㄷ　　③ ㄴ, ㄷ
④ ㄴ, ㄹ　　⑤ ㄷ, ㄹ

01 다음을 읽고 물음에 답하시오.

> (가) 미국 남부에서 '법 앞에서의 평등'을 외치며 워싱턴 행진을 이끌었다. 이로써 1964년 민권법이 통과되었다.
> (나) 남아프리카 공화국에서 아파르트헤이트에 반대하는 운동을 주도하다가 반역죄로 체포되었다. 석방 후에는 클레르크 대통령과 아파르트헤이트를 폐지하였다.

(1) (가), (나)에 해당하는 인물을 각각 쓰시오.

(2) (1) 인물들이 공통으로 전개한 운동의 특징을 서술하시오.

02 다음을 읽고 물음에 답하시오.

> **제2조** 산업화 이전 대비 온도 상승을 2℃ 이하로 유지하고 더 나아가 1.5℃까지 억제하기 위해 노력한다.
> **제14조** 2023년부터 5년 단위로 전 지구적 이행을 점검한다.
>   − 2015

(1) 위 내용이 담긴 협약을 쓰시오.

(2) (1) 협약의 내용을 1997년에 체결된 환경에 관한 협약과 비교하여 서술하시오.

03. 세계화와 지역 세계의 변화

● 새로운 세계 질서의 형성

1 **자본주의 경제의 성장과 신자유주의의 확산** — 전쟁 피해 복구 및 물가 안정화 정책을 추진하였어.

(1) **자본주의 경제의 성장**: 제2차 세계 대전 이후 세계 경제가 위축 → 유럽과 미국이 주요 산업 국유화 등 국가의 경제 개입 강화, 관세 및 무역에 관한 일반 협정(GATT) 체결(1947) → 1960년대 전후 패전국(서독, 일본)과 아시아의 신흥 공업국의 경제가 크게 성장
— 한국, 타이완, 싱가포르, 홍콩 등

(2) **신자유주의의 형성과 확산**

형성	1970년대에 두 차례의 +석유 파동으로 세계 경제 위기 → 영국과 미국이 정부의 개입 축소, 무역의 자유화와 시장 개방을 추구하는 신자유주의 경제 정책 추진 자료 1
확산	1990년대 사회주의 진영 붕괴로 신자유주의 확산 → 미국과 유럽의 중화학 공업 공장이 대부분 아시아 신흥 공업국으로 이전, 선진국의 산업은 은행·증권 등 금융업 중심으로 발달

2 **세계화의 확산** 공부 TIP → 세계화가 전개되면서 나타난 변화를 정리해 두자.

(1) **세계화의 의미**: 국경을 초월하여 전 세계가 하나의 지구촌으로 통합되어 가는 현상 — 교통과 정보 통신의 발달로 국가 간 교류가 활발해지면서 나타났어.

(2) **세계화의 전개**: 신자유주의가 확산되면서 진행 → +세계 무역 기구(WTO) 출범(1995), 국가 간 관세 장벽을 없애는 자유 무역 협정(FTA) 체결 확산, 다국적 기업의 성장 자료 2 — 세계 각지에 자회사와 지사 등을 둔 기업을 말해.

(3) **지역 단위의 협력 노력**: 신자유주의와 세계화의 확산으로 국가 간 무역 경쟁 심화 → 지역별 경제 협력체 등장 자료 3

유럽 연합(EU)	유럽의 정치적·경제적 협력 지향
아시아 태평양 경제 협력체(APEC)	아시아 및 태평양 연안 국가들의 원활한 정책 대화와 협력 증진
아시아·유럽 정상 회의 (ASEM)	정치, 안보, 경제, 사회, 문화 등 각 분야에서 회원국 간의 협력 추진
동남아시아 국가 연합 (ASEAN)	동남아시아 국가 간의 전반적인 상호 협력 증진
미국·멕시코·캐나다 협정(USMCA)	북아메리카 3국 간의 자유 무역 협정
남미 국가 연합 (UNASUR)	유럽 연합 수준의 경제 및 정치 공동체 건설 추진
아프리카 연합(AU)	아프리카 국가 간의 사회·경제 통합 촉진

(4) **세계화의 성과와 과제**

성과	• 다른 국가의 좋은 상품을 저렴한 가격에 구매 가능 • 문화의 이동 과정에서 여러 문화가 융합되어 새로운 문화 형성 • 선진국이 개발 도상국에 자본을 투자하고 기술을 제공하면서 개발 도상국의 경제 성장 — 특정 지역의 경제 문제가 전 세계에 영향을 주는 현상이 나타났어.
과제	• 국가 간 빈부 격차와 경제의 상호 의존도 심화 • 이주민이 늘면서 문화 차이에 따른 사회 갈등 발생 • 문화 교류 과정에서 문화가 획일화되거나 지역의 고유문화가 사라지기도 함

— 선진국에 세계의 부가 몰려 선진국과 후진국의 경제 격차가 커졌어.

교과서 쏙 자료

자료 1 **신자유주의 경제 정책** 시험 단골 신자유주의의 특징을 묻는 문제가 자주 출제돼!

⬆ 영국의 대처 총리 ⬆ 미국의 레이건 대통령

영국의 대처 총리와 미국의 레이건 대통령은 국영 기업의 민영화, 복지 비용 축소, 각종 규제 완화 등 신자유주의 경제 정책을 추진하였다.

자료 2 **다국적 기업**

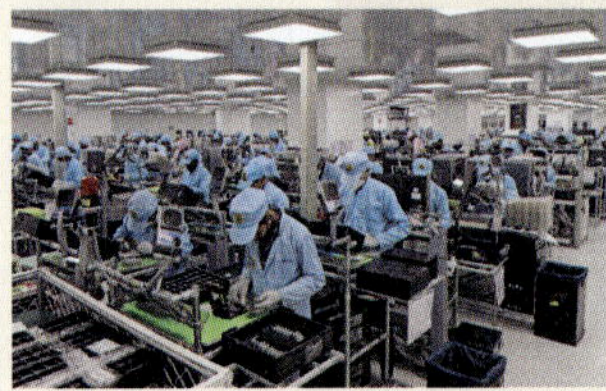
— 스마트폰을 만드는 한 다국적 기업은 인도, 동남아시아 등지에 생산 공장을 세워 운영하고 있어.

⬅ 인도의 스마트폰 공장

신자유주의를 바탕으로 세계화가 전개되면서 각국의 시장이 개방되었고 자본과 노동력, 기술 등이 활발하게 이동하였다. 이에 다국적 기업이 성장하여 국제적인 규모로 생산과 판매 활동을 펼치고 있다.

— 2020년 영국은 이민자 문제와 재정 위기로 탈퇴하였어.

자료 3 **지역별 경제 협력체** 시험 단골 경제 협력체의 결성 배경을 묻는 문제가 자주 출제돼!

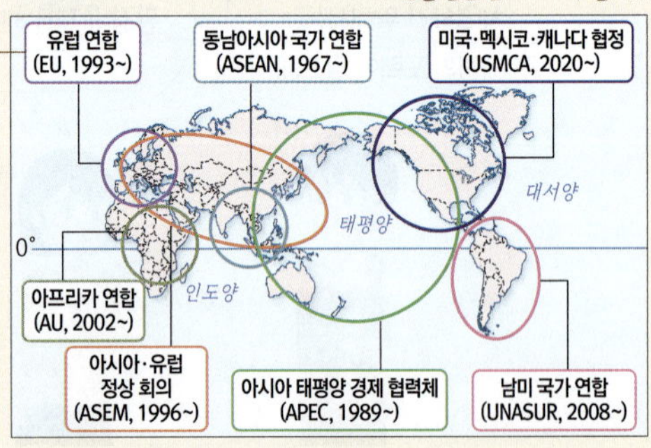

신자유주의와 세계화가 확산되면서 국가 간 무역 경쟁이 치열해졌다. 이러한 국제 질서의 변화에 대응하고자 여러 지역의 국가들은 경제 공동체를 만들었다.

Plus 용어

+ **석유 파동** 1973~1974년, 1978~1980년에 석유 가격이 크게 올라 전 세계가 경제적으로 어려움을 겪었던 사건
+ **세계 무역 기구(WTO)** 무역과 투자의 자유화를 확대하고 국가 간 무역 분쟁을 조정하기 위해 설립된 국제기구

✚ 과학 기술과 대중문화의 발달

1 과학 기술의 발달

(1) 내용 └ 20세기에 이르러 과학 기술이 크게 발달하였어.

원자력 기술	원자력 발전, 방사선 치료 실용화
유전·생명 공학	난치병 치료, 식량 생산에 기여
교통 기술	제트 여객기와 고속 철도 개발, 자동차 대중화
정보 통신 기술	휴대 전화, 컴퓨터(인터넷) 등 발전
우주 과학	달에 우주선을 보냄, 지구 궤도에 인공위성 발사

(2) 영향 └ 1957년 소련은 세계 최초로 우주에 인공위성을 발사하였고, 1969년 미국은 세계 최초로 인간을 달에 보냈어.

긍정적 영향	인적·물적 교류 증가, 실시간 소통 가능
부정적 영향	전통적 가치관과 생활 양식의 변화, 물질만능주의의 확산과 인간성 상실, 산업에 적용되면서 환경 문제 발생

2 대중문화의 발달 [시험 단골] 대중 사회의 형성과 대중문화의 등장 배경을 묻는 문제가 자주 출제돼!

(1) 배경: 제2차 세계 대전 이후 세계 각국의 경제 성장과 교육 수준의 향상, 민주주의의 발전에 따른 대중의 정치적 영향력 증가 → 불특정 다수의 사회적 영향력이 커진 대중 사회 형성

(2) 대중문화의 등장: 대중 사회 형성, 대중 매체의 발달 → 많은 사람이 쉽게 접하고 즐기는 대중문화 등장 → 20세기에 빠르게 확산

(3) 문제점: 특정 문화의 확산으로 문화의 획일화 [자료 4], 지나친 흥미 위주의 상업성 추구, 정보 조작 발생
└ 사람들은 대중 매체로 정보를 얻고 여론을 형성하였어.

✚ 현대 세계의 문제와 해결 노력

1 현대 세계의 다양한 문제: 세계 곳곳에서 종교·민족·자원·영토 등을 둘러싸고 갈등 → 분쟁과 내전으로 ⁺난민·빈곤·질병 등 발생 [자료 5]

(1) 빈부 격차: ⁺남북문제(아프리카와 아시아 등지에서 기아 문제, 의료 시설과 의약품 부족 문제 등 발생)

(2) 종교·민족 갈등: 유고슬라비아 전쟁(1991~2001), ⁺카슈미르 분쟁, 이스라엘–팔레스타인 분쟁

(3) 지역 분쟁: 9·11 테러(2001), 콩고·수단·시리아·르완다 등의 내전

(4) 자원 분쟁: ⁺센카쿠·댜오위다오 분쟁
└ 역사적·지리적 경계가 애매한 경우에 발생하였어.

2 문제를 해결하기 위한 노력 [자료 6]

국가	• 국제기구의 활동: 국제 연합(UN)이 평화 유지군 파견, 난민 기구 조직, 세계 보건 기구(WHO)의 긴급 구호 활동 • 국제 협약 체결: 난민의 지위에 관한 협약 채택(1951), 세계 난민의 날 지정(2000) └ 세계화에 따른 국가 간 빈부 격차를 줄이기 위한 방안이야. • 공정 무역 확대: 생산자의 노동에 대한 정당한 대가 보장
민간 단체	비정부 기구(NGO)인 국경 없는 의사회(MSF), 국제 사면 위원회(AI) 등이 질병과 인권 등의 문제를 해결하기 위한 활동 전개
개인	세계 문제들에 관심을 갖고 문제가 생겨난 역사적 배경을 파악하려는 노력 필요 → 문제 해결 방안 모색 → 작은 것부터 실천

[자료 4] 대중문화의 획일화

'팝 아트'라는 장르를 연 앤디 워홀은 유명한 상품이나 사람을 반복적으로 표현함으로써 대중문화의 획일성을 비판하였다.

← 앤디 워홀, 「녹색 코카콜라 병」

[자료 5] 현대 세계의 문제

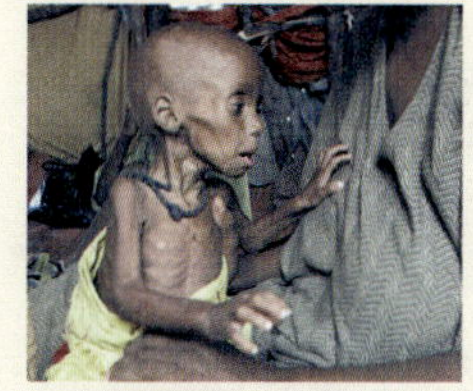

↑ 영양실조로 고통받는 소말리아 어린이

↑ 9·11 테러 공격을 받은 세계 무역 센터 빌딩(2001)

아프리카와 아시아 등지에서는 영양실조로 기아 문제가 발생하고 있다. 한편, 9·11 테러 등 여러 지역에서 테러가 발생하여 수많은 민간인이 희생되었다.
└ 자살 테러로, 미국 뉴욕의 쌍둥이 빌딩이 무너지고 많은 사상자가 발생하였어.

[자료 6] 현대 문제 해결 노력

↑ 국제 연합 평화 유지군

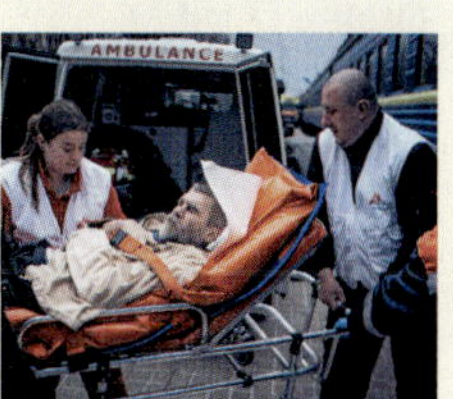

↑ 국경 없는 의사회(MSF)

세계 각국은 국제 연합(UN)에 참여하거나 국제 협약을 맺어 현대 문제를 해결하기 위해 노력하고 있다. 또한 국경 없는 의사회(MSF) 등 비정부 기구도 다양한 활동을 펼치고 있다.
└ 국제 의료 구호 단체로, 국제 분쟁 등으로 의료 지원이 부족한 지역의 사람들을 돕고 있어.

Plus 용어

⁺**난민** 정치, 종교 등의 차이로 발생하는 박해나 분쟁 등을 피해 다른 지역으로 이주하는 사람들을 일컬음

⁺**남북문제** 주로 개발 도상국이 몰려 있는 지구 남반구와 선진 공업국이 몰려 있는 북반구의 경제적 차이로 일어나는 여러 가지 문제

⁺**카슈미르 분쟁** 인도가 독립할 당시 이슬람교도가 대부분이던 카슈미르 지역이 인도에 강제로 편입되면서 파키스탄과 인도 간에 일어난 분쟁

⁺**센카쿠·댜오위다오 분쟁** 청일 전쟁 중 일본이 센카쿠 열도(댜오위다오)를 영토에 강제로 편입한 이후 중국과 일본 간에 일어난 분쟁

정답과 해설 20쪽

대표 자료 확인하기

✦ 신자유주의 경제 정책

영국의 (①   ) 총리, 미국의 (②   ) 대통령은 정부의 개입을 줄이고, 시장 개방을 추구하는 신자유주의 경제 정책을 펼쳤다.

✦ 지역별 경제 협력체

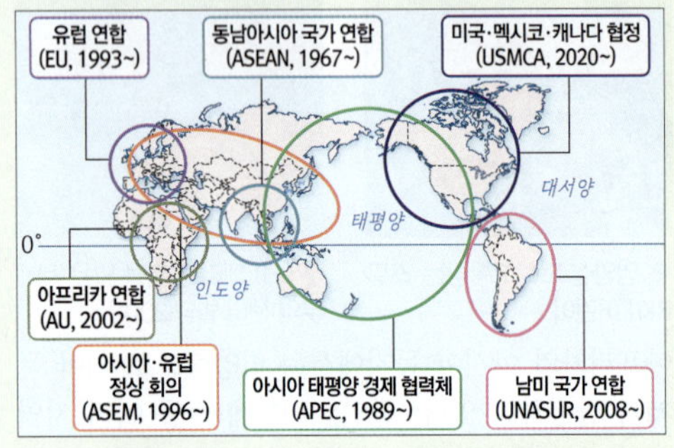

신자유주의와 (③   )의 확산으로 무역 경쟁이 심화되면서 지역별 경제 협력체가 등장하였다.

한눈에 정리하기

✦ 새로운 세계 질서의 형성

신자유주의의 확산	1970년대 두 차례의 (①)(으)로 경제 위기 → 영국과 미국이 신자유주의 경제 정책 추진
세계화의 확산	세계 무역 기구(WTO) 결성, 자유 무역 협정(FTA) 체결 확산, 다국적 기업 성장, 지역별 경제 협력체 등장

✦ 과학 기술과 대중문화의 발달

과학 기술	원자력 기술, 유전·생명 공학, 교통 기술, 정보 통신 기술, 우주 과학 등 발달
대중문화	대중 사회 형성, 라디오·텔레비전·컴퓨터 등 (②) 발달 → 대중문화 등장

✦ 현대 세계의 문제와 해결 노력

현대 세계의 문제	국가 간 (③)(으)로 남북 문제 발생, 종교·지역·자원 등의 분쟁
문제 해결 노력	국제 연합(UN) 참여, 국제 협약 체결, 국경 없는 의사회(MSF) 등 비정부 기구(NGO)의 활동

---

1 다음 괄호 안의 내용 중 알맞은 말에 ○표를 하시오.

(1) 1960년대를 전후로 (공산주의 , 자본주의) 경제가 크게 성장하였다.

(2) 1970년대에는 두 차례의 (대공황 , 석유 파동)이 일어나 세계 경제가 어려워졌다.

(3) 영국과 미국은 경제 위기를 극복하기 위해 정부의 개입을 줄이고 시장의 개방을 추구하는 (뉴딜 , 신자유주의) 정책을 추진하였다.

2 빈칸에 들어갈 내용을 쓰시오.

(1) 국경을 초월하여 전 세계가 하나의 지구촌으로 통합되어 가는 현상을 (   )(이)라고 한다.

(2) 세계화가 빠르게 진행되면서 국가 사이에 관세 장벽을 없애는 (   ) 체결도 점차 늘어났다.

(3) 세계화로 세계 각지에 자회사와 지사를 둔 (   )이/가 성장하여 국제적인 규모로 생산과 판매 활동을 펼치고 있다.

3 다음 설명이 맞으면 ○표, 틀리면 ✕표를 하시오.

(1) 세계화가 확산되면서 국가 간 무역 경쟁이 치열해져 지역별 경제 협력체가 등장하였다. (   )

(2) 아시아 태평양 경제 협력체(APEC)는 미국, 멕시코, 캐나다 3국 간의 자유 무역 협정을 말한다. (   )

(3) 세계화로 자본의 이동이 자유로워지면서 선진국과 개발 도상국 간의 경제적 격차가 줄어들었다. (   )

(4) 세계화는 각국의 문화가 이동하는 과정에서 여러 문화가 융합되어 새로운 문화가 형성되는 데 기여하였다. (   )

4 ㉠에 들어갈 내용을 쓰시오.

> 제2차 세계 대전 이후 불특정 다수의 사회적 영향력이 커진 대중 사회가 출현하고 대중 매체가 발달하면서 서양의 팝 등 많은 사람이 쉽게 접하고 즐기는 (㉠   )이/가 등장하였다.

5 다음 물음에 답하시오.

(1) 국경 없는 의사회(MSF), 국제 사면 위원회(AI) 등 민간인이 힘을 합쳐 조직한 단체를 이르는 말은? (   )

(2) 개발 도상국이 몰려 있는 남반구와 선진 공업국이 몰려 있는 북반구 사이의 경제적 차이로 일어나는 여러 문제를 일컫는 말은? (   )

01 1960년대 전후 성장한 자본주의 경제에 대한 설명으로 옳은 것을 〈보기〉에서 고른 것은?

┤보기├
ㄱ. 서독과 일본의 경제가 발전하였다.
ㄴ. 관세 및 무역에 관한 일반 협정(GATT)이 체결되었다.
ㄷ. 한국, 타이완, 싱가포르, 홍콩이 신흥 공업국으로 성장하였다.
ㄹ. 중국의 마오쩌둥이 독자적인 경제 정책을 추진하였으나 성과를 거두지 못하였다.

① ㄱ, ㄴ　　② ㄱ, ㄷ　　③ ㄴ, ㄷ
④ ㄴ, ㄹ　　⑤ ㄷ, ㄹ

02 신자유주의가 등장한 배경으로 가장 적절한 것은?

① 대공황이 발생하였다.
② 수에즈 운하가 국유화되었다.
③ 미국이 마셜 계획을 실시하였다.
④ 두 차례의 석유 파동이 일어났다.
⑤ 소련이 개혁·개방 정책을 추진하였다.

중요해

03 다음 두 인물이 주장한 내용으로 옳지 <u>않은</u> 것은?

↑ 영국의 대처 총리　　↑ 미국의 레이건 대통령

① 무역 시장을 개방하자!
② 복지에 드는 비용을 줄이자!
③ 세금을 매기는 기준을 낮추자!
④ 국영 기업을 민간인이 경영하게 하자!
⑤ 본국에서 만든 상품을 식민지에 팔고 수입품에는 높은 관세를 매기자!

04 빈칸에 들어갈 내용으로 적절한 것을 〈보기〉에서 고른 것은?

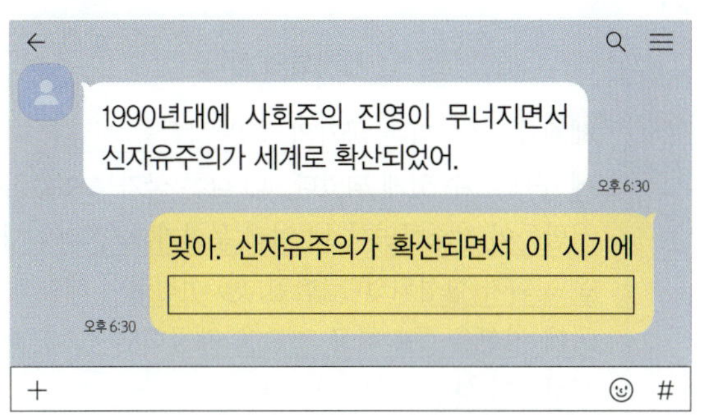

┤보기├
ㄱ. 보호 무역 정책이 추진되었어.
ㄴ. 여러 국가가 주요 산업을 국유화하였어.
ㄷ. 선진국의 산업은 금융업 중심으로 발달하였어.
ㄹ. 미국과 유럽에 있던 중화학 공업 공장들이 대부분 아시아의 신흥 공업국으로 이동하였어.

① ㄱ, ㄴ　　② ㄱ, ㄷ　　③ ㄴ, ㄷ
④ ㄴ, ㄹ　　⑤ ㄷ, ㄹ

05 밑줄 친 '국제기구'로 옳은 것은?

세계화가 빠르게 진행되면서 1995년에는 무역과 투자의 자유화를 추구하는 <u>국제기구</u>가 결성되었다.

① 유럽 연합(EU)
② 국제 노동 기구(ILO)
③ 세계 무역 기구(WTO)
④ 아시아·유럽 정상 회의(ASEM)
⑤ 아시아 태평양 경제 협력체(APEC)

06 ㉠에 들어갈 내용을 쓰시오.

↑ 인도의 스마트폰 공장

세계화가 전개되면서 각국의 시장이 개방되었고 자본과 노동력, 기술 등이 활발하게 이동하였다. 이에 세계 각지에 자회사와 지사 등을 둔 (㉠)이/가 성장하였다.

(　　　　　　)

07 밑줄 친 ㉠~㉤ 중 옳지 <u>않은</u> 것은?

> **세계화의 성과**
>
> 세계화로 ㉠ 다른 국가의 좋은 상품을 저렴한 가격에 구매할 수 있게 되었다. ㉡ 다른 국가로 이주하는 사람들이 감소하면서 ㉢ 여러 문화가 융합되어 새로운 문화가 형성되었다. 한편, ㉣ 선진국이 개발 도상국에 자본을 투자하고 기술을 제공하면서 ㉤ 개발 도상국이 성장하기도 하였다.

① ㉠ ② ㉡ ③ ㉢ ④ ㉣ ⑤ ㉤

중요해

08 지도에 나타난 지역별 경제 협력체가 결성된 배경으로 가장 적절한 것은?

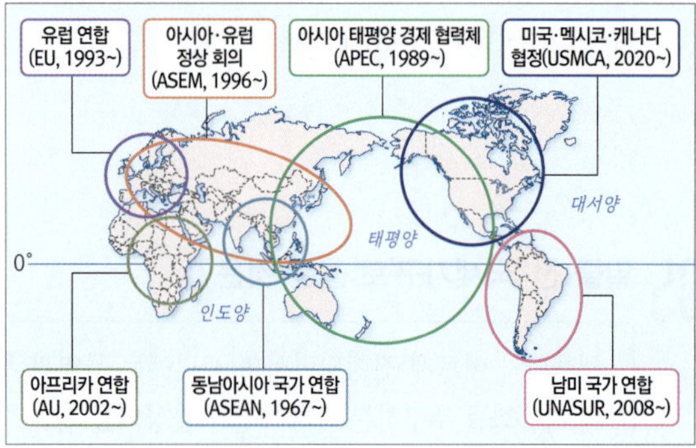

① 뉴딜 정책이 추진되었다.
② 전체주의 국가가 등장하였다.
③ 국가 간 무역 경쟁이 심화되었다.
④ 국가 간 경제 의존도가 약화되었다.
⑤ 중국이 개혁·개방 정책을 추진하였다.

이 문제에서 나올 수 있는 선택지는 다~!

09 다음 내용을 뒷받침하는 사례로 적절하지 <u>않은</u> 것은?

> 20세기에 이르러 과학 기술이 크게 발달하였다.

① 인공위성이 발사되었다.
② 증기 기관차가 등장하였다.
③ 방사선 치료가 실용화되었다.
④ 휴대 전화와 컴퓨터가 발전하였다.
⑤ 유전 공학과 생명 공학이 발달하였다.
⑥ 제트 여객기와 고속 철도가 도입되었다.

10 대중 사회가 형성된 배경으로 적절한 것을 〈보기〉에서 고른 것은?

> **보기**
>
> ㄱ. 대공황이 일어나 경제 위기가 확산되었다.
> ㄴ. 선진국과 개발 도상국 간의 경제 격차가 커졌다.
> ㄷ. 각국의 경제가 성장하고 교육 수준이 향상되었다.
> ㄹ. 민주주의의 발전으로 대중의 정치적 영향력이 확대되었다.

① ㄱ, ㄴ ② ㄱ, ㄷ ③ ㄴ, ㄷ
④ ㄴ, ㄹ ⑤ ㄷ, ㄹ

11 ㉠에 들어갈 내용에 대한 설명으로 옳지 <u>않은</u> 것은?

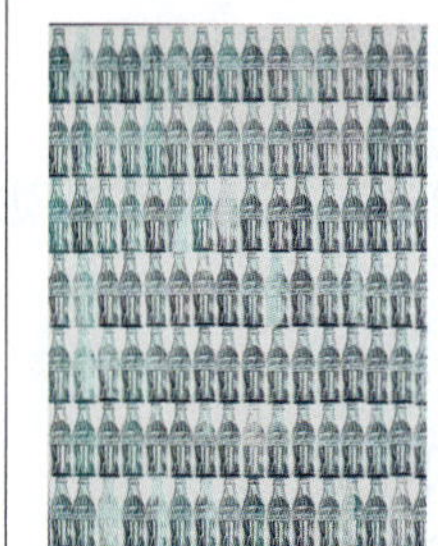

'팝 아트'라는 장르를 연 앤디 워홀은 유명한 상품이나 사람을 반복적으로 복제하여 표현함으로써 (㉠)의 획일성을 비판하였다.

◀ 앤디 워홀, 「녹색 코카콜라 병」

① 20세기에 이르러 빠르게 확산하였다.
② 산업에 적용되면서 환경 문제를 일으켰다.
③ 많은 사람이 쉽게 접하고 즐기는 문화를 말한다.
④ 지나치게 흥미를 추구하여 상업성을 띠는 경우가 있었다.
⑤ 대중 사회가 출현하고 대중 매체가 발달하면서 등장하였다.

12 다음에서 설명하는 용어를 쓰시오.

> 주로 지구 남반구에 개발 도상국이 몰려 있고 북반구에 선진 공업국이 몰려 있는데, 이러한 남반구와 북반구의 경제적 차이로 나타나는 여러 문제를 말한다. 대표적으로 아프리카의 빈곤과 기아 문제가 있다.

(   )

13 빈칸에 들어갈 탐구 주제로 가장 적절한 것은?

수행 평가 보고서

- 탐구 주제:
- 탐구 자료
  - 9·11 테러의 사상자 수를 나타낸 그래프
  - 영양실조로 고통받는 소말리아 어린이 사진
  - 공습으로 무너진 팔레스타인 지역의 도시를 담은 동영상

① 대중문화의 발달
② 냉전 체제의 심화
③ 탈권위주의 운동의 전개
④ 현대 세계의 다양한 문제
⑤ 동유럽 사회주의 진영의 붕괴

중요해

14 현대 세계의 문제를 해결하기 위한 노력으로 볼 수 없는 것은?

① 공정 무역 확대를 반대한다.
② 난민에 관한 협약을 체결한다.
③ 지역 갈등이 생긴 역사적 배경을 파악한다.
④ 분쟁 지역에 국제 연합 평화 유지군을 파견한다.
⑤ 국제 사면 위원회 등 비정부 기구(NGO)가 다양한 활동을 전개한다.

15 다음에서 설명하는 단체로 옳은 것은?

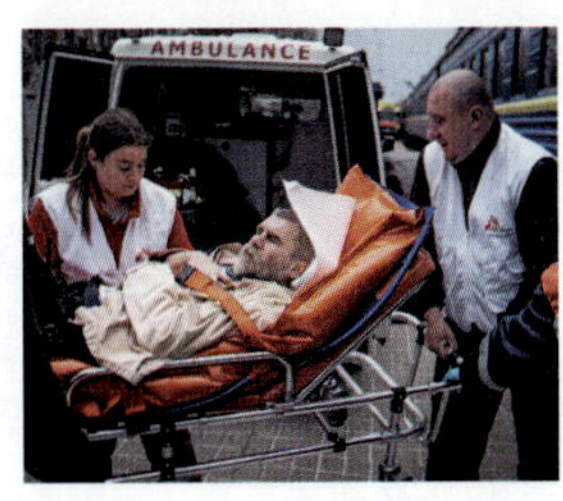

국제 인도주의 의료 구호 단체로 무력 분쟁, 전염병, 자연재해 등으로 생존의 위협을 받는 사람들을 위해 봉사하고 있다.

① 그린피스
② 코민포름
③ 국제 사면 위원회(AI)
④ 세계 자연 기금(WWF)
⑤ 국경 없는 의사회(MSF)

01 다음을 읽고 물음에 답하시오.

1970년대 두 차례의 석유 파동이 일어나 세계 경제가 어려워졌다. 이에 따라 영국의 대처 총리, 미국의 레이건 대통령은 (㉠) 경제 정책을 펼쳤다.

(1) ㉠에 들어갈 정책을 쓰시오.

(2) (1) 정책의 특징을 두 가지 서술하시오.

02 다음을 읽고 물음에 답하시오.

교통과 정보 통신 기술이 발달하면서 국가 간 사람과 상품, 자본의 이동이 자유로워졌다. 이처럼 오늘날에는 국경을 초월하여 전 세계가 하나의 지구촌으로 통합되어 가는 현상이 나타났다.

(1) 밑줄 친 내용이 가리키는 용어를 쓰시오.

(2) (1)이 경제에 미친 부정적 영향을 두 가지 서술하시오.

03 현대 세계에 일어난 지역 분쟁의 사례를 두 가지 서술하시오.

❶ 냉전의 심화

⬆ 6·25 전쟁

⬆ 베를린 장벽 설치

냉전은 중국, 한국, 베트남 등 아시아에서 군사적 충돌인 ① ☐☐☐의 형태로 나타났다. 한편, 독일은 공산주의 진영을 이끈 소련의 ② ☐☐☐☐☐ 이후 분단되었으며, 1961년에는 베를린 장벽이 세워졌다.

|정답| ① 열전 ② 베를린 봉쇄

❷ 제3 세계의 등장

> 1. 기본적인 인권과 국제 연합의 헌장을 존중한다.
> 2. 모든 국가의 주권과 영토의 보전을 존중한다.
> 3. 모든 인종과 국가 사이의 평등을 인정한다.
> 7. 서로 침략하지 않는다.
> 8. 국제 분쟁을 평화적인 방법으로 해결한다.
> 9. 서로 이익을 위해 협력한다.
> 10. 정의와 국제 의무를 존중한다.
>
> – 평화 10원칙(일부)

한 진영에 속하지 않겠다는 ① ☐☐☐☐☐을/를 추구한 제3 세계는 인도와 중국 대표가 만나 합의한 ② ☐☐☐☐☐을/를 바탕으로 아시아·아프리카 회의(반둥 회의)에서 평화 10원칙을 발표하였다.

|정답| ① 비동맹주의 ② 평화 5원칙

❸ 냉전 체제의 종식

◀ 미국의 대통령(왼쪽)과 소련의 서기장(오른쪽)

미국의 부시 대통령과 소련의 ① ☐☐☐☐☐ 공산당 서기장은 1989년 ② ☐☐·☐☐에서 냉전의 종식을 공식적으로 선언하였다.

|정답| ① 고르바초프 ② 몰타 회담

---

01 냉전 체제와 제3 세계의 형성

✦ 냉전 체제의 형성 ❶

냉전 체제의 형성	• (①　　　　): 미국의 트루먼 독트린 발표, 마셜 계획 추진, 북대서양 조약 기구(NATO) 결성 • 공산주의 진영: 코민포름(공산당 정보국) 창설, 코메콘(경제 상호 원조 회의) 조직, 바르샤바 조약 기구(WTO) 결성
냉전의 심화	• 독일: 소련의 베를린 봉쇄 → 독일 분단 → 베를린 장벽 설치 • 아시아: 중국(국공 내전 → 마오쩌둥이 중화 인민 공화국 수립), 한국(6·25 전쟁), 베트남(베트남 전쟁) • 쿠바: 핵미사일 기지 건설을 두고 소련과 미국이 대립(쿠바 미사일 위기)

✦ 제3 세계의 등장 ❷

아시아·아프리카 국가들의 독립	• 아시아: 인도(인도와 파키스탄으로 분리), 서아시아(이스라엘 건국, 중동 전쟁 발발), 동남아시아(베트남, 필리핀 등 독립) • 아프리카: 이집트에서 나세르가 공화정 수립, 1951년 리비아 독립 → 1960년 17개국 독립('아프리카의 해')
제3 세계의 등장	• 특징: 아시아·아프리카의 신생 독립국 중심, 비동맹주의 추구 • 활동: 평화 5원칙 합의 → 아시아·아프리카 회의(반둥 회의)에서 (②　　　) 발표(1955) → 제1차 비동맹 회의 개최

✦ 국제 질서의 변화 ❸

냉전 체제의 완화	미국의 (③　　　　) 발표(1969) → 닉슨의 중국 방문, 미국과 중국의 국교 수립, 전략 무기 제한 협정(SALT) 체결
냉전 체제의 종식	• 소련의 해체: 고르바초프의 개혁·개방 정책 추진 → 미국과 몰타 회담에서 냉전 종식 선언 → 독립 국가 연합(CIS) 결성 • 동유럽 사회주의 진영의 붕괴: 소련의 동유럽 불간섭 선언 → 민주화 운동 전개, 독일 통일, 유고슬라비아 연방 해체 • 중국의 개혁·개방: (④　　　　)이/가 대약진 운동과 문화 대혁명 추진 → 덩샤오핑이 개혁·개방 정책 추진 • 유럽 연합(EU) 성립: 유럽의 정치적·경제적 통합 추구, 마스트리흐트 조약에 따라 출범(1993), 유로화 사용

02 민주주의와 인권의 확산

✦ 반전 평화 운동과 민주화 운동

탈권위주의 운동	20세기 후반 오래된 관습이나 기존 정치 체제로부터 벗어나고자 하는 운동, 청년과 학생들 중심으로 전개, 반전 평화 운동·민주화 운동·인권 운동 등 다양한 형태로 전개
반전 평화 운동	1960년대 미국에서 베트남 전쟁 반대 시위 발생 → 독일, 프랑스 등지로 확산, 핵 확산 금지 조약(NPT) 체결
민주화 운동	한국의 4·19 혁명, (⑤　　　　)의 프라하의 봄, 필리핀의 에드사 혁명, 중국의 톈안먼 사건 등 독재 정권에 대항함

|정답| ① 트루먼 독트린 ② 판차실라 ③ 닉슨 독트린 ④ 마오쩌둥 ⑤ 체코슬로바키아

✦ 인권 운동 ④

민권 운동	• 미국: 마틴 루서 킹의 워싱턴 행진(1963) → 민권법 통과(1964) • 남아프리카 공화국: (⑥　　　　　)이/가 아파르트헤이트 반대 운동 전개 → 클레르크 대통령과 함께 아파르트헤이트 폐지
노동 운동	노동자의 권리 보호를 목적으로 전개, 노동조합 결성 → 국제 노동 기구(ILO) 조직(노동 기본 원칙과 권리선언 채택)
여성 운동	미국에서 베티 프리단이 남녀평등 주장, 교육·임신과 출산 등 여성의 권리를 보장받기 위한 운동 전개 → 1970년대 차별 금지법 통과(영국), 헌법을 개정하여 여성의 평등권 명시(미국)

✦ 환경 운동

환경 문제	사막화, 지구 온난화, 기상 이변, 대기 오염, 해양 오염 등
환경 운동	• 국제 협약 체결: 환경과 개발에 관한 리우 선언(1992) → 교토 의정서(1997) → (⑦　　　　　)(2015) • 비정부 기구(NGO)의 활동: 그린피스, 세계 자연 기금(WWF) 등

03 세계화와 지역 세계의 변화

✦ 새로운 세계 질서의 형성 ⑤ ⑥

신자유주의의 확산	1970년대 두 차례의 석유 파동으로 경제 위기 → 영국과 미국이 정부의 개입을 줄이는 (⑧　　　　　) 경제 정책 추진
세계화의 확산	신자유주의가 확산되면서 빠르게 전개 → 세계 무역 기구(WTO) 결성, 자유 무역 협정(FTA) 체결 확산, 다국적 기업 성장
지역 단위 협력 노력	신자유주의와 세계화로 국가 간 무역 경쟁 심화 → 지역 간 협력 강화를 위해 유럽 연합(EU), 아시아 태평양 경제 협력체(APEC), 동남아시아 국가 연합(ASEAN) 등 경제 공동체 결성

✦ 과학 기술과 대중문화의 발달

과학 기술의 발달	• 내용: 유전·생명 공학, 교통 기술, 정보 통신 기술 등 발달 • 영향: 인적·물적 교류 증가, 실시간 소통 가능, 전통적 가치관과 생활 양식의 변화, 물질만능주의 확산, 환경 오염 발생
대중문화의 발달	• 배경: 불특정 다수의 사회적 영향력이 커진 (⑨　　　　　)의 출현과 라디오, 텔레비전 등 대중 매체의 발달 • 문제점: 문화의 획일화, 지나친 상업성 추구, 정보 조작

✦ 현대 세계의 문제와 해결을 위한 노력

현대 세계의 문제	빈부 격차(남북문제), 종교·민족 갈등(유고슬라비아 전쟁), 지역 분쟁(9·11 테러), 자원 분쟁(센카쿠·댜오위다오 분쟁)
문제 해결 노력	• 국가: (⑩　　　　　)이/가 분쟁 지역에 평화 유지군 파견, 세계 보건 기구(WHO)의 긴급 구호 활동 • 민간단체: 국경 없는 의사회(MSF), 국제 사면 위원회(AI) 등 비정부 기구(NGO)의 활동

|정답| ⑥ 넬슨 만델라 ⑦ 파리 협정 ⑧ 신자유주의 ⑨ 대중 사회 ⑩ 국제 연합(UN)

④ 미국의 흑인 민권 운동

① ☐☐☐ 은/는 흑인 차별에 저항하여 1963년 워싱턴에서 대규모 행진을 이끌었다. 그 노력의 결과 1964년 ② ☐☐☐ 이/가 통과되어 법적으로 백인과 흑인에 대한 차별이 없어졌다.

|정답| ① 마틴 루서 킹 ② 민권법

⑤ 신자유주의 경제 정책

↑ 영국의 총리

↑ 미국의 대통령

두 차례의 ① ☐☐☐ (으)로 세계 경제가 어려워지자 영국의 대처 총리와 미국의 ② ☐☐☐ 대통령은 정부의 개입을 줄이고 무역의 자유화와 시장 개방을 추구하는 신자유주의 경제 정책을 추진하였다.

|정답| ① 석유 파동 ② 레이건

⑥ 지역별 경제 협력체

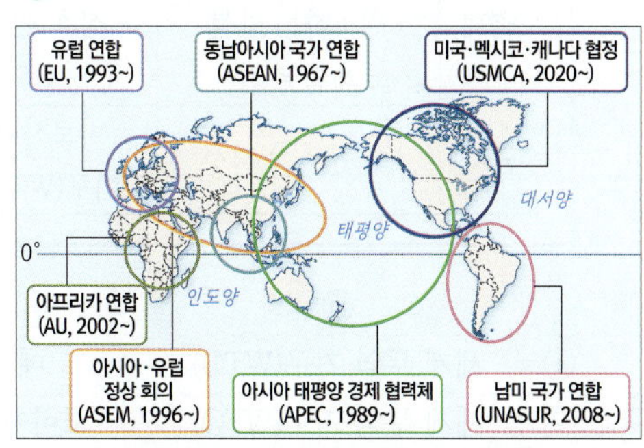

① ☐☐☐ 이/가 확산되면서 국가 간 ② ☐☐ 경쟁이 심화되자 지역별 경제 협력체가 등장하였다.

|정답| ① 세계화 ② 무역

01 냉전 체제와 제3 세계의 형성

01 다음 선언이 발표된 이후 전개된 사실로 옳은 것은?

① 국제 연맹이 창설되었다.
② 제1차 세계 대전이 일어났다.
③ 미국이 마셜 계획을 추진하였다.
④ 미일 수호 통상 조약이 체결되었다.
⑤ 미국과 영국이 대서양 헌장을 발표하였다.

중요해

02 ㉠, ㉡에 들어갈 내용으로 옳은 것은?

냉전 체제의 형성

구분	자본주의 진영	공산주의 진영
정치	미국이 트루먼 독트린 발표	소련이 코민포름 조직
경제	서유럽 경제를 원조하는 마셜 계획 추진	동유럽과 경제를 상호 원조하는 (㉡) 조직
군사	(㉠) 결성	바르샤바 조약 기구(WTO) 결성

	㉠	㉡
①	세계 무역 기구(WTO)	코메콘
②	세계 무역 기구(WTO)	소비에트
③	북대서양 조약 기구(NATO)	코메콘
④	북대서양 조약 기구(NATO)	볼셰비키
⑤	북대서양 조약 기구(NATO)	소비에트

03 (가), (나) 사건 사이에 있었던 일로 옳은 것은?

(가) ↑ 베를린 봉쇄   (나) ↑ 베를린 장벽 설치

① 독일의 분단
② 바이마르 헌법 제정
③ 독소 불가침 조약 체결
④ 노르망디 상륙 작전 실시
⑤ 동·서독의 국제 연합(UN) 동시 가입

어려워

04 냉전이 전개된 시기에 (가)~(마) 국가에서 있었던 일로 옳은 것은?

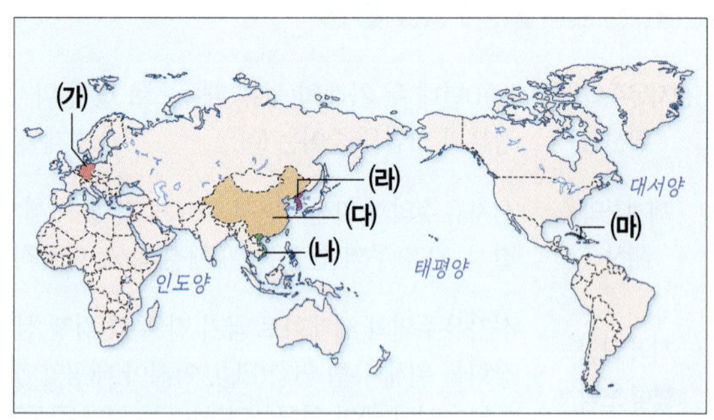

① (가) – 국공 내전이 일어났다.
② (나) – 베트남 전쟁이 발발하였다.
③ (다) – 세계 최초로 우주에 인공위성을 보냈다.
④ (라) – 소련이 핵미사일 기지를 세우려고 하였다.
⑤ (마) – 북한의 남침으로 6·25 전쟁이 시작되었다.

05 인도의 독립에 대한 보고서를 작성할 때 들어갈 내용으로 옳지 <u>않은</u> 것은?

① 중동 전쟁이 일어났다.
② 인도는 영국으로부터 독립하였다.
③ 인도에서 종교 갈등이 지속되었다.
④ 동파키스탄은 방글라데시로 독립하였다.
⑤ 독립 이후 인도는 힌두교 국가와 이슬람교 국가로 분리되었다.

06 ㉠, ㉡에 들어갈 국가로 옳은 것은?

> • 아프리카에서는 1951년 (㉠)의 독립을 시작으로 많은 국가가 독립하였다.
> • (㉡)에서는 나세르가 공화정을 세웠다(1952). 이후 대통령이 된 그는 수에즈 운하의 국유화를 선언하였다.

	㉠	㉡		㉠	㉡
①	리비아	알제리	②	리비아	이집트
③	알제리	리비아	④	알제리	이집트
⑤	이집트	알제리			

[07~08] 다음을 읽고 물음에 답하시오.

> 1. 기본적인 인권과 국제 연합의 헌장을 존중한다.
> 2. 모든 국가의 주권과 영토의 보전을 존중한다.
> 3. 모든 인종과 국가 사이의 평등을 인정한다.
> 7. 서로 침략하지 않는다.
> 8. 국제 분쟁을 평화적인 방법으로 해결한다.
> 9. 서로 이익을 위해 협력한다.
> 10. 정의와 국제 의무를 존중한다.

07 위 선언이 발표된 회의로 옳은 것은?

① 베를린 회의
② G7 정상 회의
③ 파리 강화 회의
④ 범아프리카 회의
⑤ 아시아·아프리카 회의

중요해

08 위 선언을 발표한 세력에 대한 설명으로 옳지 <u>않은</u> 것은?

① 제3 세계라고 불린다.
② 비동맹주의를 추구하였다.
③ 베트남 전쟁 중에 남베트남을 지원하였다.
④ 아시아와 아프리카의 독립국들이 주도하였다.
⑤ 국제 질서가 양극 체제에서 다극 체제로 변화하는 데 영향을 주었다.

09 빈칸에 들어갈 탐구 주제로 가장 적절한 것은?

> **수행 평가 보고서**
>
> • 탐구 주제:
> • 탐구 자료
>
>  ↑ 중국을 방문해 마오쩌둥 주석을 만난 닉슨 대통령(1972)
>
>  ↑ 전략 무기 제한 협정을 체결한 미국과 소련의 대표(1979)

① 냉전 체제의 완화
② 중국의 국공 합작 추진
③ 소련의 개혁·개방 정책
④ 쿠바 미사일 위기의 배경
⑤ 극동 국제 군사 재판의 한계

10 ㉠에 들어갈 인물의 활동으로 옳은 것을 〈보기〉에서 고른 것은?

> **역사 신문**　　　　1989년
>
> **몰타 회담이 개최되다**
>
> 
>
> 미국의 부시 대통령과 소련의 (㉠) 공산당 서기장이 몰타에서 만났다. 두 사람은 이 자리에서 냉전이 끝났다고 공식적으로 선언하였다. 이후 국제 정세가 크게 바뀔 것으로 전망된다.

> ┤ 보기 ├
> ㄱ. 독립 국가 연합(CIS)을 결성하였다.
> ㄴ. 동유럽 국가에 대한 불간섭을 선언하였다.
> ㄷ. 페레스트로이카와 글라스노스트를 추진하였다.
> ㄹ. 자본주의 요소를 일부 도입한 신경제 정책(NEP)을 펼쳤다.

① ㄱ, ㄴ
② ㄱ, ㄷ
③ ㄴ, ㄷ
④ ㄴ, ㄹ
⑤ ㄷ, ㄹ

11 밑줄 친 내용의 사례로 적절하지 <u>않은</u> 것은?

> 1980년대 소련이 동유럽 국가에 대한 불간섭을 선언한 이후 동유럽에서는 사회주의 정권이 붕괴되었다.

① 폴란드에서 민주화 운동이 일어났다.
② 헝가리가 시장 경제 제도를 받아들였다.
③ 베를린 장벽이 무너지고 독일이 통일되었다.
④ 유고슬라비아 연방의 여러 국가가 독립하였다.
⑤ 유대인이 미국 등의 도움을 받아 이스라엘을 세웠다.

12 ㉠에 들어갈 인물의 활동으로 옳은 것은?

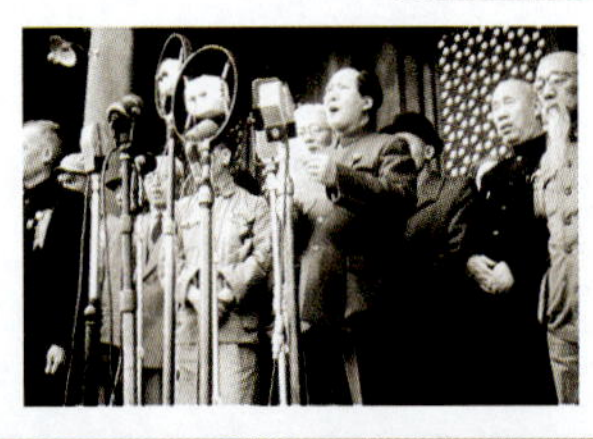

① 흑묘백묘론을 주장하였다.
② 문화 대혁명을 추진하였다.
③ 중국에서 개혁·개방 정책을 펼쳤다.
④ 쑨원에 이어 중국 국민당을 이끌었다.
⑤ 삼민주의를 내세우며 혁명을 주도하였다.

13 다음 조약에 따라 출범한 국제기구로 옳은 것은?

> 제1조 내부 경계를 없애고 경제 및 사회의 일체성을 강화하여 궁극적으로 단일 통화를 포함한 경제 통화 연합을 달성할 것
> 제2조 최종적으로는 공동 방위 정책을 형성 …… 국제 무대에서 스스로의 정체성을 주장할 것
> — 1992

① 국제 연합(UN)
② 유럽 연합(EU)
③ 국제 노동 기구(ILO)
④ 세계 무역 기구(WTO)
⑤ 남미 국가 연합(UNASUR)

02 민주주의와 인권의 확산

14 누리집 검색 결과 중 옳지 <u>않은</u> 답변을 고른 것은?

> **질문** 탈권위주의 운동에 대해 알려 주세요.
> ↳ ㉠ 청년과 학생들을 중심으로 일어났어요.
> ↳ ㉡ 프랑스에서 일어난 68 운동이 대표적이에요.
> ↳ ㉢ 간디는 인도에서 비폭력·불복종 운동을 주도하였어요.
> ↳ ㉣ 민주화 운동, 민권 운동, 여성 운동 등 다양한 형태로 전개되었어요.
> ↳ ㉤ 냉전 체제로 이념의 대립이 깊어지고 물질만능주의가 확산되면서 나타났어요.

① ㉠　　② ㉡　　③ ㉢
④ ㉣　　⑤ ㉤

창의·융합

15 다음 포트폴리오에 포함될 사진으로 적절한 것을 〈보기〉에서 고른 것은?

> **반전 평화 운동을 소개합니다!**
> 오늘날에도 세계 곳곳에서 전쟁이 일어나고 있습니다. 이에 맞서 전쟁을 반대하고 평화를 지키려는 반전 평화 운동을 소개합니다.

┤ 보기 ├

ㄱ.

↑ 반핵 시위(1962)

ㄴ.

↑ 베트남 전쟁 반대 시위(1968)

ㄷ.

↑ 중국 톈안먼 광장의 민주화 시위(1989)

ㄹ.

↑ 그린피스의 생물 다양성 보호 시위(2022)

① ㄱ, ㄴ　　② ㄱ, ㄷ　　③ ㄴ, ㄷ
④ ㄴ, ㄹ　　⑤ ㄷ, ㄹ

16 20세기 후반 여러 국가에서 일어난 민주화 운동으로 옳지 <u>않은</u> 것은?

① 한국 – 4·19 혁명
② 영국 – 청교도 혁명
③ 중국 – 톈안먼 사건
④ 필리핀 – 에드사 혁명
⑤ 체코슬로바키아 – 프라하의 봄

중요해

17 다음 두 인물이 전개한 운동에 대한 설명으로 옳은 것은?

↑ 넬슨 만델라

↑ 마틴 루서 킹

① 독재 정권에 대항하였다.
② 노동자의 권리를 보호하고자 하였다.
③ 흑인에 대한 인종 차별에 저항하였다.
④ 핵무기 개발을 반대하는 운동을 이끌었다.
⑤ 여성에 대한 사회적·문화적 차별에 반대하였다.

어려워

18 밑줄 친 '기구'에 대한 설명으로 옳은 것을 〈보기〉에서 고른 것은?

> 1919년 국제 연맹의 하위 <u>기구</u>로 세워졌다. 제2차 세계 대전 이후 국제 연합(UN)의 전문 기관이 되었다.

┤보기├
ㄱ. 유로화를 공동 화폐로 사용하였다.
ㄴ. 분쟁 지역에 평화 유지군을 파견하였다.
ㄷ. 노동 기본 원칙과 권리선언을 발표하였다.
ㄹ. 노동자의 권리를 보호하기 위해 창설되었다.

① ㄱ, ㄴ ② ㄱ, ㄷ ③ ㄴ, ㄷ
④ ㄴ, ㄹ ⑤ ㄷ, ㄹ

19 20세기 후반 여성 운동에 대한 탐구 활동으로 적절한 것을 〈보기〉에서 고른 것은?

┤보기├
ㄱ. 베티 프리단의 활동을 정리한다.
ㄴ. 아파르트헤이트를 폐지한 인물을 조사한다.
ㄷ. 영국에서 차별 금지법이 통과된 배경을 알아본다.
ㄹ. 미국의 몽고메리시 버스 승차 거부 운동의 결과를 파악한다.

① ㄱ, ㄴ ② ㄱ, ㄷ ③ ㄴ, ㄷ
④ ㄴ, ㄹ ⑤ ㄷ, ㄹ

20 다음 학습 목표에 대한 학생들의 발표 내용으로 적절하지 <u>않은</u> 것은?

> • **학습 목표**: 환경 운동의 등장 배경을 이해할 수 있다.

① 미세 먼지로 대기가 오염되었습니다.
② 폭우, 폭설 등 기상 이변이 사라졌습니다.
③ 이상 고온으로 극지방의 빙하가 녹아내렸습니다.
④ 무분별한 개발로 초원과 수풀의 사막화가 진행되었습니다.
⑤ 온실가스가 급격히 늘어나 지구 온난화가 가속화하였습니다.

21 ㉠, ㉡에 들어갈 국제 협약으로 옳은 것은?

> 국제 사회는 온실가스로 발생하는 환경 문제를 해결하기 위해 1997년 (㉠)에서 선진국의 온실가스 감축 목표치를 정하였다. 2015년 (㉡)에서는 개발 도상국도 온실가스 감축에 동참하기로 하였다.

	㉠	㉡
①	파리 협정	교토 의정서
②	파리 협정	기후 변화 협약
③	교토 의정서	파리 협정
④	교토 의정서	기후 변화 협약
⑤	기후 변화 협약	파리 협정

03 세계화와 지역 세계의 변화

22 다음 두 인물이 추진한 정책으로 옳은 것은?

▲ 영국의 대처 총리

▲ 미국의 레이건 대통령

① 뉴딜 정책
② 중상주의 정책
③ 보호 무역 정책
④ 개혁·개방 정책
⑤ 신자유주의 경제 정책

23 밑줄 친 '이 현상'의 확산에 따른 변화로 적절한 것을 〈보기〉에서 고른 것은?

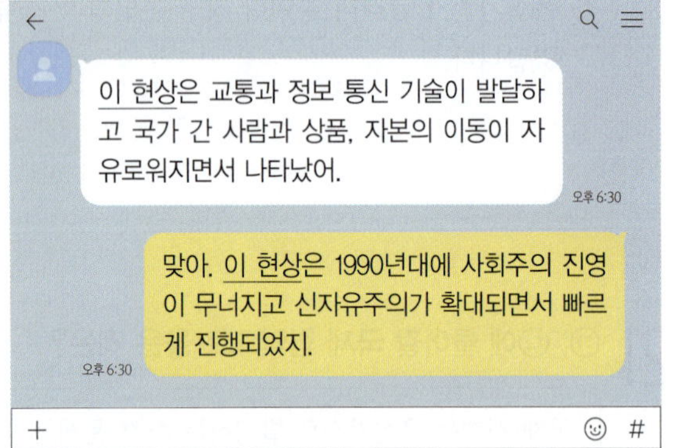

┤ 보기 ├
ㄱ. 카이로 회담이 개최되었다.
ㄴ. 독일에서 뉘른베르크 재판이 진행되었다.
ㄷ. 무역의 자유화를 추구하는 세계 무역 기구(WTO)가 출범하였다.
ㄹ. 국가 간 관세 장벽을 없애는 자유 무역 협정(FTA) 체결이 확산되었다.

① ㄱ, ㄴ   ② ㄱ, ㄷ   ③ ㄴ, ㄷ
④ ㄴ, ㄹ   ⑤ ㄷ, ㄹ

24 다음 다큐멘터리의 제목으로 가장 적절한 것은?

> 장면 #1　프랑스에서 만든 가방에 중국에서 만든 노트북 컴퓨터를 넣는 장면
> 장면 #2　미국 기업이 운영하는 커피 매장에서 에티오피아산 원두로 만든 커피를 마시는 장면

① 제국주의의 등장
② 환경 문제와 환경 운동
③ 자원을 둘러싼 국제 분쟁
④ 세계화의 확산과 문물 교류
⑤ 인도 국민 회의의 반영 운동

25 다음에서 설명하는 경제 협력체를 지도에서 고른 것은?

> 아시아 및 태평양 연안 국가들이 정책에 대한 원활한 대화와 협력을 증진하기 위해 결성되었다.

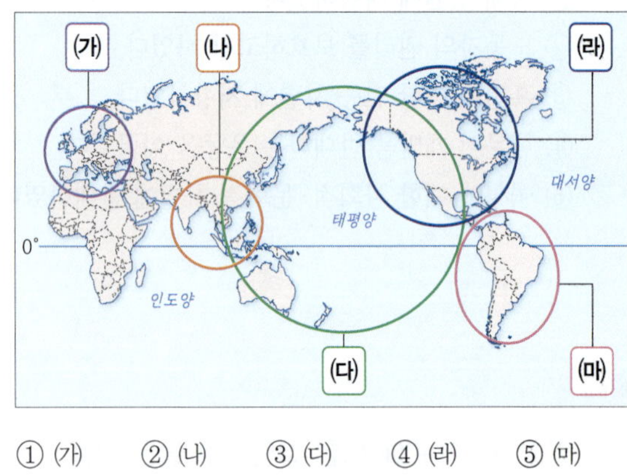

① (가)   ② (나)   ③ (다)   ④ (라)   ⑤ (마)

26 과학 기술의 발달에 대해 학생들이 나눈 대화 내용으로 옳지 <u>않은</u> 것은?

① 원자력이 발전하였어.
② 난치병 치료가 가능해졌어.
③ 인적·물적 교류가 증가하였어.
④ 전통적 가치관과 생활 양식이 유지되었어.
⑤ 세계의 소식을 실시간으로 접할 수 있게 되었어.

27 학생의 질문에 대한 답변으로 가장 적절한 것은?

① 대중 사회가 형성되었습니다.
② 물질만능주의가 확산되었습니다.
③ 국가 사이의 빈부 격차가 커졌습니다.
④ 제3 세계가 국제 사회에 등장하였습니다.
⑤ 미국과 중국이 정식으로 외교 관계를 맺었습니다.

창의·융합

28 다음은 지역·종교·민족·자원 분쟁에 대한 책의 목차이다. 밑줄 친 ㉠~㉤ 중 적절하지 <u>않은</u> 것은?

목차

① ㉠   ② ㉡   ③ ㉢   ④ ㉣   ⑤ ㉤

29 ㉠에 들어갈 기구로 옳은 것을 〈보기〉에서 고른 것은?

비정부 기구(NGO)인 (㉠)은/는 세계 각국의 질병, 인권 등의 문제를 해결하고자 다양한 활동을 펼치고 있다.

┤ 보기 ├
ㄱ. 국제 사면 위원회(AI)
ㄴ. 세계 보건 기구(WHO)
ㄷ. 국경 없는 의사회(MSF)
ㄹ. 동남아시아 국가 연합(ASEAN)

① ㄱ, ㄴ   ② ㄱ, ㄷ   ③ ㄴ, ㄷ
④ ㄴ, ㄹ   ⑤ ㄷ, ㄹ

30 다음을 읽고 물음에 답하시오.

(가) 세계화로 자본과 노동력, 기술 등이 활발하게 이동하면서 세계 각지에 자회사와 지사 등을 둔 다국적 기업이 성장하였다. 이로  다른 국가의 좋은 상품을 저렴한 가격에 살 수 있게 되었으며, 개발 도상국이 성장하기도 하였다.

▲ 스마트폰을 생산하는 인도의 공장

(나) 세계화가 진행되면서 선진국에 부가 몰려 선진국과 후진국의 경제 격차가 커졌다. 국가 간 의존도가 높아지면서 특정 지역의  경제 문제가 전 세계에 영향을 주는 현상도 나타났다. 이로 세계화를 반대하는 시위가 일어났다.

▲ 인도네시아에서 열린 세계 무역 기구 반대 시위(2008)

(1) (가), (나)를 읽고 세계화의 긍정적 영향과 부정적 영향을 각각 서술하시오.

____

____

____

____

(2) (1)의 내용을 바탕으로 세계화에 대한 자신의 생각을 논술하시오.

____

____

____

____

____

____

____

MEMO

한 권으로 끝내기!
필수 개념과 시험 대비를
한 권으로 끝!

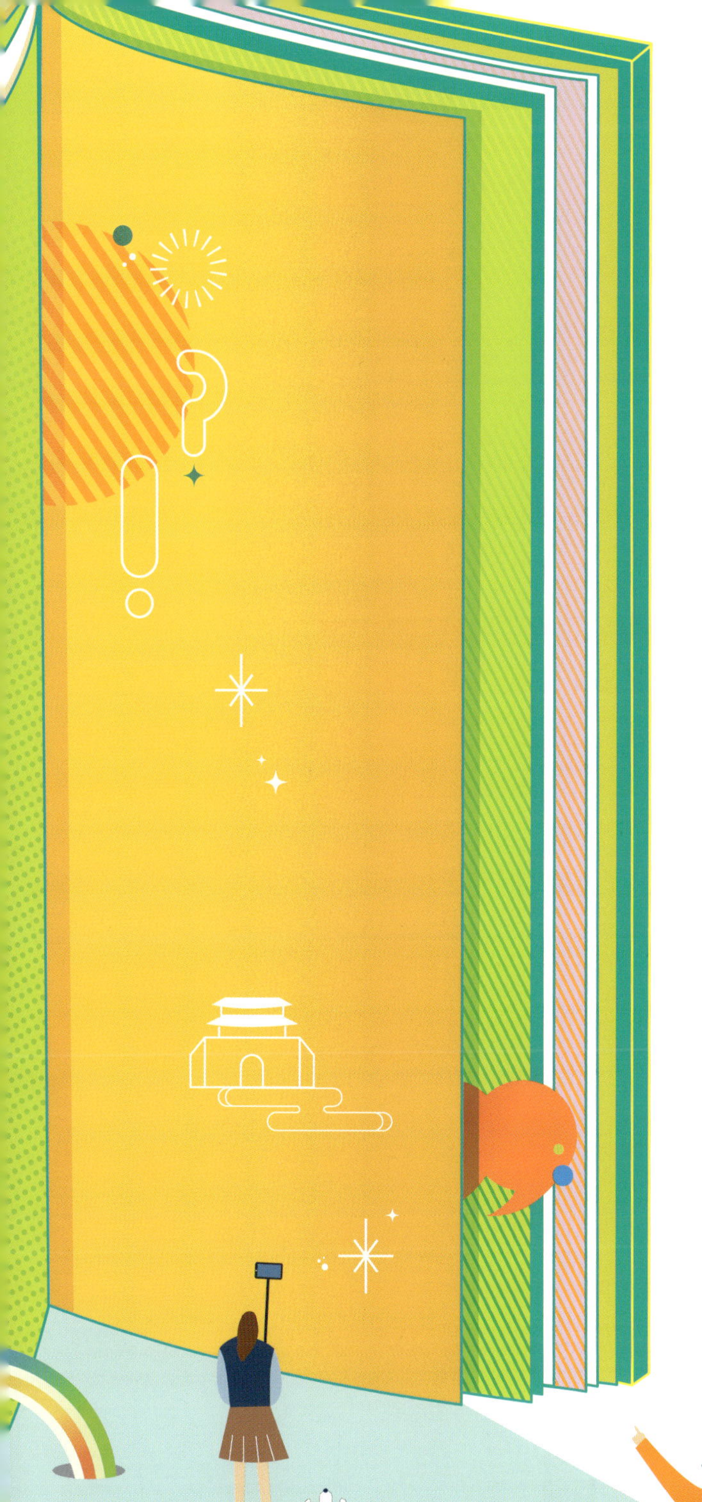

정답과 해설

중학 역사 ①·2

ABOVE IMAGINATION

우리는 남다른 상상과 혁신으로
교육 문화의 새로운 전형을 만들어
모든 이의 행복한 경험과 성장에 기여한다

정답과 해설

V 제국주의와 국민 국가 건설 운동

01 유럽과 아메리카의 국민 국가 체제(1)

STEP 2 개념 확인

12쪽

대표 자료 확인하기 ① 조지 워싱턴 ② 제1 신분 ③ 제3 신분

한눈에 정리하기 ① 보스턴 차 사건 ② 미국 독립 선언문
③ 삼부회(삼신분회) ④ 국민 공회 ⑤ 나폴레옹

1 (1) ○ (2) ○ (3) × **2** (1) 삼권 분립 (2) 아메리카 합중국(미국)
3 (1) 제3 신분 (2) 국민 의회 **4** (1) ㄱ (2) ㄴ **5** (나) – (다) – (가) – (라)
6 (1) 나폴레옹 법전 (2) 대륙 봉쇄령

STEP 3 중단원 확인 문제

13~15쪽

01 ⑤ **02** ③ **03** 조지 워싱턴 **04** ④ **05** ②
06 ⑤ **07** ③ **08** ⑤ **09** 삼부회(삼신분회) **10** ②
11 ④ **12** ④ **13** ⑤ **14** ② **15** ②

01 영국은 프랑스와의 전쟁으로 재정이 어려워져 식민지를 간섭하기 시작하였다. 영국 정부는 인지세에 이어 설탕과 차 등에 세금을 부과하였고, 식민지 주민들은 이에 저항하여 보스턴 차 사건을 일으켰다. 이를 배경으로 미국 혁명이 일어났다.
오답 확인 ㄱ은 프랑스 혁명, ㄴ은 영국 혁명의 배경이다.

02 자료는 보스턴 차 사건에 대한 것이다. 보스턴 차 사건으로 영국이 보스턴항을 봉쇄하고 주민들을 탄압하자 식민지 대표들은 대륙 회의를 열어 영국에 항의하였다. 이후 식민지 민병대와 영국군이 충돌하면서 독립 전쟁이 시작되었다.
오답 확인 ①, ②, ④, ⑤는 보스턴 차 사건 이전에 있었던 일이다.

03 ㉠에 들어갈 인물은 조지 워싱턴이다. 식민지군의 총사령관이 된 조지 워싱턴은 요크타운 전투에서 영국군에 승리하여 전쟁의 승기를 잡았다.

04 대륙 회의 개최 이후 영국의 식민지군은 프랑스를 비롯한 여러 국가의 지원을 받아 요크타운 전투에서 승리하였다. 이후 파리 조약을 통해 영국 정부로부터 독립을 인정받았다.
오답 확인 ①, ②는 대륙 회의 개최 이전, ③, ⑤는 파리 조약 체결 이후에 있었던 일이다.

05 자료는 1776년에 식민지 대표들이 발표한 미국 독립 선언문이다. 인간의 생명·자유·행복 추구권을 명시하였다.
오답 확인 ② 미국 독립 선언문은 영국에서 권리 장전이 승인된 이후에 발표되었다.

06 밑줄 친 '국가'는 아메리카 합중국(미국)이다. 미국은 세계 최초의 민주 공화국이며, 조지 워싱턴이 초대 대통령이었다. 또한 연방제, 국민 주권과 삼권 분립의 원칙이 담긴 헌법이 있었다.

오답 확인 ⑤는 영국에서 일어난 청교도 혁명에 대한 설명이다.

07 독립 이후 미국은 원주민을 몰아내고 서부로 세력을 넓혀 영토를 확장하였으며, 유럽과 라틴 아메리카 등지에서 많은 사람이 이주하면서 인구가 증가하였다. 이로써 미국은 거대한 영토와 풍부한 자원, 시장을 갖춘 국가로 성장하였다.
오답 확인 ③은 미국이 독립하기 이전에 있었던 일이다.

08 (가)는 제3 신분이다. 프랑스의 제3 신분은 평민으로 국민의 대다수를 차지하였으며 국가 세금의 대부분을 부담하면서도 정치적 권리를 얻지 못하였다.
오답 확인 ㄱ, ㄴ. 제1 신분인 성직자와 제2 신분인 귀족은 관직을 독점하였고, 많은 토지를 소유하면서도 세금을 내지 않는 특권을 누렸다.

09 밑줄 친 '이 회의'는 삼부회(삼신분회)이다. 계속되는 전쟁과 왕실의 사치로 프랑스의 경제적 상황이 어려워지자 루이 16세는 이를 해결하고자 삼부회를 소집하였다.

10 자료는 '인간과 시민의 권리선언(인권 선언)'이다. 인권 선언은 국민 의회가 1789년에 발표하였다.

11 흔히 '인권 선언'이라고 불리는 '인간과 시민의 권리선언'은 제3 신분 대표들이 국민 의회를 세우고 발표하였다. 이 선언에는 자유와 평등 등 인간의 기본권이자 프랑스 혁명의 이념이 담겨 있다.
오답 확인 ④ 영국의 메리 여왕과 그녀의 남편인 윌리엄 3세가 승인한 것은 권리 장전이다.

12 (가)는 국민 의회 시기, (나)는 국민 공회 시기에 있었던 일이다. 국민 의회 다음에 등장한 입법 의회 시기에는 오스트리아와 프로이센 등과의 전쟁이 벌어졌고, 전쟁으로 생활이 어려워진 민중이 왕궁을 습격하기도 하였다.
오답 확인 ①, ②, ③은 바스티유 습격 이전, ⑤는 루이 16세 처형 이후 총재 정부 시기에 있었던 일이다.

13 제시된 내용은 로베스피에르에 대한 설명이다. 로베스피에르는 국민 공회 시기에 급진파 세력을 이끌며 공포 정치를 펼쳤으나, 시민들의 불만이 점점 커졌고 그를 반대하는 온건파 세력에게 처형되었다.

14 (가)는 국민 공회 시기이다. 국민 공회는 공화정을 선포하였으며, 루이 16세를 처형하였다. 이 시기에는 로베스피에르가 이끄는 급진파 세력이 혁명 재판소를 설치하고 혁명에 반대하는 사람들을 처형하는 등 공포 정치를 실시하였다.
오답 확인 ㄴ은 국민 의회, ㄹ은 나폴레옹 시기에 있었던 일이다.

15 지도에 나타난 경로로 유럽 정복에 나선 인물은 나폴레옹이다. 나폴레옹은 통령 정부를 세우고 제1 통령이 되어 중앙 집권적 행정 제도를 마련하는 등의 개혁을 실시하였다. 또한 『나폴레옹 법전』을 편찬하여 새로운 시민 사회의 규범을 마련하였다. 이후 국민 투표를 거쳐 황제가 되었으며, 대외적으로 정복 전쟁을 벌이고 러시아 원정을 단행하기도 하였다.
오답 확인 ②는 프랑스의 루이 14세에 대한 설명이다.

01 예시 답안 미국 헌법은 연방제를 특징으로 하였으며, 주권이 국민에게 있다는 국민 주권과 국가의 권력을 입법, 행정, 사법으로 분리한다는 삼권 분립의 원칙이 담겨 있었다.

구분	채점 기준
상	미국 헌법의 특징을 세 가지 서술한 경우
중	미국 헌법의 특징을 두 가지 서술한 경우
하	미국 헌법의 특징을 한 가지만 서술한 경우

02 (1) 국민 의회

(2) 예시 답안 18세기 프랑스 사회는 세 신분으로 나뉘어 있었으며, 강력한 왕정 아래 불평등한 신분제가 계속되었다. 국민의 대다수를 차지한 제3 신분인 평민은 국가 세금의 대부분을 부담하면서도 정치적 권리를 얻지 못하였다. 구제도의 모순이 지속되는 상황에서 계몽사상과 미국 혁명의 영향을 받은 시민 계급이 성장하여 구제도를 무너뜨리고자 하였다.

구분	채점 기준
상	구제도의 모순, 계몽사상과 미국 혁명의 영향을 받은 시민 계급의 성장을 서술한 경우
하	구제도의 모순만 서술한 경우

03 예시 답안 나폴레옹의 정복 전쟁 과정에서 유럽 곳곳에 프랑스 혁명의 이념인 자유주의가 확산되었으며, 민족의 단결을 주장하는 민족주의 의식이 자라나기 시작하였다. 이는 유럽에서 국민 국가가 성장하는 발판이 되었다.

구분	채점 기준
상	나폴레옹의 정복 전쟁이 유럽에 미친 영향을 두 가지 서술한 경우
하	나폴레옹의 정복 전쟁이 유럽에 미친 영향을 한 가지만 서술한 경우

✦ 02 유럽과 아메리카의 국민 국가 체제(2)

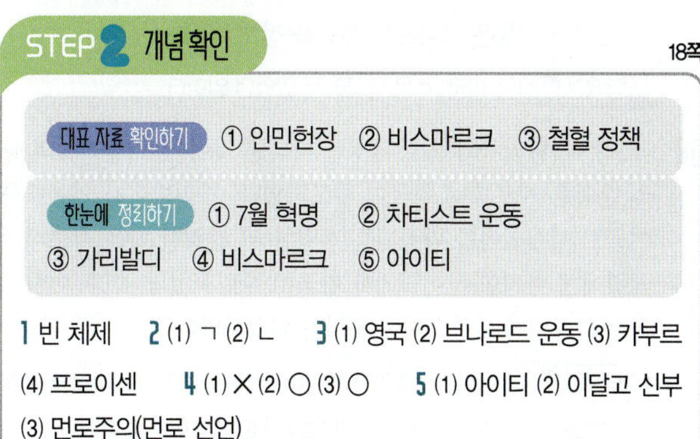

1 빈 체제 **2** (1) ㄱ (2) ㄴ **3** (1) 영국 (2) 브나로드 운동 (3) 카부르 (4) 프로이센 **4** (1) × (2) ○ (3) ○ **5** (1) 아이티 (2) 이달고 신부 (3) 먼로주의(먼로 선언)

STEP 3 중단원 확인 문제
19~21쪽

01 ⑤　**02** ③　**03** ②　**04** 2월 혁명　**05** ①

06 ①　**07** ④　**08** ④　**09** ②　**10** ①　**11** ①

12 ④　**13** 링컨　**14** ①　**15** ⑤

01 밑줄 친 '회의'는 빈 회의이다. 나폴레옹이 몰락한 이후 전쟁의 혼란을 수습하고자 열린 빈 회의에서 유럽 각국의 대표들은 영토와 지배권을 프랑스 혁명 이전으로 되돌리기로 하였다.

오답 확인 ①, ②, ④는 프랑스의 삼부회, ③은 미국의 대륙 회의와 관련이 있다.

02 검색창에 들어갈 인물은 메테르니히이다. 메테르니히는 오스트리아의 재상으로 빈 회의를 주도하였으나, 2월 혁명 이후 오스트리아에서 추방되었다.

03 프랑스의 7월 혁명은 샤를 10세의 전제 정치에 반발하여 일어났다. 자유주의자들과 파리 시민은 샤를 10세를 몰아내고 루이 필리프를 왕으로 세워 입헌 군주제를 수립하였다.

오답 확인 ①, ③은 프랑스 혁명, ④는 영국의 청교도 혁명, ⑤는 미국 혁명에 대한 설명이다.

04 대화의 주제는 2월 혁명이다. 7월 혁명으로 들어선 왕정이 부유한 소수에게만 선거권을 부여하자 파리 시민과 노동자들이 선거권 확대를 요구하는 2월 혁명을 일으켰다.

05 자료는 인민헌장이다. 1832년 제1차 선거법 개정이 이루어졌으나 여전히 선거권을 얻지 못한 영국의 노동자들은 정치적 권리를 얻고자 인민헌장을 발표하고, 이를 의회에 제출하기 위한 서명 운동을 벌였다(차티스트 운동).

오답 확인 ② 제1차 선거법 개정은 차티스트 운동 이전에 시행되었다. ③은 프랑스의 7월 혁명 등, ④는 러시아의 브나로드 운동, ⑤는 프랑스의 7월 혁명에 대한 설명이다.

06 19세기 중반 영국은 곡물법과 항해법을 폐지하는 등 정부 규제를 완화하여 자유 무역 체제를 갖추어 나갔다.

오답 확인 ㄷ은 나폴레옹의 대외 정책이다. ㄹ은 18세기 영국의 식민지 정책과 관련이 있다.

07 19세기 러시아에서는 자유주의가 확산되는 가운데 니콜라이 1세의 전제 정치 이후 알렉산드르 2세가 농노 해방령을 발표하였고, 지식인들은 브나로드 운동을 전개하였다.

오답 확인 ㄱ은 미국, ㄷ은 영국에서 있었던 일이다.

08 지도는 이탈리아의 통일 과정을 나타낸 것이다. 이탈리아의 통일 운동은 사르데냐 왕국이 주도하였다. 가리발디가 의용대를 이끌고 시칠리아와 나폴리를 점령한 뒤 점령한 땅을 사르데냐 국왕에게 바치면서 이탈리아 왕국이 수립되었다. 이후 이탈리아는 교황령까지 통합하여 통일을 완성하였다.

오답 확인 ④는 독일의 통일과 관련이 있다. 독일의 비스마르크는 철혈 정책을 바탕으로 군사력을 키워 독일의 통일을 이루려 하였다.

09 제시된 내용은 카부르에 대한 설명이다. 카부르는 사르데냐 왕국의 재상으로 오스트리아를 물리치고 이탈리아 중북부 지역을 통일하였다. 이로써 통일된 이탈리아 왕국을 수립하는 데 기여하였다.

10 독일의 통일은 (개) 관세 동맹 체결 – (내) 프랑크푸르트 의회 개최 – (대) 비스마르크의 철혈 정책 추진 – (래) 북독일 연방 수립의 순서로 전개되었다. 이후 프로이센은 남독일의 여러 국가를 연방에 포함하여 독일 제국을 수립하였다.

11 밑줄 친 '통일 국가'는 독일이다. 독일은 1871년에 통일되었으며, 빌헬름 1세가 프랑스의 베르사유 궁전에서 황제로 즉위하면서 독일 제국의 수립을 널리 알렸다.

12 자료는 미국의 북부와 남부의 산업 구조를 나타낸 그래프로, 이는 미국의 남북 전쟁과 관련이 있다. 19세기 중반부터 미국에서 산업화가 진행되면서 남부와 북부의 경제적 차이가 커졌는데, 이는 남북 전쟁이 발발하는 배경이 되었다.

13 ㉠에 공통으로 들어갈 인물은 링컨이다. 노예제 확대에 반대한 북부의 링컨은 대통령으로 당선된 뒤 남북 전쟁 중에 노예 해방 선언을 발표하여 국제 여론의 지지를 얻었다. 이로써 북부가 남북 전쟁에서 승리하는 데 영향을 주었다.

14 라틴 아메리카에서는 나폴레옹의 정복 전쟁으로 에스파냐의 간섭이 약해진 틈을 타 독립운동이 전개되었다. 1804년 아이티가 라틴 아메리카에서 최초로 독립하였으며, 볼리바르와 산마르틴 등이 여러 국가의 독립에 기여하였다.

오답 확인 ①은 프랑스 혁명에 대한 설명이다. 라틴 아메리카의 독립운동은 미국의 독립과 프랑스 혁명의 영향을 받았다.

15 독립 이후 라틴 아메리카는 정치적·경제적으로 변화하였다. 독립운동을 주도한 크리오요는 정권을 장악하고 부유한 삶을 누렸으나 대다수의 사람들은 가난에 시달렸다. 또한 군부 세력이 정변을 일으켜 정치가 혼란하였다. 한편, 라틴 아메리카는 공업적 기반이 부족하여 경제적으로 미국과 유럽에 크게 의존하게 되었다.

오답 확인 ⑤ 미국은 먼로주의를 선언한 이후 쿠바를 보호국으로 삼는 등 라틴 아메리카에서 영향력을 키워 나갔다. 영국은 라틴 아메리카에서 철도와 광산 등의 이권을 차지하여 경제적 이득을 얻었다.

서술형 문제

01 (1) 7월 혁명

(2) **예시 답안** 프랑스의 자유주의자들과 시민들은 7월 혁명을 일으켜 샤를 10세를 몰아내고 루이 필리프를 왕으로 세워 입헌 군주제를 수립하였다.

구분	채점 기준
상	샤를 10세를 몰아내고 루이 필리프를 왕으로 세워 입헌 군주제를 수립하였다고 서술한 경우
하	루이 필리프를 왕으로 세웠다고만 서술한 경우

02 (1) 비스마르크

(2) **예시 답안** 프로이센의 재상이었던 비스마르크는 무력(무기와 병력)의 중요성을 강조한 철혈 정책을 추진하여 군비를 확장하였다.

구분	채점 기준
상	무력의 중요성을 강조한 철혈 정책을 추진하여 군비를 확장하였다고 서술한 경우
하	철혈 정책을 추진하였다고만 서술한 경우

03 **예시 답안** 19세기 중반부터 미국에서 산업화가 진행되면서 남부와 북부의 경제적 차이가 나타났다. 미국 남부에서는 노예를 이용한 대농장 경영이 발달하여 대다수가 노예제를 찬성하였다. 반면, 북부에서는 임금 노동자를 중심으로 하는 공업이 발달하여 많은 사람이 노예제 확대를 반대하였다. 이러한 남부와 북부의 대립이 심화되어 남북 전쟁이 일어났다.

구분	채점 기준
상	남부와 북부의 경제적 차이, 노예제에 대한 입장 차이를 서술한 경우
하	남부와 북부의 대립이 심화되었다고만 서술한 경우

STEP 2 개념 확인
25쪽

대표 자료 확인하기 ① 증기 기관   ② 공장제 기계 공업
③ 종단 정책   ④ 프랑스

한눈에 정리하기 ① 제임스 와트   ② 자본주의   ③ 사회주의
④ 파쇼다 사건   ⑤ 네덜란드

1 (1) 영국 (2) 인클로저 운동 (3) 공장제 기계 공업   2 (1) ✕ (2) ◯
3 (1) 애덤 스미스 (2) 러다이트 운동   4 마르크스   5 (1) 제국주의
(2) 영국   6 (1) ㄹ (2) ㄱ (3) ㄷ (4) ㄴ

STEP 3 중단원 확인 문제
26～29쪽

01 ④	02 ④	03 ②	04 ⑤	05 ④	06 ④
07 애덤 스미스		08 ⑤	09 ②	10 ③	11 ④
12 ①	13 ④	14 ⑤	15 베를린 회의		16 ②
17 ⑤	18 ④	19 ③	20 ④		

01 산업 혁명은 영국에서 먼저 시작되었다. 영국에서 산업 혁명이 먼저 시작된 배경으로는 시민 혁명 이후 이룬 정치적 안정, 석탄과 철 등의 풍부한 지하자원, 넓은 해외 식민지, 인클로저 운동 이후 증가한 공장 노동력 등이 있다.

오답 확인 ④는 17세기 전반에 일어난 청교도 혁명의 배경이다.

02 영국에서 면직물의 수요가 늘자 방적기와 방직기가 발명되어 면직물의 생산량이 크게 늘어나 대량 생산의 기틀이 마련되었다.

03 제임스 와트가 개량한 증기 기관이 새로운 동력으로 사용되면서 상품의 대량 생산이 가능해졌고, 전통적인 가내 수공업이 쇠퇴하여 공장제 기계 공업이 확대되었다.

04 스티븐슨의 증기 기관차 제작 이후 유럽 각국은 경쟁적으로 철도를 부설하였다. 교통이 발달하자 원료와 상품 운송, 사람의 이동이 활발해져 산업화가 가속화되었다.

오답 확인 ①, ②, ③, ④는 19세기 이전에 있었던 일이다.

05 ㉠에 들어갈 내용은 증기선이다. 미국의 풀턴은 증기선을 만들어 수상 교통의 발전에 이바지하였다.

06 제시된 내용은 미국의 산업화에 대한 설명이다. 19세기 중반 미국은 산업 혁명 단계로 접어들었다. 남북 전쟁 이후 대륙 횡단 철도가 개통되어 물류 수송이 원활해졌고, 이를 바탕으로 세계 최대의 공업국으로 성장하였다.

오답 확인 ①은 일본, ②는 러시아, ③, ⑤는 영국의 산업화에 대한 설명이다.

07 제시된 내용은 애덤 스미스에 대한 설명이다. 산업화가 널리 퍼지면서 자본주의 체제가 확립되었고, 애덤 스미스는 자본주의 체제를 뒷받침하는 자유방임주의를 주장하였다.

08 산업화가 진행되면서 노동 문제가 나타났으며, 일부 노동자들은 기계의 등장으로 자신들의 일자리가 부족해져 비참한 생활을 하게 되었다고 생각하여 기계를 파괴하는 러다이트 운동을 벌였다.

09 인터뷰는 산업 혁명 이후 나타난 아동 노동의 실태를 보여 준다. 산업 혁명으로 철도망이 확립되어 상품 운송이 활발해졌고 유럽의 여러 국가는 산업화의 성과를 과시하고자 만국 박람회를 개최하였다. 하지만 주택 부족과 전염병 유행 등 도시 문제가 발생하였으며, 환경 문제도 나타났다. 또한 노동자들이 노동 운동을 전개하기도 하였다.

오답 확인 ② 영국에서 권리 장전이 승인된 것은 명예혁명으로, 산업 혁명 이전인 17세기에 있었던 일이다.

10 제시된 주장에 반영된 사상은 사회주의이다. 마르크스 등 사회주의 사상가들은 자본주의 체제를 비판하면서 사유 재산 제도를 폐지해야 한다고 주장하였다. 또한 마르크스는 초기 사회주의자들의 비현실성을 비판하면서 노동자들의 투쟁과 단결을 강조하였다.

11 ㉠에 들어갈 정책은 제국주의이다. 제국주의는 19세기 후반 서양 열강이 원료 공급지와 새로운 상품 판매처가 필요해지자 군사력과 경제력 등을 앞세워 식민지를 확보한 팽창 정책이다.

오답 확인 ①, ②는 중상주의 정책, ③, ⑤는 비스마르크가 추진한 철혈 정책에 대한 설명이다.

12 밑줄 친 '이 이론'은 사회 진화론이다. 사회 진화론은 강대국의 약소국 지배를 정당화하여 인종주의와 함께 제국주의의 사상적 기반이 되었다.

오답 확인 ②는 계몽사상, ③은 사회주의, ④는 자유주의, ⑤는 자유주의와 민족주의에 대한 설명이다.

13 지도는 제국주의 열강의 아프리카 침탈을 나타낸 것이다. 19세기 중반 이후 탐험가들의 활동으로 아프리카에 지하자원이 풍부하다는 사실이 유럽에 알려졌다. 이에 유럽 열강들은 아프리카를 침략하기 시작하였다.

14 19세기 중반 이후 유럽 열강은 아프리카를 침략하기 시작하였다. 영국은 아프리카를 남북으로 점령하는 종단 정책을, 프랑스는 알제리부터 마다가스카르까지 동서로 점령하는 횡단 정책을 펼치며 아프리카 대륙 대부분을 차지하였다. 한편, 벨기에 왕은 콩고를 사유지로 삼기도 하였다. 결국 20세기 초에는 아프리카 대부분이 열강의 식민지가 되었다.

오답 확인 ⑤는 라틴 아메리카의 독립운동에 대한 내용이다. 라틴 아메리카에서는 크리오요가 독립운동을 주도하였다.

15 검색창에 들어갈 회의는 베를린 회의이다. 19세기 중반 이후 아프리카를 침략하기 시작한 유럽 열강은 베를린 회의에서 아프리카 분할 원칙에 합의하였다.

16 ㉠에 공통으로 들어갈 국가는 영국이다. 영국은 아프리카를 남북으로 점령하여 이집트의 카이로와 남아프리카 연방의 케이프타운을 연결하는 종단 정책을 추진하였다.

17 19세기 중반 이후 유럽 열강은 아프리카를 앞다투어 침략하기 시작하였다. 영국과 프랑스는 각각 종단 정책과 횡단 정책을 추진하였으며, 이 과정에서 파쇼다 지역에서 충돌하였다(파쇼다 사건). 벨기에의 왕 레오폴드 2세는 콩고를 자신의 사유지로 삼아 착취하였다.

18 19세기에 들어서자 제국주의 열강은 아시아를 식민지로 삼기 위해 침략하였다. 영국은 19세기 후반부터 인도에 총독을 보내 직접 다스렸고, 네덜란드는 인도네시아 대부분 지역을 식민지로 삼았다.

[오답 확인] ㄱ은 프랑스, ㄷ은 영국에 대한 설명이다.

19 ㉠은 영국, ㉡은 독일이다. 태평양 지역에서 영국은 오스트레일리아와 뉴질랜드를, 독일은 마셜 제도와 캐롤라인 제도 등을 차지하였다.

20 [오답 확인] ④ 유럽에서 재정·군사 국가가 등장한 시기는 산업 혁명 이전인 16~17세기이다.

서술형 문제

01 (1) 자본주의

(2) [예시 답안] 산업화가 진행되면서 자본을 가진 자본가와 이들에게 고용되어 상품을 생산하는 노동자라는 생산관계가 형성되었고, 이 과정에서 자본주의가 확립되었다.

구분	채점 기준
상	자본가와 노동자 간의 생산관계가 형성되는 과정에서 자본주의가 확립되었다고 서술한 경우
하	자본가와 노동자가 등장하였다고만 서술한 경우

02 [예시 답안] 제국주의 열강이 플랜테이션 농장을 운영하고 값싼 상품을 판매하면서 식민지 국가의 경제 체제가 붕괴되었다. 또한 제국주의 열강이 식민지에서 목재, 광물 등의 자원을 무분별하게 착취하여 식민지 국가의 산림이 크게 파괴되었다.

구분	채점 기준
상	제국주의 열강의 침략이 식민지 국가에 준 경제적·생태환경적 영향을 모두 서술한 경우
하	제국주의 열강의 침략이 식민지 국가에 준 경제적·생태환경적 영향 중 한 가지만 서술한 경우

03 [예시 답안] 제국주의 열강은 사회 진화론과 인종주의를 바탕으로 우월한 자신들이 미개한 아시아인과 아프리카인을 문명화하는 것이 백인의 의무라고 주장하면서 식민지 침략을 정당화하였다.

구분	채점 기준
상	제국주의 열강이 사회 진화론과 인종주의를 바탕으로 식민지 침략을 정당화하였다고 서술한 경우
하	백인의 우월성을 주장하면서 식민지 침략을 정당화하였다고만 서술한 경우

✦ 04 아시아의 국민 국가 건설 운동(1)

STEP 2 개념 확인 32쪽

[대표 자료 확인하기] ① 이집트 ② 영국 ③ 힌두교도

[한눈에 정리하기] ① 탄지마트 ② 와하브 운동 ③ 수에즈 운하 ④ 영국 ⑤ 인도 국민 회의

1 (1) 오스만 제국 (2) 청년 튀르크당 **2** (1) 이집트 (2) 영국
(3) 이슬람교 (4) 무함마드 알리 **3** (1) 플라시 전투 (2) 세포이
(3) 스와데시 **4** 벵골 분할령 **5** (1) ㄱ (2) ㄴ (3) ㄹ (4) ㄷ

STEP 3 중단원 확인 문제 33~35쪽

01 ②	02 ③	03 ③	04 ①	05 ③	06 ③
07 ②	08 ⑤	09 플라시 전투		10 ④	11 ②
12 ③	13 ①	14 ③			

01 지도와 같이 영토가 축소된 국가는 오스만 제국이다. 오스만 제국은 19세기에 접어들자 그리스와 발칸반도의 국가들이 독립하고 이집트가 자치권을 얻으며 영토가 축소되었다. 또한 영국과 러시아 등의 압박을 받아 쇠퇴하였다.

[오답 확인] ①은 콩고, ③은 인도네시아, ④는 이집트 등, ⑤는 아이티에 대한 설명이다.

02 탄지마트는 오스만 제국이 대내외적 위기를 극복하기 위해 실시한 근대적 개혁으로, 서양식 교육 제도와 징병 제도를 실시하고 민족과 종교에 따른 차별을 폐지하였다. 개혁의 성과가 미흡하자 미드하트 파샤 등이 의회를 수립하기도 하였다.

[오답 확인] ③은 벵골 분할령 이후 인도 국민 회의가 발표한 4대 강령의 내용 중 하나이다.

03 19세기 후반 오스만 제국은 개혁에 실패하고 러시아와의 전쟁에서 패하여 많은 영토를 잃었다. 이때 술탄이 헌법을 폐지하고 의회를 해산하는 등 전제 정치를 강화하였다. 이에 젊은 관리와 지식인들로 구성된 청년 튀르크당이 혁명을 일으켰다. 이들은 무력으로 정권을 잡은 뒤 헌법과 의회를 부활하였다.

04 제시된 내용은 아라비아반도의 와하브 운동에 대한 설명이다. 와하브 운동은 18세기 중엽 아라비아반도에서 시작되었으며, 초기 이슬람교의 순수성을 되찾자고 주장하였다. 이 운동은 오스만 제국에 반대하는 민족 운동으로 발전하였다.

05 이란의 카자르 왕조는 개혁 자금을 마련하는 과정에서 영국에 담배에 대한 독점적 권리를 넘겨주었다. 이에 담배 불매 운동이 일어났고, 알 아프가니가 운동을 확산시켰다. 이후 담배 불매 운동 주도 세력이 의회를 수립하고 헌법을 제정하였다(입헌 혁명, 1906).

[오답 확인] ㄱ은 오스만 제국의 청년 튀르크당 혁명, ㄹ은 라틴 아메리카의 독립운동에 대한 설명이다.

06 밑줄 친 '이 인물'은 이집트의 무함마드 알리이다. 나폴레옹의 침략 이후 이집트의 총독이 된 무함마드 알리는 학교를 세우고 징병제를 시행하는 등 근대화 정책을 실시하였다. 이를 바탕으로 오스만 제국으로부터 자치권을 획득하였다.

오답 확인 ①은 프로이센의 비스마르크, ②는 프랑스의 나폴레옹, ④는 필리핀의 호세 리살 등, ⑤는 이탈리아의 가리발디의 활동이다.

07 제시된 내용은 이집트의 아라비 파샤에 대한 설명이다. 아라비 파샤는 19세기 중엽 이집트가 열강의 간섭을 받자 '이집트인을 위한 이집트 건설'을 외치며 군부를 중심으로 민족 운동을 일으켰다. 그러나 영국에 진압되었다.

08 (가) 운하는 이집트의 수에즈 운하이다. 수에즈 운하는 지중해와 홍해를 연결하는 인공 수로로 1869년에 개통되었다. 수에즈 운하가 개통되어 아시아와 유럽을 오가는 항로가 크게 단축되었다. 그러나 이집트는 건설 과정에서 영국과 프랑스에 막대한 빚을 졌고, 결국 영국이 운하 경영권을 차지하였다.

오답 확인 ⑤는 15~16세기 포르투갈과 에스파냐의 주도로 개척된 신항로와 관련이 있다.

09 ㉠에 들어갈 전투는 플라시 전투이다. 동인도 회사를 앞세워 인도에 진출한 영국과 프랑스는 플라시 전투에서 충돌하였다. 영국은 프랑스를 물리치고 벵골 지역을 다스릴 권리를 얻었다.

10 그래프는 18~19세기 인도와 영국의 면직물 교역을 보여 준다. 인도의 면직물은 19세기 이전까지 유럽에서 큰 인기를 얻었다. 그러나 영국에서 값싼 면직물이 대량으로 들어오자 인도 면직물의 수요가 줄어들었다.

11 밑줄 친 '항쟁'은 세포이의 항쟁이다. 영국의 침략과 수탈에 반발하여 일어난 세포이의 항쟁은 한때 수도인 델리까지 점령하였으나 실패하였다. 이후 무굴 제국의 황제가 폐위되고 영국 왕이 인도를 직접 다스리는 영국령 인도 제국이 수립되었다.

오답 확인 ①은 미국 혁명의 결과이다. ③, ④는 세포이의 항쟁 이전에 있었던 일이다. ⑤는 나폴레옹의 정복 전쟁과 관련이 있다.

12 선생님이 설명하는 단체는 인도 국민 회의이다. 인도에서 지식인 중심의 민족 운동이 확대되자, 영국은 인도인들의 불만을 잠재우기 위해 인도 국민 회의의 결성을 지원하였다. 초기의 인도 국민 회의는 영국에 협조하면서도 인도인의 권익 확보를 위해 노력하였으나 벵골 분할령 이후 반영 운동을 주도하였다.

오답 확인 ③은 오스만 제국의 청년 튀르크당에 대한 설명이다.

13 인도의 국민 국가 건설 운동은 (가) 플라시 전투의 발발 – (나) 세포이의 항쟁 – (라) 인도 국민 회의의 콜카타 대회 개최 – (다) 영국의 벵골 분할령 취소 순으로 전개되었다.

14 19세기 후반 동남아시아에서도 식민 지배를 극복하기 위해 여러 민족 운동이 나타났다. 베트남에서는 판보이쩌우가 일본에 유학생을 보내 근대 문물을 배우게 한 동유 운동을 추진하였으며, 베트남 유신회를 조직하였다.

오답 확인 ①은 인도네시아, ②는 오스만 제국, ④는 타이, ⑤는 필리핀의 민족 운동에 대한 설명이다.

01 (1) 청년 튀르크당

(2) **예시 답안** 청년 튀르크당은 여성 차별을 금지하였고, 언론의 자유를 보장하였으며 보통 선거를 실시하였다. 또한 산업을 진흥시키고 조세를 감면하였다.

구분	채점 기준
상	청년 튀르크당의 개혁 내용을 두 가지 서술한 경우
하	청년 튀르크당의 개혁 내용을 한 가지만 서술한 경우

02 (1) 벵골 분할령

(2) **예시 답안** 벵골 분할령 발표 이후 인도 국민 회의는 영국 상품 배척, 스와라지(자치), 스와데시(국산품 애용), 국민 교육 실시 등의 내용을 담은 4대 강령을 발표하였고, 반영 운동을 주도하였다.

구분	채점 기준
상	4대 강령의 내용을 모두 서술한 경우
중	4대 강령의 내용을 두 가지 서술한 경우
하	인도 국민 회의가 반영 운동을 주도하였다고만 서술한 경우

✦ 05 아시아의 국민 국가 건설 운동(2)

STEP 2 개념 확인　　　　　　　　　　　　　39쪽

> **대표 자료 확인하기**　① 영국　② 난징 조약　③ 메이지 유신
>
> **한눈에 정리하기**　① 양무운동　② 쑨원　③ 일본 제국 헌법
> ④ 청일 전쟁　⑤ 강화도 조약

1 (1) 인도 (2) 난징 조약 (3) 애로호 사건　**2** (1) ㄱ (2) ㄴ (3) ㄷ
3 (1) ○ (2) ✕　**4** (1) 미일 화친 조약 (2) 메이지 유신　**5** 시모노세키
조약　　　　　**6** (가) – (라) – (나) – (다)

STEP 3 중단원 확인 문제　　　　　　　　40～43쪽

01 ②	02 ③	03 ⑤	04 ③	05 ①	06 ⑤
07 ⑤	08 ③	09 의화단	10 ③	11 ③	12 ②
13 ②	14 이와쿠라 사절단	15 ⑤	16 ②	17 ②
18 ①	19 ②	20 ②			

01 18세기 중반 이후 청은 광저우의 공행에서만 무역을 허가하였다. 당시 영국은 청의 차, 비단, 도자기 등을 수입하는 과정에서 무역 적자가 많이 발생하자 청에 인도산 아편을 밀수출하였다(삼각 무역).

> **오답 확인** ②는 일본의 개항에 대한 설명이다. 일본은 미국 페리 제독 함대의 강요로 미일 화친 조약을 맺어 개항하였다.

02 자료는 제1차 아편 전쟁의 결과 체결된 난징 조약이다. 청은 제1차 아편 전쟁에서 패배한 후 영국과 난징 조약을 체결하여 상하이 등 5개 항구를 개항하였다.

03 밑줄 친 '이 전쟁'은 제2차 아편 전쟁이다. 제2차 아편 전쟁에서 패배한 청은 톈진 조약과 베이징 조약을 맺어 크리스트교 포교와 외국 공사의 베이징 주재를 허용하였다.

> **오답 확인** ①은 청일 전쟁, ②는 인도 국민 회의가 주도한 반영 운동, ③은 영국의 아편 밀수출, ④는 의화단 운동의 결과이다.

04 제시된 내용은 태평천국 운동에 대한 설명이다. 홍수전은 만주족인 청을 몰아내고 한족 국가를 세우자며 태평천국 운동을 일으켰고, 토지 균등 분배와 남녀평등 등을 주장하였다.

> **오답 확인** ①은 의화단 운동, ③는 철도 보호 운동, ④는 변법자강 운동, ⑤는 양무운동의 주장 내용이다.

05 제시된 인물은 양무운동을 주도한 이홍장이다. 이홍장 등 한인 관료들은 중체서용을 토대로 중국의 제도는 유지하면서 서양의 과학 기술만 수용할 것을 주장하였다.

06 ㉠에 들어갈 운동은 양무운동이다. 이홍장 등 한인 관료들이 주도한 양무운동은 정부의 주도가 아니라 지방에서 개별적으로 진행되었고, 청일 전쟁에서의 패배로 한계가 드러났다.

07 대화에서 다룬 개혁은 변법자강 운동이다. 청일 전쟁 패배 이후 캉유웨이, 량치차오 등은 메이지 유신을 본받아 정치 제도 개혁을 이루어야 한다고 주장하여 의회 설립, 입헌 군주제 실시를 추진하였다. 그러나 보수 세력의 반대로 실패하였다.

> **오답 확인** ⑤는 태평천국 운동에 대한 설명이다.

08 중국의 근대화 운동은 (나) 태평천국 운동 – (라) 양무운동 – (다) 양무운동의 실패 – (가) 변법자강 운동의 순으로 일어났다.

09 밑줄 친 '이 단체'는 의화단이다. 열강의 이권 침탈이 심화되자 비밀 결사인 의화단은 '청을 도와 서양 세력을 쫓아내자(부청멸양).'라는 구호를 내걸고 교회, 철도 등을 파괴하였다(의화단 운동, 1899). 이들은 8개국 연합군에 진압되었으며, 이후 청은 열강과 신축 조약을 체결하였다.

10 지도는 신해혁명의 전개 과정을 나타낸 것이다. 청 정부가 철도 보호 운동을 무력으로 진압하자 우창에서 신식 군대가 일으킨 봉기가 혁명으로 이어졌고, 여러 지역의 대표들이 호응하여 독립을 선언하였다(신해혁명, 1911). 이듬해 혁명 세력은 중화민국 수립을 발표하였다. 청 정부가 혁명 진압을 위해 파견한 위안스카이는 혁명 세력과 타협하여 청 황제를 몰아냈다.

> **오답 확인** ③은 의화단 운동에 대한 내용이다. 청 정부는 의화단 운동 이후 열강의 요구에 따라 신축 조약을 맺어 배상금을 지불하였다.

11 ㉠에 들어갈 인물은 쑨원이다. 쑨원은 일본에서 중국 동맹회를 결성하여 혁명 운동을 이끌었고, 중화민국의 임시 대총통으로 취임하였다.

> **오답 확인** ①은 이홍장 등 한인 관료, ②는 위안스카이, ④는 임칙서 등, ⑤는 캉유웨이 등 변법자강 운동 세력에 대한 설명이다.

12 에도 막부는 미국이 페리 제독 함대를 보내 개항을 강요하자 미일 화친 조약을 맺어 개항하였고, 이후 미일 수호 통상 조약을 체결하였다. 두 조약에는 각각 최혜국 대우 인정, 영사 재판권 허용 등의 내용이 포함되었다.

13 그림의 배경이 된 시기는 메이지 정부 시기이다. 에도 막부 붕괴 이후 수립된 메이지 정부는 근대적 개혁인 메이지 유신을 추진하였다. 에도의 이름을 도쿄로 바꾸어 수도로 삼았고, 다이묘들이 다스리던 번을 폐지하고 현을 설치하였다. 상공업 육성, 징병제 실시 등을 추진하기도 하였다. 또한 이 시기에 헌법 제정과 의회 설립을 요구하는 자유 민권 운동이 전개되었다.

> **오답 확인** ②는 메이지 정부 수립 이전인 에도 막부 시기에 볼 수 있는 모습이다. 일본은 미국 페리 제독 함대의 무력시위로 개항하였다.

14 밑줄 친 '사절단'은 이와쿠라 사절단이다. 메이지 정부는 서양의 문물을 살피고 서양과 맺은 불평등 조약을 개정하기 위해 미국과 유럽에 이와쿠라 사절단을 파견하였다.

15 자료는 청일 전쟁의 결과 일본과 청이 체결한 시모노세키 조약이다. 일본은 이 조약으로 타이완과 랴오둥반도를 할양받았으며, 막대한 배상금을 받았다. 그러나 러시아, 프랑스, 독일의 삼국 간섭을 받아 랴오둥반도를 반환하였다.

> **오답 확인** ①, ②, ③, ④는 시모노세키 조약 체결 이전의 일이다.

16 일본은 청일 전쟁 승리 이후 시모노세키 조약을 체결하여 받은 배상금 대부분을 제철소 건설, 무기 제작 등 군비 확장에 사용하였다. 이는 일본 제국주의 침략의 기반이 되었다.

17 ㉠에 들어갈 전쟁은 러일 전쟁이다. 일본은 러일 전쟁을 일으켜 러시아에 승리하였으며, 포츠머스 조약을 맺어 만주와 한반도에서의 독점적 지위를 확보하였다.

18 조선은 운요호 사건(1875)을 계기로 강화도 조약을 체결하여 개항하였다(1876). 강화도 조약은 조선이 외국과 맺은 최초의 근대적 조약이며, 일본의 영사 재판권과 해안 측량권 인정 등의 내용이 포함되어 불평등 조약의 성격을 가지고 있다.

[오답 확인] ①은 시모노세키 조약에 대한 설명이다.

19 ㉠에 공통으로 들어갈 단체는 독립 협회이다. 독립 협회는 독립문을 세우고 만민 공동회를 개최하는 등 자주 국권 운동을 펼쳤다.

[오답 확인] ①은 김옥균 등 급진 개화파, ③, ⑤는 대한 제국 정부, ④는 구식 군대의 군인들이 펼친 활동이다.

20 을미사변으로 위협을 느낀 고종은 러시아 공사관으로 피신하였다(아관 파천, 1896). 이듬해 환궁한 고종은 대한 제국을 수립하여 광무개혁을 추진하였으며, 1899년 대한국 국제를 반포하였다.

[오답 확인] ①, ③, ④, ⑤는 아관 파천 이전에 있었던 일이다.

서술형 문제

01 (1) 영국

(2) [예시 답안] 삼각 무역으로 청의 은이 대량으로 유출되고 아편 중독자가 증가하자 청 정부는 관리를 파견하여 단속하려 했지만, 이를 빌미로 영국은 제1차 아편 전쟁을 일으켰다.

구분	채점 기준
상	청의 은 대량 유출과 아편 중독자 증가를 모두 서술한 경우
하	아편 중독자가 증가하였다고만 서술한 경우

02 [예시 답안] 삼민주의는 만주족이 세운 청을 몰아내고 한족 국가를 세우자는 민족주의, 공화제 국가를 수립하자는 민권주의, 토지 균등 분배 등을 통해 민생을 안정시키자는 민생주의를 의미한다.

구분	채점 기준
상	민족주의, 민권주의, 민생주의의 내용을 모두 서술한 경우
하	민족주의, 민권주의, 민생주의만 언급한 경우

03 [예시 답안] 일본 제국 헌법은 천황의 절대적인 권력을 인정하였으며, 일본은 이 헌법에 따라 의회를 세우면서 입헌 군주제의 모습을 갖추게 되었다.

구분	채점 기준
상	일본 제국 헌법의 특징과 의의를 모두 서술한 경우
하	일본 제국 헌법의 특징과 의의 중 한 가지만 서술한 경우

01 ②	**02** ④	**03** ④	**04** ④	**05** ②	**06** ④
07 ④	**08** ④	**09** ①	**10** ①	**11** ④	**12** ③
13 ④	**14** ④	**15** ⑤	**16** ⑤	**17** ⑤	**18** ②
19 ⑤	**20** ③	**21** ②	**22** ③	**23** ⑤	**24** ①
25 ④	**26** ①	**27** ④	**28** ③	**29** ④	**30** ④
31 ②	**32** ③	**33** 해설 참고			

01 영국 정부가 아메리카 식민지에 여러 세금을 부과하자 식민지 주민들은 강하게 반발하였다. 몇몇 식민지 주민들은 보스턴항에 정박해 있던 영국 동인도 회사의 배를 습격하여 차 상자를 바다에 던져 버렸다(보스턴 차 사건, 1773).

02 미국 혁명은 ㈐ 식민지 대표들의 대륙 회의 개최 – ㈑ 미국 독립 선언문 발표 – ㈏ 파리 조약 체결 – ㈎ 아메리카 합중국(미국) 수립의 순으로 전개되었다.

03 프랑스 혁명은 구제도의 모순 심화, 계몽사상과 미국 혁명의 영향을 받은 시민 계급의 성장이 배경이 되어 일어났다.

[오답 확인] ㄱ, ㄷ은 프랑스 혁명 이후의 일이다.

04 ㈎는 로베스피에르, ㈏는 나폴레옹이다. 프랑스 혁명 국민 공회 시기 로베스피에르는 혁명 반대 세력을 처형하는 등 공포 정치를 펼쳤다. 이후 총재 정부가 수립되었으나 나폴레옹이 이를 무너뜨리고 통령 정부를 수립하였다.

05 [오답 확인] ②는 미국 혁명과 관련이 있다. 식민지군은 요크타운 전투에서 승리하였고, 파리 조약으로 독립을 인정받았다.

06 지도에 나타난 전쟁은 나폴레옹의 정복 전쟁이다. 이 전쟁으로 자유주의가 유럽 곳곳에 퍼졌고, 민족주의가 성장하였다.

[오답 확인] ㄱ은 입법 의회가 오스트리아, 프로이센 등과 벌인 전쟁, ㄷ은 러일 전쟁과 관련이 있다.

07 빈 체제에 따라 프랑스 왕이 된 샤를 10세가 전제 정치를 시행하자 7월 혁명이 일어나 루이 필리프가 왕위에 올랐고, 입헌 군주제가 수립되었다. 이후 2월 혁명이 일어났다.

[오답 확인] ①, ③, ⑤는 샤를 10세 즉위 이전, ②는 2월 혁명 이후에 있었던 일이다.

08 영국에서는 제1차 선거법 개정(1832)으로 부패 선거구가 폐지되었고, 산업 자본가와 중산 계급에게 선거권이 부여되었다. 이때 선거권을 얻지 못한 노동자들은 인민헌장을 발표하였다. 또한 이 시기 영국은 곡물법과 항해법을 폐지하였다.

[오답 확인] ③은 프랑스 혁명 과정에서 있었던 일이다.

09 러시아의 알렉산드르 2세는 농노 해방령을 발표하는 등 사회 개혁을 시도하였다.

[오답 확인] ②는 오스만 제국의 청년 튀르크당 혁명, ③은 나폴레옹의 개혁, ④는 오스만 제국의 탄지마트, ⑤는 일본의 메이지 유신과 관련이 있다.

10 19세기 초반까지 이탈리아는 여러 나라로 분열되어 있었다. 그러나 사르데냐 왕국의 재상 카부르가 오스트리아와의 전쟁에서 승리하여 이탈리아 중북부를 통합하고, 가리발디가 시칠리아와 나폴리를 점령하여 사르데냐 국왕에게 바치면서 이탈리아 왕국이 탄생하였다.

11 자료는 프로이센의 비스마르크가 철혈 정책을 주장하는 연설이다. 독일은 비스마르크의 철혈 정책을 바탕으로 군사력을 키웠고, 마침내 1871년 빌헬름 1세가 통일된 독일 제국의 황제로 즉위하였다.
오답 확인 ①, ②, ③, ⑤는 비스마르크의 철혈 정책 추진 이전에 일어난 일이다.

12 미국 남북 전쟁은 남부와 북부의 산업 구조 차이와 노예제 문제를 두고 갈등이 심해져 일어났다.
오답 확인 ①, ④는 프랑스 혁명, ②는 산업 혁명, ⑤는 나폴레옹 시대와 관련이 있다.

13 지도는 라틴 아메리카의 독립운동을 나타낸 것이다.
오답 확인 ④는 제국주의 열강의 아프리카 침탈과 관련이 있다.

14 제시된 내용은 영국에서 일어난 인클로저 운동에 대한 설명이다. 인클로저 운동으로 농사지을 땅을 잃은 농민들이 도시로 와 공장에 노동력을 제공하여 산업 혁명에 영향을 주었다.

15 산업 혁명 시기 제임스 와트가 개량한 증기 기관이 새로운 동력으로 사용되면서 전통적인 가내 수공업이 쇠퇴하고 공장제 기계 공업이 확산되었다.

16 산업 혁명 이후 유럽의 여러 국가가 산업화의 성과를 과시하기 위해 만국 박람회를 개최하였고, 물질적 풍요를 누리며 산업 사회가 형성되었다. 그러나 빈부 격차, 노동 문제, 도시 문제 등 여러 사회 문제가 발생하기도 하였다.

17 오답 확인 ⑤ 독일과 프랑스는 모로코를 둘러싸고 두 차례에 걸쳐 대립하였다(모로코 사건, 1905, 1911).

18 자료는 키플링의 「백인의 짐」으로, 제국주의 열강이 자신들의 침략을 정당화한 사상이 나타나 있다. 제국주의 열강은 아시아와 아프리카 원주민들이 미개하다고 생각하였다. 따라서 이들을 문명화하는 것이 자신들의 의무라고 주장하여 제국주의 침략을 정당화하였다.
오답 확인 ②는 사회주의에 대한 설명이다.

19 (가) 지역은 베트남과 라오스 등이 속한 프랑스령 인도차이나, (나) 지역은 인도네시아이다. 프랑스령 인도차이나는 프랑스, 인도네시아는 네덜란드의 지배를 받았다.
오답 확인 ①은 인도네시아, ②는 괌과 필리핀 등, ③은 베트남, ④는 인도에 대한 설명이다.

20 산업화로 교통과 통신이 발달하여 서구 문물이 확산되었다. 이에 여러 국가가 영국 그리니치 천문대를 기준으로 하는 표준시를 사용하였다. 또한 민주주의와 같은 정치 제도가 널리 확산되었다.

21 자료는 오스만 제국의 탄지마트 과정에서 발표된 칙령이다. 오스만 제국은 19세기 들어 영국과 러시아 등 유럽 열강의 침입을 받으며 쇠퇴하였다.

22 ㉠은 무함마드 알리, ㉡은 영국이다. 이집트에서는 19세기 초 무함마드 알리의 주도로 근대화 정책이 추진되었다. 이후 이집트는 수에즈 운하를 건설하였으나 건설 과정에서 많은 빚을 지게 되어 영국의 보호국이 되었다.
오답 확인 아라비 파샤는 이집트의 민족 운동가로, 군부 중심의 민족 운동을 주도하였다. 이븐 압둘 와하브는 아라비아반도에서 와하브 운동을 주도한 인물이다.

23 인도의 국민 국가 건설 운동은 ④ 플라시 전투 – ② 세포이의 항쟁 – ③ 인도 국민 회의 결성 – ⑤ 인도 국민 회의의 4대 강령 발표 – ① 벵골 분할령 취소의 순서로 전개되었다. 이 중에서 네 번째로 일어난 일은 ⑤ 인도 국민 회의의 4대 강령 발표이다.

24 지도에 나타난 정책은 벵골 분할령이다. 영국은 인도인을 분열시키기 위해서 벵골을 동서로 나누는 벵골 분할령을 발표하였다.

25 벵골 분할령 발표 이후 인도 국민 회의는 영국 상품 배척, 스와라지(자치), 스와데시(국산품 애용), 국민 교육 실시 등을 주장하며 반영 운동을 주도하였다.
오답 확인 ①, ②, ③, ⑤는 벵골 분할령 발표 이전에 있었던 일이다.

26 자료는 난징 조약이다. 난징 조약은 청이 제1차 아편 전쟁에서 패배한 이후인 1842년에 영국과 체결하였다.

27 태평천국 운동을 주도한 홍수전은 만주족을 몰아내고 한족 국가를 세우자고 주장하며 토지 균등 분배, 남녀평등, 악습 폐지 등을 내세웠다.
오답 확인 ①, ③은 신해혁명, ②는 양무운동, ⑤는 의화단 운동과 관련이 있다.

28 프랑스의 7월 혁명과 청의 변법자강 운동은 모두 입헌 군주제를 추구하였다는 공통점이 있다. 7월 혁명 당시 파리 시민들은 루이 필리프를 왕으로 추대하며 입헌 군주제를 수립하였고, 변법자강 운동 세력은 의회 설립, 입헌 군주제 확립을 추진하였다.
오답 확인 ①은 7월 혁명, 변법자강 운동과 관련이 없다. ③는 7월 혁명, ④, ⑤는 변법자강 운동에만 해당하는 설명이다.

29 밑줄 친 '3대 주의'는 쑨원의 삼민주의를 뜻한다. 쑨원의 삼민주의는 신해혁명과 중화민국 수립의 이념적 기반이 되었다.

30 ㉠에 들어갈 개혁은 메이지 유신이다. 메이지 정부는 서양식 근대 국가 수립을 목표로 한 메이지 유신을 추진하였고, 이 과정에서 미국과 유럽에 이와쿠라 사절단을 파견하였다.
오답 확인 ①, ③은 개항 이후 조선 정부의 개혁, ②는 청의 양무운동과 관련이 있다. ⑤는 메이지 유신 이전에 있었던 일이다.

31 메이지 유신 이후 대외 팽창에 나선 일본은 청일 전쟁(1894)에서 승리하였다. 이때 맺은 시모노세키 조약에서 랴오둥반도를 할양받았으나 삼국 간섭으로 청에 반환하였다.

32 ③ 1894년 조선에서 전봉준 등이 탐관오리의 횡포, 외세의 침입에 저항하여 동학 농민 운동을 일으켰다. 의화단 운동은 청에서 '부청멸양'을 주장하며 일어난 반외세 운동이다.

33 (1) 예시 답안 • 긍정적 영향: 산업 혁명으로 교통이 발전하여 많은 원료와 상품, 사람을 먼 거리까지 단시간에 수송할 수 있게 되었다.

• 부정적 영향: 산업 혁명으로 석탄과 석유가 사용되고 많은 산업 폐기물과 생활 하수가 발생하여 대기, 토양 오염 등 환경 문제가 나타났다. 이에 전염병이 유행하기도 하였다.

구분	채점 기준
상	산업 혁명의 긍정적·부정적 영향을 모두 서술한 경우
하	산업 혁명의 긍정적·부정적 영향 중 한 가지만 서술한 경우

(2) 예시 답안 • 나는 산업 혁명을 긍정적으로 생각한다. 산업 혁명으로 공장제 기계 공업이 발달하면서 물건을 대량 생산하게 되었고, 물질적으로 풍요로워졌다. 또한 교통과 통신의 발달로 지역 간 교류가 증가하였으며 먼 거리도 빠르게 이동할 수 있게 되었다. 산업 혁명 이전에는 다른 국가로 쉽게 이동하는 것은 상상할 수 없던 일이며, 산업 혁명이 기반이 되어 오늘날의 우리는 다른 국가에 사는 사람과도 쉽게 연락을 할 수 있게 되었다. 우리가 누리고 있는 생활의 편의는 산업 혁명에서 시작된 것이라고 생각한다.

• 나는 산업 혁명을 부정적으로 생각한다. 인류는 산업 혁명으로 많은 사회 문제를 맞닥뜨리게 되었다. 산업화의 혜택이 모두에게 돌아가지 않아 빈부 격차가 심화되었으며, 도시의 인구가 증가하여 주택과 화장실이 부족해지는 도시 문제가 발생하였고, 열악한 노동 환경과 장시간 노동 등 여러 노동 문제가 등장하였다. 또한 산업 혁명 이후 석탄, 석유와 같은 화석 연료가 사용되면서 대기와 물, 토양 등이 오염되었고, 농작물과 곤충 등에도 영향을 주는 등 생태환경이 크게 파괴되어 콜레라 등 전염병이 확산되기도 하였다. 환경 문제는 지구 온난화 심화, 생태계 파괴 등 오늘날까지 해결해야 할 과제로 남아 있기도 하다.

구분	채점 기준
상	산업 혁명이 미친 영향에 대한 자신의 주장을 구체적인 근거를 뒷받침하여 논술한 경우
하	산업 혁명이 미친 영향에 대한 자신의 주장만 서술한 경우

VI 세계 대전과 사회 변동

✦ 01 세계 대전과 국제 질서의 변화

STEP 2 개념 확인 57쪽

대표 자료 확인하기 ① 동맹국 ② 참호전 ③ 나치스

한눈에 정리하기 ① 3국 협상 ② 파리 강화 회의 ③ 아시아·태평양 전쟁

1 (1) 독일 (2) 3국 동맹　　**2** (1) 베르사유 조약 (2) 국제 연맹

3 (1) ○ (2) × (3) ○　　**4** 대공황　　**5** (1) ㄷ (2) ㄴ (3) ㄱ

6 (나) – (가) – (다) – (라)

STEP 3 중단원 확인 문제 58~61쪽

01 ②	02 ④	03 ⑤	04 ③	05 ③	06 ③
07 ③	08 ③	09 3월 혁명		10 ⑤	11 ④
12 ④	13 ②	14 ④	15 대공황	16 ④	17 ④
18 ①	19 ①	20 ⑤	21 ⑤		

01 (가)는 독일, (나)는 러시아이다. 독일은 프랑스를 견제하고자 오스트리아·헝가리 제국, 이탈리아와 3국 동맹을 맺었다. 이에 맞서 영국은 프랑스, 러시아와 3국 협상을 맺었다.

02 제시된 내용은 사라예보 사건에 대한 설명이다. 사라예보 사건을 계기로 오스트리아·헝가리 제국은 세르비아에 전쟁을 선포하였다. 이후 러시아와 독일이 각각 세르비아와 오스트리아·헝가리 제국의 편에 서면서 제1차 세계 대전이 일어났다.

03 제시된 내용은 치머만 전보 사건에 대한 설명이다. 치머만 전보 사건은 독일이 멕시코에 미국을 함께 공격하자는 내용의 비밀 전보를 보낸 사실이 밝혀진 사건이다.

04 영국이 독일로 가는 물자를 통제하자, 독일은 연합국뿐 아니라 중립국 선박까지 공격하는 무제한 잠수함 작전을 펼치며 대항하였다. 이 작전으로 루시타니아호가 침몰하여 많은 미국인이 사망하였고, 이후 미국은 연합국 편으로 전쟁에 참여하였다.

오답 확인 ①, ⑤는 영국의 바닷길 봉쇄 이전, ②, ④는 미국의 참전 이후에 일어난 일이다.

05 지도는 제1차 세계 대전의 전개 과정을 나타낸 것이다. 제1차 세계 대전 시기에는 참호전과 총력전이 전개되었고, 신무기가 등장하여 막대한 인명 피해를 남겼다.

오답 확인 ③ 유럽 각국은 식민지인들을 전쟁에 동원하였다.

06 오답 확인 ③은 제1차 세계 대전 이전에 있었던 일이다. 1848년 프랑스에서는 2월 혁명으로 왕정이 폐지되고 공화정이 수립되었다.

07 오답 확인 ③ 미국 등 강대국은 국제 연맹에 참여하지 않았다.

08 19세기 무렵 러시아에서는 산업화가 진행되면서 노동자가 증가하고, 사회주의 사상이 확산되었다. 이러한 상황에서 러일 전쟁이 일어나자 노동자와 농민의 생활이 어려워졌다.

> 오답 확인 ㄱ은 프랑스 혁명, ㄹ은 미국 혁명의 배경과 관련이 있다.

09 검색창에 들어갈 사건은 3월 혁명이다. 1917년 3월에 러시아의 노동자와 군인들이 소비에트를 결성하여 차르 체제를 무너뜨리고 임시 정부를 수립하였다.

10 러시아 혁명은 (다) 피의 일요일 사건 – (라) 차르의 개혁 약속 – (가) 3월 혁명 – (나) 소비에트 정부 수립(11월 혁명)의 순으로 전개되었다.

11 ㉠에 공통으로 들어갈 인물은 레닌이다. 볼셰비키를 이끌고 소비에트 정부를 세운 레닌은 사회주의 개혁과 신경제 정책(NEP)을 추진하였다. 이후 여러 소비에트 정부를 묶어 소비에트 사회주의 공화국 연방(소련)을 세웠다.

> 오답 확인 ④는 스탈린이 펼친 활동이다. 레닌의 뒤를 이은 스탈린은 농업의 집단화, 중공업 중심의 경제 개발 5개년 계획을 추진하였다.

12 러시아 혁명을 이끈 레닌은 국제 공산당 연합 조직인 코민테른을 만들어 사회주의 혁명을 전 세계로 확산하고자 하였다. 코민테른은 여러 국가의 혁명과 식민지 해방 운동을 지원하였고, 그 결과 사회주의 사상이 널리 전파되었다.

13 자료는 바이마르 헌법이다. 1919년 독일 의회는 바이마르 헌법을 만들고, 바이마르 공화국 수립을 널리 알렸다. 바이마르 헌법은 노동자의 권리와 여성의 참정권을 보장한 민주적인 헌법이었으며, 여러 민주주의 국가의 헌법에 영향을 미쳤다.

> 오답 확인 ㄴ은 일본 제국 헌법, ㄹ은 탄지마트 이후 발표된 오스만 제국의 헌법에 대한 설명이다.

14 제1차 세계 대전 이후 많은 국가가 여성의 참정권을 인정하는 등 세계 각국에 보통 선거가 자리 잡게 되었다. 또한 오스트리아·헝가리 제국이 해체된 후 여러 민주 공화국이 탄생하였고, 새롭게 등장한 독립국이 대부분 민주주의 헌법을 채택하는 등 유럽 각국에서 민주주의가 발전하였다.

> 오답 확인 ④ 미국 대통령 윌슨이 제안한 민족 자결주의 원칙은 패전국의 식민지 일부에만 적용되었다.

15 ㉠에 들어갈 용어는 대공황이다. 대공황은 세계적으로 일어나는 큰 규모의 경제 침체로, 흔히 1929년에 발생한 경제 불황 상태를 일컫는다.

16 영국과 프랑스는 본국과 식민지를 하나로 묶는 블록 경제를 통해 대공황을 극복하려 하였다. 이들은 본국에서 만든 상품을 식민지에 팔고, 수입품에는 높은 관세를 매겨 수입량을 억제하는 보호 무역 정책을 펼쳤다.

17 빈칸에 들어갈 내용은 전체주의이다. 이탈리아, 독일, 일본 등에서는 대공황 전후의 경제적 혼란과 사회적 불안을 틈타 전체주의 세력이 권력을 잡았다. 전체주의 세력은 국가 전체의 이익을 최우선으로 내세우며 이를 위한 개인의 희생을 강요하였다.

18 밑줄 친 '이 국가'는 이탈리아이다. 이탈리아에서는 무솔리니가 이끄는 파시스트당이 정권을 잡고 독재 체제를 확립하였다. 이후 이탈리아는 에티오피아를 침략하였다.

> 오답 확인 ②, ④는 독일, ③, ⑤는 일본에 대한 설명이다.

19 일본의 진주만 습격을 계기로 미국이 제2차 세계 대전에 참가하면서 아시아 태평양 전쟁이 시작되었다.

20 제2차 세계 대전이 시작되고 대부분의 유럽 영토를 점령한 독일은 불가침 조약을 어기고 소련을 공격하였다. 이후 미국과 소련이 각각 미드웨이 해전과 스탈린그라드 전투에서 승리하면서 연합국의 전세가 유리해졌고, 연합국은 노르망디 상륙 작전으로 독일이 점령하고 있던 파리를 해방하였다. 이후 연합국의 공격을 받은 독일이 항복을 선언하였다.

> 오답 확인 ⑤는 독일의 항복 이후에 있었던 일이다.

21 지도는 제2차 세계 대전의 전개 과정을 나타낸 것이다. 제2차 세계 대전은 연합국의 승리로 끝이 났고, 이후 국제 협력과 평화 유지를 위한 국제 연합(UN)이 창설되었다. 제2차 세계 대전은 수많은 인명 피해와 재산 피해를 남겼으며, 반인륜적인 범죄가 일어나 인류에게 큰 상처를 주었다.

> 오답 확인 ⑤는 제차 세계 대전의 배경이다.

서술형 문제

01 예시 답안 베르사유 조약은 전쟁의 모든 책임이 독일에 있음을 분명히 하였으며 독일의 해외 식민지 상실, 군비 축소, 막대한 배상금 지불의 내용을 포함하는 등 독일에 대한 보복적 성격이 강하였다.

구분	채점 기준
상	베르사유 조약의 특징을 두 가지 서술한 경우
하	베르사유 조약의 특징을 한 가지만 서술한 경우

02 예시 답안 미국은 대공황을 극복하고자 정부가 경제활동에 적극 개입하는 뉴딜 정책을 실시하였다. 미국 정부는 기업의 생산량을 조절하고, 대규모 공공사업을 벌여 실업자에게 일자리를 제공하였다.

구분	채점 기준
상	뉴딜 정책을 펼쳐 기업의 생산량을 조절하고 대규모 공공사업을 벌였다고 서술한 경우
하	뉴딜 정책을 펼쳤다고만 서술한 경우

03 (1) 히틀러

(2) 예시 답안 전체주의는 민족이나 국가 전체의 이익을 최우선으로 내세우며 이를 위한 개인의 희생을 강요하는 체제이다.

구분	채점 기준
상	민족이나 국가 전체의 이익을 최우선으로 내세우며 개인의 희생을 강요하였다고 서술한 경우
하	국가 전체의 이익을 내세웠다고만 서술한 경우

STEP 2 개념 확인

64쪽

대표 자료 확인하기 ① 히틀러 ② 홀로코스트 ③ 독일

한눈에 정리하기 ① 난징 ② 유대인 ③ 얄타 회담
④ 뉘른베르크 재판

1 (1) ✕ (2) ○ **2** (1) ㄷ (2) ㄱ (3) ㄴ **3** 일본군 '위안부'
4 (1) 국제 연합 (2) 극동 국제 군사 재판 **5** (1) 대서양 헌장 (2) 카이로
회담 (3) 소련 **6** (1) 로카르노 조약 (2) 켈로그·브리앙 조약

STEP 3 중단원 확인 문제

65~67쪽

01 ②	**02** ④	**03** ②	**04** ③	**05** ③	**06** ②
07 ②	**08** ②	**09** ①	**10** 국제 연합(UN)		**11** ③
12 ①	**13** ⑤	**14** ④	**15** ④		

01 미국은 제2차 세계 대전 중에 중에 원자 폭탄을 개발하는 데 성공하였고, 일본 히로시마와 나가사키에 원자 폭탄을 떨어뜨려 수많은 사람이 목숨을 잃었다.

02 제2차 세계 대전 시기에는 민간인을 대상으로 하는 대량 학살과 인권 침해로 인명 피해가 더욱 컸다. 전쟁에 참가한 몇몇 국가들은 많은 사람이 사는 도시에도 폭탄을 떨어뜨려 큰 인명 피해를 내고 산업 시설을 파괴하였다.

03 세계 대전이 진행되는 동안 참전국은 식민지 주민을 강제로 전쟁에 끌고 갔다. 독일과 일본은 의학적 지식을 얻는다는 명분으로 생체 실험을 자행하기도 하였다. 한편, 소련은 폴란드의 군인과 지식인을 학살하고, 블라디보스토크의 여러 소수 민족을 중앙아시아로 강제 이주시켰다.

오답 확인 ② 세포이의 항쟁은 제1차 세계 대전 이전에 일어났다. 1857년에 일어난 세포이의 항쟁은 내부 분열과 영국군의 반격으로 실패하였다. 영국은 항쟁을 진압하고 무굴 제국의 황제를 폐위하였다.

04 자료는 난징 대학살 당시 일본 군인의 대학살을 보도한 신문 기사이다. 일본은 1937년에 중국 본토를 공격하여 중일 전쟁을 일으켰는데, 일본군은 중화민국의 수도 난징을 점령하는 동안 중국군 포로뿐 아니라 민간인까지 폭행하고 살해하였다.

05 나치스가 유대인을 대상으로 저지른 대규모 학살을 홀로코스트라고 한다. 나치스는 여러 지역에 유대인 수용소를 만들었는데, 아우슈비츠 수용소가 대표적이다.

06 히틀러는 독일 민족의 우수성을 강조하며 유대인을 차별하는 인종주의 정책을 펼쳤다. 나치스는 독일과 점령지에 유대인 수용소를 만들고, 유대인을 그곳에 가두어 강제 노동을 시키거나 생체 실험 대상으로 삼았다. 수용소에 갇힌 유대인들은 가스실로 끌려가 목숨을 잃거나 총살을 당하기도 하였다. 홀로코스트는 동물을 제물로 바치는 의식에서 유래한 말이다.

오답 확인 ② 나치스는 독일 지역뿐 아니라 독일군이 점령하고 있는 지역에도 유대인 수용소를 만들었다.

07 자료는 일본군 '위안부' 피해 여성의 증언이다. 일본은 1930년대 초부터 일본군이 점령하고 있거나 전투를 벌이는 지역 곳곳에 군대 위안소를 설치하였다. 그리고 점령지에서 수만 명의 여성을 끌고 가 일본군 '위안부'의 끔찍한 삶을 강요하였다. 일본군은 여성들에게 고문과 폭행을 가하고, 제2차 세계 대전에서 패배한 직후 여성들을 모아 학살하기도 하였다.

오답 확인 ② 일본군 '위안부'의 피해자는 한국, 중국, 필리핀, 인도네시아 등에서 끌려왔다.

08 제2차 세계 대전이 진행 중이던 1941년에 미국의 루스벨트와 영국의 처칠이 만나 전후 평화 원칙이 담긴 대서양 헌장을 발표하였다.

09 1943년에 열린 카이로 회담에서 연합국 대표들이 한국의 독립과 일본의 무조건 항복 문제를 논의하였다.

오답 확인 ② 카이로 회담은 제2차 세계 대전 중에 진행되었다. ③, ④는 얄타 회담, ⑤는 독소 불가침 조약에 대한 설명이다.

10 제시된 내용은 국제 연합(UN)에 대한 설명이다. 제2차 세계 대전이 끝난 후 여러 국가의 대표들이 모여 대서양 헌장의 정신에 따라 국제 연합(UN)을 세웠다.

11 국제 연합(UN)은 총회, 안전 보장 이사회, 교육 과학 문화 기구(UNESCO) 등을 산하 기구로 두고 있다. 미국과 소련 등 강대국이 참여하였고, 미국·소련·영국·중국·프랑스를 안전 보장 이사회의 상임 이사국으로 선정하여 강대국의 참여와 책임을 강조하였다. 또한 '세계 인권 선언'을 채택하여 인권과 자유의 신장을 위해 노력하고 있다.

오답 확인 ③ 국제 연합(UN)은 국제 분쟁이 일어날 경우 군사적인 수단을 동원할 수 있다.

12 검색창에 들어갈 재판은 뉘른베르크 재판이다. 뉘른베르크 재판에서는 나치스의 주요 인사를 포함한 독일의 전쟁 범죄자들을 재판하였다. 이 재판에서 '반인륜적 범죄'라는 개념을 최초로 법 집행에 적용하였고, 역사상 처음으로 전쟁을 일으킨 개인에게 형사 책임을 물어 이후의 전범 재판에 큰 영향을 미쳤다.

오답 확인 ① 뉘른베르크 재판은 제2차 세계 대전 직후인 1945년에 개최되었다.

13 1928년에 주요 국가들이 켈로그·브리앙 조약을 맺어 국제 분쟁을 해결하고자 전쟁을 일으키는 행위를 불법으로 정하였다.

14 1970년 서독의 빌리 브란트 총리는 폴란드의 유대인 위령탑을 방문하여 독일 나치스의 유대인 학살을 사죄하는 의미로 무릎을 꿇었다.

15 자료는 전쟁 범죄를 성찰하려는 노력과 관련이 있다. 전쟁이 끝난 후 여러 나라에서는 전쟁의 기록이 담긴 박물관을 세웠다. 또한 기념관, 추모관을 만들어 희생자들을 추모하는 등 전쟁 범죄와 같은 끔찍한 역사가 반복되지 않도록 노력하고 있다.

서술형 문제

01 **예시 답안** 1941년 미국의 루스벨트와 영국의 처칠은 전후 평화 원칙이 담긴 대서양 헌장을 발표하였다. 여기에는 영토 확대 중단, 민족 자결, 군비 축소 등 8개의 원칙이 담겨 있었다.

구분	채점 기준
상	영토 확대 중단, 민족 자결, 군비 축소 등의 원칙이 발표되었다고 서술한 경우
하	전후 평화 원칙이 발표되었다고만 서술한 경우

02 **예시 답안** 얄타 회담에서는 전후 미국·영국·프랑스·소련이 독일 영토를 나누어 점령하고, 소련이 연합군과 함께 일본을 공격하기로 결정하였다.

구분	채점 기준
상	얄타 회담의 결정 내용을 두 가지 서술한 경우
하	얄타 회담의 결정 내용을 한 가지만 서술한 경우

03 (1) 극동 국제 군사 재판(도쿄 재판)

(2) **예시 답안** 침략 전쟁을 명령한 일본 천황은 어떠한 재판도 받지 않았고, 한국인과 중국인을 대상으로 생체 실험을 자행하였던 731 부대의 책임자도 재판을 받지 않아 처벌이 제대로 이루어지지 않았다.

구분	채점 기준
상	일본 천황과 731 부대의 책임자에 대한 처벌이 제대로 이루어지지 않았다고 서술한 경우
하	전쟁 범죄자에 대한 처벌이 제대로 이루어지지 않았다고만 서술한 경우

✦ 03 아시아와 아프리카의 민족 운동

STEP 2 개념 확인
70쪽

대표 자료 확인하기 ① 21개조 요구 ② 5·4 운동
③ 비폭력·불복종 운동 ④ 소금 행진

한눈에 정리하기 ① 대한민국 임시 정부 ② 네루 ③ 무스타파 케말 ④ 이집트

1 3·1 운동 **2** (1) 장제스 (2) 제2차 국공 합작 (3) 산둥반도 **3** (1) ㄴ (2) ㄱ (3) ㄷ **4** (1) 간디 (2) 인도 독립 동맹 **5** (1) ◯ (2) ✕ (3) ◯ **6** (1) 수에즈 운하 (2) 범아프리카주의

STEP 3 중단원 확인 문제
71~73쪽

01 ①	**02** ②	**03** 신문화 운동	**04** ②	**05** ②
06 ①	**07** ③	**08** ②	**09** ⑤	**10** ①	**11** ③
12 ②	**13** ④	**14** ②	**15** 범아프리카주의	

01 ㉠에 들어갈 운동은 3·1 운동이다. 1919년 한국에서는 일제의 식민 지배에 저항하는 3·1 운동이 일어났다. 수많은 학생과 시민이 경성(서울) 탑골 공원에 모여 독립 선언서를 낭독하고 만세 시위를 벌였다.

02 ㉠에 공통으로 들어갈 내용은 사회주의이다. 3·1 운동을 전후로 사회주의 사상이 퍼지면서 한국의 독립운동가들은 민족주의 진영과 사회주의 진영으로 나뉘었다. 민족주의 진영은 주로 실력 양성 운동을 이끌었고, 사회주의 진영은 농민과 노동자를 중심으로 사회 운동을 펼쳤다.

03 밑줄 친 '이 운동'은 신문화 운동이다. 신해혁명 이후 군벌의 난립으로 중국의 사회적 혼란이 지속되었다. 그러자 지식인들은 중국의 전통문화를 비판하고, 서양의 과학과 민주주의를 수용하여 중국을 개혁하자는 신문화 운동을 전개하였다.

04 제1차 세계 대전 중 일본은 중국 정부에 21개조 요구를 강요하여 산둥반도의 이권을 얻었다. 이후 파리 강화 회의에 참가한 중국은 일본의 21개조 요구가 무효라고 주장하였으나 승전국 대표들이 이를 받아들이지 않았다. 이러한 소식이 중국에 전해지자 베이징의 학생들을 중심으로 산둥반도의 이권 반환 등을 요구하는 5·4 운동이 전개되었다.

오답 확인 ①은 태평천국 운동, ③은 의화단 운동, ④는 변법자강 운동, ⑤는 양무운동에 대한 설명이다.

05 쑨원의 뒤를 이어 국민당을 이끈 장제스는 1928년에 군벌을 무너뜨리고 중국을 통일하였다.

06 장제스가 북벌 과정에서 공산당을 탄압하여 제1차 국공 합작이 깨졌다. 이후 일본이 중일 전쟁을 일으키자 국민당과 공산당은 제2차 국공 합작을 맺고 일본군에 대항하였다.

07 밑줄 친 '이 국가'는 베트남이다. 제1차 세계 대전 당시 베트남은 독립을 조건으로 프랑스를 도와 전쟁에 참여하였다. 그러나 전쟁이 끝난 후 프랑스가 약속을 지키지 않았고, 베트남에서는 프랑스에 저항하는 민족 운동이 전개되었다.

08 ㉠에 공통으로 들어갈 국가는 필리핀이다. 미국과 에스파냐가 필리핀의 지배권을 두고 전쟁을 벌이자, 아기날도는 필리핀의 독립을 약속한 미국을 지원하였다. 그러나 미국은 전쟁에서 승리한 후 필리핀을 식민지로 삼았다. 이에 아기날도는 미국의 지배에 저항하는 독립운동을 전개하였다.

[오답 확인] ①은 인도네시아, ③, ⑤는 중국, ④는 이집트에서 전개된 민족 운동에 대한 설명이다.

09 베트남의 호찌민은 베트남 공산당을 창설하여 프랑스에 저항하는 민족 운동을 전개하였다. 그는 독립을 원하는 모든 계층과 연합하여 독립 전쟁을 준비하였다. 인도네시아의 독립운동을 이끈 수카르노는 인도네시아 국민당을 결성하였고, 인종과 종교를 넘어선 통일과 독립을 주장하였다. 이후 인도네시아의 초대 대통령이 되었다.

[오답 확인] ⑤ 호찌민은 프랑스에 저항하는 민족 운동을, 수카르노는 네덜란드에 저항하는 민족 운동을 전개하였다.

10 ㉠에 들어갈 인물은 간디이다. 영국이 소금법을 제정하여 소금을 독점하고 과도하게 세금을 부과하자, 간디는 소금 행진을 진행하며 이에 저항하였다.

11 간디는 영국 상품을 사지 않고 세금 납부를 거부하는 등의 비폭력·불복종 운동을 전개하였다.

[오답 확인] ①은 튀르키예 공화국의 무스타파 케말, ②는 중국의 캉유웨이 등, ④는 아라비아반도의 이븐 압둘 와하브, ⑤는 인도의 네루에 대한 설명이다.

12 무스타파 케말은 오스만 제국의 술탄 제도를 폐지하고 튀르키예 공화국을 수립하여 공화국의 첫 번째 대통령이 되었다. 이후 케말은 여러 근대화 개혁을 펼쳤다.

[오답 확인] ②는 베트남의 판보이쩌우가 펼친 활동이다.

13 제1차 세계 대전 이후 서아시아 지역에서는 영국과 프랑스의 위임 통치에 저항하는 민족 운동이 전개되었다. 그 결과 사우디아라비아는 아라비아반도를 통합하여 통일 왕국을 수립하였다. 국기는 와하브 운동의 깃발에서 유래하였다.

14 오랫동안 유럽 열강의 식민 지배를 받고 있던 아프리카에서는 제1차 세계 대전 이후 민족 운동이 활발하게 벌어졌다. 이집트는 영국으로부터 독립하였고, 모로코와 알제리는 프랑스에 맞선 독립운동을 전개하였다. 한편, 아프리카 지역의 여러 대표들은 범아프리카 회의를 개최하여 아프리카의 독립과 통일을 위해 노력하였다.

[오답 확인] ② 모로코는 제2차 세계 대전 이후 독립을 이루었다.

15 ㉠에 들어갈 내용은 범아프리카주의이다. 제1차 세계 대전 이후 사하라 사막 남쪽 지역에서는 아프리카의 통일을 추구하는 범아프리카주의가 퍼져 나갔다.

01 [예시 답안] 3·1 운동 이후 한국의 독립운동가들은 중국 상하이에 대한민국 임시 정부를 세워 항일 민족 운동을 이어 갔다. 한편, 3·1 운동은 중국의 5·4 운동 등 다른 국가의 민족 운동에 영향을 미치기도 하였다.

구분	채점 기준
상	3·1 운동의 영향을 두 가지 서술한 경우
하	3·1 운동의 영향을 한 가지만 서술한 경우

02 [예시 답안] 제1차 세계 대전 중 일본이 중국 정부에 21개조 요구를 강요하였다. 이후 파리 강화 회의에 참가한 중국이 이를 무효라고 주장하였으나 승전국 대표들의 동의를 얻지 못하였다. 이러한 소식이 중국에 전해지자 베이징의 학생들을 중심으로 5·4 운동이 일어났다.

구분	채점 기준
상	일본의 21개조 요구 강요와 파리 강화 회의의 결정 내용을 모두 서술한 경우
하	일본이 중국 정부에 21개조 요구를 강요하였다고만 서술한 경우

03 [예시 답안] 영국은 맥마흔 선언과 밸푸어 선언으로 각각 아랍인의 독립과 유대인의 국가 수립을 도와주겠다고 약속하였다. 그러나 영국이 두 약속을 모두 지키지 않아 훗날 아랍인과 유대인은 팔레스타인 지역을 둘러싸고 갈등을 겪게 되었다.

구분	채점 기준
상	훗날 아랍인과 유대인이 팔레스타인 지역을 둘러싸고 갈등을 겪게 되었다고 서술한 경우
하	아랍인과 유대인이 갈등하였다고만 서술한 경우

대단원 마무리 문제

76~81쪽

01 ③	02 ①	03 ④	04 ①	05 ⑤	06 ③
07 ①	08 ⑤	09 ③	10 ⑤	11 ③	12 ②
13 ⑤	14 ①	15 ④	16 ①	17 ③	18 ③
19 ③	20 ②	21 ⑤	22 ⑤	23 ⑤	24 ③
25 ③	26 ④	27 ①	28 ④	29 ⑤	30 ④
31 해설 참고					

01 19세기 후반 제국주의 국가들의 식민지 쟁탈은 3국 동맹과 3국 협상의 대립으로 이어졌다. 한편, 발칸반도에서는 사라예보 사건이 일어났고, 이를 계기로 오스트리아·헝가리 제국이 세르비아에 전쟁을 선포하면서 제1차 세계 대전이 발발하였다.

오답 확인 ㄱ은 제2차 세계 대전, ㄹ은 파쇼다 사건의 배경이다.

02 지도는 제1차 세계 대전의 전개 과정을 나타낸 것이다.

오답 확인 ①은 제2차 세계 대전 시기에 볼 수 있는 모습이다. 독일은 비밀리에 소련과 독소 불가침 조약을 맺고, 폴란드를 공격하였다.

03 제1차 세계 대전은 (다) 이탈리아가 연합국 편으로 참전 – (나) 미국이 연합국 편으로 참전 – (라) 독일의 서부 전선 총공격 실패 – (가) 독일의 항복 순서로 전개되었다.

04 자료는 베르사유 조약의 일부이다. 제1차 세계 대전 이후 연합국은 독일과 베르사유 조약을 맺어 전쟁의 책임이 독일에 있음을 분명히 하였다.

오답 확인 ① 베르사유 조약은 연합국과 독일 사이에 체결되었다.

05 1905년에 생활이 어려워진 러시아의 노동자들이 개혁을 요구하는 시위를 벌였는데, 정부군이 발포하면서 많은 사람이 목숨을 잃었다. 이 사건을 피의 일요일 사건이라고 한다.

06 제시된 내용은 러시아의 3월 혁명에 대한 설명이다. 1917년에 노동자와 군인들은 소비에트를 결성하여 차르를 몰아내고 임시 정부를 세웠다(3월 혁명). 이후 레닌이 이끄는 볼셰비키가 개혁을 진행하지 않는 임시 정부를 무너뜨리고 소비에트 정부를 수립하였다(11월 혁명).

07 (가)에 들어갈 혁명은 러시아 혁명이다. 러시아 혁명은 1917년 3월 혁명과 11월 혁명으로 전개되었다.

오답 확인 ①은 프랑스 2월 혁명에 대한 설명이다.

08 제1차 세계 대전 이후 독일에서는 바이마르 헌법이 제정되어 바이마르 공화국이 수립되었다. 한편, 패전국의 식민지들이 민족 자결주의의 원칙에 따라 독립하였다. 새롭게 등장한 독립국은 대부분 민주주의 헌법을 채택하였다.

오답 확인 ㄱ은 라틴 아메리카의 독립운동, ㄴ은 산업화에 따른 사회 문제와 관련이 있다.

09 오답 확인 ③은 제1차 세계 대전 이전에 있었던 일이다. 제1차 선거법 개정(1832)으로도 선거권을 얻지 못한 영국의 노동자들은 정치적 권리를 얻고자 인민헌장을 발표하고, 이를 의회에 제출하기 위한 서명 운동을 벌였다(차티스트 운동).

10 1929년에 뉴욕 증권 거래소에서 주가가 갑자기 큰 폭으로 떨어지면서 대공황이 일어났다. 미국은 이를 극복하고자 뉴딜 정책을 실시하였다. 루스벨트 대통령은 테네시강 유역 개발 공사 등 공공사업을 벌여 실업자에게 일자리를 제공하였다.

11 독일, 일본, 이탈리아 등에서는 대공황 전후의 경제적 혼란과 사회적 불안을 틈타 전체주의 세력이 권력을 잡았다.

오답 확인 ①은 독일과 이탈리아, ②, ④는 일본, ⑤는 독일에만 해당하는 설명이다.

12 ㉠에 들어갈 국가는 독일이다. 나치스가 정권을 장악한 독일은 오스트리아를 병합하는 등 대외 침략에 나섰다.

오답 확인 ①은 일본, ③은 이탈리아, ④는 소련, ⑤는 미국에 대한 설명이다.

13 지도는 제2차 세계 대전의 전개를 나타낸 것이다. 제2차 세계 대전은 ① 추축국 진영의 형성 – ② 독일의 폴란드 공격 – ⑤ 영국과 프랑스의 선전 포고 – ③ 아시아 태평양 전쟁 발발 – ④ 스탈린그라드 전투의 순서로 전개되었다. 이 중에서 세 번째로 일어난 일은 ⑤ 영국과 프랑스의 선전 포고이다.

14 오답 확인 ①은 제1차 세계 대전이 끝난 직후에 있었던 일이다. 제1차 세계 대전이 끝난 후 연합국은 전후 문제를 처리하고자 파리 강화 회의를 열었다.

15 오답 확인 ④는 제1차 세계 대전 시기에 있었던 일이다. 제1차 세계 대전 당시 독일의 무제한 잠수함 작전으로 루시타니아호가 침몰하였다.

16 ㉠에 공통으로 들어갈 국가는 일본이다. 1937년에 난징을 점령한 일본군은 중국군 포로뿐 아니라 민간인까지 폭행하고 살해하는 만행을 저질렀다(난징 대학살).

오답 확인 ②, ③, ④는 독일, ⑤는 소련이 저지른 전쟁 범죄이다.

17 자료는 홀로코스트와 관련이 있다. 나치스는 유럽 각지에 유대인 수용소를 건설하여 대규모 학살을 저질렀다.

18 ㉠은 카이로 회담, ㉡은 포츠담 회담이다. 1943년에 열린 카이로 회담에서 연합국 대표들이 한국의 독립과 일본의 무조건 항복 문제를 논의하였다. 이후 1945년에 열린 포츠담 회담에서 전후 처리 문제가 결정되었다.

오답 확인 얄타 회담(1945)에서는 전후 미국·영국·프랑스·소련이 독일 영토를 나누어 점령하고, 소련이 연합군과 함께 일본을 공격하기로 결정하였다. 베를린 회의(1884)에서는 아프리카 분할 원칙이 결정되었다. 파리 강화 회의(1919)는 제1차 세계 대전이 끝난 뒤 연합국이 전후 문제를 처리하고자 개최하였다.

19 밑줄 친 '국제기구'는 국제 연합(UN)이다. 제2차 세계 대전 이후 창설된 국제 연합은 미국과 소련 등 강대국이 참여하였다.

오답 확인 ③ 국제 연합은 국제 분쟁 발생 시 군사적인 수단을 동원할 수 있으나 국제 연맹은 국제 분쟁을 막을 군사적 수단이 없었다.

20 뉘른베르크 재판에서는 독일의 주요 전쟁 범죄자와 조직을 심판하였다. 재판 과정에서 나치스의 만행이 세상에 알려졌으며, 이 재판에서 '반인륜적 범죄'라는 개념을 최초로 법 집행에 적용하였다.

오답 확인 ①은 극동 국제 군사 재판, ③, ④는 뉘른베르크 재판에 대한 설명이다. ⑤ 뉘른베르크 재판과 극동 국제 군사 재판은 제2차 세계 대전 이후에 개최되었다.

21 전쟁이 끝난 후 세계 각국은 평화를 유지하고자 다양한 노력을 기울였다. 유럽 각국의 대표들은 이탈리아 제노바에 모여 전쟁 배상금과 외교 관계 문제 등을 논의하였고, 주요 국가들이 켈로그·브리앙 조약을 맺어 국제 분쟁을 해결하고자 전쟁을 일으키는 행위를 불법으로 정하였다.

22 **오답 확인** ⑤ 과거사를 반성하는 독일과 달리 일본에서는 전범의 위패가 보관된 야스쿠니 신사 참배가 계속되고 있다.

23 ㉠에 공통으로 들어갈 내용은 민족 자결주의이다. 윌슨이 제안한 14개조 평화 원칙에는 민족 자결주의가 포함되었고, 이후 아시아 지역에서는 민족 자결주의의 영향을 받아 민족 운동이 활발하게 일어났다.

24 1919년 한국에서는 일제의 식민 지배에 저항하는 3·1 운동이 일어났다. 3·1 운동은 중국의 5·4 운동 등 다른 국가의 민족 운동에 영향을 미쳤다.

25 신해혁명 이후 군벌의 난립으로 사회적 혼란이 지속되자, 중국의 지식인들은 서양의 과학과 민주주의를 수용하자는 신문화 운동을 전개하였다.

오답 확인 ㄱ은 양무운동, ㄹ은 변법자강 운동에 대한 설명이다.

26 자료는 5·4 운동 당시 발표된 베이징 학생계 선언이다. 일본이 21개조 요구로 산둥반도의 이권을 넘겨받자, 베이징의 학생들을 중심으로 산둥반도의 이권 반환 등을 요구하는 5·4 운동이 일어났다.

27 **오답 확인** ①은 제1차 국공 합작 이전에 있었던 일이다.

28 네루는 인도의 완전한 독립을 주장하며 인도 독립 동맹을 만들었다.

오답 확인 ①은 러시아의 레닌, ②는 인도네시아의 수카르노, ③은 인도의 간디에 대한 설명이다. ⑤는 간디에만 해당하는 설명이다.

29 ⑺는 프랑스령 인도네시아, ⑻는 필리핀이다.

오답 확인 ⑤ 수카르노는 인도네시아에서 네덜란드의 지배에 저항하는 민족 운동을 이끌었다.

30 **오답 확인** ④는 동아시아의 민족 운동과 관련이 있다. 3·1 운동 이후 한국의 독립운동가들은 중국 상하이에 대한민국 임시 정부를 세웠다.

31 (1) **예시 답안** 자료에 나타난 체제는 전체주의이다. 이탈리아, 독일, 일본 등에서는 대공황 전후의 경제적 혼란과 사회적 불안을 틈타 전체주의 세력이 권력을 잡았다. 전체주의 세력은 국가 전체의 이익을 최우선으로 내세우며 이를 위한 개인의 희생을 강요하였다.

구분	채점 기준
상	전체주의의 등장 배경과 특징을 모두 서술한 경우
하	전체주의의 등장 배경과 특징 중 하나만 서술한 경우

(2) **예시 답안** 전체주의 세력은 국가와 민족을 위해 개인의 일방적 희생을 강요하였다. 그러나 국가와 민족은 결국 개인이 모여 이루는 것이므로 서로 분리될 수 없다. 따라서 전체주의는 국가와 민족을 이끄는 지도자에게 일방적인 충성을 강요하는 체제라고 할 수 있다. 또한 잘못된 지도자는 이를 바탕으로 개인과 다른 나라의 자유를 침해하게 된다. 실제 전체주의 국가의 지도자들은 독재자가 되어 학살과 침략을 저질렀다. 특히 히틀러가 이끈 나치스는 독일 민족의 우수성을 강조하며 유대인을 탄압하는 인종주의 정책을 펼쳤고, 제2차 세계 대전 당시 유대인을 대상으로 홀로코스트를 저질렀다. 국가와 민족의 중요성은 한 개인의 인권보다 높을 수는 없다. 전체주의는 개인의 자유와 인권을 침해하는 독재의 수단일 뿐이다.

구분	채점 기준
상	구체적인 근거를 뒷받침하여 전체주의를 반박한 경우
하	전체주의에 대한 자신의 생각만 서술한 경우

01 냉전 체제와 제3 세계의 형성

STEP 2 개념 확인
87쪽

대표 자료 확인하기 ① 평화 10원칙 ② 고르바초프 ③ 몰타 회담

한눈에 정리하기 ① 자본주의 진영 ② 평화 5원칙 ③ 독립 국가 연합(CIS) ④ 마오쩌둥

1 (1) 미국 (2) 공산주의 진영 (3) 바르샤바 조약 기구 **2** (1) × (2) ○
3 (1) 나세르 (2) 제3 세계 **4** (1) 닉슨 독트린 (2) 고르바초프
5 (1) ㄴ (2) ㄱ **6** 유럽 연합(EU)

STEP 3 중단원 확인 문제
88~91쪽

01 ①	02 ③	03 냉전	04 ②	05 ①	06 ②
07 ⑤	08 ⑤	09 ②	10 ③	11 ①	12 ②
13 ④	14 ⑤	15 ④	16 ⑤	17 ④	18 ③
19 덩샤오핑		20 ③	21 ①		

01 제2차 세계 대전 이후 소련의 영향으로 동유럽에 공산주의 정권이 들어서자 미국의 트루먼 대통령은 공산주의 세력의 확산을 막겠다고 선언하였다(트루먼 독트린). 또한 서유럽 국가들과 군사 동맹으로 북대서양 조약 기구(NATO)를 만들었다.
오답 확인 ㄷ, ㄹ은 공산주의 진영을 주도한 소련의 활동이다.

02 지도는 마셜 계획의 혜택을 받은 국가를 나타낸 것이다. 미국의 국무 장관인 마셜은 공산주의 세력의 확대를 막기 위해 서유럽에 경제적인 지원을 하는 마셜 계획을 추진하였다.

03 검색창에 들어갈 내용은 냉전이다. 냉전은 자본주의 진영과 공산주의 진영이 직접적인 무력 충돌보다는 정치, 군사, 외교 등에서 대립을 유지하던 상황을 의미한다.

04 ㉠에 들어갈 국가는 소련이다. 공산주의 진영을 주도한 소련은 코민포름을 만들었으며, 6·25 전쟁 때 북한을 지원하였고 쿠바에 핵미사일 기지를 세우려고 하여 미국과 대립하기도 하였다. 이후 미국과 전략 무기 제한 협정(SALT)을 체결하였다.
오답 확인 ②는 이집트에 대한 설명이다.

05 밑줄 친 '전쟁'은 국공 내전이다. 제2차 세계 대전 이후 중국에서는 장제스가 이끄는 국민당과 마오쩌둥이 이끄는 공산당이 국공 내전을 벌였다. 이 전쟁에서 승리한 마오쩌둥은 중화 인민 공화국을 수립하였다(1949).

06 한국의 6·25 전쟁은 소련의 지원을 받은 북한이 남한을 침략하여 일어났다. 베트남 전쟁은 공산주의 정권이 들어선 북베트남과 미국의 지원을 받은 남베트남이 대립하여 일어났다. 두 전쟁은 냉전이 심화되면서 아시아에서 열전으로 나타났다.

07 그림이 풍자하는 사건은 쿠바 미사일 위기이다. 쿠바 미사일 위기는 소련이 미국과 가까운 쿠바에 핵미사일 기지를 세우려고 하자, 미국이 이에 반발하여 쿠바 해상을 봉쇄하면서 일어났다. 결국 소련은 쿠바에서 미사일을 철수하기로 발표하였다.

08 제시된 내용은 이스라엘에 대한 설명이다. 이스라엘이 건국되자 팔레스타인 거주민과 주변 아랍국들은 이에 반발하며 네 차례에 걸쳐 중동 전쟁을 일으켰다(1948~1979).

09 빈칸에 들어갈 인물은 나세르이다. 나세르는 중동 전쟁에서 패배한 왕정을 몰아내고 공화정을 세웠으며(1952), 이집트의 대통령이 되어 수에즈 운하의 국유화를 선언하고 영국과 프랑스로부터 운하의 운영권을 되찾았다(1956).

10 제3 세계는 제2차 세계 대전 이후 독립한 아시아와 아프리카의 신생 독립국을 중심으로 하였으며, 자본주의 진영이나 공산주의 진영에 속하지 않겠다는 비동맹주의를 내세웠다.
오답 확인 ③은 서유럽 국가들로, 자본주의 진영인 제1 세계에 대한 설명이다.

11 밑줄 친 '우리'는 제3 세계이다. 1954년 인도와 중국의 대표가 만나 상호 불가침, 평화 공존 등의 내용을 담은 평화 5원칙에 합의하였다. 이후 인도네시아 반둥에서 열린 아시아·아프리카 회의에서 평화 10원칙이 발표되었다.

12 국제 질서가 양극 체제에서 다극 체제로 변화된 배경에는 소련과 미국의 영향력 약화와 제3 세계의 등장, 일본과 독일의 경제 성장 등이 있다.
오답 확인 ㄴ, ㄹ은 냉전 체제가 형성되기 전에 있었던 일이다.

13 자료는 닉슨 독트린이다. 1969년 미국의 대통령 닉슨은 미국이 앞으로는 아시아에서 일어나는 전쟁에 군사적인 개입을 하지 않겠다고 선언하였다. 이후 미국은 베트남 전쟁에서 철수하였으며, 1972년에는 닉슨 대통령이 중국을 처음 방문하여 중국과의 관계를 개선하기 위한 회의를 가졌다.
오답 확인 ①, ②, ③, ⑤는 닉슨 독트린 발표 이전에 있었던 일이다.

14 제시된 개혁·개방 정책을 추진한 인물은 소련의 고르바초프이다. 고르바초프는 개혁·개방 정책을 추진하고 동유럽 국가에 대한 불간섭을 선언하였다.
오답 확인 ①, ②는 중국의 마오쩌둥, ③은 소련의 옐친, ④는 이집트의 나세르에 대한 설명이다.

15 1989년 미국의 부시 대통령과 소련의 고르바초프 서기장은 몰타 회담에서 냉전의 종식을 공식 선언하였다. 이후 소련이 해체되고 독립 국가 연합(CIS)이 결성되었다.
오답 확인 ①은 반둥 회의, ②는 카이로 회담, ③은 로카르노 조약, ⑤는 켈로그·브리앙 조약과 관련이 있다.

16 자료들은 유럽 사회주의 진영의 붕괴와 관련이 있다. 1980년대 후반 소련이 동유럽 국가에 불간섭을 선언한 이후 동유럽 여러 국가에서 민주화 운동이 일어나 사회주의 정권이 붕괴되었다. 독일은 베를린 장벽이 무너지고 통일되었다.

17 오답 확인 ④ 전략 무기 제한 협정(SALT)은 소련이 동유럽 국가에 불간섭을 선언하기 이전인 1972년, 1979년에 체결되었다.

18 중화 인민 공화국은 1949년에 마오쩌둥이 수립하였다. 마오쩌둥이 집권한 (가) 시기에는 인민공사를 설립하여 농촌의 집단화를 꾀하는 대약진 운동이 추진되었다.

오답 확인 ①, ②, ⑤는 중화 인민 공화국 수립 이전, ④는 덩샤오핑 집권 이후에 있었던 일이다.

19 제시된 내용은 덩샤오핑에 대한 설명이다. 마오쩌둥 이후 집권한 중국의 덩샤오핑은 흑묘백묘론을 주장하며 자본주의 요소를 받아들이는 개혁·개방 정책을 추진하였고, 이로써 중국은 급속한 경제 성장을 이루었다.

20 유로화, 마스트리흐트 조약, 유럽 석탄 철강 공동체(ECSC)는 모두 유럽 연합(EU)과 관련이 있다. 유럽 연합은 1950년대부터 진행된 유럽의 정치적·경제적 통합 운동의 결과 1993년에 창설되었다.

21 오답 확인 ① 20세기 후반에는 사회주의 진영이 붕괴되었다. 이후 미국 등의 선진국이 정치와 경제를 주도하였다.

서술형 문제

01 (1) 평화 10원칙

(2) 예시 답안 제3 세계는 자본주의 진영(제1 세계)이나 사회주의 진영(제2 세계) 어느 쪽에도 속하지 않겠다는 비동맹주의(비동맹 중립 노선)를 내세웠다. 제3 세계의 등장은 국제 질서가 미국과 소련 중심의 양극 체제에서 여러 국가가 세력을 형성하는 다극 체제로 변화하는 데 영향을 미쳤다.

구분	채점 기준
상	제3 세계가 취한 노선과 국제 사회에 미친 영향을 모두 서술한 경우
하	제3 세계가 취한 노선과 국제 사회에 미친 영향 중 한 가지만 서술한 경우

02 (1) 문화 대혁명

(2) 예시 답안 마오쩌둥은 1950년대 말 대약진 운동 등 독자적인 공산주의 경제 정책을 추진하였으나 실패하였다. 이로써 정치적 위기를 겪게 되자 이를 극복하기 위해 문화 대혁명을 추진하였다.

구분	채점 기준
상	마오쩌둥이 대약진 운동 등 독자적인 공산주의 경제 정책을 추진하다 실패하자 이를 극복하기 위해 문화 대혁명을 추진하였다고 서술한 경우
하	정치적 위기를 극복하기 위해서였다고만 서술한 경우

✦ 02 민주주의와 인권의 확산

STEP **2** 개념 확인
94쪽

대표 자료 확인하기 ① 마틴 루서 킹 ② 워싱턴 행진 ③ 파리 협정 ④ 온실가스

한눈에 정리하기 ① 베트남 전쟁 ② 민권법 ③ 남아프리카 공화국 ④ 국제 노동 기구(ILO)

1 탈권위주의 운동 **2** (1) 베트남 전쟁 (2) 핵 확산 금지 조약

3 (1) ○ (2) × (3) ○ **4** (1) ㄴ (2) ㄱ **5** (1) 영국 (2) 노동 기본 원칙과 권리선언 **6** (1) 지구 온난화 (2) 교토 의정서

STEP **3** 중단원 확인 문제
95~97쪽

01 ③	02 ⑤	03 ③	04 ⑤	05 핵 확산 금지 조약(NPT)
06 ④	07 ⑤	08 ①	09 ①	10 ⑤ 11 베티 프리단
12 ②	13 ④	14 ⑤		

01 탈권위주의 운동은 냉전 체제로 이념 대립이 깊어지고 산업화로 물질만능주의가 확산되면서 일어났다. 제2차 세계 대전 이후 학생들의 성장과 고등 교육의 확산 등도 영향을 미쳤다.

오답 확인 ㄱ은 제1차 세계 대전의 배경, ㄹ은 제1차 세계 대전 이후 여러 국가가 민족 운동을 벌인 배경이다.

02 탈권위주의 운동은 오래된 관습이나 기존 정치 체제로부터 벗어나고자 하는 운동을 말한다.

오답 확인 ⑤는 환경 문제를 해결하고자 하는 국제 사회의 환경 운동과 관련이 있다.

03 밑줄 친 '이 전쟁'은 베트남 전쟁이다. 반전 평화 운동은 1960년대에 일어난 베트남 전쟁을 계기로 전 세계에 확산되었다.

04 반핵 시위, 이라크 전쟁 반대 시위는 전쟁을 반대하고 평화를 지키려고 하는 반전 평화 운동의 사례이다.

05 제시된 내용은 핵 확산 금지 조약(NPT)에 대한 설명이다. 핵무기 등 대량 살상 무기의 개발이 지속되자 국제 사회는 1968년 핵 확산 금지 조약을 체결하여 대량 살상 무기를 축소하고자 노력하였다.

06 20세기 후반에는 세계 여러 지역에서 독재 정권에 대항한 민주화 운동이 일어났다. 한국에서는 4·19 혁명, 필리핀에서는 에드사 혁명, 중국에서는 톈안먼 사건, 체코슬로바키아에서는 프라하의 봄 등이 전개되었다.

오답 확인 ④는 1955년에 미국에서 일어난 흑인 민권 운동의 대표적인 사례이다.

07 프라하의 봄이라고 불리는 민주화 운동이 일어난 국가는 체코슬로바키아이다. 1968년 체코슬로바키아 시민들이 개혁에 반대하는 소련과 그 동맹국의 억압에 저항하였다.

08 제시된 연설을 한 인물은 미국의 마틴 루서 킹이다. 1963년 마틴 루서 킹은 흑인 차별에 반대하는 워싱턴 행진을 이끌며 흑인 민권 운동을 전개하였다. 그 결과 1964년에 민권법이 통과되어 백인과 흑인 사이의 법적 차별이 없어졌다.

오답 확인 ②는 여성 운동, ③은 노동 운동, ④는 민주화 운동, ⑤는 반전 평화 운동의 영향이다.

09 오답 확인 ① 짐 크로 법은 미국에서 흑인에 대한 차별을 규정한 법으로, 민권 운동과 관련이 있다.

10 자료는 1998년에 국제 노동 기구(ILO) 총회에서 채택한 노동 기본 원칙과 권리선언이다. 이 선언은 단체 교섭권과 강제 노동 폐지, 아동 노동 금지 등 노동의 기본권을 명시하였다.

11 제시된 내용은 베티 프리단에 대한 설명이다. 베티 프리단은 남녀평등을 주장하며 미국에서 여성 운동을 이끌었다. 여성주의 운동 단체인 전미 여성 기구(NOW)를 만들기도 하였다.

12 제시된 내용은 여성 운동에 대한 설명이다. 1960년대에 활발하게 전개된 여성 운동의 결과 1970년대에 영국에서 차별 금지법이 통과되었고, 미국에서는 여성의 평등권을 명시한 헌법 개정이 이루어졌다.

오답 확인 ㄴ은 민주화 운동, ㄹ은 민권 운동과 관련이 있다.

13 오늘날에는 사막화, 해양 쓰레기, 미세 먼지로 인한 대기 오염, 지구 온난화, 이상 고온 등의 환경 문제를 겪고 있다.

오답 확인 ④는 이스라엘과 팔레스타인 분쟁에 관한 사진이다.

14 환경 문제를 해결하기 위해 국제 사회는 1992년 브라질에서 환경과 개발에 관한 리우 선언을 채택하였다. 1994년에는 온실가스의 농도 안정을 위한 기후 변화 협약이 발효되었다.

오답 확인 ㄱ은 여성 운동, ㄴ은 반전 평화 운동과 관련이 있다.

서술형 문제

01 (1) (가) 마틴 루서 킹, (나) 넬슨 만델라

(2) 예시 답안 마틴 루서 킹과 넬슨 만델라는 흑인들에 대한 인종 차별에 맞서 흑인 민권 운동을 전개하였다.

구분	채점 기준
상	흑인들에 대한 인종 차별에 맞서 흑인 민권 운동을 전개하였다고 서술한 경우
하	민권 운동을 전개하였다고만 서술한 경우

02 (1) 파리 협정

(2) 예시 답안 1997년 교토 의정서에서는 선진국의 온실가스 감축 목표치를 정하였다. 2015년 파리 협정에서는 선진국뿐만 아니라 개발 도상국도 온실가스 감축에 동참하기로 하였다.

구분	채점 기준
상	교토 의정서와 파리 협정의 내용을 비교하여 서술한 경우
하	교토 의정서와 파리 협정에서 온실가스를 줄이기로 했다고만 서술한 경우

✦ 03 세계화와 지역 세계의 변화

STEP 2 개념 확인
100쪽

대표 자료 확인하기 ① 대처 ② 레이건 ③ 세계화

한눈에 정리하기 ① 석유 파동 ② 대중 매체 ③ 빈부 격차

1 (1) 자본주의 (2) 석유 파동 (3) 신자유주의 **2** (1) 세계화
(2) 자유 무역 협정(FTA) (3) 다국적 기업 **3** (1) ○ (2) ✕ (3) ✕ (4) ○
4 대중문화 **5** (1) 비정부 기구(NGO) (2) 남북문제

STEP 3 중단원 확인 문제
101~103쪽

01 ②	**02** ④	**03** ⑤	**04** ⑤	**05** ③
06 다국적 기업	**07** ②	**08** ③	**09** ②	**10** ⑤
11 ②	**12** 남북문제	**13** ④	**14** ①	**15** ⑤

01 자본주의 경제는 1960년대를 전후로 크게 성장하였다. 패전국인 서독과 일본 등의 경제가 성장하였으며 아시아의 한국, 타이완, 싱가포르, 홍콩 등이 신흥 공업국으로 떠올랐다.

오답 확인 ㄴ은 1947년의 일이다. ㄹ은 공산주의 경제와 관련이 있다.

02 신자유주의는 1970년대 두 차례의 석유 파동으로 세계 경제가 어려워지자 영국의 대처 총리와 미국의 레이건 대통령이 추진하였다.

03 영국의 대처 총리와 미국의 레이건 대통령은 신자유주의 경제 정책을 추진하였다. 대처와 레이건은 국영 기업의 민영화, 복지 비용 축소, 정부 규제 완화 등 정부의 개입을 줄이고 무역의 자유화와 시장 개방을 추구하였다.

오답 확인 ⑤는 대공황 이후 영국과 프랑스가 추진한 보호 무역 정책에 대한 내용이다.

04 1990년대에 사회주의 진영이 무너지고 신자유주의가 확산되면서 선진국의 산업은 은행, 증권 등 금융업 중심으로 발달하였고, 미국과 유럽에 있던 중화학 공업 공장들은 대부분 아시아의 신흥 공업국으로 이동하였다.

오답 확인 ㄱ. 보호 무역 정책은 1929년 대공황 이후 영국과 프랑스에서 추진되었다. ㄴ. 신자유주의 경제 정책은 국영화된 기업을 민영화하는 등 국가 개입을 축소하였다.

05 밑줄 친 '국제기구'는 세계 무역 기구(WTO)이다. 신자유주의가 확산되고 세계화가 빠르게 진행되면서 무역과 투자의 자유화를 추구하는 세계 무역 기구가 결성되었다. 이로써 각국의 시장이 폭넓게 개방되어 자본과 물자의 이동이 더욱 활발해졌다.

06 ㉠에 들어갈 내용은 다국적 기업이다. 세계화가 전개되면서 세계 각지에 자회사와 지사 등을 둔 다국적 기업이 성장하여 국제적인 규모로 생산과 판매 활동을 펼치고 있다.

07 ② 세계화가 전개되면서 다른 국가로 이주하는 사람들이 늘었다. 더불어 각국의 문화도 함께 이동하여 문화가 융합되었다.

08 지도에 나타난 유럽 연합(EU), 아시아 태평양 경제 협력체(APEC) 등의 지역별 경제 협력체는 세계화로 국가 간 무역 경쟁이 치열해지자 국제 질서의 변화에 대응하고자 같은 지역에 속한 국가들이 협력하여 만들었다.

09 20세기에는 원자력 기술이 발달하면서 방사선 치료가 실용화되었으며, 유전 공학과 생명 공학이 발전하여 난치병 치료가 가능해졌다. 또한 교통 기술의 발달로 제트 여객기와 고속 철도가 개발되었고, 자동차가 대중화되었으며 휴대 전화와 인터넷 등 정보 통신 기술도 빠르게 발전하였다. 우주 과학도 발전하여 지구 궤도에 인공위성을 발사하였다.

 ② 증기 기관차는 19세기 산업 혁명 시기에 등장하였다.

10 제2차 세계 대전 이후 세계 각국에서는 경제가 성장하고 교육 수준이 향상되었다. 더불어 민주주의의 발전으로 대중의 정치적 영향력이 커졌다. 이로써 불특정 다수의 사회적 영향력이 커진 대중 사회가 형성되었다.

11 ㉠에 들어갈 내용은 대중문화이다. 대중문화는 많은 사람이 쉽게 접하고 즐기는 문화로, 대중 사회가 출현하고 대중 매체가 발달하면서 등장하여 20세기에 빠르게 확산되었다. 대중문화가 발달하면서 각 지역의 문화가 고유성을 잃고 획일화되기도 하였으며, 지나치게 흥미를 추구하여 상업성을 띠기도 하였다.

 ② 발달한 과학 기술이 산업에 적용되면서 예측하지 못한 환경 문제가 일어나기도 하였다.

12 제시된 내용은 남북문제에 대한 설명이다. 세계화가 진전되면서 높은 기술과 자본을 가진 선진국에 세계의 부가 몰려 선진국과 후진국 간의 경제 차이가 커지면서 남북문제가 나타났다.

13 제시된 탐구 자료는 현대 세계의 다양한 문제를 보여 준다. 오늘날 세계 여러 국가에서는 종교, 민족, 자원 등의 원인으로 분쟁이 발생하였고, 세계화가 진행되면서 국가 간 빈부 격차가 커져 기아 문제 등 남북문제가 나타나기도 하였다.

14 세계 여러 국가는 국제 연합(UN)에 참여하거나 국제 협약을 맺어 현대 세계의 다양한 문제를 해결하기 위해 노력하고 있다. 국경 없는 의사회(MSF), 국제 사면 위원회(AI)와 같은 비정부 기구(NGO)도 다양한 활동을 펼치고 있다. 개인도 세계 여러 문제에 관심을 갖고 문제가 생겨난 역사적 배경을 파악하려는 노력이 필요하다.

 ① 세계화에 따른 국가 간 빈부 격차를 줄이기 위해 국제 사회는 생산자의 노동에 대한 정당한 대가를 보장하고자 공정 무역을 확대하고 있다.

15 제시된 내용은 국경 없는 의사회(MSF)에 대한 설명이다. 민간인이 조직한 비정부 기구(NGO)인 국경 없는 의사회는 국제 의료 구호 단체로 의료 지원 부족, 무력 분쟁, 전염병 등으로 생존의 위협을 받는 사람들을 돕고 있다.

01 (1) 신자유주의

(2) 영국의 대처 총리와 미국의 레이건 대통령이 추진한 신자유주의 경제 정책은 정부의 개입을 줄이고, 무역의 자유화와 시장 개방을 추구하였다. 이에 따라 국영 기업의 민영화, 복지 비용 축소, 정부 규제 완화 등을 실시하였다.

구분	채점 기준
상	신자유주의 경제 정책의 특징을 두 가지 서술한 경우
하	신자유주의 경제 정책의 특징을 한 가지만 서술한 경우

02 (1) 세계화

(2) 세계화가 확대되면서 선진국과 개발 도상국 간의 경제적 격차가 커졌다. 또한 경제의 상호 의존도가 높아져 한 국가의 경제 위기가 전 세계로 퍼지는 현상이 나타났다.

구분	채점 기준
상	세계화가 경제에 미친 부정적 영향을 두 가지 서술한 경우
하	세계화가 경제에 미친 부정적 영향을 한 가지만 서술한 경우

03 미국에서는 2001년 자살 테러인 9·11 테러가 일어났고, 르완다, 콩고, 수단, 시리아 등에서는 내전이 발생하였다. 이로써 분쟁 지역에서는 수많은 사상자가 발생하고 난민이 증가하였다.

구분	채점 기준
상	지역 분쟁의 사례를 두 가지 서술한 경우
하	지역 분쟁의 사례를 한 가지만 서술한 경우

대단원 마무리 문제

01 ③	02 ③	03 ①	04 ②	05 ①	06 ②
07 ⑤	08 ③	09 ①	10 ③	11 ⑤	12 ②
13 ②	14 ③	15 ①	16 ②	17 ③	18 ⑤
19 ②	20 ②	21 ③	22 ⑤	23 ⑤	24 ④
25 ③	26 ④	27 ①	28 ②	29 ②	
30 해설 참고					

01 자료는 트루먼 독트린이다. 제2차 세계 대전 이후 소련의 영향으로 동유럽에 공산주의 국가가 세워지자, 미국은 공산주의 세력의 확산을 막겠다는 트루먼 독트린을 발표하고 서유럽에 대규모 경제적 지원을 하는 마셜 계획을 추진하였다.

오답 확인 ①, ②, ④, ⑤는 미국의 트루먼 독트린 발표 이전에 있었던 일이다.

02 ㉠은 북대서양 조약 기구(NATO), ㉡은 코메콘이다. 미국은 서유럽 국가들과 군사 동맹으로 북대서양 조약 기구를 만들었으며, 소련은 동유럽 국가들과 상호 경제 지원을 위한 코메콘을 조직하였다.

03 ㈎ 베를린 봉쇄는 1948~1949년의 일이고, ㈏ 베를린 장벽은 1961년에 설치되었다. 그 사이에 독일은 자본주의 진영인 서독과 공산주의 진영인 동독으로 분단되었다.

오답 확인 ②, ③, ④는 베를린 봉쇄 이전, ⑤는 베를린 장벽 설치 이후에 있었던 일이다.

04 지도의 ㈎는 독일, ㈏는 베트남, ㈐는 중국, ㈑는 한국, ㈒는 쿠바이다. 베트남에서는 소련의 지원을 받은 북베트남과 미국의 지원을 받은 남베트남의 대립으로 베트남 전쟁이 일어났다(1964).

오답 확인 ①은 중국, ③은 소련, ④는 쿠바, ⑤는 한국에서 있었던 일이다.

05 영국의 식민지였던 인도는 1947년에 독립하였다. 독립 후 인도는 종교 갈등이 지속되어 힌두교 국가인 인도와 이슬람교 국가인 파키스탄으로 분리되었다. 이후 동파키스탄은 방글라데시로 독립하였다.

오답 확인 ① 중동 전쟁은 이스라엘의 건국과 관련이 있다. 1948년 유대인이 팔레스타인 지역에 이스라엘을 세우자, 팔레스타인 거주민과 주변 아랍 국가들이 이에 반발하여 중동 전쟁을 일으켰다.

06 ㉠은 리비아, ㉡은 이집트이다. 리비아는 1951년 이탈리아로부터 독립하였다. 이집트에서는 나세르가 중동 전쟁에서 패배한 왕정을 몰아내고 공화정을 수립하였으며, 대통령이 된 이후에는 수에즈 운하의 국유화를 선언하고 운영권을 되찾았다.

07 자료는 평화 10원칙이다. 제3 세계라고 불리는 아시아와 아프리카의 29개국 대표들은 아시아·아프리카 회의(반둥 회의)에서 국제 분쟁의 평화적 해결과 상호 존중 등의 원칙을 제시한 평화 10원칙을 발표하였다(1955).

08 제시된 선언을 발표한 세력은 제3 세계이다. 제2차 세계 대전 이후 아시아와 아프리카의 독립국들을 중심으로 이루어진 제3 세계는 비동맹주의를 내세웠다. 제3 세계는 평화 10원칙 발표 이후 국제 사회에 독자적인 정치 세력으로 등장하여 국제 질서가 양극 체제에서 다극 체제로 변화하는 데 영향을 주었다.

오답 확인 ③은 미국을 중심으로 한 자본주의 진영인 제1 세계에 대한 설명이다.

09 자료들은 냉전 체제의 완화와 관련이 있다. 미국의 닉슨 대통령은 1969년 닉슨 독트린을 발표한 이후 1972년에 중국을 처음으로 방문하였다. 또한 미국은 1979년 소련과 전략 무기 제한 협정(SALT)을 맺었다.

10 ㉠에 들어갈 인물은 고르바초프이다. 1980년대 중반에 집권한 고르바초프는 시장 경제 체제를 도입하는 페레스트로이카(개혁)와 정치적 자유화 정책인 글라스노스트(개방)를 추진하였다. 또한 동유럽 국가에 대한 불간섭을 선언하였다.

오답 확인 ㄱ은 옐친, ㄹ은 레닌의 활동이다.

11 소련이 동유럽 국가에 불간섭을 선언하자 폴란드, 헝가리, 체코슬로바키아 등에서 민주화 운동이 일어나 사회주의 정권이 무너졌다. 이 국가들은 시장 경제 제도를 수용하였다. 한편, 독일은 베를린 장벽이 무너지고 통일되었으며, 유고슬라비아 연방은 여러 국가가 독립하면서 사실상 해체되었다.

오답 확인 ⑤는 제2차 세계 대전 이후 서아시아 국가와 관련이 있다. 이스라엘은 1948년에 건국되었다.

12 ㉠에 들어갈 인물은 마오쩌둥이다. 마오쩌둥은 대약진 운동이 실패하자 정치적 위기를 극복하고 권력을 강화하기 위해 사회주의로 무장한 홍위병을 앞세워 문화 대혁명을 추진하였다.

오답 확인 ①, ③은 덩샤오핑, ④는 장제스, ⑤는 쑨원의 활동이다.

13 자료는 마스트리흐트 조약으로, 마스트리흐트 조약에 따라 출범한 국제기구는 유럽 연합(EU)이다. 유럽 연합은 1993년 유럽의 정치적·경제적 통합을 추구하며 창설되었다.

14 탈권위주의 운동은 오래된 관습이나 기존 정치 체제로부터 벗어나고자 하는 운동으로, 20세기 후반에 전개되었다.

오답 확인 ③은 제1차 세계 대전 이후 전개된 인도의 민족 운동에 대한 설명이다.

15 반전 평화 운동은 1960년대에 일어난 베트남 전쟁을 계기로 전 세계에 확산되었다. 반핵 시위나 베트남 전쟁 반대 시위가 반전 평화 운동의 사례에 해당한다.

오답 확인 ㄷ은 민주화 운동, ㄹ은 환경 운동과 관련이 있다.

16 20세기 후반에는 한국, 중국, 필리핀, 에스파냐, 체코슬로바키아 등에서 독재 정권에 저항한 민주화 운동이 일어났다.

오답 확인 ②는 17세기에 전개된 영국 혁명이다.

17 넬슨 만델라와 마틴 루서 킹은 각각 남아프리카 공화국과 미국에서 흑인에 대한 인종 차별에 저항한 민권 운동을 전개하였다.

오답 확인 ①은 민주화 운동, ②는 노동 운동, ④는 반전 평화 운동, ⑤는 여성 운동에 대한 설명이다.

18 밑줄 친 '기구'는 국제 노동 기구(ILO)이다. 국제 노동 기구는 1919년에 노동자의 권리를 보호하기 위한 목적으로 설립되었으며, 1998년 노동의 기본권을 명시한 노동 기본 원칙과 권리 선언을 발표하였다.

오답 확인 ㄱ은 유럽 연합(EU), ㄴ은 국제 연합(UN)에 대한 설명이다.

19 베티 프리단은 미국의 여성 운동가로 남녀평등을 주장하였다. 여성 운동의 결과 1970년대에 영국에서 차별 금지법이 통과되었다.

오답 확인 ㄴ, ㄹ은 흑인 민권 운동과 관련이 있다.

20 오늘날에는 산업화와 과학 기술의 발달 등으로 대기 오염, 이상 고온, 사막화, 지구 온난화 등의 환경 문제가 발생하고 있다.

오답 확인 ② 오늘날에는 기후가 변화하면서 폭우, 폭설 등 기상 이변이 발생하고 있다.

21 ㉠은 교토 의정서, ㉡은 파리 협정이다. 1997년 채택된 교토 의정서에 이어 2015년 체결된 파리 협정에서는 선진국과 함께 개발 도상국도 온실가스 감축에 동참하기로 결정하였다.

오답 확인 기후 변화 협약은 온실가스의 농도 안정을 위해 온실가스 감축 이행을 약속한 국제 협약으로, 1994년에 발효되었다.

22 영국의 대처 총리와 미국의 레이건 대통령이 추진한 정책은 신자유주의 경제 정책이다. 신자유주의 경제 정책은 국가의 경제 개입을 줄이고, 무역의 자유화와 시장 개방을 추구하였다.

23 밑줄 친 '이 현상'은 세계화이다. 세계화가 진행되면서 무역과 투자의 자유화를 추구하는 세계 무역 기구(WTO)가 창설되었다. 또한 국가 간 관세 장벽을 없애는 자유 무역 협정(FTA) 체결이 늘어났다.

오답 확인 ㄱ, ㄴ은 제2차 세계 대전과 관련이 있다.

24 세계화의 확산에 따라 국가 간 사람과 상품, 자본의 이동이 자유로워지면서 여러 국가에서 생산한 물건을 사용하고 다른 국가의 음식을 먹는 모습을 볼 수 있다.

25 지도의 (가)는 유럽 연합(EU), (나)는 동남아시아 국가 연합(ASEAN), (다)는 아시아 태평양 경제 협력체(APEC), (라)는 미국·멕시코·캐나다 협정(USMCA), (마)는 남미 국가 연합(UNASUR)이다. 제시된 내용은 (다) 아시아 태평양 경제 협력체에 대한 설명이다.

26 **오답 확인** ④ 과학 기술이 발달하면서 전통적 가치관과 생활 양식이 급격하게 변화하였다.

27 불특정 다수의 영향력이 커진 대중 사회가 출현하고 라디오, 텔레비전과 같은 대중 매체가 발달하면서 많은 사람이 쉽게 접하고 즐기는 대중문화가 등장하였다.

28 현대에는 세계 여러 국가에서 종교, 민족, 자원 등의 원인으로 분쟁이 발생하였다.

오답 확인 ②는 러시아 혁명의 배경과 관련이 있다. 1905년 러시아에서 노동자들이 개혁을 요구하는 시위를 벌이자, 정부군이 발포하면서 많은 사람이 목숨을 잃은 피의 일요일 사건이 일어났다.

29 ㉠에 들어갈 비정부 기구(NGO)는 국경 없는 의사회(MSF), 국제 사면 위원회(AI)이다.

오답 확인 ㄴ은 보건과 관련된 국제기구이며, ㄹ은 동남아시아의 경제 협력체이다.

30 (1) **예시 답안** • 긍정적 영향: 세계화로 다른 국가의 상품을 저렴한 가격에 살 수 있게 되었다. 또한 선진국이 개발 도상국에 자본을 투자하고 기술을 제공하면서 개발 도상국의 성장을 돕기도 하였다.

• 부정적 영향: 세계화로 선진국과 개발 도상국 간의 경제 격차가 커져 남북문제 등이 일어났다. 또한 국가 간 경제 의존도가 높아지면서 특정 지역의 경제 문제가 전 세계에 영향을 주기도 하였다.

구분	채점 기준
상	세계화의 긍정적·부정적 영향을 모두 서술한 경우
하	세계화의 긍정적·부정적 영향 중 한 가지만 서술한 경우

(2) **예시 답안** • 나는 세계화를 긍정적으로 생각한다. 왜냐하면 세계화가 확산되면서 세계 여러 국가의 좋은 물건과 맛있는 음식을 쉽게 접할 수 있고, 저렴하게 살 수 있기 때문이다. 다국적 기업의 성장으로 중국에서 만든 노트북 컴퓨터와 베트남 공장에서 만든 스마트폰 등을 구매할 수 있고, 카페에서는 멕시코산 아보카도가 들어간 샌드위치와 에티오피아산 원두로 만든 커피 등을 먹을 수 있다. 떡볶이, 김치, 라면 등 한국의 다양한 음식이 세계에 전해져 영향을 주기도 하였다. 또한 선진국이 개발 도상국에 자본을 투자하고 기술을 제공하면서 개발 도상국의 성장을 돕기도 하였다.

• 나는 세계화를 부정적으로 생각한다. 왜냐하면 세계화로 국가 간 빈부 격차가 커지면서 남북문제가 대두되었기 때문이다. 개발 도상국이 몰려 있는 남반구와 선진국이 몰려 있는 북반구의 국내 총생산(GDP)을 비교해 보면 차이가 크다는 것을 파악할 수 있다. 개발 도상국이 많은 아프리카와 아시아 등지의 국가에서는 많은 사람이 굶주림과 질병에 시달리고 있다. 또한 국가 간 경제 의존도가 높아지면서 특정 지역의 경제 문제가 전 세계에 영향을 미쳐 세계적인 경제 위기가 나타나기도 하였다.

구분	채점 기준
상	세계화에 대한 자신의 생각을 구체적인 근거를 뒷받침하여 논술한 경우
하	세계화에 대한 자신의 생각만 서술한 경우

중간고사 1회 04~09쪽

01 ⑤	02 ③	03 ⑤	04 ⑤	05 ③	06 ④
07 ④	08 ⑤	09 ①	10 ④	11 ⑤	12 ④
13 ①	14 ⑤	15 ④	16 ②	17 ④	18 ③
19 ⑤	20 ③	21 ③	22 ①	23 ⑤	24 ①
25 ③	26 ④	27 ⑤	28 ②	29 ②	
30 나폴레옹		31~35 해설 참고			

01 제시된 내용은 보스턴 차 사건(1773)에 대한 설명이다. 영국이 재정 문제를 해결하기 위해 식민지에 많은 세금을 부과하자 보스턴 차 사건이 일어났고, 이후 식민지군과 영국군 사이에 독립 전쟁이 일어났다.

02 ㉠은 조지 워싱턴, ㉡은 파리 조약이다. 식민지 대표들은 조지 워싱턴을 총사령관에 임명하여 독립 전쟁을 벌였다. 이후 식민지군은 파리 조약으로 독립을 인정받았다.

오답 확인 링컨은 노예 해방 선언을 한 미국의 대통령이다. 포츠머스 조약은 러일 전쟁의 결과 러시아와 일본이 맺은 조약, 시모노세키 조약은 청일 전쟁의 결과 청과 일본이 체결한 조약이다.

03 밑줄 친 '이 정치 기구'는 프랑스 혁명 과정에서 수립된 국민 의회이다. 국민 의회는 혁명이 전국으로 확산된 이후 봉건제 폐지를 선언하고 '인간과 시민의 권리선언(인권 선언)'을 발표하였다.

오답 확인 ①, ②는 국민 공회, ③은 총재 정부, ④는 입법 의회에 대한 설명이다.

04 프랑스 혁명 도중 혁명이 과격해지자 국민 공회가 들어섰고, 로베스피에르가 이끄는 급진파 세력이 반대 세력을 처형하는 등 공포 정치를 펼쳤다. 이후 총재 정부가 등장하였다.

오답 확인 ①은 총재 정부 수립 이후인 나폴레옹 집권 시기, ②, ③, ④는 국민 공회 수립 이전에 있었던 일이다.

05 미국 독립 선언문과 프랑스 혁명 과정에서 발표된 '인간과 시민의 권리선언(인권 선언)'의 공통점은 자유와 평등 등 인간의 기본권, 국민 주권 등의 내용이 담겨 있다는 것이다.

오답 확인 ①, ⑤는 '인간과 시민의 권리선언', ②, ④는 미국 독립 선언문에만 해당하는 설명이다.

06 빈칸에 들어갈 인물은 오스트리아의 메테르니히이다. 메테르니히는 유럽 질서를 프랑스 혁명 이전으로 되돌리자는 빈 회의를 주도하였으나, 2월 혁명 이후 오스트리아에서 추방되었다.

오답 확인 ①, ③, ⑤는 프랑스의 나폴레옹, ②는 미국의 조지 워싱턴에 대한 설명이다.

07 밑줄 친 '이 혁명'은 프랑스의 7월 혁명이다. 빈 체제에 따라 프랑스에서 왕정이 복고되었으나 샤를 10세가 전제 정치를 실시하였다. 그러자 혁명이 일어나 루이 필리프가 왕으로 추대되었고, 입헌 군주제가 수립되었다(7월 혁명, 1830).

오답 확인 ①, ⑤는 프랑스 혁명, ②는 영국의 차티스트 운동, ③은 미국 혁명에 대한 설명이다.

08 이탈리아의 통일 운동은 사르데냐 왕국이 주도하였다. 카부르가 이탈리아 중북부 지역을 통합하였고, 가리발디가 시칠리아와 나폴리를 점령하여 사르데냐 왕국에 바쳤다. 이후 이탈리아는 베네치아와 교황령을 통합하여 통일을 완성하였다.

오답 확인 ⑤는 독일의 통일에 대한 설명이다. 프랑크푸르트 의회에서 독일의 통일 방안이 논의되었으나 성과를 거두지 못하였다.

09 밑줄 친 '재상'은 프로이센의 비스마르크이다. 비스마르크는 강력한 군비 확장 정책인 철혈 정책을 펼쳤다.

오답 확인 ②는 프랑스의 나폴레옹, ③은 프랑스의 루이 16세, ④는 프랑스의 루이 필리프, ⑤는 독일의 빌헬름 1세에 대한 설명이다.

10 미국 남북 전쟁은 (다) 링컨의 대통령 당선 – (라) 남부의 연방 탈퇴 이후 남북 전쟁 발발 – (나) 링컨의 노예 해방 선언 – (가) 북부의 남북 전쟁 승리의 순으로 전개되었다.

11 ㉠에 들어갈 국가는 아이티이다. 아이티에서는 투생 루베르튀르를 중심으로 한 독립운동이 일어났고, 그 결과 라틴 아메리카 최초의 공화국이 수립되었다.

오답 확인 ① 아이티는 미국의 먼로주의 발표 이전에 독립하였다. ②는 베네수엘라·콜롬비아·페루·아르헨티나 등, ③은 멕시코, ④는 필리핀의 독립운동에 대한 설명이다.

12 산업 혁명 과정에서 증기 기관차와 증기선이 발명되는 등 교통이 발전하면서 산업에 필요한 원료와 제품 수송이 원활해졌다.

13 산업 혁명으로 산업 사회가 형성되고 물질적으로 풍요로워졌으나 도시 문제, 노동 문제, 환경 문제 등 여러 사회 문제가 발생하였다.

오답 확인 ①은 미국 혁명과 관련이 있다.

14 ㉠은 제국주의, ㉡은 사회 진화론이다. 서양 열강은 사회 진화론과 인종주의를 사상적 기반으로 삼아 제국주의를 정당화하여 식민지를 침탈하였다.

오답 확인 사회주의는 자본주의 체제를 비판하며 사유 재산 제도 폐지를 주장한 사상, 계몽사상은 인간의 이성이 사회를 진보하게 한다고 믿는 사상이다. 자본주의는 생산과 소비가 시장에 따라 결정된다고 본 경제 체제이다.

15 (가)는 애덤 스미스, (나)는 마르크스이다. 애덤 스미스는 자유방임주의를 주장하여 자본주의 체제를 뒷받침하였다. 마르크스는 자본주의 체제를 비판하며 사회주의 사상을 주장하여 이후 유럽의 노동 운동과 사회주의 운동에 영향을 주었다.

오답 확인 ①, ②는 마르크스 등 사회주의 사상가, ③은 애덤 스미스, ⑤는 오언에 대한 설명이다.

16 지도의 (가)는 인도, (나)는 타이, (다)는 프랑스령 인도차이나, (라)는 인도네시아, (마)는 필리핀이다. 타이는 근대적 개혁과 외교 정책을 바탕으로 독립을 유지하였다.

17 지도의 (마) 지역은 필리핀이다. 필리핀은 미국이 에스파냐와의 전쟁에서 승리하여 괌과 함께 식민지로 삼은 지역이다.

18 청년 튀르크당은 여성 차별 금지, 언론의 자유 보장, 보통 선거 실시 등의 개혁을 추진하였다. 이들은 아랍어 사용을 금지하는 등 극단적 튀르크 민족주의를 주장하였다.

> **오답 확인** ③은 러시아의 알렉산드르 2세가 추진한 개혁 내용이다.

19 ㉠에 들어갈 운동은 18세기 중엽 아라비아반도에서 일어난 와하브 운동이다. 와하브 운동은 오스만 제국에 저항하는 민족 운동으로 발전하였다.

> **오답 확인** ①은 이란의 담배 불매 운동, ②는 청의 태평천국 운동, ③은 청의 의화단 운동, ④는 이란의 입헌 혁명에 대한 설명이다.

20 이집트의 총독 무함마드 알리는 징병제 시행, 서양식 군사 훈련 실시, 학교 개혁 등 근대화 운동을 추진하였다.

> **오답 확인** ①은 중국의 신해혁명, ②는 오스만 제국의 청년 튀르크당 혁명, ④는 오스만 제국의 탄지마트, ⑤는 베트남의 민족 운동에 대한 내용이다.

21 기사에서 다룬 전투는 플라시 전투이다. 영국은 프랑스와 벵골 연합군을 상대로 플라시 전투에서 승리하여 벵골 지역의 통치권을 차지하였다.

22 밑줄 친 '이들'은 세포이이다. 세포이들은 영국의 수탈에 맞서 항쟁을 일으켰다. 이들의 항쟁은 대규모 민족 운동으로 확대되었으나 영국군의 반격으로 실패하였다.

23 인도 국민 회의는 벵골 분할령 발표 이후 영국 상품 배척, 스와라지(자치), 스와데시(국산품 애용), 국민 교육 실시 등의 내용을 담은 강령을 발표하였고 반영 운동을 주도하였다.

> **오답 확인** ⑤는 아라비아반도의 와하브 운동과 관련이 있다.

24 영국이 무역 적자를 줄이기 위해 인도산 아편을 청에 밀수출하자 청의 은이 대량으로 유출되었다(삼각 무역). 청이 아편 단속에 나서서 영국은 제1차 아편 전쟁을 일으켰다.

> **오답 확인** ① (가)는 영국, (나)는 인도이다.

25 양무운동은 중체서용을 토대로 추진되었고, 변법자강 운동은 메이지 유신을 본받은 정치 제도 개혁이 추진되었다.

> **오답 확인** ①, ② 이홍장 등은 아편 전쟁, 태평천국 운동 과정에서 서양 무기의 우수성을 인식하여 양무운동을 주도하였다. 캉유웨이 등은 청일 전쟁 패배 이후 열강의 간섭이 심해지자 변법자강 운동을 추진하였다. ④ 양무운동 주도 세력은 근대적 군수 공장을 설립하였으며, 변법자강 운동 주도 세력은 의회 설립과 입헌 군주제 실시를 추진하였다. ⑤ 양무운동과 변법자강 운동은 실패하였다.

26 밑줄 친 '헌법'은 일본 제국 헌법이다. 메이지 정부는 천황의 절대적인 권력을 인정하는 일본 제국 헌법을 발표하였다.

> **오답 확인** ①, ⑤는 미국 헌법, ②는 대한국 국제, ③은 중화민국 임시 약법에 대한 내용이다.

27 ㉠은 청일 전쟁, ㉡은 시모노세키 조약이다. 일본은 시모노세키 조약으로 받은 배상금 대부분을 군비 확장에 사용하였다.

> **오답 확인** 러일 전쟁은 1904년 러시아와 일본 사이에 벌어진 전쟁이다. 포츠머스 조약은 러일 전쟁의 결과로 체결된 조약, 난징 조약은 제1차 아편 전쟁의 결과 청과 영국 사이에 체결된 조약이다.

28 난징 조약, 강화도 조약, 미일 화친 조약은 각각 청, 조선, 일본이 개항한 조약이다. 모두 불평등 조약의 성격을 띤다.

> **오답 확인** ①, ⑤는 난징 조약, ③, ④는 강화도 조약에만 해당하는 설명이다.

29 조선의 근대화 운동은 (나) 갑신정변 – (다) 동학 농민 운동 – (가) 아관 파천 – (라) 독립 협회 설립의 순으로 전개되었다.

30 제시된 내용은 프랑스의 나폴레옹에 대한 설명이다. 프랑스 혁명 이후 통령 정부를 세운 나폴레옹은 국민 투표를 거쳐 황제의 자리에 올랐다.

31 **예시 답안** 영국의 제1차 선거법 개정에서 부패 선거구가 폐지되었으며, 도시의 신흥 상공업자를 비롯한 중산 계급에게 선거권이 부여되었다.

구분	채점 기준
상	영국의 제1차 선거법 개정 내용을 두 가지 서술한 경우
하	영국의 제1차 선거법 개정 내용을 한 가지만 서술한 경우

32 (1) 영국

(2) **예시 답안** 영국은 명예혁명 이후 정치적 안정을 이루었고, 석탄과 철 등의 지하자원이 풍부하였다. 또한 넓은 해외 식민지를 확보하여 원료 공급지와 상품 판매 시장으로 활용하였고, 인클로저 운동으로 농민들이 일자리를 찾아 도시로 이주하면서 공장에 노동력이 제공되었다.

구분	채점 기준
상	영국에서 산업 혁명이 시작된 배경을 두 가지 서술한 경우
하	영국에서 산업 혁명이 시작된 배경을 한 가지만 서술한 경우

33 **예시 답안** 이집트의 수에즈 운하가 개통되면서 아시아와 유럽을 오가는 항로가 크게 단축되었다. 그러나 이집트는 건설 과정에서 많은 빚을 지게 되어 영국과 프랑스의 내정 간섭을 받았다.

구분	채점 기준
상	수에즈 운하의 긍정적·부정적 영향을 모두 서술한 경우
하	수에즈 운하의 긍정적·부정적 영향 중 한 가지만 서술한 경우

34 **예시 답안** 19세기 이전까지 인도의 면직물은 유럽에서 인기를 얻었으나 영국에서 값싼 면직물이 대량 생산되어 인도로 유입되자 인도의 면직물 산업이 몰락하였다.

구분	채점 기준
상	영국의 값싼 면직물이 유입되어 인도의 면직물 산업이 몰락하였다고 서술한 경우
하	인도의 면직물 산업이 몰락하였다고만 서술한 경우

35 **예시 답안** 이와쿠라 사절단은 서양과 맺은 불평등 조약 개정을 논의하고, 서양의 문물을 살피기 위해 파견되었다.

구분	채점 기준
상	이와쿠라 사절단이 서양에 파견된 이유를 두 가지 서술한 경우
하	이와쿠라 사절단이 서양에 파견된 이유를 한 가지만 서술한 경우

중간고사 2회
10~15쪽

01 ⑤	02 ②	03 ③	04 ①	05 ⑤	06 ⑤
07 ⑤	08 ②	09 ①	10 ⑤	11 ④	12 ①
13 ⑤	14 ①	15 ⑤	16 ④	17 ②	18 ④
19 ⑤	20 ⑤	21 ④	22 ⑤	23 ④	24 ②
25 ⑤	26 ②	27 ④	28 ④	29 ④	
30 러다이트 운동		31~35 해설 참고			

01 독립 전쟁이 시작되자 식민지 대표들은 조지 워싱턴을 총사령관으로 임명하고 독립 선언문을 발표하였다. 식민지군은 요크타운 전투에서 승리하였고, 파리 조약을 체결하여 영국으로부터 독립을 인정받았다.

오답 확인 ①, ③은 파리 조약 체결 이후, ②, ④는 미국 독립 선언문 발표 이전의 일이다.

02 미국 혁명은 프랑스 혁명과 라틴 아메리카의 독립운동에 큰 영향을 주었다.

03 ㈎는 18세기 프랑스의 제1, 2 신분, ㈏는 제3 신분이다. 18세기 프랑스에서는 불평등한 신분제가 계속되고 있었다. 제1, 2 신분은 많은 토지를 소유하면서 세금을 내지 않는 특권을 누렸으나 제3 신분은 많은 세금을 부담하였다.

오답 확인 ③ 제3 신분은 정치적 권리를 얻지 못하였다.

04 프랑스 혁명 과정에서 입헌 군주제를 특징으로 하는 헌법이 제정된 이후 국민 의회가 해산되고 입법 의회가 등장하였다. 이후 들어선 국민 공회는 공화정을 선포하였으며, 로베스피에르 등이 공포 정치를 펼쳤다.

오답 확인 ②, ③, ⑤는 ㈎ 이전, ④는 ㈏ 이후에 있었던 일이다.

05 ㉠에 들어갈 인물은 프랑스의 나폴레옹이다. 통령 정부를 수립하고 국민 투표를 거쳐 황제의 자리에 오른 나폴레옹은 영국을 굴복시키고자 대륙 봉쇄령을 선포하였다.

오답 확인 ①은 오스트리아의 메테르니히, ②는 미국의 링컨, ③은 아르헨티나의 산마르틴 등, ④는 프랑스의 로베스피에르 등 급진파 세력의 활동이다.

06 프랑스의 7월 혁명(1830)으로 루이 필리프가 왕으로 추대되었으나, 새로운 왕정도 부유한 소수에게만 선거권을 주었다. 이에 파리 시민과 노동자들이 선거권 확대를 요구하며 혁명을 일으켜 공화정이 수립되었다(2월 혁명, 1848).

오답 확인 ①은 영국의 명예혁명, ②, ④는 미국 혁명, ③은 산업 혁명과 관련이 있다.

07 자료는 차티스트 운동 과정에서 발표된 인민헌장이다. 영국의 노동자들은 제1차 선거법 개정에서도 여전히 선거권을 얻지 못하자 인민헌장을 발표하고 이를 의회에 제출하기 위한 서명 운동(차티스트 운동)을 벌였다.

오답 확인 ①은 프랑스의 7월 혁명, ②는 영국의 청교도 혁명, ③은 미국 혁명, ④는 프랑스 혁명의 배경이다.

08 ㈎는 이탈리아의 카부르, ㈏는 가리발디이다. 카부르와 가리발디는 이탈리아의 통일 과정에서 활약한 인물이다.

오답 확인 미국의 모스는 유선 전신을 발명한 인물, 오스트리아의 메테르니히는 빈 회의를 주도한 인물이다.

09 독일은 프로이센을 중심으로 관세 동맹을 체결하여 통일의 기반을 마련하였다. 이후 비스마르크가 철혈 정책을 바탕으로 군비를 확장하였고, 프로이센이 북독일 연방을 세우고 남독일의 여러 나라가 연방에 포함되면서 독일 제국이 수립되었다.

10 19세기 러시아에서는 젊은 장교들이 봉기를 일으키고 오스만 제국과의 전쟁에서 패배하자, 알렉산드르 2세가 농노 해방령을 발표하는 등 개혁을 시도하였다.

11 밑줄 친 '이 전쟁'은 미국 남북 전쟁이다. 독립 이후 미국의 남부는 대농장 경영이 발달하여 노예제 유지를 찬성하였고, 북부는 임금 노동자 중심의 상공업이 발달하여 노예제 폐지를 주장하였다. 이러한 차이가 배경이 되어 남북 전쟁이 발발하였다.

12 라틴 아메리카의 독립운동은 영국의 라틴 아메리카 독립 지지, 미국의 먼로주의 발표 이후 더욱 확산되었다.

오답 확인 ㄷ은 미국 혁명, ㄹ은 제국주의 열강의 아프리카 침탈과 관련이 있다.

13 ㉠은 제임스 와트, ㉡은 공장제 기계 공업이다. 제임스 와트가 개량한 증기 기관이 새로운 동력으로 활용되자 전통적인 가내 수공업이 쇠퇴하고 공장제 기계 공업이 발전하였다.

오답 확인 풀턴은 증기선을 발명한 인물, 스티븐슨은 증기 기관차를 발명한 인물이다.

14 산업 혁명으로 노동자들이 열악한 환경에서 낮은 임금과 장시간 노동에 시달리는 등 노동 문제가 나타났다. 이에 노동자들은 노동조합을 만드는 등 노동 환경을 개선하고자 하였으며, 그 결과 영국에서 공장법이 제정되기도 하였다.

오답 확인 ㄷ은 유럽의 재정·군사 국가와 관련이 있다. ㄹ은 영국에서 산업 혁명이 일어난 배경이다.

15 학생이 설명하는 사상은 사회주의이다. 산업 혁명으로 노동 문제, 빈부 격차 등 여러 사회 문제가 발생하자 자본주의 체제를 비판하는 사회주의가 등장하였다.

16 밑줄 친 '이 지역'은 아프리카이다. 아프리카에 지하자원이 풍부하다는 사실이 유럽에 전해지자 영국, 프랑스, 이탈리아, 독일 등 여러 국가가 아프리카를 침략하였다.

오답 확인 ④는 독일의 아프리카 침탈에 대한 설명이다.

17 제시된 내용은 미국에 대한 설명이다. 미국은 하와이를 병합하고 에스파냐와의 전쟁에서 승리하여 괌과 필리핀을 차지하였다.

18 ㉠에 들어갈 국가는 오스만 제국이다. 오스만 제국에서는 탄지마트 개혁 실패 이후 술탄이 전제 정치를 실시하자 청년 튀르크당이 정권을 장악하여 헌법과 의회를 부활시켰다.

오답 확인 ①은 청, ②는 인도, ③은 이집트, ⑤는 이란에서 일어난 국민 국가 건설 운동이다.

19 밑줄 친 '이 운하'는 이집트의 수에즈 운하이다. 수에즈 운하의 개통으로 아시아와 유럽을 오가는 항로가 단축되었으나, 운하 건설 과정에서 이집트가 많은 빚을 지게 되면서 이집트에 대한 영국과 프랑스의 내정 간섭이 심화되었다.

> 오답 확인 ㄱ, ㄴ은 수에즈 운하 개통 이전의 일이다.

20 오답 확인 ⑤는 인도네시아의 민족 운동에 대한 설명이다.

21 무굴 제국이 쇠퇴하자 영국, 프랑스가 동인도 회사를 앞세워 인도에 진출하는 등 인도를 두고 경쟁하였다. 영국은 플라시 전투에서 프랑스를 물리치고 벵골 지역의 통치권을 차지하였다.

22 제시된 내용은 벵골 분할령에 대한 설명이다. 결성 초기의 인도 국민 회의는 영국에 협조하면서 인도인의 권익을 확보하기 위해 노력하였다. 그러나 벵골 분할령 발표 이후 콜카타 대회에서 4대 강령을 발표하며 반영 운동을 주도하였다.

> 오답 확인 ①, ②, ③, ④는 벵골 분할령 발표 이전에 있었던 일이다.

23 (가) 이홍장은 중체서용을 바탕으로 한 양무운동을 주도하였다. (나) 캉유웨이는 변법자강 운동을 주도하여 의회 개설, 입헌 군주제 도입을 주장하였다.

> 오답 확인 ①은 쑨원, ②는 캉유웨이 등, ③은 이홍장 등, ⑤는 홍수전에 대한 설명이다.

24 청에 대한 열강의 이권 침탈이 심해지자 비밀 결사인 의화단은 청을 도와 서양 세력을 물리치자는 구호를 내세우며 교회, 철도 등을 파괴하고 선교사와 외교관을 공격하였다(의화단 운동, 1899). 그러나 이들은 8개국 연합군에 진압되었다. 이후 청은 열강과 신축 조약을 체결하였다.

> 오답 확인 ㄴ, ㄹ은 태평천국 운동에 대한 설명이다.

25 지도에 나타난 혁명은 신해혁명(1911)이다. 신해혁명이 일어나자 청 정부는 혁명을 진압하기 위해 위안스카이를 파견하였다. 그러나 위안스카이는 혁명 세력과 손을 잡고 청 황제를 몰아내어 중화민국의 대총통으로 선출되었다.

> 오답 확인 ①, ②, ③, ④는 신해혁명 이전에 있었던 일이다.

26 일본의 국민 국가 수립 과정은 ③ 미국 페리 제독 함대의 강요로 개항 – ① 에도 막부 붕괴(메이지 정부 수립) – ⑤ 자유 민권 운동 시작 – ② 일본 제국 헌법의 제정 – ④ 러일 전쟁 승리 이후 포츠머스 조약 체결의 순서로 전개되었다. 이 중에서 네 번째로 일어난 일은 ② 일본 제국 헌법의 제정이다.

27 오스만 제국의 탄지마트와 일본의 메이지 유신은 헌법을 제정하고 의회를 설립한 근대화 개혁이라는 공통점이 있다.

> 오답 확인 ①, ③은 탄지마트에만 해당하는 설명이다. ②는 두 개혁과 관련이 없다. ⑤는 메이지 유신에만 해당하는 설명이다.

28 자료는 청일 전쟁의 결과로 체결된 시모노세키 조약(1895)이다. 일본은 시모노세키 조약으로 랴오둥반도와 타이완을 넘겨받고 막대한 배상금을 받았다. 그러나 삼국 간섭으로 랴오둥반도를 청에 반환하였다.

> 오답 확인 ①, ②, ③, ⑤는 시모노세키 조약 체결 이전의 일이다.

29 오답 확인 ④ 독립문 건립, 만민 공동회 개최는 갑오개혁 이후 조직된 독립 협회의 활동이다.

30 ㉠에 들어갈 운동은 러다이트 운동이다. 19세기 초반 일부 노동자들은 산업화가 진행되면서 기계가 등장하여 일자리가 줄고 자신들이 비참한 생활을 하게 되었다며 기계를 파괴하는 러다이트 운동을 벌였다.

31 미국 독립 선언문에는 국민 주권, 천부 인권, 저항권 등 근대 민주주의의 기본 원리가 담겨 있다.

구분	채점 기준
상	미국 독립 선언문에 나타난 민주주의 원리를 두 가지 서술한 경우
하	미국 독립 선언문에 나타난 민주주의 원리를 한 가지만 서술한 경우

32 (1) 빈 회의

(2) 예시 답안 빈 회의에서 유럽 각국은 유럽 영토와 지배권을 프랑스 혁명 이전으로 되돌리는 것에 합의하였으며, 이에 보수적인 빈 체제가 형성되었다.

구분	채점 기준
상	유럽 각국이 영토와 지배권을 프랑스 혁명 이전으로 되돌리는 것에 합의하여 보수적인 빈 체제가 형성되었다고 서술한 경우
하	보수적인 빈 체제가 형성되었다고만 서술한 경우

33 (1) 제국주의

(2) 예시 답안 서양 열강은 값싼 원료 공급지와 상품 판매 시장을 확보하고, 남아도는 국내 자본의 투자처를 찾기 위해 제국주의 정책을 추진하였다.

구분	채점 기준
상	서양 열강이 제국주의 정책을 펼친 배경을 두 가지 서술한 경우
하	서양 열강이 제국주의 정책을 펼친 배경을 한 가지만 서술한 경우

34 예시 답안 세포이의 항쟁 결과 무굴 제국의 황제가 폐위되었고, 영국 왕이 직접 다스리는 영국령 인도 제국이 수립되었다.

구분	채점 기준
상	무굴 제국의 황제가 폐위되고 영국령 인도 제국이 수립되었다고 서술한 경우
하	무굴 제국의 황제가 폐위되었다고만 서술한 경우

35 (1) 난징 조약

(2) 예시 답안 난징 조약에는 상하이 등 5개 항구 개항, 홍콩 할양, 공행 폐지, 배상금 지불 등의 내용이 담겨 있다.

구분	채점 기준
상	난징 조약의 내용을 두 가지 서술한 경우
하	난징 조약의 내용을 한 가지만 서술한 경우

기말고사 1회

20~25쪽

01 ④	02 ①	03 ④	04 ③	05 ③	06 ①
07 ①	08 ⑤	09 ⑤	10 ①	11 ①	12 ①
13 ③	14 ⑤	15 ⑤	16 ②	17 ②	18 ④
19 ①	20 ②	21 ④	22 ①	23 ③	24 ①
25 ④	26 ①	27 ②	28 ⑤	29 ④	
30 전체주의		31~35 해설 참고			

01 (가)는 이탈리아, (나)는 러시아이다. 러시아는 제1차 세계 대전 중에 국내에서 혁명이 일어나자, 독일과 단독으로 조약을 맺고 전쟁에서 물러났다.

> **오답 확인** ①은 독일, ②는 오스트리아·헝가리 제국, ③은 미국, ⑤는 이탈리아, 독일, 일본에 대한 설명이다.

02 제1차 세계 대전은 ⑤ 오스트리아·헝가리 제국의 선전 포고 – ② 이탈리아가 연합국 편으로 돌아섬 – ① 미국의 참전 – ④ 독일의 서부 전선 총공격 실패 – ③ 독일의 항복 순서로 전개 되었다. 이 중에서 세 번째로 일어난 일은 ① 미국의 참전이다.

03 밑줄 친 '이 회의'는 파리 강화 회의이다. 제1차 세계 대전 이후 연합국 대표들은 파리 강화 회의를 개최하였다. 그 결과 연합 국은 독일과 베르사유 조약을 체결하였다.

> **오답 확인** ①은 빈 회의의 결과이다. ② 파리 강화 회의의 결과로 국제 연맹이 창설되었다. ③은 얄타 회담, ⑤는 베를린 회의와 관련이 있다.

04 > **오답 확인** ③은 스탈린이 펼친 활동이다. 레닌의 뒤를 이은 스탈린은 농업의 집단화, 중공업 중심의 경제 개발 5개년 계획을 추진하였다. 또한 반대파를 탄압하여 공산당 독재 체제를 강화하였다.

05 1919년 독일 의회는 보통 선거, 노동자의 권리, 여성의 참정권 등을 보장하는 바이마르 헌법을 제정하였다. 한편, 제1차 세계 대전을 전후로 여성의 사회적·경제적 역할이 커지면서 여성들 의 참정권 요구가 힘을 얻었다. 그 결과 제1차 세계 대전 이후 많은 국가가 여성 참정권을 인정하기 시작하였다.

> **오답 확인** ㄱ은 19세기 프랑스에서 있었던 일이다. 빈 체제에 따라 프랑스에서는 왕정이 다시 시작되었다. ㄹ은 제1차 세계 대전 이전에 있었던 일이다.

06 미국의 루스벨트 대통령은 대공황을 극복하고자 정부가 경제 활동에 적극 개입하는 뉴딜 정책을 실시하였다. 미국 정부는 기업의 생산량을 조절하고, 대규모 공공사업을 벌여 실업자에 게 일자리를 제공하였다.

> **오답 확인** ① 뉴딜 정책은 미국에서 실시되었다. 영국과 프랑스는 대공황을 극복하고자 본국과 식민지를 하나로 묶는 블록 경제를 실시하고 보호 무역 정책을 펼쳤다.

07 제2차 세계 대전 중 일본이 동남아시아를 침략하자, 미국이 이를 비난하며 일본에 석유 수출을 금지하였다. 이에 일본은 미국의 하와이 진주만 기지를 기습적으로 공격하였고, 이를 계기로 미국이 참전하면서 아시아 태평양 전쟁이 시작되었다.

> **오답 확인** ②, ③, ④, ⑤는 미드웨이 해전 이후에 있었던 일이다.

08 > **오답 확인** ⑤는 피의 일요일 사건(1905)에 대한 설명이다. 러일 전쟁으로 생활이 어려워진 노동자들이 개혁을 요구하는 시위를 벌이자, 정부군이 발포하면서 많은 사람이 목숨을 잃었다.

09 1945년에 열린 얄타 회담에서는 전후 미국·영국·프랑스·소련 이 독일 영토를 나누어 점령하고, 소련이 연합군과 함께 일본 을 공격하기로 결정하였다.

> **오답 확인** ①은 카이로 회담, ②는 로카르노 조약, ③은 제노바 회의, ④는 켈로그·브리앙 조약과 관련이 있다.

10 ㉠에 들어갈 재판은 뉘른베르크 재판이다. 뉘른베르크 재판에 서는 나치스의 주요 인사를 포함한 독일의 전쟁 범죄자들을 재판하여 12명에게 사형을 선고하였다.

> **오답 확인** ①은 극동 국제 군사 재판에 대한 설명이다. 극동 국제 군사 재판(도쿄 재판)은 침략 전쟁을 명령한 일본 천황과 생체 실험을 자행하였던 731 부대의 책임자를 처벌하지 않았다는 한계가 있다.

11 밑줄 친 '이 국가'는 독일이다. 독일의 나치스는 유대인 수용소를 만들고, 유대인을 가두어 강제 노동을 시키거나 생체 실험 대상으로 삼았다. 수용소에 갇힌 유대인들은 가스실로 끌려가 목숨을 잃거나 총살을 당하기도 하였다.

> **오답 확인** ②, ③, ⑤는 일본, ④는 소련이 저지른 전쟁 범죄이다.

12 ㉠은 민족주의, ㉡은 사회주의이다. 3·1 운동을 전후로 사회 주의 사상이 퍼지면서 한국의 독립운동가들은 민족주의 진영 과 사회주의 진영으로 나뉘었다. 민족주의 진영은 주로 경제 적·문화적으로 민족의 힘을 키우려는 실력 양성 운동을 이끌 었고, 사회주의 진영은 농민과 노동자를 중심으로 사회 운동을 펼쳤다.

13 > **오답 확인** ③은 한국에서 일어난 3·1 운동에 대한 설명이다. 1919년 3월 1일, 수많은 학생과 시민이 경성(서울) 탑골 공원에 모여 독립 선언서를 낭독하고 만세 시위를 벌였다.

14 ㉠에 들어갈 인물은 인도의 간디이다. 간디는 영국 상품을 사지 않고 세금 납부를 거부하는 등의 비폭력·불복종 운동으로 영국의 식민 지배에 저항하였다.

> **오답 확인** ①은 튀르키예 공화국의 무스타파 케말, ②는 베트남의 호찌민, ③은 인도의 네루, ④는 인도네시아의 수카르노가 펼친 활동이다.

15 제시된 내용은 이집트에 대한 설명이다. 제1차 세계 대전 이후 이집트에서는 반영 운동이 활발하게 전개되었다. 결국 영국은 수에즈 운하를 관리하고 군대 주둔을 유지하는 조건으로 이집 트의 독립을 인정하였다.

16 ㉠은 마셜 계획, ㉡은 바르샤바 조약 기구(WTO)이다. 미국은 트루먼 독트린 발표 이후 마셜 계획을 추진하여 서유럽에 경제 적인 지원을 하였다. 소련은 동유럽 국가들과 바르샤바 조약 기구(WTO)를 결성하였다.

17 중국의 국공 내전, 한국의 6·25 전쟁, 베트남 전쟁은 냉전이 심화되면서 아시아에서 일어난 사건이다. 아시아에서 냉전은 군사적 충돌인 열전으로 나타났다.

18 아시아와 아프리카의 국가들은 제2차 세계 대전이 끝난 이후 독립하였다. 서아시아에서는 1948년에 이스라엘이 건국되었으며, 아프리카에서는 1960년에 17개국이 독립하였다.

　[오답 확인] ㄱ, ㄷ은 각각 제2차 세계 대전 이전에 서아시아와 아프리카에서 있었던 일이다.

19 밑줄 친 '우리'는 제3 세계이다. 제3 세계는 자본주의 진영과 공산주의 진영 어느 쪽에도 속하지 않겠다는 비동맹주의를 내세웠으며, 아시아·아프리카 회의(반둥 회의)에서 평화 10원칙을 발표하였다.

　[오답 확인] ㄷ은 제1 세계, ㄹ은 제2 세계에 대한 설명이다.

20 제시된 내용은 독립 국가 연합(CIS)에 대한 설명이다. 1991년 소련을 해체하고 독립 국가 연합을 결성한 인물은 옐친이다.

21 대약진 운동의 실패로 정치적 위기에 빠진 마오쩌둥은 1960년대 후반 홍위병을 앞세워 문화 대혁명을 일으켰다.

　[오답 확인] ①, ②는 마오쩌둥, ③은 덩샤오핑, ⑤는 쑨원에 대한 설명이다.

22 빈칸에 들어갈 운동은 탈권위주의 운동이다. 탈권위주의 운동은 민주화 운동, 반전 평화 운동, 민권 운동 등 다양한 형태로 전개되었으며, 대표적인 사례로 프랑스 68 운동이 있다.

　[오답 확인] ①은 1919년에 한국에서 일어난 민족 운동과 관련이 있다.

23 자료는 노동 기본 원칙과 권리선언이다. 이 선언은 1998년에 국제 노동 기구(ILO)가 발표한 것으로 단체 교섭권, 강제 노동 폐지, 아동 노동 금지 등 노동 기본권이 명시되어 있다.

24 지구 온난화가 가속화하자 1997년 교토 의정서에서는 선진국의 온실가스 감축 목표치를 정하였고, 2015년 파리 협정에서는 개발 도상국도 온실가스 감축에 동참하기로 결정하였다.

　[오답 확인] ㄷ은 반전 평화 운동, ㄹ은 여성 운동과 관련이 있다.

25 제2차 세계 대전 이후 세계 경제가 위축되어 각국은 전쟁 피해를 복구하고 물가를 안정시키는 정책을 추진하였으며, 자본주의 경제는 1960년대 전후로 크게 성장하였다.

　[오답 확인] ④는 제2차 세계 대전 이전인 1929년에 일어난 일이다.

26 제시된 인물은 미국의 레이건 대통령이다. 1970년대 두 차례의 석유 파동으로 세계 경제가 어려워지자 영국의 대처 총리와 미국의 레이건 대통령은 정부 개입을 줄이고 무역의 자유화와 시장 개방을 추구하는 신자유주의 경제 정책을 펼쳤다.

　[오답 확인] ②, ③ 신자유주의는 국가의 경제 개입을 축소하여 국영 기업을 민영화하였다. ④ 신자유주의는 냉전 체제가 완화되고 사회주의 진영이 붕괴되면서 확산되었다. ⑤ 신자유주의는 석유 파동의 피해를 복구하고자 실시하였다. 대공황의 피해를 복구하고자 실시한 정책으로는 미국의 뉴딜 정책, 영국과 프랑스의 보호 무역 정책 등이 있다.

27 　[오답 확인] ② 북대서양 조약 기구(NATO)는 냉전 체제가 형성된 20세기 중반에 미국이 서유럽 국가들과 맺은 군사 동맹 기구이다.

28 　[오답 확인] ⑤는 과학 기술의 성과이다. 원자력 기술이 발달하면서 방사선 치료가 상용화되었고, 유전 공학이 발전하면서 난치병 치료가 가능해졌다.

29 현대 세계의 분쟁을 해결하기 위해 국제 연합(UN)은 분쟁 지역에 평화 유지군을 파견하고 있으며, 국경 없는 의사회(MSF), 국제 사면 위원회(AI) 등 민간인이 조직한 비정부 기구(NGO)도 다양한 활동을 펼치고 있다.

　[오답 확인] ㄱ. 프랑스 68 운동은 탈권위주의 운동의 대표 사례이다. ㄷ. 9·11 테러는 지역 분쟁의 대표 사례이다.

30 제시된 내용은 전체주의에 대한 설명이다. 전체주의는 국가 전체의 이익을 위하여 개인의 희생을 강요한 체제이다. 이탈리아의 파시즘, 독일의 나치즘이 대표적이다.

31 (1) 국제 연합(UN)

(2) [예시 답안] 국제 연합(UN)은 미국과 소련 등 강대국이 참여한 국제기구이다. 국제 분쟁 발생 시 군사적인 수단을 동원할 수 있고, 강대국의 참여와 책임을 강조하였다. 또한 세계 인권 선언을 채택하는 등 인권과 자유의 신장을 위해 노력하였다.

구분	채점 기준
상	국제 연합(UN)의 특징을 두 가지 서술한 경우
하	국제 연합(UN)의 특징을 한 가지만 서술한 경우

32 [예시 답안] 무스타파 케말은 칼리프 제도를 폐지하여 정치와 종교를 분리하였다. 또한 문맹률을 낮추고자 튀르키예 문자를 만들었으며, 여성의 참정권을 인정하는 등 근대화 개혁을 펼쳤다.

구분	채점 기준
상	무스타파 케말의 근대화 개혁을 두 가지 서술한 경우
하	무스타파 케말의 근대화 개혁을 한 가지만 서술한 경우

33 [예시 답안] 고르바초프는 개혁 정책으로 시장 경제 체제를 받아들이고, 개방 정책으로 정치적 자유화를 추구하였다.

구분	채점 기준
상	고르바초프가 추진한 개혁·개방 정책의 내용을 모두 서술한 경우
하	고르바초프가 추진한 개혁·개방 정책의 내용 중 한 가지만 서술한 경우

34 (1) 넬슨 만델라

(2) [예시 답안] 넬슨 만델라는 남아프리카 공화국에서 인종 분리 정책인 아파르트헤이트에 반대하는 흑인 민권 운동을 펼쳤다. 그 결과 1990년대에 클레르크 대통령과 함께 아파르트헤이트를 폐지하였다.

구분	채점 기준
상	아파르트헤이트 반대 운동을 주도하며 흑인 민권 운동을 전개하였다고 서술한 경우
하	흑인 민권 운동을 전개하였다고만 서술한 경우

35 [예시 답안] 대중문화가 발달하면서 각 지역의 문화가 고유성을 잃고 획일화되기도 하였다. 또한 대중문화가 지나치게 흥미를 추구하여 상업성을 띠거나 정보가 조작되는 경우도 있었다.

구분	채점 기준
상	대중문화가 발달하면서 나타난 문제점을 두 가지 서술한 경우
하	대중문화가 발달하면서 나타난 문제점을 한 가지만 서술한 경우

기말고사 2회

26~31쪽

01 ②	02 ⑤	03 ③	04 ④	05 ⑤	06 ⑤
07 ④	08 ⑤	09 ⑤	10 ①	11 ③	12 ②
13 ③	14 ①	15 ⑤	16 ①	17 ④	18 ①
19 ③	20 ②	21 ⑤	22 ④	23 ④	24 ③
25 ①	26 ①	27 ①	28 ①	29 ④	30 ⑤
31 제3 세계		32~36 해설 참고			

01 제시된 내용은 사라예보 사건에 대한 설명이다. 3국 동맹과 3국 협상의 대립이 시작된 이후 발칸반도에서는 사라예보 사건이 일어났다. 이를 계기로 오스트리아·헝가리 제국이 세르비아에 전쟁을 선포하였고, 제1차 세계 대전이 발발하였다.

02 제1차 세계 대전 중 독일의 무제한 잠수함 작전으로 영국과 미국을 오가던 루시타니아호가 침몰하여 많은 미국인이 사망하였다. 이러한 상황에서 치머만 전보 사건이 터지자, 미국이 연합국 편으로 전쟁에 참여하였다.

03 오답 확인 ③은 제2차 세계 대전에 대한 설명이다. 제2차 세계 대전이 끝난 후 여러 나라의 대표들이 모여 대서양 헌장의 정신에 따라 국제 연합(UN)을 세웠다. 제1차 세계 대전 이후에 세워진 국제기구는 국제 연맹이다.

04 러시아 혁명은 ⑤ 피의 일요일 사건 – ③ 소비에트 결성 – ① 임시 정부 수립 – ② 볼셰비키의 봉기 – ④ 소비에트 정부의 사회주의 개혁 추진 순서로 전개되었다. 이 중에서 다섯 번째로 일어난 일은 ④ 소비에트 정부의 사회주의 개혁 추진이다.

05 전체주의 국가는 민족이나 국가 전체의 이익을 최우선으로 내세우며 이를 위한 개인의 희생을 강요하였다.

06 ㉠에 들어갈 국가는 독일이다. 히틀러가 이끄는 독일은 오스트리아를 병합하고 체코슬로바키아를 점령하였다.

오답 확인 ㄱ은 일본, ㄴ은 이탈리아의 대외 침략 사례이다.

07 제2차 세계 대전은 ㈃ 이탈리아·독일·일본의 추축국 진영 형성 – ㈎ 독일의 파리 점령 – ㈐ 미국의 미드웨이 해전 승리 – ㈏ 일본의 무조건 항복 순서로 전개되었다.

08 오답 확인 ⑤ 제1차 세계 대전과 제2차 세계 대전의 승전국은 모두 연합국이다.

09 중일 전쟁을 일으킨 일본은 1937년 중국 난징을 점령하였다. 일본군은 난징을 점령하면서 중국군 포로와 민간인을 폭행하고 살해하였다(난징 대학살). 한편, 일본은 1930년대 초부터 여러 지역에 군대 위안소를 설치하고, 점령지에서 수만 명의 여성을 끌고 가 일본군 '위안부'의 끔찍한 삶을 강요하였다.

오답 확인 ①은 독일이 유대인을 대상으로 저지른 홀로코스트에 대한 설명이다. ② 뉘른베르크 재판에서는 독일의 전쟁 범죄자를 처벌하였다. ③ 일본군은 한국, 중국, 필리핀, 인도네시아 등의 점령지에서 여성들을 끌고 갔다. ④ 일본 정부는 오늘날까지 일본군 '위안부'에 대한 공식적인 사죄를 하지 않고 있다.

10 국제 연맹은 제1차 세계 대전 이후, 국제 연합(UN)은 제2차 세계 대전 이후에 설립되었다. 국제 연맹에는 강대국이 참여하지 않았으나 국제 연합에는 미국과 소련 등 강대국이 참여하였다. 또한 국제 연맹과 달리 국제 연합은 산하에 총회, 안전 보장 이사회 등 여러 전문 기구를 두었고, 국제 분쟁이 일어날 경우 군사적인 수단을 동원할 수 있다.

오답 확인 ② 국제 연맹과 국제 연합(UN)은 모두 국제 평화를 유지하려는 목적으로 만들어진 국제기구이다.

11 ㉠에 들어갈 민족 운동은 3·1 운동이다. 1919년 한국에서는 일제의 식민 지배에 저항하는 3·1 운동이 일어났다.

오답 확인 ③ 대한민국 임시 정부는 3·1 운동 이후에 수립되었다.

12 중국에서는 군벌의 난립으로 사회적 혼란이 계속되자, 천두슈 등의 지식인들이 중국의 유교를 비판하고 서양의 과학과 민주주의를 수용하자는 신문화 운동을 전개하였다.

오답 확인 ①은 의화단 운동, ③은 변법자강 운동, ④는 태평천국 운동, ⑤는 양무운동과 관련이 있다.

13 쑨원의 뒤를 이어 국민당의 권력을 장악한 장제스가 공산당을 탄압하여 제1차 국공 합작이 결렬되었다.

14 제시된 내용은 인도네시아에 대한 설명이다. 오랫동안 네덜란드의 지배를 받았던 인도네시아에서는 수카르노가 인종과 종교를 넘어선 통일과 독립을 주장하였다.

15 튀르키예 공화국의 무스타파 케말은 튀르키예 문자를 만들어 문맹률을 낮추는 등 여러 근대화 개혁을 추진하였다. 한편, 제1차 세계 대전 이후 중남부 아프리카에서는 범아프리카주의가 확산하였다.

오답 확인 ㄱ. 모로코에서는 프랑스에 맞선 독립운동이 전개되었고, 제2차 세계 대전 이후 독립을 이루었다. ㄴ. 이집트가 영국과 프랑스에 자금을 빌려 수에즈 운하를 건설하였다.

16 지도는 마셜 계획의 혜택을 받은 국가를 나타낸 것으로, 마셜 계획을 추진한 국가는 미국이다. 미국의 트루먼 대통령이 공산주의 세력의 확산을 막겠다는 선언을 발표한 이후 국무 장관인 마셜은 서유럽에 경제적인 지원을 하였다.

17 미국, 영국, 프랑스, 소련의 독일 분할 점령 시 소련을 제외한 세 국가가 점령 지역에서 공동으로 화폐 개혁을 추진하자 소련이 베를린을 1년간 봉쇄하였다(베를린 봉쇄). 이후 독일은 분단되었으며, 1961년에는 베를린 장벽이 건설되었다.

오답 확인 ①, ②, ③, ⑤는 미국, 영국, 프랑스, 소련이 독일을 분할 점령하기 전에 있었던 일이다.

18 냉전이 심화되면서 자본주의 진영과 공산주의 진영은 세계 각지에서 충돌하였다. 베트남에서는 베트남 전쟁, 한국에서는 6·25 전쟁, 중국에서는 국공 내전, 쿠바에서는 쿠바 미사일 위기 등이 일어났으며, 특히 아시아에서는 냉전이 군사적 충돌인 열전으로 나타났다.

오답 확인 ①은 제2차 세계 대전 중에 일어난 사건이다.

19 ㉠은 이스라엘, ㉡은 중동 전쟁이다. 팔레스타인 지역에 이스라엘이 건국되면서 네 차례에 걸쳐 중동 전쟁이 일어났다.

20 1960년대 이후 자본주의 진영에서는 프랑스가 북대서양 조약 기구(NATO)에서 탈퇴하고, 일본과 독일의 경제가 성장하면서 미국의 영향력이 약해졌다.

> **오답 확인** ㄴ, ㄹ은 1960년대 이후 공산주의 진영을 주도한 소련의 영향력이 약해진 이유이다.

21 소련의 해체는 ㈜ 고르바초프의 개혁·개방 정책 추진 – ㈎ 몰타 회담 개최 – ㈐ 옐친의 쿠데타 진압 – ㈏ 독립 국가 연합(CIS) 결성의 순서로 전개되었다.

22 20세기 이후에는 한국, 에스파냐, 필리핀, 중국, 튀니지 등 세계 각지에서 독재 정권에 저항한 민주화 운동이 일어났다.

> **오답 확인** ④는 반전 평화 운동의 대표 사례이다. 반전 평화 운동은 1960년대에 일어난 베트남 전쟁 반대 시위를 계기로 전 세계에 퍼졌다.

23 제시된 연설을 발표한 인물은 마틴 루서 킹이다. 마틴 루서 킹은 1963년 미국에서 흑인 차별에 반대하는 워싱턴 행진을 이끌었다. 이는 다음 해 흑인과 백인 사이의 법적 차별을 폐지하는 민권법이 통과되는 데 기여하였다.

> **오답 확인** ①은 마오쩌둥, ②는 나세르, ③은 고르바초프, ⑤는 넬슨 만델라의 활동이다.

24 오늘날에는 산업화와 과학 기술의 발달로 기상 이변, 대기 오염, 삼림 파괴, 지구 온난화 등의 환경 문제가 발생하였다.

> **오답 확인** ③ 현대에는 지구 온난화에 따른 이상 고온 현상으로 극지방의 빙하가 녹아내리고 해수면이 높아져 일부 지역이 침수되고 있다.

25 밑줄 친 '정책'은 신자유주의 경제 정책이다. 1970년대 두 차례의 석유 파동 이후 세계 경제가 어려워지자 영국의 대처 총리와 미국의 레이건 대통령은 경제 위기를 극복하기 위해 신자유주의 경제 정책을 실시하였다.

> **오답 확인** ㄷ, ㄹ. 중국의 덩샤오핑 주석과 소련의 고르바초프 서기장은 자본주의 요소를 받아들이는 개혁·개방 정책을 실시하였다.

26 > **오답 확인** ① 세계화가 확대되면서 선진국과 개발 도상국 간의 경제 격차가 커져 남북문제가 나타났다.

27 ㉠에 들어갈 국제기구는 유럽 연합(EU)이다. 유럽 연합은 유럽에서 정치적·경제적 통합을 목적으로 1993년에 창설되었다. 유럽 연합에 속한 국가들은 유럽 의회에서 여러 사안에 대해 함께 논의하고 유로화를 공동 화폐로 사용하고 있다.

28 > **오답 확인** ① 대중문화는 20세기에 이르러 대중 사회가 출현하고 라디오, 텔레비전 등의 대중 매체가 발달하면서 빠르게 확산되었다.

29 이스라엘–팔레스타인 분쟁은 종교 갈등으로 일어난 분쟁의 사례이고, 9·11 테러는 지역 분쟁의 사례이다.

> **오답 확인** ㄱ. 교토 의정서와 파리 협정은 온실가스를 감축하기 위한 환경 운동과 관련이 있다. ㄷ. 마셜 계획은 미국의 정책으로 냉전 체제의 형성과 관련이 있다.

30 세계 자연 기금(WWF)과 국경 없는 의사회(MSF)는 민간인이 조직한 비정부 기구(NGO)이다.

31 밑줄 친 국가들은 제3 세계라고 한다. 제3 세계는 제2차 세계 대전 이후 독립한 아시아와 아프리카의 국가들을 중심으로 하였으며, 이들은 비동맹주의(비동맹 중립 노선)를 추구하였다.

32 (1) 대공황

(2) **예시 답안** 영국과 프랑스는 블록 경제를 실시하여 대공황을 극복하고자 하였다. 본국에서 만든 상품을 식민지에 팔고, 수입품에는 높은 관세를 매겨 수입량을 억제하는 보호 무역 정책을 펼쳤다.

구분	채점 기준
상	블록 경제를 통해 보호 무역 정책을 펼쳤다고 서술한 경우
하	해외 식민지를 이용하였다고만 서술한 경우

33 **예시 답안** 뉘른베르크 재판에서는 나치스의 주요 인사를 포함한 독일의 전쟁 범죄자들을 재판하여 12명에게 사형을 선고하였다. 일본 도쿄에서 열린 극동 국제 군사 재판에서는 일본 총리를 포함하여 전쟁을 이끌었던 7명이 사형을 선고받았다.

구분	채점 기준
상	뉘른베르크 재판과 극동 국제 군사 재판의 내용을 모두 서술한 경우
하	뉘른베르크 재판과 극동 국제 군사 재판의 내용 중 한 가지만 서술한 경우

34 **예시 답안** 간디는 영국 상품을 사지 않고 세금 납부를 거부하는 등의 비폭력·불복종 운동을 이끌었다.

구분	채점 기준
상	영국 상품을 사지 않고 세금 납부를 거부하는 비폭력·불복종 운동을 이끌었다고 서술한 경우
하	비폭력·불복종 운동을 이끌었다고만 서술한 경우

35 (1) 덩샤오핑

(2) **예시 답안** 덩샤오핑은 사회주의를 유지하면서 자본주의 요소를 받아들이는 개혁·개방 정책을 추진하였다.

구분	채점 기준
상	사회주의를 유지하면서 자본주의 요소를 받아들이는 개혁·개방 정책을 추진하였다고 서술한 경우
하	자본주의 요소를 수용하였다고만 서술한 경우

36 (1) 탈권위주의 운동

(2) **예시 답안** 탈권위주의 운동은 냉전 체제로 이념 대립이 깊어지고 산업화로 물질만능주의가 확산되면서 나타났다. 또한 제2차 세계 대전 이후 경제 성장과 고등 교육의 확산도 영향을 주었다.

구분	채점 기준
상	탈권위주의 운동이 일어난 배경을 두 가지 서술한 경우
하	탈권위주의 운동이 일어난 배경을 한 가지만 서술한 경우

MEMO

900만*의 압도적 선택
10명 중 8명 내신 최상위권*
비상교육 온리원 중등

특목고 합격생
2년 만에 167% 달성*

성적 장학생
1년 만에 2배 증가*

독점강의
오투, 한끝,
개념+유형
강의 독점 제공

7일간 최신 강의
0원 무제한 학습

문의 1588-6563 | www.only1.co.kr

* 2000년 이후 수박씨닷컴, 와이즈캠프, 온리원 키즈/초등/중등 누적 회원가입 수 기준
* 2023년 2학기 기말고사 기준 전체 성적장학생 중 모범, 으뜸, 우수상 수상자(평균 93점 이상) 비율 81.23%
* 온리원 정회원 대상 특목고 합격생 수 22학년도 대비 24학년도 167.4%
* 온리원 정회원 수 비교
  22-1학기: 21년도 1학기 중간~22년도 1학기 중간 누적
  23-1학기: 21년도 1학기 중간~23년도 1학기 중간 누적

2022 개정 교육과정
한끝
시험,
한 권으로
끝내기
중학
역사
1·2
책 속의 가접 별책 (특허 제 0557442호)
'시험, 한 권으로 끝내기'는 본책에서 쉽게 분리할 수 있도록 제작되었으므로
유통 과정에서 분리될 수 있으나 파본이 아닌 정상제품입니다.
visang

중간·기말고사 끝내기

하루 한 단계, 개념 정리와 실전 문제로 **시험 완벽 대비**

하루하루 학습 계획

중간고사 시험 D-Day :	월	일
중간고사 시험 D-	V 단원 핵심 정리	
중간고사 시험 D-	중간고사 1회	
중간고사 시험 D-	중간고사 2회	

기말고사 시험 D-Day :	월	일
기말고사 시험 D-	VI 단원 핵심 정리	
기말고사 시험 D-	VII 단원 핵심 정리	
기말고사 시험 D-	기말고사 1회	
기말고사 시험 D-	기말고사 2회	

✦ 시험 전 학습 일정을 직접 세워 보세요.

Ⅴ단원 핵심 정리

01~02 유럽과 아메리카의 국민 국가 체제

➕ 미국 혁명과 프랑스 혁명

1. 미국 혁명

배경	영국이 재정 문제로 식민지에 세금 부과
전개	보스턴 차 사건 발생(1773) → 식민지 대표들의 대륙 회의 개최 → 독립 전쟁 발발 →❶☐☐☐☐☐ 이/가 총사령관으로 임명됨, 미국 독립 선언문 발표(1776) → 식민지군 승리, 파리 조약 체결(1783)
결과	헌법 제정(연방제, 국민 주권과 삼권 분립에 기초), 아메리카 합중국(미국) 수립(세계 최초의 민주 공화국)

2. 프랑스 혁명

혁명 배경	구제도의 모순 심화, 시민 계급의 성장
혁명의 전개	삼부회 소집(1789) →❷☐☐☐☐☐ 결성('인간과 시민의 권리선언' 발표) → 입법 의회 구성(오스트리아, 프로이센 등과 전쟁) → 국민 공회 구성(로베스피에르의 공포 정치) → 총재 정부 수립
나폴레옹 시대	• 통령 정부: 나폴레옹의 쿠데타로 수립 • 제정 수립: 나폴레옹이 황제로 즉위(1804) → 대륙 봉쇄령 발표 → 러시아 원정 실패 • 정복 전쟁의 영향: 자유주의·민족주의 확산

➕ 자유주의와 민족주의의 확산

1. 빈 체제: 메테르니히가 빈 회의 주도 → 보수적인 질서를 지키려는 빈 체제 성립 → 자유주의·민족주의 운동 탄압

2. 자유주의와 민족주의의 확산

자유주의 운동	• 프랑스:❸☐☐ ☐☐(1830, 입헌 군주제 수립) → 2월 혁명(1848, 공화정 수립) • 영국: 차티스트 운동(인민헌장 발표)
민족주의 운동	• 이탈리아 통일: 사르데냐 왕국이 주도(가리발디, 카부르의 활약) • 독일 통일:❹☐☐☐☐이/가 주도(비스마르크의 철혈 정책 추진)

3. 남북 전쟁과 미국의 발전: 남부와 북부의 경제적 차이와 노예제 문제로 갈등 심화 → 남부의 공격으로 남북 전쟁 발발(1861) →❺☐☐의 노예 해방 선언 → 북부 승리 → 산업화 본격 추진, 대륙 횡단 철도 완성

4. 러시아의 개혁: 알렉산드르 2세의 농노 해방령 발표, 지식인들의 브나로드 운동 전개

5. 라틴 아메리카의 독립운동: 아이티의 독립 → 볼리바르와 산마르틴 등 크리오요의 주도로 전개, 영국의 지지와 미국의 먼로주의(먼로 선언) 등의 영향을 받아 가속화함

03 유럽의 산업화와 제국주의

➕ 산업 혁명의 전개

1. 배경: 정치적 안정, 풍부한 지하자원, 해외 식민지 확보, 노동력 증가(인클로저 운동) → 18세기 후반❻☐☐에서 산업 혁명 시작

2. 전개: 면직물 공업의 기계화,❼☐☐☐ ☐☐의 증기 기관 개량 → 공장제 기계 공업 발전

3. 산업 혁명이 가져온 변화

(1) 산업 사회의 형성: 생활 방식과 사회 구조의 변화, 자본주의 체제 확립(애덤 스미스의 자유방임주의가 뒷받침)

(2) 새로운 사회 문제의 발생: 빈부 격차 심화, 도시 문제, 환경 문제, 노동 문제(→ 러다이트 운동 전개, 노동조합 결성, 영국의 공장법 제정)

(3)❽☐☐☐☐ 사상의 등장: 사유 재산 제도 부정, 생산 수단의 공동 소유 주장, 마르크스 등이 주장함

➕ 제국주의의 등장과 아프리카·아시아 침탈

1. 제국주의: 19세기 후반 서양 열강이 군사력 등을 앞세워 약소국을 식민지로 삼은 팽창 정책(강대국의 약소국 지배를 정당화하는❾☐☐ ☐☐☐, 인종주의 주장)

2. 제국주의 열강의 아프리카 침탈

(1) 전개

영국	종단 정책 추진(아프리카 남북 점령)
프랑스	횡단 정책 추진(아프리카 동서 점령)
기타	벨기에, 독일 등도 진출

(2) 충돌:❿☐☐☐ ☐☐(1898, 영국-프랑스), 모로코 사건(1905, 1911, 프랑스-독일)

3. 제국주의 열강의 아시아, 태평양 침탈

영국	인도, 미얀마, 오스트레일리아 등 지배
⓫☐☐☐	베트남, 라오스, 캄보디아 등 점령
네덜란드	인도네시아 대부분 지역 지배
기타	독일(마셜 제도, 캐롤라인 제도), 미국(하와이, 괌, 필리핀) 등도 진출

➕ 산업화와 제국주의가 세계에 미친 영향

문물의 확산과 인구의 이동	표준시 사용 등 서구 문물의 확산, 유럽 사람들의 해외 이주
식민지 경제와 생태 환경의 변화	플랜테이션 농장 경영 등으로 식민지 경제 변화, 생태환경 변화

04~05 아시아의 국민 국가 건설 운동

서아시아의 국민 국가 건설 운동

1. **⑫** ☐☐☐ ☐☐의 국민 국가 건설 운동

   (1) 탄지마트(1839~1876): 오스만 제국의 쇠퇴 → 민족과 종교에 따른 차별 폐지, 근대적 헌법 마련, 의회 수립 등의 개혁 추진

   (2) 청년 튀르크당 혁명(1908): 술탄의 전제 정치 강화에 대항, 헌법과 의회 부활

2. **아라비아반도의 민족 운동**: 18세기 중엽 초기 이슬람교의 순수성을 되찾자는 와하브 운동 전개

3. **이란의 입헌 혁명**: 알 아프가니의 주도로 담배 불매 운동 전개 → 담배 불매 운동 주도 세력이 의회 수립, 헌법 제정

4. **이집트의 근대화 운동**: 총독 무함마드 알리의 근대화 개혁, 지중해와 홍해를 연결하는 **⑬** ☐☐☐ ☐☐ 건설 → 열강의 간섭 심화 → 영국이 이집트를 보호국으로 삼음

인도와 동남아시아의 국민 국가 건설 운동

1. **인도의 국민 국가 건설 운동**

   (1) 영국의 인도 침략: 무굴 제국의 쇠퇴 → 플라시 전투(1757)에서 영국이 프랑스에 승리 → 영국이 벵골 지역의 통치권 차지, 이후 인도 대부분 점령

   (2) **⑭** ☐☐☐의 항쟁(1857)

배경	영국의 침략과 수탈에 따른 불만 심화
전개	세포이들의 무장 투쟁 → 델리 점령, 대규모 민족 운동으로 발전 → 실패
결과	무굴 제국의 황제 폐위, 영국령 인도 제국 수립(1877)

   (3) 인도 국민 회의의 반영 운동: 영국의 지원을 받아 결성 → 영국에 협조하면서 인도인의 권익 확보를 위해 노력 → 영국의 **⑮** ☐☐☐☐☐ 발표(1905) → 인도 국민 회의가 4대 강령 발표, 반영 운동 주도 → 벵골 분할령 철회

2. **동남아시아의 민족 운동**: 베트남(판보이쩌우), 타이(라마 5세), 필리핀(호세 리살), 인도네시아(카르티니) 등에서 전개

중국의 국민 국가 건설 운동

1. **아편 전쟁과 개항**: 영국이 인도산 아편을 청에 밀수출(삼각 무역) → 제1차 아편 전쟁 발발(1840) → **⑯** ☐☐ ☐☐ 체결(1842, 개항) → 애로호 사건 발생 → 제2차 아편 전쟁 발발(1856) → 톈진 조약, 베이징 조약 체결

2. **중국의 근대화 운동**

태평천국 운동	크리스트교의 영향을 받은 **⑰** ☐☐☐이/가 토지 균등 분배, 남녀평등 등 주장
양무운동	이홍장 등 한인 관료들이 주도(1861) → 중체서용을 토대로 서양의 기술 도입 주장
변법자강 운동	캉유웨이 등이 메이지 유신을 본받은 정치 개혁 주장, 의회 설립과 입헌 군주제 확립 추진(1898)
의화단 운동	의화단이 청을 도와 서양 세력을 쫓아낼 것을 주장(1899), 선교사·외교관 공격, 교회·철도 등 파괴 → 8개국 연합군에 진압됨 → 신축 조약 체결
신해혁명	**⑱** ☐☐이/가 중국 동맹회 조직, 삼민주의 주장 → 청 정부의 철도 국유화 시도 → 우창에서 신식 군대 봉기 → 여러 지역 대표들이 호응, 독립 선언(신해혁명, 1911) → 중화민국 수립(1912) → 위안스카이 사후 군벌 등장

일본의 국민 국가 건설 운동과 제국주의 침략

1. **개항**: 미국 페리 제독 함대의 개항 강요 → 미일 화친 조약(1854, 개항)과 미일 수호 통상 조약(1858) 체결

2. **메이지 유신**: 에도 막부 붕괴, 천황 중심의 메이지 정부 수립(1868) → 서양식 근대 국가 수립을 목표로 개혁 추진, 지방의 번을 폐지하고 현 설치, 이와쿠라 사절단 파견, 일본 제국 헌법 제정(1889)

3. **제국주의 침략**: **⑲** ☐☐ ☐☐ 승리(시모노세키 조약 체결), 러일 전쟁 승리(포츠머스 조약 체결)

조선의 국민 국가 건설 운동

개항	운요호 사건 → **⑳** ☐☐☐ ☐☐(1876) 체결
근대화 운동	갑신정변 → 동학 농민 운동, 갑오개혁 → 독립 협회 결성 → 대한 제국 수립, 광무개혁 추진

정답 확인하기

❶ 조지 워싱턴	❷ 국민 의회	❸ 7월 혁명	❹ 프로이센
❺ 링컨	❻ 영국	❼ 제임스 와트	❽ 사회주의
❾ 사회 진화론	❿ 파쇼다 사건	⑪ 프랑스	⑫ 오스만 제국
⑬ 수에즈 운하	⑭ 세포이	⑮ 벵골 분할령	⑯ 난징 조약
⑰ 홍수전	⑱ 쑨원	⑲ 청일 전쟁	⑳ 강화도 조약

스스로 점검하기

맞은 개수	이렇게 해 봐
10개 이하	진도 교재로 돌아가 복습해 봐!
11 ~ 15개	틀린 문제의 답을 다시 확인하고 **중간고사·기말고사**를 풀도록 해!
16 ~ 20개	자신감을 가지고 **중간고사·기말고사**를 풀어 봐. 학교 시험 100점 도전!

| 과목 | 역사 |
| 학년 | |

중간고사 1회

고사일 | 20   년   월   일

교시

점

---

01 다음 상황이 배경이 되어 일어난 일로 옳은 것은? [2점]

> 몇몇 식민지 주민들이 인디언으로 변장하고 보스턴 항에 정박 중이던 영국 동인도 회사의 선박을 습격하여 안에 있던 차 상자를 바다에 던졌다.

① 크롬웰이 독재 정치를 펼쳤다.
② 제임스 2세가 왕위에서 쫓겨났다.
③ 영국 정부가 인지세법을 제정하였다.
④ 청교도가 아메리카로 이주하기 시작하였다.
⑤ 식민지군과 영국군 사이에 독립 전쟁이 발발하였다.

02 ㉠, ㉡에 들어갈 내용으로 옳은 것은? [2점]

> 북아메리카의 식민지 대표들은 (㉠)을/를 총사령관에 임명하였다. 요크타운 전투에서 승기를 잡은 식민지군은 영국군과의 전쟁에서 승리하였고, 결국 (㉡)으로 독립을 인정받았다.

	㉠	㉡
①	링컨	파리 조약
②	링컨	포츠머스 조약
③	조지 워싱턴	파리 조약
④	조지 워싱턴	포츠머스 조약
⑤	조지 워싱턴	시모노세키 조약

03 밑줄 친 '이 정치 기구'에 대한 설명으로 옳은 것은? [2점]

> 1789년 프랑스의 제3 신분 대표들은 루이 16세가 소집한 삼부회에서 자신들의 주장이 받아들여지지 않자 이 정치 기구를 세웠다.

① 공화정을 선포하였다.
② 반역죄로 루이 16세를 처형하였다.
③ 5명의 총재가 행정과 외교를 담당하였다.
④ 오스트리아, 프로이센 등에 전쟁을 선포하였다.
⑤ '인간과 시민의 권리선언(인권 선언)'을 발표하였다.

04 (가) 시기에 있었던 일로 옳은 것은? [3점]

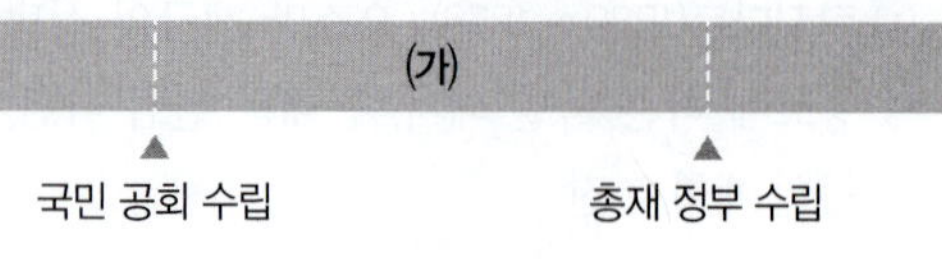

① 대륙 봉쇄령이 선포되었다.
② 루이 16세가 삼부회를 소집하였다.
③ 파리 민중이 바스티유를 습격하였다.
④ 제3 신분 대표들이 테니스코트의 서약을 맺었다.
⑤ 로베스피에르 등 급진파 세력이 공포 정치를 펼쳤다.

05 다음 선언문의 공통점으로 가장 적절한 것은? [4점]

100점 도전!

> • 미국 독립 선언문   • 인간과 시민의 권리선언

① 국민 의회가 발표하였다.
② 미국 독립 전쟁 과정에서 발표되었다.
③ 자유와 평등 등 인간의 기본권을 강조하였다.
④ 세계 최초의 민주 공화국 수립에 영향을 주었다.
⑤ 발표 이후 입헌 군주제가 규정된 헌법이 제정되었다.

06 빈칸에 들어갈 인물에 대한 설명으로 옳은 것은? [3점]

> **역사 인물 사전**
>
> 나폴레옹 몰락 이후 유럽의 질서를 프랑스 혁명 이전으로 되돌리자고 합의한 빈 회의를 주도한 인물이다.

① 대프랑스 동맹을 격파하였다.
② 요크타운 전투를 승리로 이끌었다.
③ 러시아 원정에 나섰으나 실패하였다.
④ 2월 혁명 이후 오스트리아에서 추방되었다.
⑤ 통령 정부를 수립하여 제1 통령으로 취임하였다.

07 밑줄 친 '이 혁명'에 대한 설명으로 옳은 것은? [3점]

① 루이 16세가 처형당하였다.
② 노동자들이 인민헌장을 발표하였다.
③ 식민지 대표들이 대륙 회의를 개최하였다.
④ 샤를 10세의 전제 정치에 반발하여 일어났다.
⑤ 나폴레옹의 쿠데타로 총재 정부가 붕괴되었다.

08 이탈리아의 통일에 대한 설명으로 옳지 <u>않은</u> 것은? [2점]

① 사르데냐 왕국이 주도하였다.
② 베네치아와 교황령을 통합하였다.
③ 가리발디가 시칠리아와 나폴리를 점령하였다.
④ 카부르가 이탈리아 중북부 지역을 통합하였다.
⑤ 프랑크푸르트 의회에서 통일 방안을 논의하였다.

09 밑줄 친 '재상'에 대한 설명으로 옳은 것은? [3점]

> **장면 #1 기자와 재상의 인터뷰 장면**
> • 기자: 재상께서는 독일의 미래에 대해 어떤 생각을 가지고 계신가요?
> • 재상: 독일의 문제는 연설이나 다수결이 아니라 철과 피에 의해서만 해결할 수 있습니다.

① 군비를 크게 확장하였다.
② 대륙 봉쇄령을 선포하였다.
③ 국민 의회를 억압하려 하였다.
④ 7월 혁명의 결과 왕위에 올랐다.
⑤ 통일된 독일 제국의 황제로 즉위하였다.

10 미국 남북 전쟁의 전개 과정을 일어난 순서대로 나열한 것은? [3점]

> (가) 북부가 전쟁에서 승리하였다.
> (나) 노예 해방 선언이 발표되었다.
> (다) 북부의 링컨이 대통령에 당선되었다.
> (라) 남부의 여러 주가 연방을 탈퇴하였다.

① (가) – (라) – (나) – (다) ② (나) – (라) – (다) – (가)
③ (다) – (나) – (라) – (가) ④ (다) – (라) – (나) – (가)
⑤ (라) – (다) – (나) – (가)

11 ㉠에 들어갈 국가의 독립운동에 대한 설명으로 옳은 것은? [2점]

> (㉠)은/는 원래 에스파냐의 식민지였으나 18세기 말부터 프랑스의 지배를 받았으며, 라틴 아메리카에서 가장 먼저 독립한 국가이다.

① 먼로주의 발표 이후 독립하였다.
② 볼리바르와 산마르틴이 활약하였다.
③ 이달고 신부가 민중 봉기를 지휘하였다.
④ 호세 리살이 식민 지배에 저항하는 글을 썼다.
⑤ 투생 루베르튀르의 주도로 흑인 노예들이 독립운동을 전개하였다.

잘 나와!

12 다음 상황에 따른 변화로 가장 적절한 것은? [2점]

> 산업 혁명으로 교통수단이 발달하였다. 스티븐슨이 증기 기관차를 제작한 이후 각지에 철도가 건설되었다. 또한 미국의 풀턴이 증기선을 발명하여 수상 교통도 발전하였다.

① 빈 체제가 성립되었다.
② 구제도의 모순이 심화되었다.
③ 재정·군사 국가가 등장하였다.
④ 원료 및 제품 수송이 원활해졌다.
⑤ 영국이 식민지에 인지세를 부과하였다.

13 다음 전시회에서 볼 수 있는 그림으로 적절하지 않은 것은? [3점]

> ### 산업 혁명으로 나타난 모습
>
> 우리 동아리에서는 산업 혁명 시기의 여러 모습을 보여 주는 전시회를 준비하였습니다.

① 
↑ 보스턴 차 사건

② 
↑ 런던 뒷골목의 빈민

③ 
↑ 19세기 자본가와 노동자

④ 
↑ 수정궁에서 열린 만국 박람회

⑤ 
↑ 오염된 템스강을 풍자한 그림

14 ㉠, ㉡에 들어갈 내용으로 옳은 것은? [2점]

그림은 자본가, 군인, 선교사가 원주민에게서 동전을 쥐어짜는 모습을 나타낸 것으로, 식민지 팽창 정책인 (㉠)를 풍자한 것이다. 열강은 약소국 지배를 정당화하는 (㉡)을/를 주장하였다.

	㉠	㉡
①	사회주의	계몽사상
②	사회주의	사회 진화론
③	제국주의	계몽사상
④	제국주의	자본주의
⑤	제국주의	사회 진화론

15 (가), (나) 인물에 대한 설명으로 옳은 것은? [4점]

> (가) 개인의 자유로운 경제활동을 보장해야 한다는 자유방임주의를 주장하였다.
> (나) 노동자가 투쟁하여 노동자가 주인이 되는 사회를 세우자고 주장하며 『자본론』을 저술하였다.

① (가) – 자본주의 체제를 비판하였다.
② (가) – 생산 수단의 공동 소유를 주장하였다.
③ (나) – 자본주의 체제를 뒷받침하였다.
④ (나) – 이후 유럽 사회주의 운동에 영향을 주었다.
⑤ (가), (나) – 협동을 강조하는 작업 공동체를 세웠다.

[16~17] 다음을 보고 물음에 답하시오.

16 다음에서 설명하는 지역을 위 지도에서 고른 것은? [2점]

> 라마 5세가 근대화 개혁을 추진하였으며, 열강 사이의 완충 지대에서 유연한 외교 정책을 펼쳤다.

① (가) ② (나) ③ (다) ④ (라) ⑤ (마)

17 위 지도의 (마) 지역에 대한 탐구 활동으로 가장 적절한 것은? [2점]

① 카르티니의 활동을 정리한다.
② 판보이쩌우가 조직한 단체들을 알아본다.
③ 크리오요들이 주도한 독립운동을 조사한다.
④ 미국과 에스파냐가 벌인 전쟁의 결과를 검색한다.
⑤ 열강이 베를린 회의에서 합의한 내용을 찾아본다.

18 빈칸에 들어갈 내용으로 적절하지 <u>않은</u> 것은? [2점]

> 오스만 제국은 위기를 극복하기 위해 탄지마트를 실시하였으나 큰 성과를 거두지 못하였고 술탄은 전제 정치를 강화하였다. 이에 청년 튀르크당이 혁명을 일으켜 ⬚

① 보통 선거를 실시하였다.
② 여성 차별을 금지하였다.
③ 농노 해방령을 발표하였다.
④ 아랍어 사용을 금지하였다.
⑤ 언론의 자유를 보장하였다.

19 ⊙에 들어갈 운동에 대한 설명으로 옳은 것은? [3점]

> 사우디아라비아 국기는 18세기 중엽 아라비아반도에서 초기 이슬람교로 돌아가자며 일어난 이슬람교 순화 운동인 (⊙)의 깃발에서 유래되었다.

① 알 아프가니가 주도하였다.
② 전족 등 악습 폐지를 주장하였다.
③ 영국, 일본 등 8개국 연합군에 진압되었다.
④ 담배 불매 운동 주도 세력이 의회를 수립하였다.
⑤ 오스만 제국에 저항하는 민족 운동으로 발전하였다.

20 이집트의 근대화 운동에 대해 학생들이 나눈 대화 내용으로 옳은 것은? [2점]

① 삼민주의의 영향을 받았어.
② 극단적 튀르크 민족주의를 내세웠어.
③ 무함마드 알리가 학교와 군대를 개혁하였어.
④ 미드하트 파샤 등이 헌법을 마련하고 의회를 수립하였어.
⑤ 일본으로 유학생을 파견하여 근대 문물을 배우게 한 동유 운동이 추진되었어.

21 다음 기사에서 다룬 전투의 결과로 옳은 것은? [3점]

> **역사 신문**   1757년
>
> **영국, 플라시에서 프랑스군을 물리치다**
>
> 영국이 플라시에서 프랑스를 상대로 승리를 거뒀다. 여러 국가들과 경쟁을 벌였던 영국은 이번 승리로 인도에서 독점적 지위를 가져갈 것으로 보인다.

① 신축 조약이 체결되었다.
② 영국이 동인도 회사를 세웠다.
③ 영국이 벵골 지역의 통치권을 차지하였다.
④ 인도의 면직물이 아시아, 유럽에서 인기를 얻었다.
⑤ 아라비 파샤를 중심으로 한 군부가 민족 운동을 일으켰다.

22 밑줄 친 '이들'로 옳은 것은? [2점]

> 영국 동인도 회사의 용병으로, <u>이들</u>이 사용하는 탄약 주머니에 소기름과 돼지기름이 발라져 있다는 소문이 돌자 종교 탄압으로 받아들여 항쟁하였다.

① 세포이   ② 의화단
③ 독립 협회   ④ 청년 튀르크당
⑤ 인도 국민 회의

잘 나와!

23 다음에서 설명하는 강령의 내용으로 옳지 <u>않은</u> 것은? [3점]

> 영국이 벵골 분할령을 발표하자 인도 국민 회의가 콜카타 대회에서 발표한 강령이다. 이후 인도 국민 회의는 반영 운동을 주도하였다.

① 자치를 획득하자!
② 국산품을 애용하자!
③ 국민 교육을 실시하자!
④ 영국의 상품을 배척하자!
⑤ 『쿠란』의 가르침대로 생활하자!

24 다음은 19세기 청의 무역을 나타낸 도표이다. 이에 대한 설명으로 옳지 <u>않은</u> 것은? [3점]

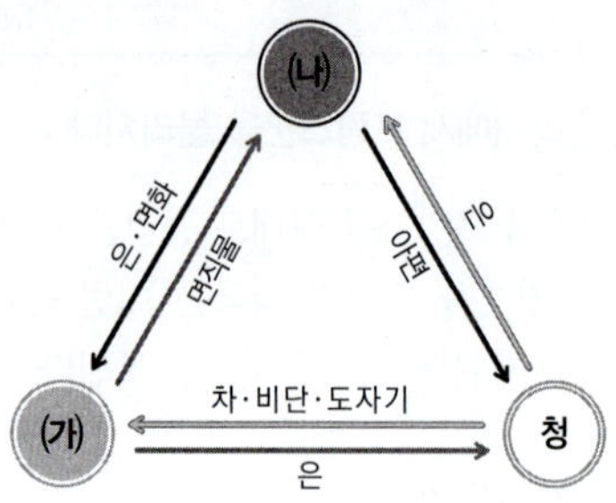

① (가)는 인도, (나)는 영국이다.
② 해당 무역은 아편 전쟁의 배경이 되었다.
③ 청의 은이 대량으로 유출되는 결과를 가져왔다.
④ (가)는 적자를 줄이고자 아편을 청에 밀수출하였다.
⑤ 당시 청은 공행에서만 서양 국가와의 무역을 허가하였다.

25 중국의 근대화 운동을 비교한 내용 중 옳은 것은? [3점]

	구분	양무운동	변법자강 운동
①	배경	청일 전쟁 패배	아편 전쟁, 태평천국 운동
②	주도	캉유웨이 등	이홍장 등
③	주장	중체서용	정치 제도 개혁
④	전개	의회 설립, 입헌 군주제 실시	근대적 군수 공장 건설 등
⑤	결과	성공	성공

26 밑줄 친 '헌법'에 대해 학생들이 나눈 대화 내용으로 가장 적절한 것은? [3점]

> 메이지 유신을 추진하던 일본 정부는 1889년 <u>헌법</u>을 발표하고 이듬해 의회를 설립하였다.

① 연방제의 내용이 포함되어 있어.
② 아관 파천 이후 고종이 반포하였어.
③ 중화민국 수립의 결과로 제정되었어.
④ 천황의 절대적인 권력을 인정하였어.
⑤ 파리 조약으로 독립이 인정된 후 제정되었어.

27 ㉠, ㉡에 들어갈 내용으로 옳은 것은? [2점]

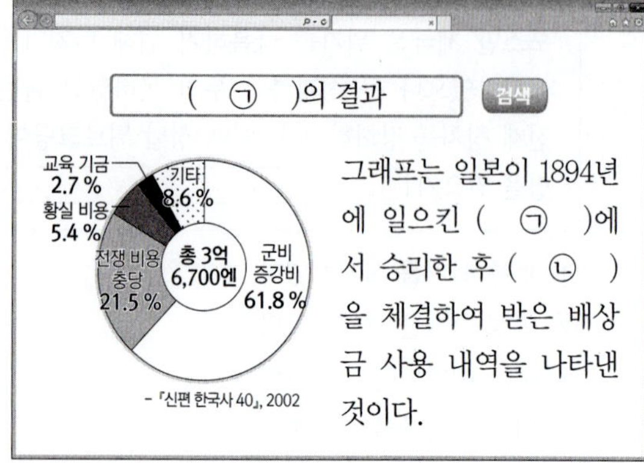

	㉠	㉡
①	러일 전쟁	포츠머스 조약
②	러일 전쟁	시모노세키 조약
③	청일 전쟁	난징 조약
④	청일 전쟁	포츠머스 조약
⑤	청일 전쟁	시모노세키 조약

28 다음 조약들의 공통점으로 가장 적절한 것은? [3점]

> • 난징 조약   • 강화도 조약   • 미일 화친 조약

① 공행 제도를 폐지하였다.
② 불평등 조약의 성격을 띠었다.
③ 운요호 사건을 계기로 체결되었다.
④ 일본의 영사 재판권을 인정하였다.
⑤ 관세 상호 협의의 내용이 포함되었다.

29 조선의 근대화 운동 과정을 일어난 순서대로 나열한 것은? [3점]

> (가) 아관 파천이 일어났다.
> (나) 급진 개화파가 정변을 일으켰다.
> (다) 전봉준 등 농민들이 봉기를 일으켰다.
> (라) 서재필이 개화파 관료들과 독립 협회를 세웠다.

① (가) – (나) – (다) – (라)　　② (나) – (다) – (가) – (라)
③ (나) – (다) – (라) – (가)　　④ (다) – (나) – (가) – (라)
⑤ (라) – (가) – (다) – (나)

단답형 + 서술형 문제

30 다음에서 설명하는 인물을 쓰시오. [3점]

> 프랑스 혁명 총재 정부 시기 쿠데타를 일으켜 통령 정부를 수립한 인물이다. 그는 대프랑스 동맹을 격파하고 개혁을 실시하였으며, 제정을 수립하였다.

( )

31 다음은 영국의 선거법 개정 과정을 정리한 표이다. (가)에 들어갈 내용을 <u>두 가지</u> 서술하시오. [4점]

구분	유권자 및 특징
제1차	(가)
제2차	도시의 노동자와 소시민
……	
제5차	만 21세 이상 남녀에게 보통 선거권 부여

32 다음을 읽고 물음에 답하시오 [5점]

> 18세기 후반부터 유럽에서는 기계의 발명과 기술의 혁신으로 생산력이 늘어 산업 혁명이 나타났다. 산업 혁명은 (㉠)의 면직물 공업에서 시작되었다.

(1) ㉠에 들어갈 국가를 쓰시오.

(2) (1) 국가에서 산업 혁명이 시작된 배경을 <u>두 가지</u> 서술하시오.

33 이집트에서 개통된 수에즈 운하가 미친 긍정적·부정적 영향을 각각 서술하시오. [4점]

34 인도와 영국의 면직물 교역이 다음과 같이 변화한 배경을 서술하시오. [4점]

35 밑줄 친 '사절단'이 서양에 파견된 이유를 <u>두 가지</u> 서술하시오. [4점]

> 일본 정부는 메이지 유신을 추진하는 과정에서 1871년 이와쿠라 도모미를 단장으로 하여 미국과 유럽에 <u>사절단</u>을 파견하였다. 이들은 1873년에 귀국하였다.

01 ㈎ 시기에 있었던 일로 옳은 것은? [3점]

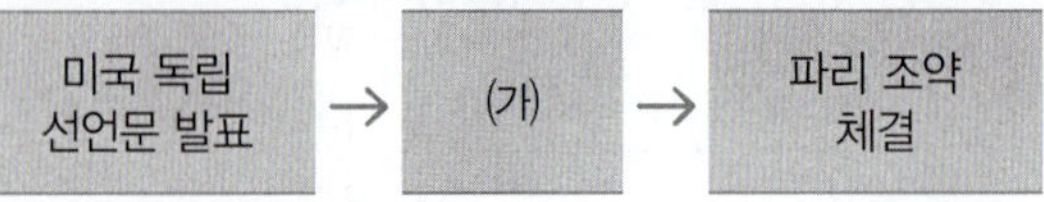

① 미국 헌법 제정
② 보스턴 차 사건 발발
③ 아메리카 합중국 수립
④ 영국 정부의 인지세법 제정
⑤ 식민지군의 요크타운 전투 승리

02 다음 학습 목표에 대한 학생들의 발표 내용으로 가장 적절한 것은? [2점]

> • **학습 목표**: 미국 혁명이 다른 지역에 미친 영향을 설명할 수 있다.

① 권리 청원이 승인되었어요.
② 프랑스 혁명이 일어났어요.
③ 재정·군사 국가가 등장하였어요.
④ 영국에서 인클로저 운동이 나타났어요.
⑤ 독일 내 여러 국가들이 관세 동맹을 맺었어요.

03 자료를 보고 학생들이 나눈 대화 내용으로 적절하지 <u>않은</u> 것은? [3점]

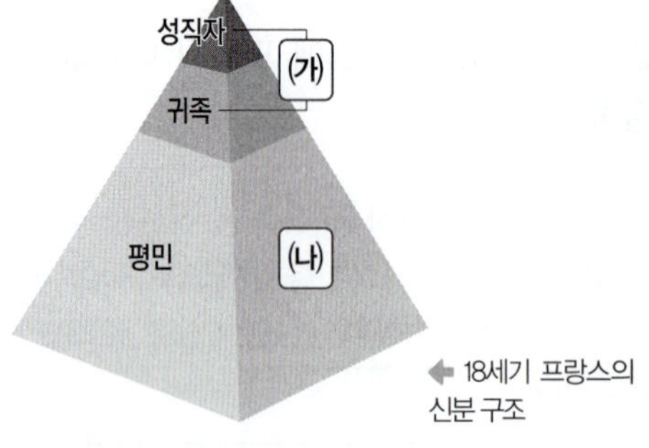

① ㈎ 신분은 세금을 내지 않았어.
② ㈎ 신분은 많은 토지를 소유하였어.
③ ㈏ 신분은 정치적 권리를 가지고 있었어.
④ ㈏ 신분은 국가 세금의 대부분을 부담하였어.
⑤ 18세기 프랑스에서는 신분 간 불평등이 지속되었어.

04 ㈎, ㈏ 사이 시기에 있었던 일로 옳은 것은? [2점]

> ㈎ 프랑스에서 국민 의회가 해산되고 입법 의회가 등장하였다.
> ㈏ 로베스피에르 세력이 혁명 반대 세력을 처형하는 등 공포 정치를 펼쳤다.

① 국민 공회가 공화정을 선포하였다.
② 루이 16세가 삼부회를 소집하였다.
③ 파리 민중이 바스티유를 습격하였다.
④ 5명의 총재가 이끄는 총재 정부가 등장하였다.
⑤ 제3 신분 대표들이 테니스코트의 서약을 선언하였다.

잘 나와!

05 ㉠에 들어갈 인물의 활동으로 옳은 것은? [3점]

① 빈 회의를 주도하였다.
② 노예 해방 선언을 발표하였다.
③ 아르헨티나의 독립운동을 이끌었다.
④ 공안 위원회와 혁명 재판소를 설치하였다.
⑤ 영국을 굴복시키고자 대륙 봉쇄령을 선포하였다.

06 프랑스의 2월 혁명에 대한 탐구 활동으로 가장 적절한 것은? [2점]

① 권리 장전의 내용을 검색한다.
② 대륙 회의가 개최된 배경을 살펴본다.
③ 러다이트 운동이 일어난 이유를 알아본다.
④ 세계 최초의 민주 공화국이 어디인지 찾아본다.
⑤ 빈 체제 이후 프랑스에서 공화정이 수립된 시기를 조사한다.

07 다음 문서의 발표 배경으로 가장 적절한 것은? [2점]

> • 21세 이상 모든 남자에게 선거권을 부여할 것
> • 유권자 보호를 위하여 비밀 투표를 실시할 것
> • 의원 출마자의 재산 자격 제한을 폐지할 것

① 샤를 10세가 전제 정치를 펼쳤다.
② 찰스 1세가 청교도를 탄압하였다.
③ 영국이 식민지에 인지세를 부과하였다.
④ 제3 신분이 정치적 권리를 얻지 못하였다.
⑤ 제1차 선거법 개정에서 노동자들이 선거권을 얻지 못하였다.

08 (가), (나)에 해당하는 인물로 옳은 것은? [2점]

> (가) 사르데냐 왕국의 재상으로 오스트리아를 물리치고 이탈리아 중북부를 통합하였다.
> (나) 의용대를 이끌며 시칠리아와 나폴리를 점령한 후 점령한 땅을 사르데냐 국왕에게 바쳤다.

	(가)	(나)		(가)	(나)
①	모스	가리발디	②	카부르	가리발디
③	카부르	메테르니히	④	가리발디	카부르
⑤	가리발디	메테르니히			

09 빈칸에 들어갈 탐구 주제로 가장 적절한 것은? [3점]

> • 탐구 주제:
> • 탐구 활동
>   – 1모둠: 관세 동맹의 내용 조사하기
>   – 2모둠: 비스마르크의 정책 정리하기
>   – 3모둠: 남독일이 연방에 포함된 과정 파악하기

① 독일의 통일 과정
② 차티스트 운동의 영향
③ 빈 체제의 성립과 붕괴
④ 프랑스의 자유주의 운동
⑤ 라틴 아메리카의 독립운동

10 다음과 같은 상황이 배경이 되어 일어난 일로 옳은 것은? [2점]

> 19세기 러시아에서 청년 장교들이 봉기를 일으켰으나 진압되었다. 이후 러시아는 오스만 제국을 상대로 전쟁을 벌였으나 패배하였다.

① 빈 회의가 개최되었다.
② 루이 필리프가 왕으로 추대되었다.
③ 루이 16세가 국민 의회를 억압하였다.
④ 나폴레옹이 러시아 원정을 단행하였다.
⑤ 알렉산드르 2세가 농노 해방령을 발표하였다.

11 [100점 도전!] 밑줄 친 '이 전쟁'이 발발한 배경으로 가장 적절한 것은? [4점]

> 이 전쟁 초기에는 남부의 전세가 유리하였으나, 북부가 점차 승기를 잡았다. 이어 링컨의 노예 해방 선언으로 북부가 국제 여론의 지지를 얻으면서 승리하였다.

① 대륙 횡단 철도가 건설되었다.
② 미국이 쿠바를 보호국으로 삼았다.
③ 연방제 원칙이 담긴 헌법이 제정되었다.
④ 남부와 북부의 산업 구조 차이가 나타났다.
⑤ 조지 워싱턴이 초대 대통령으로 선출되었다.

12 라틴 아메리카의 독립운동이 확산된 이유로 적절한 것을 〈보기〉에서 고른 것은? [2점]

> **― 보기 ―**
> ㄱ. 영국의 지지를 받았다.
> ㄴ. 미국이 먼로주의를 발표하였다.
> ㄷ. 식민지 대표들이 대륙 회의를 개최하였다.
> ㄹ. 유럽 열강이 베를린 회의에서 분할 원칙에 합의하였다.

① ㄱ, ㄴ   ② ㄱ, ㄷ   ③ ㄴ, ㄷ
④ ㄴ, ㄹ   ⑤ ㄷ, ㄹ

13 ㉠, ㉡에 들어갈 내용으로 옳은 것은? [2점]

사진은 (㉠)이/가 개량한 증기 기관이다. 증기 기관이 기계를 움직이는 새로운 동력으로 사용되면서 (㉡)이 발전하였다.

	㉠	㉡
①	풀턴	공장제 기계 공업
②	스티븐슨	가내 수공업
③	스티븐슨	공장제 기계 공업
④	제임스 와트	가내 수공업
⑤	제임스 와트	공장제 기계 공업

잘 나와!

14 (가)에 들어갈 내용으로 적절한 것을 〈보기〉에서 고른 것은? [4점]

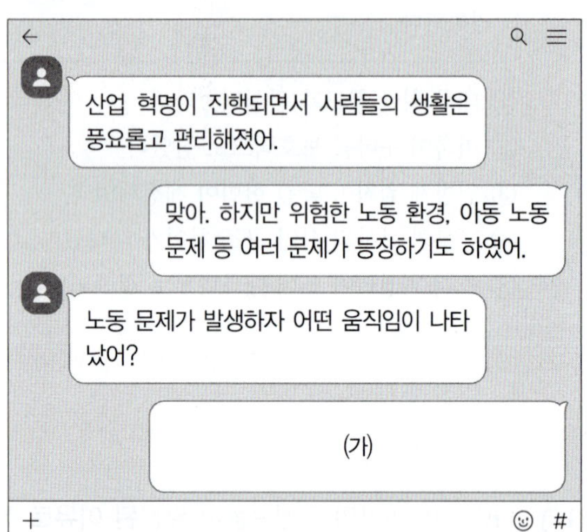

⊣ 보기 ⊢

ㄱ. 노동조합이 결성되었어.
ㄴ. 영국에서 공장법이 제정되었어.
ㄷ. 금과 은을 확보하려는 중상주의 정책이 추진되었어.
ㄹ. 인클로저 운동으로 토지를 잃은 농민들이 도시로 이동하여 공장에 노동력을 제공하였어.

① ㄱ, ㄴ ② ㄱ, ㄷ ③ ㄴ, ㄷ
④ ㄴ, ㄹ ⑤ ㄷ, ㄹ

15 학생이 설명하는 사상의 등장 배경으로 가장 적절한 것은? [2점]

① 영국이 보스턴항을 봉쇄하였다.
② 유럽에서 빈 체제가 성립하였다.
③ 영국인이 북아메리카로 이주하였다.
④ 제임스 2세가 전제 정치를 실시하였다.
⑤ 산업 혁명 이후 노동 문제와 빈부 격차가 나타났다.

16 유럽 열강이 밑줄 친 '이 지역'을 침탈한 내용으로 옳지 않은 것은? [3점]

19세기 중반 이후 리빙스턴 등 탐험가들의 활동으로 이 지역에 지하자원이 풍부하다는 사실이 유럽에 전해지자 열강들이 이 지역을 침략하기 시작하였다.

① 영국 – 종단 정책을 추진하였다.
② 벨기에 – 왕이 콩고를 사유지로 삼았다.
③ 프랑스 – 영국과 파쇼다에서 충돌하였다.
④ 네덜란드 – 모로코를 놓고 프랑스와 갈등하였다.
⑤ 이탈리아 – 에티오피아를 식민지로 삼기 위해 침략하였다.

17 다음에서 설명하는 국가로 옳은 것은? [2점]

• 하와이를 병합하였다.
• 에스파냐와의 전쟁에서 승리하여 괌과 필리핀을 식민지로 만들었다.

① 독일 ② 미국 ③ 영국
④ 프랑스 ⑤ 네덜란드

18 ㉠에 들어갈 국가의 국민 국가 건설 운동에 대한 설명으로 옳은 것은? [2점]

> (㉠)은/는 19세기 무렵 러시아와 영국 등 열강의 침입을 받아 쇠퇴하였고, 그리스와 발칸반도의 국가들이 독립하자 영토가 크게 줄어들었다.

① 태평천국 운동이 일어났다.
② 스와데시 운동이 전개되었다.
③ 아라비 파샤 등이 민족 운동을 일으켰다.
④ 청년 튀르크당이 헌법과 의회를 부활시켰다.
⑤ 알 아프가니 등이 담배 불매 운동을 전개하였다.

19 밑줄 친 '이 운하'의 개통이 가져온 결과로 옳은 것을 〈보기〉에서 고른 것은? [2점]

> 19세기 중반 이집트가 건설한 이 운하는 지중해와 홍해를 연결하는 인공 수로이다.

보기

ㄱ. 이집트가 오스만 제국으로부터 독립하였다.
ㄴ. 무함마드 알리가 근대화 정책을 추진하였다.
ㄷ. 아시아와 유럽을 오가는 항로가 크게 단축되었다.
ㄹ. 이집트에 대한 열강의 내정 간섭이 심화되었다.

① ㄱ, ㄴ   ② ㄱ, ㄷ   ③ ㄴ, ㄷ
④ ㄴ, ㄹ   ⑤ ㄷ, ㄹ

20 누리집 검색 결과 중 옳지 <u>않은</u> 답변을 고른 것은? [3점]

> **질문** 아시아 각국의 민족 운동에 대해 알려 주세요.
> └ ㉠ 청 – 의화단이 '부청멸양'을 외쳤어요.
> └ ㉡ 이란 – 담배 불매 운동이 전개되었어요.
> └ ㉢ 조선 – 독립 협회가 독립문을 설립하였어요.
> └ ㉣ 베트남 – 판보이쩌우가 프랑스에 저항하였어요.
> └ ㉤ 필리핀 – 카르티니가 여성 교육을 위해 학교를 세웠어요.

① ㉠   ② ㉡   ③ ㉢   ④ ㉣   ⑤ ㉤

21 인도에서 일어난 플라시 전투의 배경으로 가장 적절한 것은? [2점]

① 콜카타 대회가 개최되었다.
② 세포이들이 일으킨 항쟁이 진압되었다.
③ 영국이 벵골 지역을 다스릴 권리를 얻었다.
④ 영국과 프랑스가 동인도 회사를 세워 인도에 진출하였다.
⑤ 인도인 관리와 지식인들을 중심으로 인도 국민 회의가 결성되었다.

22 다음 정책이 발표된 이후에 있었던 일로 옳은 것은? [2점]

> 영국은 반영 운동이 활발하던 벵골 지역을 힌두교도가 많이 사는 서벵골과 이슬람교도가 많이 사는 동벵골로 분리하였다.

① 영국령 인도 제국이 세워졌다.
② 프랑스와 벵골인이 연합하였다.
③ 무굴 제국의 황제가 폐위되었다.
④ 세포이들이 수도 델리를 점령하였다.
⑤ 인도 국민 회의가 4대 강령을 발표하였다.

100점 도전!

23 (가), (나) 인물에 대한 설명으로 옳은 것은? [4점]

① (가) – 삼민주의를 주장하였다.
② (가) – 메이지 유신을 본받자고 하였다.
③ (나) – 양무운동을 주도하였다.
④ (나) – 의회 개설, 입헌 군주제 도입을 주장하였다.
⑤ (나) – 만주족을 몰아내고 한족 국가를 세우자고 외쳤다.

24 의화단 운동에 대한 설명으로 옳은 것을 〈보기〉에서 고른 것은? [2점]

┌─ 보기 ─────────────────────────┐
ㄱ. 신축 조약이 체결되는 결과를 가져왔다.
ㄴ. 신사층이 모집한 의용군의 공격을 받았다.
ㄷ. 청을 도와 서양 세력을 물리치자고 주장하였다.
ㄹ. 크리스트교의 영향을 받은 홍수전이 주도하였다.
└──────────────────────────────┘

① ㄱ, ㄴ   ② ㄱ, ㄷ   ③ ㄴ, ㄷ
④ ㄴ, ㄹ   ⑤ ㄷ, ㄹ

25 지도에 나타난 혁명 이후의 정치적 변화로 옳은 것은? [3점]

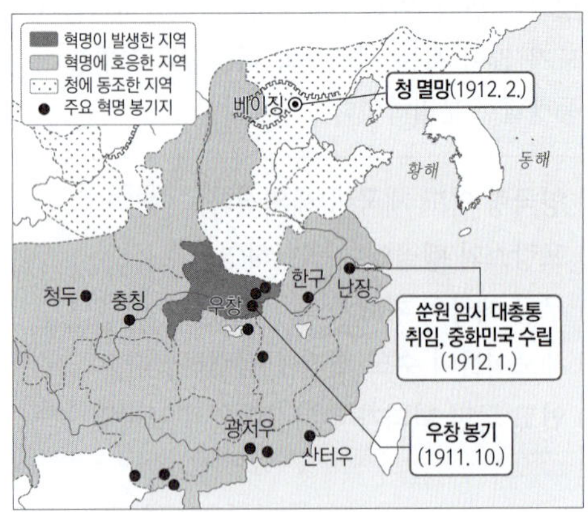

① 쑨원이 중국 동맹회를 결성하였다.
② 중국에 크리스트교 포교가 허용되었다.
③ 애로호 사건을 구실로 전쟁이 일어났다.
④ 외국 군대의 베이징 주둔이 가능하게 되었다.
⑤ 위안스카이가 중화민국의 대총통으로 선출되었다.

26 다음은 일본의 국민 국가 수립 과정에서 있었던 일이다. 이 중에서 네 번째로 일어난 일은? [2점]

① 에도 막부가 붕괴되었다.
② 일본 제국 헌법이 제정되었다.
③ 페리 제독 함대의 강요로 개항하였다.
④ 러시아와 포츠머스 조약을 체결하였다.
⑤ 일부 지식인들이 자유 민권 운동을 시작하였다.

100점 도전!

27 다음 개혁들의 공통점으로 가장 적절한 것은? [4점]

┌────────────────────────────┐
• 탄지마트   • 메이지 유신
└────────────────────────────┘

① 술탄이 개혁을 주도하였다.
② 공화정 수립을 목표로 하였다.
③ 민족과 종교에 따른 차별을 없앴다.
④ 헌법을 제정하고 의회를 설립하였다.
⑤ 지방의 번을 폐지하고 현을 설치하였다.

28 다음 조약이 체결된 이후 있었던 일로 옳은 것은? [2점]

┌────────────────────────────────┐
• 청은 조선이 완전한 자주국임을 확인함
• 청은 랴오둥반도와 타이완 전체, 그리고 그 부속 섬을 일본에 넘겨줄 것
• 청은 일본에 배상금으로 은 2억 냥을 이자와 함께 지급할 것
└────────────────────────────────┘

① 미일 수호 통상 조약이 체결되었다.
② 조선과 일본이 강화도 조약을 맺었다.
③ 일본이 미국의 최혜국 대우를 인정하였다.
④ 러시아, 프랑스, 독일이 일본을 압박하였다.
⑤ 메이지 정부가 이와쿠라 사절단을 파견하였다.

29 밑줄 친 ㉠~㉤ 중 옳지 않은 것은? [3점]

┌────────────────────────────────┐
조선의 근대화 운동

1. 갑신정변: ㉠ 개화의 방향을 놓고 여러 입장이 대립 → ㉡ 김옥균 등 급진 개화파가 정변을 일으킴
2. 동학 농민 운동: ㉢ 전봉준 등 농민들이 봉기
3. 갑오개혁: ㉣ 독립문 건립, 만민 공동회 개최 → ㉤ 아관 파천 이후 중단
└────────────────────────────────┘

① ㉠   ② ㉡   ③ ㉢   ④ ㉣   ⑤ ㉤

단답형 + 서술형 문제

30 ㉠에 들어갈 운동을 쓰시오. [3점]

그림은 19세기 초반 일부 노동자들이 기계의 등장으로 일자리가 줄었다고 생각하여 기계를 파괴한 (㉠)을/를 나타냈다.

(   )

31 다음 선언문에 나타난 민주주의 원리를 <u>두 가지</u> 서술하시오. [4점]

> 모든 인간은 평등하게 태어났고, 창조주는 양도할 수 없는 권리를 인간에게 부여하였으며, 거기에는 생명권과 자유권 및 행복 추구권이 포함되어 있다.

32 다음을 읽고 물음에 답하시오. [5점]

> 나폴레옹 몰락 이후 유럽 각국 대표들이 오스트리아에서 개최한 회의로, 유럽 각국의 영토와 지배권을 정하였다.

(1) 윗글에서 설명하는 회의를 쓰시오.

(2) (1) 회의에서 합의한 국제 질서의 특징을 서술하시오.

33 다음을 읽고 물음에 답하시오. [5점]

> 19세기 후반 서양 열강들은 군사력과 경제력을 앞세워 약소국을 식민지로 삼았다.

(1) 윗글에서 설명하는 서양 열강의 정책을 쓰시오.

(2) 서양 열강이 (1) 정책을 펼친 배경을 <u>두 가지</u> 서술하시오.

34 세포이가 항쟁을 일으킨 결과를 서술하시오. [4점]

35 다음을 읽고 물음에 답하시오. [5점]

> 제1차 아편 전쟁에서 패한 청은 영국과 <u>이 조약</u>을 체결하였다.

(1) 밑줄 친 '이 조약'을 쓰시오.

(2) (1) 조약의 내용을 <u>두 가지</u> 서술하시오.

01 세계 대전과 국제 질서의 변화

◆ 제1차 세계 대전

1. 제1차 세계 대전의 배경

(1) 제국주의 국가 간의 대립: **❶**□□ □□(독일, 오스트리아·헝가리 제국, 이탈리아)과/와 3국 협상(영국, 프랑스, 러시아)의 대립

(2) 발칸반도를 둘러싼 갈등: 범게르만주의와 범슬라브주의의 대립 → 오스트리아·헝가리 제국의 황태자 부부가 세르비아계 청년에게 암살당함(사라예보 사건) → 오스트리아·헝가리 제국이 세르비아에 선전 포고 → 제1차 세계 대전 발발(1914)

2. 제1차 세계 대전의 전개와 결과

(1) 전쟁의 장기화

서부 전선	전쟁 초기 독일군이 서쪽으로 빠르게 진격 → 연합군의 저지 → 참호전의 전개로 장기전 돌입
동부 전선	독일이 러시아를 공격하여 큰 피해를 입힘 → 러시아가 국내에서 일어난 혁명으로 물러남

(2) 미국의 참전: 독일의 무제한 잠수함 작전 전개, 치머만 전보 사건 → 미국이 연합국 편으로 참전

(3) 결과: 독일의 서부 전선 총공격 실패 → 동맹국들의 항복 → 독일에서 혁명으로 들어선 새 정부가 항복 선언

☆☆ 3. 베르사유 체제와 국제 연맹의 탄생

(1) 베르사유 체제 성립: 파리 강화 회의 개최(1919) → 윌슨의 14개조 평화 원칙을 바탕으로 회의 진행 → 연합국과 독일이 베르사유 조약 체결 → 승전국 중심으로 새로운 국제 질서 형성

(2) **❷**□□ □□ 창설: 국제 평화 유지 목적, 미국 등 강대국의 불참, 국제 분쟁을 막을 군사적 수단 부재

◆ 유럽 각국의 정치 체제 변화

1. 러시아 혁명

배경	• 19세기 러시아의 상황: 차르의 통치 아래 농업 중심의 경제 체제 유지, 급속한 산업화 전개, 사회주의 사상 확산 • 피의 일요일 사건: 노동자들이 개혁을 요구하며 시위 전개 → 정부군의 발포로 많은 사상자 발생
전개	• **❸**□□□: 노동자들이 식량 배급, 전쟁 중지, 차르 타도 등을 주장하며 봉기 → 노동자와 군인들의 소비에트 결성 → 임시 정부 수립 • 11월 혁명: **❹**□□이/가 이끄는 볼셰비키의 봉기 → 소비에트 정부 수립

2. 소련의 수립과 발전

레닌	• 사회주의 개혁 추진: 토지와 산업을 국가가 직접 소유하고 관리 • **❺**□□□ □□(NEP) 시행: 자본주의 요소를 일부 도입 • 소비에트 사회주의 공화국 연방(소련) 수립(1922)
스탈린	농업의 집단화, 중공업 중심의 경제 개발 5개년 계획 추진, 공산당 독재 체제 강화

3. 민주주의 발전

(1) 유럽 각국의 변화

❻□□	바이마르 헌법 제정, 바이마르 공화국 수립
오스트리아·헝가리 제국	왕정 해체 → 여러 민주 공화국 탄생
신생 독립국	패전국의 식민지가 민족 자결주의 원칙에 따라 독립 → 대부분 민주주의 헌법 채택

(2) 참정권 확대: 보통 선거 정착, 여성 참정권의 확대

◆ 대공황과 제2차 세계 대전

1. ❼□□□의 발생(1929)

(1) 과정: 미국 뉴욕 증권 거래소에서 주가 폭락 → 회사와 은행 파산, 실업자 급증 → 전 세계로 확산

(2) 각국의 대응

미국	**❽**□□ □□ 실시 → 대규모 공공사업을 통한 실업자 구제
영국, 프랑스	블록 경제 형성 → 보호 무역 정책 시행

☆☆ 2. 전체주의 국가의 등장

(1) 배경: 대공황 전후의 경제적 혼란과 사회적 불안을 틈타 전체주의 세력이 권력 장악

(2) 전체주의 국가: 이탈리아, 독일, 일본 등

☆☆ 3. 제2차 세계 대전의 전개

발발	이탈리아, 독일, 일본의 **❾**□□□ 진영 형성 → 독소 불가침 조약 체결 → 독일의 폴란드 공격 → 영국과 프랑스가 독일에 선전 포고(1939)
전개	• 유럽: 독일이 폴란드 장악, 프랑스 파리 점령 → 소련 공격 • 아시아, 태평양: **❿**□□이/가 하와이의 진주만 기지 기습 공격 → 아시아 태평양 전쟁 발발(1941)
전세 변화	이탈리아 항복(1943. 9.) → 독일 항복(1945. 5.) → 미국이 일본에 원자 폭탄 투하 → 일본 항복(1945. 8.)
결과	수많은 인명 피해와 재산 피해, 반인륜적 범죄 발생, 국제 연합(UN) 창설

02 전쟁 범죄에 맞선 평화 유지 노력

✚ 두 차례 세계 대전 중 발생한 전쟁 범죄

1. **난징 대학살:** 중일 전쟁을 일으킨 일본군이 난징을 점령하여 도시 전체 파괴 → 중국군 포로와 민간인 학살(1937)

2. **⑪ ▢▢▢▢▢:** 독일 나치스가 유대인을 대상으로 저지른 대규모 학살

3. **일본군 '위안부':** 1930년대 초부터 일본군이 점령지에서 수만 명의 여성을 일본군 '위안부'로 끌고 감

✚ 인권 회복과 평화 실현을 위한 노력

☆☆ 1. 전후 처리와 국제 연합의 창설

(1) 전후 처리 논의

⑫ ▢▢▢▢▢	미국과 영국이 전후 평화 원칙 발표
카이로 회담	한국의 독립과 일본의 항복 문제 논의
얄타 회담	전후 독일 분할 점령과 ⑬ ▢▢의 일본 공격 결정
포츠담 회담	전후 처리 문제 결정

(2) **국제 연합(UN) 창설:** 국제 평화와 안전 유지 목적, 미국과 소련 등 강대국의 참여

2. 인권 회복을 위한 노력

(1) ⑭ ▢▢▢▢▢ 재판: 독일의 전쟁 범죄자들을 재판, 역사상 최초로 전쟁을 일으킨 개인에게 형사 책임을 물어 이후의 전범 재판에 큰 영향을 미침

(2) **극동 국제 군사 재판(도쿄 재판):** 일본의 전쟁 범죄자들을 재판, 침략 전쟁을 명령한 히로히토 천황과 731 부대의 책임자에 대한 처벌이 이루어지지 않음

3. 평화 실현을 위한 노력

제노바 회의	전쟁 배상금과 외교 관계 문제 등을 논의
로카르노 조약	유럽의 국경선 문제 처리
켈로그·브리앙 조약	국제 분쟁을 해결하고자 전쟁을 일으키는 행위를 불법으로 규정

03 아시아와 아프리카의 민족 운동

✚ 동아시아와 인도의 민족 운동

1. **한국의 민족 운동:** 일제의 식민 지배에 저항하는 3·1 운동 전개 → 대한민국 임시 정부 수립, 5·4 운동에 영향을 줌

2. **중국의 민족 운동**

(1) **5·4 운동:** 일본이 21개조 요구 강요 → ⑮ ▢▢▢▢의 이권 반환 등을 요구하는 민족 운동 전개

(2) **제1차 국공 합작:** 군벌과 제국주의 열강을 물리치고자 국민당과 공산당이 연합

(3) **제2차 국공 합작:** ⑯ ▢▢ ▢▢ 발발 → 일본군에 대항하고자 국민당과 공산당이 다시 연합

3. **동남아시아의 민족 운동**

필리핀	아기날도가 미국에 저항하는 독립운동 주도
베트남	⑰ ▢▢▢이/가 베트남 공산당 창설
인도네시아	⑱ ▢▢▢이/가 인도네시아 국민당 결성

☆☆ 4. 인도의 민족 운동

(1) ⑲ ▢▢: 비폭력·불복종 운동, 소금 행진 전개

(2) **네루:** 인도의 완전한 독립 주장, 인도 독립 동맹 결성

✚ 서아시아와 아프리카의 민족 운동

1. **서아시아의 민족 운동**

(1) **튀르키예 공화국:** 무스타파 케말이 근대화 개혁 실시

(2) **아랍 지역:** 이라크와 시리아의 독립, 사우디아라비아의 통일 왕국 수립

(3) **팔레스타인 지역:** 영국의 맥마흔 선언과 밸푸어 선언으로 아랍인과 유대인의 대립

2. **아프리카의 민족 운동**

(1) **이집트:** 영국이 ⑳ ▢▢▢ ▢▢ 관리권과 군대 주둔권을 유지하는 조건으로 독립 인정

(2) **모로코, 알제리, 튀니지:** 프랑스에 맞선 독립운동 전개

(3) **중남부 아프리카:** 범아프리카주의 확산

▶ 정답 확인하기

❶ 3국 동맹	❷ 국제 연맹	❸ 3월 혁명	❹ 레닌
❺ 신경제 정책	❻ 독일	❼ 대공황	❽ 뉴딜 정책
❾ 추축국	❿ 일본	⑪ 홀로코스트	⑫ 대서양 헌장
⑬ 소련	⑭ 뉘른베르크	⑮ 산둥반도	⑯ 중일 전쟁
⑰ 호찌민	⑱ 수카르노	⑲ 간디	⑳ 수에즈 운하

▶ 스스로 점검하기

맞은 개수	이렇게 해 봐
10개 이하	진도 교재로 돌아가 복습해 봐!
11 ~ 15개	틀린 문제의 답을 다시 확인하고 **중간고사·기말고사**를 풀도록 해!
16 ~ 20개	자신감을 가지고 **중간고사·기말고사**를 풀어 봐. 학교 시험 100점 도전!

01 냉전 체제와 제3 세계의 형성

◆ 냉전 체제의 형성

☆☆ 1. 냉전의 시작: 자본주의 진영과 공산주의 진영의 대립

구분	자본주의 진영	공산주의 진영
정치	미국 대통령의 트루먼 독트린 발표	소련의 코민포름(공산당 정보국) 창설
경제	❶ ☐☐☐☐(서유럽 경제 원조 계획) 추진	코메콘(경제 상호 원조 회의) 조직
군사	미국이 서유럽 국가들과 북대서양 조약 기구(NATO) 결성	소련이 동유럽 국가들과 바르샤바 조약 기구(WTO) 결성

2. 냉전의 심화: 두 진영이 세계 각지에서 충돌

(1) **독일:** 미국·영국·프랑스·소련의 분할 점령 → 소련의 베를린 봉쇄 → 독일 분단 → 베를린 장벽 설치(1961)

(2) **아시아:** 군사적 충돌인 ❷ ☐☐(으)로 전개

중국	국공 내전 발생 → 중화 인민 공화국 수립(1949)
한국	남북 분단 → 북한의 남침으로 6·25 전쟁 발발
베트남	북베트남과 남베트남의 대립 → 베트남 전쟁 발발

(3) **쿠바:** 소련이 쿠바에 핵미사일 기지 건설 시도 → 미국이 쿠바 해상을 봉쇄하면서 핵전쟁의 위기 발생(쿠바 미사일 위기, 1962) → 소련이 쿠바에서 미사일 철수

◆ 제3 세계의 등장

1. 아시아와 아프리카 국가들의 독립

아시아	• 인도: 영국으로부터 독립(1947) → 종교 갈등으로 인도와 파키스탄으로 분리 • 서아시아: 유대인이 영국, 미국 등의 도움으로 팔레스타인 지역에 ❸ ☐☐☐☐ 건국(1948) → 중동 전쟁 발발 • 동남아시아: 인도네시아, 필리핀 등 독립
아프리카	• 이집트: ❹ ☐☐☐☐이/가 공화정 수립(1952), 수에즈 운하의 국유화 선언(→ 운영권 회복) • 리비아: 1951년 이탈리아로부터 독립 • '아프리카의 해': 1960년에 17개국이 독립하여 '아프리카의 해'라고 불림

☆☆ 2. 제3 세계의 등장

(1) **특징:** 아시아와 아프리카의 신생 독립국 중심, 비동맹주의(비동맹 중립 노선) 추구

(2) **활동:** 평화 5원칙 합의(1954) → 아시아·아프리카 회의(반둥 회의)에서 ❺ ☐☐ ☐☐☐ 발표(1955) → 제1차 비동맹 회의(1961) 이후 정기적 모임 추진

◆ 국제 질서의 변화

1. 냉전 체제의 완화: 미국의 ❻ ☐☐ ☐☐☐ 발표(1969) → 닉슨 대통령의 중국 방문(1972), 미국과 중국의 국교 수립, 미국과 소련이 전략 무기 제한 협정(SALT) 체결

2. 냉전 체제의 종식

☆☆ (1) **소련의 해체:** 고르바초프가 개혁(페레스트로이카)·개방(글라스노스트) 정책 추진, 동유럽 국가에 대한 불간섭 선언 → 소련과 미국이 ❼ ☐☐ ☐☐에서 냉전 종식 공식 선언 → 옐친이 독립 국가 연합(CIS) 결성

(2) **동유럽 사회주의 진영의 붕괴:** 헝가리·체코슬로바키아·폴란드 등에서 민주화 운동 전개, 베를린 장벽 붕괴 후 독일 통일(1990), 유고슬라비아 연방 해체

(3) **중국의 개혁·개방:** 마오쩌둥이 대약진 운동 실패 이후 문화 대혁명 추진 → ❽ ☐☐☐☐이/가 흑묘백묘론을 발표하고 개혁·개방 정책 추진

(4) **유럽 연합(EU) 창설(1993):** 유럽의 정치적·경제적 통합 추구, 유럽 의회 개최, 공동 화폐로 유로화 사용

02 민주주의와 인권의 확산

◆ 탈권위주의 운동

1. 배경: 냉전으로 이념 대립 심화, 물질만능주의 확산, 제2차 세계 대전 이후 경제 성장, 고등 교육의 확산 등

2. 특징: 청년과 학생들 중심으로 전개(프랑스 68 운동이 대표적 사례임), 반전 평화 운동·민주화 운동 등으로 전개

3. 전개

(1) **반전 평화 운동:** 전쟁을 반대하고 평화를 지키려는 운동, 1960년대에 미국에서 일어난 ❾ ☐☐☐ ☐☐ 반대 시위를 계기로 전 세계에 확산, 핵 확산 금지 조약(NPT) 체결(1968), 이라크 전쟁 반대 시위 등 전개

(2) ❿ ☐☐☐ ☐☐: 한국의 4·19 혁명, 체코슬로바키아의 프라하의 봄, 필리핀의 에드사 혁명, 중국의 톈안먼 사건, 튀니지 혁명 등 독재 정권에 대항함

☆☆ (3) **민권 운동:** 종교, 성별, 인종 차별에 저항

미국	짐 크로 법 실시 → ⓫ ☐☐ ☐☐ ☐이/가 워싱턴 행진(1963) 전개 → 민권법 통과(1964)로 백인과 흑인의 법적 차별 철폐
남아프리카 공화국	넬슨 만델라 등이 아파르트헤이트에 저항 → 1990년대 넬슨 만델라와 클레르크 대통령이 아파르트헤이트 폐지

⑷ **노동 운동:** 노동자의 권리 보호 목적, 노동조합 등을 조직하여 열악한 노동 환경과 처우 개선 요구 → 국제 노동 기구(ILO) 조직(노동 기본 원칙과 권리선언 채택)

⑸ **여성 운동:** 여성의 권리를 보장받기 위한 운동 전개, 미국의 베티 프리단이 남녀평등 주장 → 차별 금지법 통과(영국), 여성 평등권을 명시한 헌법 개정(미국)

● 환경 운동

1. 환경 문제: 지구 온난화, 삼림 파괴, 사막화, 대기 오염, 기상 이변(이상 고온, 폭우 등), 해양 오염 등

2. 환경 운동

국제 협약 체결	환경과 개발에 관한 리우 선언(1992) → 교토 의정서(1997) → ⑫ ☐☐ ☐☐(2015)
민간단체의 활동	그린피스, 세계 자연 기금(WWF) 등 비정부 기구(NGO)가 생태계 보전을 위한 활동 전개

03 세계화와 지역 세계의 변화

● 새로운 세계 질서의 형성

1. 신자유주의의 확산

⑴ **자본주의 경제 성장:** 1960년대 전후로 크게 성장, 서독과 일본, 아시아의 신흥 공업국(한국, 홍콩 등)이 성장

⑵ **신자유주의의 확산**

등장	1970년대 두 차례의 ⑬ ☐☐ ☐☐(으)로 세계 경제 위기 → 영국의 ⑭ ☐☐ 총리, 미국의 레이건 대통령이 정부의 개입 축소, 시장 개방을 추구하는 신자유주의 경제 정책 추진
확산	1990년대 사회주의 진영 붕괴 이후 빠르게 확산

2. 세계화의 확산

⑴ **세계화의 전개:** 무역과 투자의 자유화를 추구하는 세계 무역 기구(WTO) 결성(1995), 국가 간 관세 장벽을 없애는 자유 무역 협정(FTA) 체결 확산, 세계에 자회사와 지사 등을 둔 ⑮ ☐☐☐ ☐☐ 성장

⑵ **지역 단위의 협력 노력:** 국가 간 무역 경쟁 심화 → 유럽 연합(EU) 등 지역별 경제 협력체 등장

⑶ **성과와 과제**

성과	다른 국가의 좋은 상품을 저렴한 가격에 구매 가능, 문화의 이동 과정에서 새로운 문화 형성
과제	국가 간 빈부 격차와 경제 의존도 심화, 이주민이 늘면서 문화 차이로 갈등, 문화의 획일화

● 과학 기술과 대중문화의 발달

1. 과학 기술의 발달

⑴ **내용:** 원자력 기술, 유전·생명 공학, 교통 기술, 정보 통신 기술, 우주 과학 등 발달

⑵ **영향:** 인적·물적 교류 증가, 전통적 가치관과 생활 양식의 변화, 물질만능주의의 확산과 인간성 상실

2. 대중문화의 발달

⑴ **배경:** 제2차 세계 대전 이후 불특정 다수의 사회적 영향력이 커진 ⑯ ☐☐ ☐☐과/와 대중 매체의 발달

⑵ **문제점:** 특정 문화의 확산으로 문화의 ⑰ ☐☐☐, 지나친 흥미 위주의 상업성 추구, 정보 조작 발생

● 현대 세계의 문제와 해결을 위한 노력

1. 현대 세계의 문제

국가 간 빈부 격차	세계화가 확산되면서 지구 북반구와 남반구 간의 경제 차이로 ⑱ ☐☐☐☐ 발생
종교·민족 갈등	유고슬라비아 전쟁, 카슈미르 분쟁, 이스라엘-팔레스타인 분쟁
지역 분쟁	9·11 테러, 르완다·수단·콩고·시리아 등에서 내전 발생
자원 분쟁	센카쿠·댜오위다오 분쟁

2. 문제 해결을 위한 노력

국가	⑲ ☐☐ ☐☐이/가 분쟁 지역에 평화 유지군 파견, 난민에 관한 국제 협약 체결
민간 단체	⑳ ☐☐☐ ☐☐인 국경 없는 의사회(MSF), 국제 사면 위원회(AI) 등이 활발히 활동 전개

▶ **정답** 확인하기

❶ 마셜 계획	❷ 열전	❸ 이스라엘	❹ 나세르
❺ 평화 10원칙	❻ 닉슨 독트린	❼ 몰타 회담	❽ 덩샤오핑
❾ 베트남 전쟁	❿ 민주화 운동	⑪ 마틴 루서 킹	⑫ 파리 협정
⑬ 석유 파동	⑭ 대처	⑮ 다국적 기업	⑯ 대중 사회
⑰ 획일화	⑱ 남북문제	⑲ 국제 연합	⑳ 비정부 기구

▶ **스스로** 점검하기

맞은 개수	이렇게 해 봐
10개 이하	진도 교재로 돌아가 복습해 봐!
11 ~ 15개	틀린 문제의 답을 다시 확인하고 **중간고사·기말고사**를 풀도록 해!
16 ~ 20개	자신감을 가지고 **중간고사·기말고사**를 풀어 봐. 학교 시험 100점 도전!

01 (가), (나)에 들어갈 국가에 대한 설명으로 옳은 것은?
[3점]

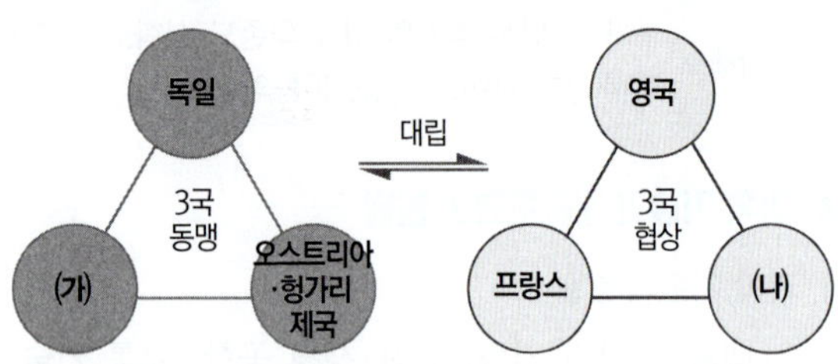

① (가) – 무제한 잠수함 작전을 펼쳤다.
② (가) – 보스니아 헤르체고비나를 병합하였다.
③ (나) – 일본에 원자 폭탄을 투하하였다.
④ (나) – 국내에서 혁명이 일어나자 제1차 세계 대전
에서 이탈하였다.
⑤ (가), (나) – 제2차 세계 대전 당시 추축국 진영을 형
성하였다.

02 다음은 제1차 세계 대전 당시 있었던 일이다. 이 중
에서 세 번째로 일어난 일은?
[2점]

① 미국이 연합국 편으로 참전하였다.
② 이탈리아가 연합국 편으로 돌아섰다.
③ 독일의 새 정부가 항복을 선언하였다.
④ 독일의 서부 전선 총공격이 실패하였다.
⑤ 오스트리아·헝가리 제국이 세르비아에 전쟁을 선
포하였다.

03 밑줄 친 '이 회의'의 결과로 옳은 것은?
[4점]

> 제1차 세계 대전이 끝난 뒤 연합국은 전후 문제를
> 처리하고자 이 회의를 열었다.

① 빈 체제가 형성되었다.
② 국제 연합이 창설되었다.
③ 소련의 일본 공격이 결정되었다.
④ 연합국과 독일이 베르사유 조약을 맺었다.
⑤ 유럽 열강이 아프리카 분할 원칙에 합의하였다.

04 (가)에 들어갈 내용으로 적절하지 <u>않은</u> 것은?   [2점]

① 사회주의 개혁을 추진하였어.
② 신경제 정책(NEP)을 시행하였어.
③ 경제 개발 5개년 계획을 실시하였어.
④ 소비에트 사회주의 공화국 연방(소련)을 세웠어.
⑤ 독일과 조약을 체결하고 제1차 세계 대전에서 이탈
하였어.

05 제1차 세계 대전 이후 민주주의의 발전 사례로 적절
한 것을 〈보기〉에서 고른 것은?
[2점]

> ┤보기├
> ㄱ. 프랑스에서 왕정이 부활하였다.
> ㄴ. 독일에서 바이마르 헌법이 제정되었다.
> ㄷ. 여러 국가가 여성 참정권을 인정하였다.
> ㄹ. 영국에서 제1차 선거법 개정이 이루어졌다.

① ㄱ, ㄴ   ② ㄱ, ㄷ   ③ ㄴ, ㄷ
④ ㄴ, ㄹ   ⑤ ㄷ, ㄹ

잘 나와!

06 뉴딜 정책에 대한 설명으로 옳지 <u>않은</u> 것은?   [2점]

① 영국과 프랑스에서 실시되었다.
② 대공황을 극복하고자 추진되었다.
③ 정부가 기업의 생산량을 조절하였다.
④ 정부가 경제활동에 적극적으로 개입하였다.
⑤ 테네시강 유역 개발 공사 등 공공사업을 통해 실업
자를 구제하였다.

07 제2차 세계 대전의 전개 과정 중 (가)에 들어갈 내용으로 옳은 것은? [4점]

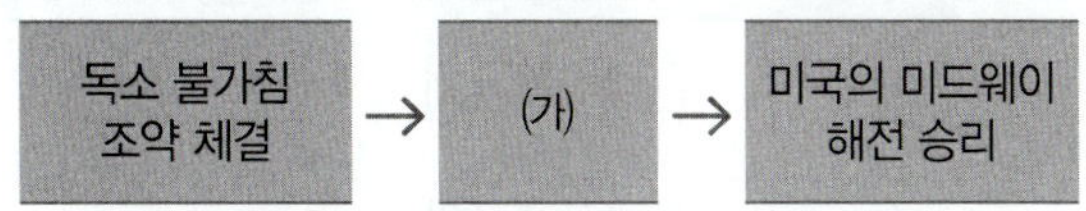

① 일본의 진주만 습격
② 무솔리니 정권의 붕괴
③ 노르망디 상륙 작전 실시
④ 미국이 일본에 원자 폭탄 투하
⑤ 소련의 스탈린그라드 전투 승리

08 다음 내용에 해당하는 사례로 적절하지 <u>않은</u> 것은? [2점]

> 제2차 세계 대전 시기에는 민간인을 대상으로 하는 대량 학살과 인권 침해로 인명 피해가 더욱 컸다.

① 일본이 생체 실험을 자행하였다.
② 독일이 폴란드인을 강제로 추방하였다.
③ 소련이 폴란드의 군인과 지식인을 학살하였다.
④ 식민지 주민이 군수 공장 등에 강제로 동원되었다.
⑤ 러시아의 차르가 개혁을 요구하는 노동자들에게 발포하였다.

09 (가)에 들어갈 내용으로 가장 적절한 것은? [3점]

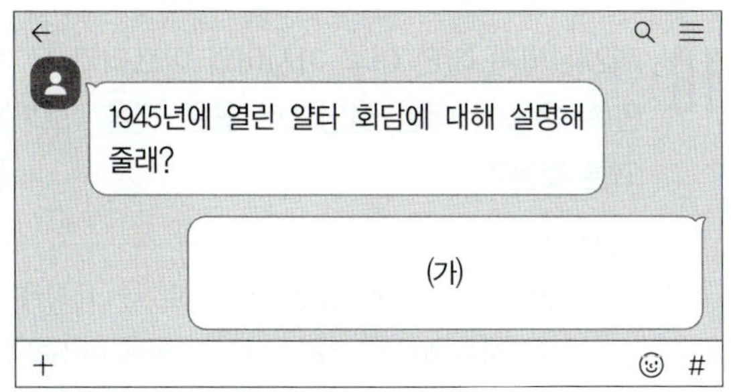

① 한국의 독립 문제를 합의하였어.
② 유럽의 국경선 문제를 처리하였어.
③ 전쟁 배상금과 외교 관계 문제를 결정하였어.
④ 국제 분쟁을 해결하고자 전쟁을 일으키는 행위를 불법으로 정하였어.
⑤ 전후 미국, 영국, 프랑스, 소련이 독일 영토를 분할 점령하기로 하였어.

[10~11] 다음을 읽고 물음에 답하시오.

> 제2차 세계 대전 직후 열린 (㉠)에서는 나치스의 주요 인사를 포함한 <u>이 국가</u>의 전쟁 범죄자들을 재판하였다.

10 ㉠에 들어갈 재판에 대한 설명으로 옳지 <u>않은</u> 것은? [2점]

① 도쿄 재판이라고도 한다.
② 재판 과정에서 나치스의 만행이 알려졌다.
③ 전쟁을 일으킨 개인에게 형사 책임을 물었다.
④ 독일의 전쟁 범죄자 12명에게 사형을 선고하였다.
⑤ 반인륜적 범죄라는 개념을 처음으로 법 집행에 적용하였다.

11 밑줄 친 '이 국가'가 저지른 전쟁 범죄의 내용으로 옳은 것은? [2점]

① 유대인들을 가스실로 끌고 가 살해하였다.
② 중국 난징을 점령하여 민간인을 학살하였다.
③ 수많은 여성을 끌고 가 일본군 '위안부'로 만들었다.
④ 블라디보스토크의 여러 소수 민족을 중앙아시아로 강제 이주시켰다.
⑤ 제2차 세계 대전에서 패배한 직후 일본군 '위안부' 여성들을 살해하였다.

12 ㉠, ㉡에 들어갈 내용으로 옳은 것은? [3점]

> 한국에서는 3·1 운동 이후 독립운동가들이 (㉠) 진영과 (㉡) 진영으로 나뉘었다. (㉠) 진영은 실력 양성 운동을 이끌었고, (㉡) 진영은 농민과 노동자를 중심으로 사회 운동을 펼쳤다.

	㉠	㉡
①	민족주의	사회주의
②	민족주의	전체주의
③	민주주의	사회주의
④	민주주의	전체주의
⑤	자유주의	민족주의

13 중국의 민족 운동에 대한 설명으로 옳지 <u>않은</u> 것은?
[2점]

① 지식인들을 중심으로 신문화 운동이 전개되었다.
② 중일 전쟁이 발발하자 제2차 국공 합작이 이루어졌다.
③ 수많은 사람이 탑골 공원에 모여 독립 선언서를 낭독하였다.
④ 5·4 운동 이후 국민당과 공산당을 중심으로 민족 운동이 진행되었다.
⑤ 베이징의 학생들과 시민들이 산둥반도의 이권 반환을 요구하는 민족 운동을 전개하였다.

잘 나와!

14 ㉠에 들어갈 인물이 펼친 활동으로 옳은 것은? [3점]

(㉠)은/는 영국의 식민 지배에 저항하였다. 영국산 옷을 사지 않으려고 직접 물레를 돌려 실을 뽑아 옷감을 짜기도 하였다.

① 술탄 제도를 폐지하였다.
② 베트남 공산당을 창설하였다.
③ 인도 독립 동맹을 결성하였다.
④ 인도네시아 국민당을 만들었다.
⑤ 비폭력·불복종 운동을 이끌었다.

15 다음에서 설명하는 국가로 옳은 것은?
[2점]

• 제1차 세계 대전 이후 영국의 지배에 저항하였다.
• 영국이 수에즈 운하의 관리권과 군대 주둔권을 유지하는 조건으로 독립을 인정하였다.

① 모로코　② 시리아　③ 알제리
④ 이라크　⑤ 이집트

16 ㉠, ㉡에 들어갈 내용으로 옳은 것은?
[2점]

구분	자본주의 진영	공산주의 진영
경제	(㉠) 추진	코메콘(경제 상호 원조 회의) 조직
군사	북대서양 조약 기구(NATO) 결성	(㉡) 결성

	㉠	㉡
①	마셜 계획	세계 무역 기구(WTO)
②	마셜 계획	바르샤바 조약 기구(WTO)
③	신경제 정책	바르샤바 조약 기구(WTO)
④	신자유주의 정책	세계 무역 기구(WTO)
⑤	신자유주의 정책	바르샤바 조약 기구(WTO)

17 다음 사건들의 공통점으로 가장 적절한 것은? [3점]

• 국공 내전　• 6·25 전쟁　• 베트남 전쟁

① 제3 세계가 주도하였다.
② 냉전이 심화되면서 나타났다.
③ 베르사유 체제 아래에서 일어났다.
④ 소련의 베를린 봉쇄에 영향을 주었다.
⑤ 먼로주의 선언이 발표되는 계기가 되었다.

18 제2차 세계 대전 이후 아시아와 아프리카 국가들의 민족 운동에 대한 설명으로 옳은 것을 〈보기〉에서 고른 것은?
[3점]

보기

ㄱ. 무스타파 케말이 튀르키예 공화국을 세웠다.
ㄴ. 서아시아에서는 팔레스타인 지역에 이스라엘이 세워졌다.
ㄷ. 사하라 사막 남쪽 지역에서 제1차 범아프리카 회의가 개최되었다.
ㄹ. 아프리카에서는 한 해에 17개국이 독립하면서 '아프리카의 해'라고 불렸다.

① ㄱ, ㄴ　② ㄱ, ㄷ　③ ㄴ, ㄷ
④ ㄴ, ㄹ　⑤ ㄷ, ㄹ

19 밑줄 친 '우리'에 대한 설명으로 옳은 것을 〈보기〉에서 고른 것은? [3점]

➡ 아시아·아프리카 회의에서 연설하는 수카르노

┤ 보기 ├

ㄱ. 비동맹주의를 내세웠다.

ㄴ. 평화 10원칙을 발표하였다.

ㄷ. 미국과 서유럽 국가가 주도하였다.

ㄹ. 공산당 정보국인 코민포름을 만들었다.

① ㄱ, ㄴ   ② ㄱ, ㄷ   ③ ㄴ, ㄷ

④ ㄴ, ㄹ   ⑤ ㄷ, ㄹ

20 다음 국제기구를 결성한 인물로 옳은 것은? [2점]

> 소련이 해체되면서 독립한 국가들의 국제기구이다. 처음에는 러시아 연방을 포함하여 11개국이 속하였으나 이후 조지아, 우크라이나, 몰도바가 탈퇴하였다.

① 레닌   ② 옐친   ③ 나세르

④ 스탈린   ⑤ 고르바초프

21 (가), (나) 인물에 대한 설명으로 옳은 것은? [4점]

> (가) 덩샤오핑   (나) 마오쩌둥

① (가) – 대약진 운동을 전개하였다.

② (가) – 중화 인민 공화국을 수립하였다.

③ (나) – 흑묘백묘론을 주장하였다.

④ (나) – 문화 대혁명을 추진하였다.

⑤ (가), (나) – 일본에서 중국 동맹회를 결성하였다.

22 빈칸에 들어갈 운동에 대한 탐구 활동으로 적절하지 않은 것은? [3점]

> ### 역사 용어 사전
>
> 20세기 후반에 전개되었으며, 오랜 시간 계속되어 온 관습이나 기존의 정치 체제로부터 벗어나고자 하는 운동이다.

① 3·1 운동의 영향을 알아본다.

② 프랑스 68 운동의 배경을 파악한다.

③ 톈안먼 사건의 전개 과정을 정리한다.

④ 반전 평화 운동의 계기가 된 전쟁을 살펴본다.

⑤ 미국에서 전개된 민권 운동의 사례를 조사한다.

23 다음 선언을 발표한 국제기구로 옳은 것은? [2점]

> 1. 결사의 자유와 단체 교섭권의 인정
> 2. 모든 형태의 강제 노동 폐지
> 3. 아동 노동의 금지
> 4. 고용과 직업상의 차별 철폐

① 국제 연합(UN)   ② 유럽 연합(EU)

③ 국제 노동 기구(ILO)   ④ 독립 국가 연합(CIS)

⑤ 세계 무역 기구(WTO)

24 다음 환경 문제를 해결하기 위한 노력으로 적절한 것을 〈보기〉에서 고른 것은? [2점]

> 화석 연료를 사용하면서 온실가스가 급격히 늘어나 지구 온난화가 가속화하였다.

┤ 보기 ├

ㄱ. 파리 협정을 체결하였다.

ㄴ. 교토 의정서를 발표하였다.

ㄷ. 핵 확산 금지 조약(NPT)을 맺었다.

ㄹ. 베티 프리단이 남녀평등을 주장하였다.

① ㄱ, ㄴ   ② ㄱ, ㄷ   ③ ㄴ, ㄷ

④ ㄴ, ㄹ   ⑤ ㄷ, ㄹ

25 제2차 세계 대전 이후 세계 경제의 흐름에 대한 학생들의 발표 내용으로 옳지 <u>않은</u> 것은? [2점]

① 서독과 일본의 경제가 성장하였습니다.
② 세계 각국이 물가 안정 정책을 추진하였습니다.
③ 1960년대 전후로 자본주의 경제가 크게 성장하였습니다.
④ 미국 뉴욕에서 주가가 큰 폭으로 떨어져 대공황이 발생하였습니다.
⑤ 아시아의 한국, 홍콩, 타이완, 싱가포르 등이 신흥 공업국으로 떠올랐습니다.

잘 나와!

26 다음 인물이 추진한 경제 정책에 대한 설명으로 옳은 것은? [3점]

① 시장 개방을 추구하였다.
② 주요 산업을 국유화하였다.
③ 국가의 경제 개입을 강화하였다.
④ 냉전 체제가 심화되면서 확산되었다.
⑤ 대공황의 피해를 복구하고자 실시하였다.

27 ㉠에 들어갈 기구로 옳지 <u>않은</u> 것은? [2점]

> 세계화로 국가 간 무역 경쟁이 심화되었다. 이러한 국제 질서의 변화에 대응하고자 (㉠)과/와 같은 지역별 경제 협력체가 만들어졌다.

① 유럽 연합(EU)
② 북대서양 조약 기구(NATO)
③ 동남아시아 국가 연합(ASEAN)
④ 아시아·유럽 정상 회의(ASEM)
⑤ 미국·멕시코·캐나다 협정(USMCA)

28 밑줄 친 '부작용'으로 적절하지 <u>않은</u> 것은? [2점]

> 20세기에 이르러 과학 기술이 크게 발달하여 인류에게 많은 도움이 되었다. 그러나 여러 가지 <u>부작용</u>도 나타났다.

① 환경 문제가 발생하였다.
② 물질만능주의가 확산하였다.
③ 인간성 상실에 영향을 미쳤다.
④ 전통적 가치관이 급격하게 변화하였다.
⑤ 방사선 치료와 난치병 치료가 가능해졌다.

29 ㈎에 들어갈 사진으로 옳은 것을 〈보기〉에서 고른 것은? [4점]

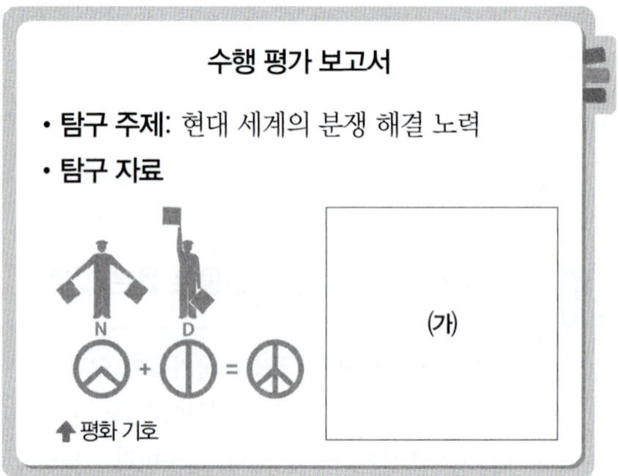

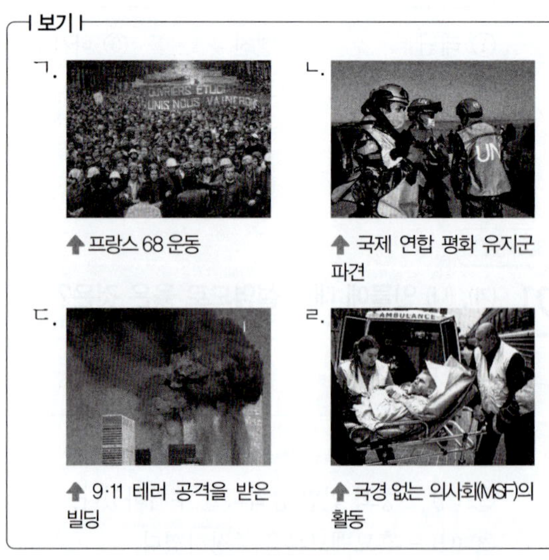

① ㄱ, ㄴ ② ㄱ, ㄷ ③ ㄴ, ㄷ
④ ㄴ, ㄹ ⑤ ㄷ, ㄹ

단답형 + 서술형 문제

30 다음에서 설명하는 정치 체제를 쓰시오. [3점]

> 국가 전체의 이익을 위하여 개인의 희생을 강요한 체제로, 이탈리아의 파시즘과 독일의 나치즘이 대표적이다.

( )

31 다음을 읽고 물음에 답하시오. [5점]

> 제2차 세계 대전이 끝난 후 여러 국가의 대표들은 국제 협력과 평화 유지를 위해 (㉠)을/를 창설하였다.

(1) ㉠에 들어갈 국제기구를 쓰시오.

(2) (1) 국제기구의 특징을 <u>두 가지</u> 서술하시오.

32 밑줄 친 내용의 사례를 <u>두 가지</u> 서술하시오. [4점]

> 튀르키예 공화국의 첫 번째 대통령이 된 무스타파 케말은 <u>여러 근대화 개혁을 펼쳤다.</u>

33 밑줄 친 정책의 내용을 각각 서술하시오. [4점]

> 1985년 소련의 공산당 서기장에 당선된 고르바초프는 <u>개혁과 개방</u>을 내세웠으며, 동유럽 국가에 대한 <u>불간섭을 선언</u>하였다.

34 다음을 읽고 물음에 답하시오. [5점]

역사 신문 1993년

(㉠), 노벨 평화상을 수상하다

오늘 (㉠)이/가 클레르크 대통령과 함께 남아프리카 공화국 최초로 노벨 평화상을 수상하였다.

(1) ㉠에 공통으로 들어갈 인물을 쓰시오.

(2) (1) 인물의 활동을 서술하시오.

35 대중문화가 발달하면서 나타난 문제점을 <u>두 가지</u> 서술하시오. [4점]

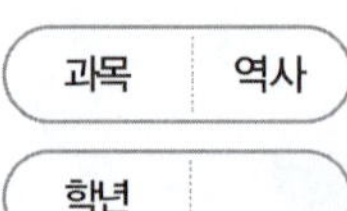

과목	역사
학년	

기말고사 2회

고사일 | 20   년   월   일

교시

점

---

01 다음 사건이 일어난 시기를 연표에서 고른 것은?　[2점]

> 오스트리아·헝가리 제국의 황태자 부부가 세르비아계 청년에게 암살되었다.

1882	1907	1914	1920	1929	1945
(가)	(나)	(다)	(라)	(마)	
▲	▲	▲	▲	▲	▲
3국 동맹 결성	3국 협상 체결	제1차 세계 대전 발발	국제 연맹 창설	대공황 발생	제2차 세계 대전 종결

① (가)　　② (나)　　③ (다)　　④ (라)　　⑤ (마)

---

02 자료를 보고 학생들이 나눈 대화 내용으로 가장 적절한 것은?　[3점]

역사 신문　　　　　　　　　　　1915년

루시타니아호가 침몰하다!

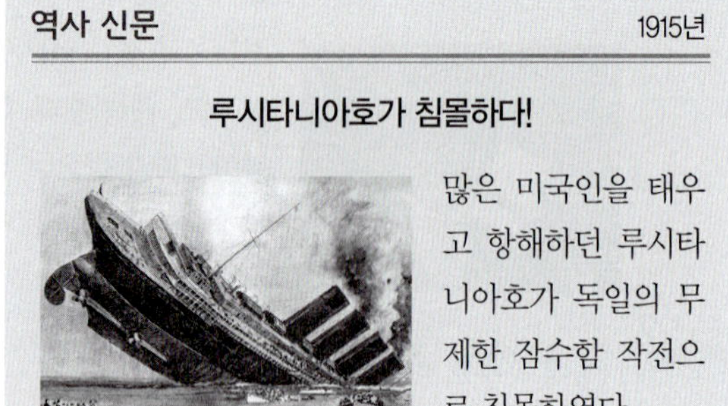

많은 미국인을 태우고 항해하던 루시타니아호가 독일의 무제한 잠수함 작전으로 침몰하였다.

① 3국 동맹 체결의 배경이야.
② 제2차 세계 대전 중에 있었던 일이야.
③ 아시아 태평양 전쟁이 발발하는 계기가 되었어.
④ 미국은 이를 해결하고자 뉴딜 정책을 실시하였어.
⑤ 미국이 연합국 편으로 참전하는 데 영향을 주었어.

---

03 제1차 세계 대전에 대한 설명으로 옳지 <u>않은</u> 것은?　[2점]

① 여성들이 간호병으로 참전하였다.
② 서부 전선에서 참호전이 전개되었다.
③ 전쟁이 끝난 직후 국제 연합이 창설되었다.
④ 유럽 각국이 식민지인을 전쟁에 동원하였다.
⑤ 전투기, 탱크, 독가스 등 신무기가 등장하였다.

---

04 다음은 러시아 혁명 시기에 있었던 일들이다. 이 중에서 다섯 번째로 일어난 일은?　[2점]

① 임시 정부가 수립되었다.
② 레닌이 이끄는 볼셰비키가 봉기하였다.
③ 노동자와 군인들이 소비에트를 결성하였다.
④ 소비에트 정부가 사회주의 개혁을 추진하였다.
⑤ 차르가 개혁을 요구하는 시위대를 무력으로 진압하였다.

[05~06] 다음을 읽고 물음에 답하시오.

> **전체주의 국가의 등장**
>
> • **배경**: 대공황 전후의 경제적 혼란과 사회적 불안
> • **특징**: 　
> • **사례**: 이탈리아의 파시즘, (　㉠　)의 나치즘

05 빈칸에 들어갈 내용으로 가장 적절한 것은?　[2점]

① 블록 경제 형성
② 중상주의 정책 실시
③ 공산당의 독재 체제 강화
④ 범게르만주의 국가들과 대립
⑤ 국가의 이익을 위하여 개인의 희생 강요

---

06 ㉠에 들어갈 국가의 대외 침략 사례로 적절한 것을 〈보기〉에서 고른 것은?　[3점]

> **보기**
>
> ㄱ. 중일 전쟁을 일으켰다.
> ㄴ. 에티오피아를 침략하였다.
> ㄷ. 오스트리아를 병합하였다.
> ㄹ. 체코슬로바키아를 점령하였다.

① ㄱ, ㄴ　　② ㄱ, ㄷ　　③ ㄴ, ㄷ
④ ㄴ, ㄹ　　⑤ ㄷ, ㄹ

---

07 제2차 세계 대전의 과정을 일어난 순서대로 나열한 것은? [2점]

> (가) 독일이 파리를 점령하였다.
> (나) 일본이 무조건 항복을 선언하였다.
> (다) 미국이 미드웨이 해전에서 승리하였다.
> (라) 이탈리아, 독일, 일본이 군사 동맹을 맺었다.

① (가) – (나) – (다) – (라) ② (가) – (다) – (나) – (라)
③ (나) – (가) – (라) – (다) ④ (라) – (가) – (다) – (나)
⑤ (라) – (다) – (나) – (가)

08 제1차 세계 대전과 제2차 세계 대전을 비교한 내용으로 옳지 않은 것은? [3점]

	구분	제1차 세계 대전	제2차 세계 대전
①	배경	3국 동맹과 3국 협상의 대립	전체주의 국가의 등장
②	발단	사라예보 사건	독일의 폴란드 침공
③	대립 구도	연합국 대 동맹국	연합국 대 추축국
④	미국의 참전 계기	독일의 무제한 잠수함 작전	일본의 진주만 기습 공격
⑤	승전국	연합국	추축국

09 (가), (나)에 대한 설명으로 옳은 것은? [4점]

> (가) 난징 대학살   (나) 일본군 '위안부'

① (가) – 유대인들을 수용소에 가두어 학살하였다.
② (가) – 뉘른베르크 재판에서 책임자들을 처벌하였다.
③ (나) – 일본군이 한국의 여성들만 끌고 갔다.
④ (나) – 살아남은 희생자들은 일본 정부의 공식적인 사죄를 받았다.
⑤ (가), (나) – 일본이 저지른 전쟁 범죄이다.

10 학생의 질문에 대한 답변으로 적절하지 않은 것은? [3점]

① 등장 시기를 검색합니다.
② 설립 목적을 비교해 봅니다.
③ 강대국의 참여 여부를 알아봅니다.
④ 군사적 수단 동원 여부를 찾아봅니다.
⑤ 총회, 안전 보장 이사회의 유무를 정리해 봅니다.

11 ㉠에 들어갈 민족 운동에 대한 설명으로 옳지 않은 것은? [2점]

> 1919년 3월 1일, 한국에서는 일제의 식민 지배에 저항하는 (㉠)이/가 일어났다.

① 5·4 운동에 영향을 주었다.
② 일제가 폭력적으로 진압하였다.
③ 대한민국 임시 정부가 주도하였다.
④ 민족 자결주의 원칙의 영향을 받았다.
⑤ 경성 등 주요 도시에서 만세 시위가 전개되었다.

12 빈칸에 들어갈 내용으로 가장 적절한 것은? [2점]

> 중국에서는 군벌의 난립으로 사회적 혼란이 계속되자, 지식인들이 [   ]는 신문화 운동을 전개하였다.

① 청을 도와 서양 세력을 쫓아내자
② 서양의 과학과 민주주의를 수용하자
③ 의회를 설립하고 입헌 군주제를 실시하자
④ 만주족을 몰아내고 한족의 국가를 수립하자
⑤ 중국의 체제는 유지하면서 서양의 기술만을 받아들이자

13 다음 학습 목표에 대한 학생들의 발표 내용으로 가장 적절한 것은? [2점]

> • **학습 목표**: 제1차 국공 합작의 결렬 이유를 설명할 수 있다.

① 중일 전쟁이 일어났습니다.
② 일본이 21개조 요구를 강요하였습니다.
③ 국민당의 장제스가 공산당을 탄압하였습니다.
④ 마오쩌둥이 이끄는 공산당이 대장정에 나섰습니다.
⑤ 베이징의 학생들을 중심으로 5·4 운동이 전개되었습니다.

14 다음에서 설명하는 국가로 옳은 것은? [2점]

> • 오랫동안 네덜란드의 통치를 받았다.
> • 수카르노가 인종과 종교를 넘어선 통일과 독립을 주장하며 민족 운동을 이끌었다.

① 인도
② 타이
③ 베트남
④ 필리핀
⑤ 인도네시아

15 서아시아와 아프리카의 민족 운동에 대한 설명으로 옳은 것을 〈보기〉에서 고른 것은? [3점]

> **┤ 보기 ├**
> ㄱ. 모로코 - 영국에 맞선 독립운동을 펼쳤다.
> ㄴ. 사우디아라비아 - 수에즈 운하를 건설하였다.
> ㄷ. 튀르키예 공화국 - 튀르키예 문자를 만들었다.
> ㄹ. 중남부 아프리카 - 아프리카의 통일을 추구하는 움직임이 확산하였다.

① ㄱ, ㄴ
② ㄱ, ㄷ
③ ㄴ, ㄷ
④ ㄴ, ㄹ
⑤ ㄷ, ㄹ

16 지도에 나타난 정책을 추진한 국가로 옳은 것은? [2점]

① 미국
② 소련
③ 중국
④ 쿠바
⑤ 한국

17 (가) 시기에 있었던 일로 옳은 것은? [3점]

> 얄타 회담에서 4개국의 독일 분할 점령을 결정하였다.
>
> ↓
>
> (가)
>
> ↓
>
> 독일이 서독과 동독으로 분단되었다.

① 대공황이 발생하였다.
② 바이마르 공화국이 수립되었다.
③ 스탈린그라드 전투가 전개되었다.
④ 소련이 베를린으로 가는 육로를 봉쇄하였다.
⑤ 소련과 독일이 독소 불가침 조약을 체결하였다.

18 냉전이 심화되면서 나타난 사건이 <u>아닌</u> 것은? [2점]

① 노르망디 상륙 작전이 전개되었다.
② 북베트남과 남베트남이 전쟁을 벌였다.
③ 북한이 남한을 침략하여 전쟁이 일어났다.
④ 중국 국민당과 공산당 사이에 전쟁이 벌어졌다.
⑤ 쿠바에서 핵미사일 기지 건설을 두고 미국과 소련이 대립하였다.

19 ㉠, ㉡에 들어갈 내용으로 옳은 것은? [2점]

> 제2차 세계 대전 이후 서아시아에서는 유대인이 영국, 미국 등의 도움을 받아 (㉠)을/를 세웠다. 그러자 팔레스타인 거주민과 주변 아랍 국가들이 이에 반발하면서 (㉡)이 일어났다.

	㉠	㉡
①	이라크	중동 전쟁
②	이라크	유고슬라비아 전쟁
③	이스라엘	중동 전쟁
④	이스라엘	유고슬라비아 전쟁
⑤	이스라엘	아시아 태평양 전쟁

100점 도전!

20 빈칸에 들어갈 내용으로 적절한 것을 〈보기〉에서 고른 것은? [4점]

> 1960년대 이후 냉전 체제에 변화의 움직임이 나타났다. 자본주의 진영에서는 ____ 하면서 미국의 영향력이 약화되었다.

┤보기├

ㄱ. 일본과 독일의 경제가 성장
ㄴ. 중국과 소련이 국경 문제로 대립
ㄷ. 프랑스가 북대서양 조약 기구에서 탈퇴
ㄹ. 동유럽 국가들이 소련에 반대하는 운동을 전개

① ㄱ, ㄴ   ② ㄱ, ㄷ   ③ ㄴ, ㄷ
④ ㄴ, ㄹ   ⑤ ㄷ, ㄹ

21 소련의 해체 과정을 일어난 순서대로 나열한 것은? [3점]

> (가) 몰타 회담이 개최되었다.
> (나) 독립 국가 연합(CIS)이 결성되었다.
> (다) 옐친이 공산당의 쿠데타를 진압하였다.
> (라) 고르바초프가 개혁·개방 정책을 추진하였다.

① (가) – (라) – (나) – (다)   ② (나) – (가) – (라) – (다)
③ (다) – (가) – (나) – (라)   ④ (라) – (가) – (나) – (다)
⑤ (라) – (가) – (다) – (나)

22 밑줄 친 ㉠~㉤ 중 옳지 <u>않은</u> 것은? [2점]

> **민주화 운동의 전개**
>
> ㉠ 한국에서는 4·19 혁명이 전개되었으며, ㉡ 에스파냐에서는 프랑코의 독재 정권에 맞선 시위가 일어났다. 또한 ㉢ 필리핀에서는 시민들이 마르코스의 독재 정권에 저항하였으며, ㉣ 미국에서는 베트남 전쟁 반대 시위가 전개되었다. 2000년대에는 ㉤ 튀니지를 시작으로 아랍 지역에서 민주화 운동이 전개되었다.

① ㉠   ② ㉡   ③ ㉢   ④ ㉣   ⑤ ㉤

23 다음 연설을 발표한 인물의 활동으로 옳은 것은? [3점]

> 나에게는 꿈이 있습니다. 나의 아이들이 피부색이 아니라 인격에 따라 평가받는 그런 나라에 살게 되리라는 꿈입니다.

① 중국에서 문화 대혁명을 추진하였다.
② 이집트에서 수에즈 운하를 국유화하였다.
③ 소련에서 동유럽 국가에 간섭하지 않겠다고 선언하였다.
④ 미국에서 인종 차별에 반대하는 워싱턴 행진을 주도하였다.
⑤ 남아프리카 공화국에서 클레르크 대통령과 아파르트헤이트를 폐지하였다.

24 오늘날 발생한 환경 문제로 옳지 <u>않은</u> 것은? [2점]

① 기후 변화로 기상 이변이 일어났다.
② 미세 먼지와 황사로 대기가 오염되었다.
③ 이상 저온으로 극지방의 빙하가 증가하였다.
④ 무분별한 개발로 열대 우림을 비롯한 세계의 삼림이 파괴되었다.
⑤ 화석 연료 사용에 따른 온실가스 증가로 지구 온난화가 가속화하였다.

25 밑줄 친 '정책'을 추진한 인물로 옳은 것을 〈보기〉에서 고른 것은? [3점]

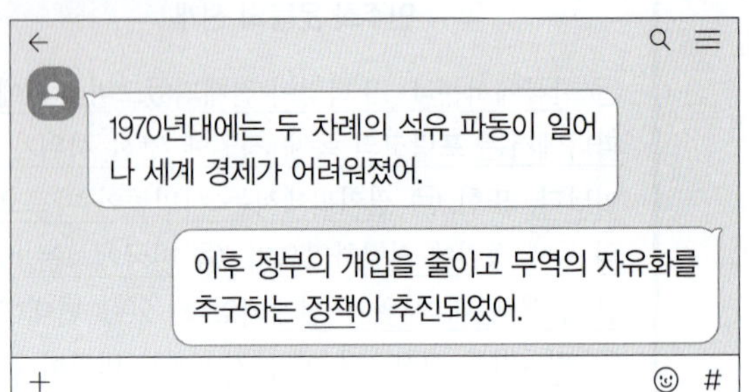

┤보기├
- ㄱ. 영국의 대처 총리
- ㄴ. 미국의 레이건 대통령
- ㄷ. 중국의 덩샤오핑 주석
- ㄹ. 소련의 고르바초프 서기장

① ㄱ, ㄴ ② ㄱ, ㄷ ③ ㄴ, ㄷ
④ ㄴ, ㄹ ⑤ ㄷ, ㄹ

26 세계화에 대한 설명으로 옳지 <u>않은</u> 것은? [2점]

① 남북문제 해결에 기여하였다.
② 다국적 기업이 성장하는 배경이 되었다.
③ 신자유주의가 확대되면서 빠르게 진행되었다.
④ 교통과 정보 통신 기술이 발달하면서 나타났다.
⑤ 진행 과정에서 국가 간의 관세 장벽을 없애는 자유 무역 협정(FTA)이 체결되었다.

잘 나와!

27 ㉠에 들어갈 국제기구로 옳은 것은? [2점]

> 마스트리흐트 조약에 따라 창설된 (㉠)의 깃발에는 출범 당시 회원국을 의미하는 별 12개와 통합과 단결을 상징하는 원 모양이 그려져 있다.

① 유럽 연합(EU)
② 아프리카 연합(AU)
③ 남미 국가 연합(UNASUR)
④ 동남아시아 국가 연합(ASEAN)
⑤ 미국·멕시코·캐나다 협정(USMCA)

28 누리집 검색 결과 중 옳지 <u>않은</u> 답변을 고른 것은? [2점]

질문 대중문화에 대해 알려 주세요.
- ↳ ㉠ 19세기에 빠르게 확산되었어요.
- ↳ ㉡ 대중 매체가 발달하면서 등장하였어요.
- ↳ ㉢ 경제 성장과 교육 수준 향상이 배경이 되었어요.
- ↳ ㉣ 각 지역의 문화가 획일화되는 데 영향을 주었어요.
- ↳ ㉤ 서양의 팝 음악, 미국의 할리우드 영화가 대표적이었어요.

① ㉠ ② ㉡ ③ ㉢ ④ ㉣ ⑤ ㉤

29 다음 탐구 활동에 필요한 자료로 적절한 것을 〈보기〉에서 고른 것은? [3점]

> 세계 여러 국가에서 종교, 민족, 지역, 자원 등의 원인으로 발생한 분쟁에 대해 조사한다.

┤보기├
- ㄱ. 교토 의정서와 파리 협정 내용
- ㄴ. 폐허가 된 팔레스타인 지역 사진
- ㄷ. 마셜 계획의 혜택을 받은 국가 목록
- ㄹ. 9·11 테러로 공격받는 모습이 담긴 동영상

① ㄱ, ㄴ ② ㄱ, ㄷ ③ ㄴ, ㄷ
④ ㄴ, ㄹ ⑤ ㄷ, ㄹ

30 다음 단체들의 공통점으로 가장 적절한 것은? [2점]

> • 세계 자연 기금(WWF)
> • 국경 없는 의사회(MSF)

① 다국적 기업이다.
② 제3 세계가 조직하였다.
③ 지역별 경제 협력 기구이다.
④ 국제 연합(UN)의 산하 기구이다.
⑤ 민간인이 조직한 비정부 기구(NGO)이다.

단답형 + 서술형 문제

31 밑줄 친 국가들을 일컫는 말을 쓰시오. [3점]

사진 속 인물들은 제2차 세계 대전 이후 <u>비동맹주의를 선언한 아시아와 아프리카의 신생 독립국</u>의 지도자들이다. 이들은 1961년에 제1차 비동맹 회의를 개최하였다.

↑ 왼쪽부터 이집트의 나세르, 인도의 네루, 유고슬라비아 연방의 티토

(   )

32 다음을 읽고 물음에 답하시오. [5점]

1929년에 뉴욕 증권 거래소에서 주가가 갑자기 큰 폭으로 떨어지면서 (㉠)이/가 일어났다.

(1) ㉠에 들어갈 용어를 쓰시오.

(2) 영국과 프랑스가 (1)을 극복하고자 시행한 정책을 서술하시오.

33 (가), (나) 재판의 내용을 각각 서술하시오. [4점]

(가) 뉘른베르크 재판   (나) 극동 국제 군사 재판

34 간디가 전개한 민족 운동의 특징을 서술하시오. [4점]

35 다음을 읽고 물음에 답하시오. [5점]

중국의 (㉠)은/는 "흰 고양이든 검은 고양이든 쥐만 잘 잡으면 된다."라고 하면서 중국 인민을 위해서는 새로운 방법도 도입하겠다고 하였다.

(1) ㉠에 들어갈 인물을 쓰시오.

(2) (1) 인물이 추진한 정책을 서술하시오.

36 다음을 읽고 물음에 답하시오. [5점]

오랜 시간 계속되어 온 관습이나 기존의 정치 체제로부터 벗어나고자 하는 운동을 말한다. 20세기 후반 민주화 운동, 민권 운동 등으로 전개되었다.

(1) 윗글에서 설명하는 운동을 쓰시오.

(2) (1) 운동이 일어난 배경을 <u>두 가지</u> 서술하시오.

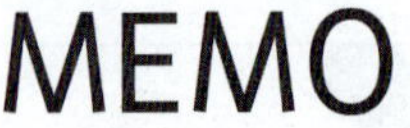# MEMO